"十五"国家重点图书出版规划项目

社会工作经典译丛 Social Work Classic Series

主编 隋玉杰 副主编 范燕宁

项目评估

循证方法导论

第六版

Program Evaluation

An Introduction to an Evidence-Based Approach (Sixth Edition)

戴维·罗伊斯（David Royse）

[美] 布鲁斯·A.赛义（Bruce A. Thyer） 著

德博拉·K.帕吉特（Deborah K. Padgett）

王海霞 王海洁 译

中国人民大学出版社

·北京·

主编简介

隋玉杰 女，香港大学哲学博士，中国人民大学社会与人口学院社会工作系副教授、主任。作为专家组成员参与了民政部及国家卫生健康委员会推动社会工作职业化、专业化的多项工作。主要研究领域为老年社会工作、心理健康与老年评估工具、社会工作职业化与专业化、社会工作教育等。兼任中国社会工作教育协会副秘书长、首届全国社会工作者职业水平评价专家委员会委员、西北民族大学客座教授。翻译出版了多部社会工作领域的经典著述。

副主编简介

范燕宁 女，首都师范大学政法学院社会学与社会工作系主任、教授。中国社会工作教育协会理事、中国人学研究会理事。主要研究方向为：社会发展理论、社会问题、社会工作价值观、矫正社会工作等。先后在《中国社会科学》《哲学研究》《哲学动态》《社会主义研究》《光明日报》等重要报刊发表研究论文数十篇。主要代表性论著有：《新时期中国发展观》《邓小平发展理论与科学发展观》《社会工作专业的历史发展与基础价值理念》《社区矫正的基本理念和适用意义》等。主要译著、译文有：《社会工作概论》（第九版）、《契合文化敏感性的社会工作课程》等。

总　序

社会工作正面临着前所未有的发展契机。

所谓契机，一是大的社会背景为社会工作的发展提供了舞台。随着改革的深入，中国在取得举世瞩目的成就的同时，如一些社会学家所言，也出现了“发展困境”的苗头或“类发展困境”的现象。新千年，政府在工作报告和政策文件中明确提出要关心弱势群体、加强就业和社会保障工作。与社会工作传统的工作对象，如贫困者、残疾人、妇女、儿童、老年人相关的一系列政策法规纷纷出台。这些都为开展社会工作提供了良好的政策环境。

二是社会工作专业本身已经步入组织化、规范化的轨道。中国社会工作者协会、中国社会工作教育协会等组织开始发挥行业指导和自律的作用。此外，经过多年的酝酿，2004年劳动和社会保障部制定的《社会工作者国家职业标准》在上海出台，明确了社会工作者的专业人员地位，一改多年来社会工作人员师出无名的状况，同时也为社会工作者在专业上不断发展提供了方向和路径。社会工作职业化、专业化有了突破性进展，在政府认可上迈出了坚实的一步。

进入新千年后，许多迹象表明，社会工作正在朝着进入新的发展时期的方向迈进。

然而，社会的需要和认可也给社会工作带来了挑战。社会工作是否已经拥有了完备的知识储备，成了一个羽翼丰满的专业，能发挥社会所期待的作用呢？

在今天，对许多中国的社会工作者来说，社会工作发展伊始弗莱克希纳提出的问题“社会工作是一个专业吗?”仍是个具有挑战性的问题。弗莱克希纳之所以断言社会工作不具备一个专业的资格，是因为他认为社会工作不是建立在科学知识的基础上。按照格林伍德提出的著名观点，成为一个专业应该具备五个特性：拥有自己的理论体系、具有权威性、得到社会的认可、有专门的伦理守则以及专业文化。其中排在第一位的就是专业知识的建构。

应当说，自1986年国家教育委员会同意北京大学、中国人民大学、吉林大学等高校设置社会工作与管理专业以来，中国社会工作理论与实务知识的建构已经有了可喜的收获。然而，在总体上，社会工作的专门知识仍然十分匮乏，对国外的社会工作仍缺乏系统的介绍，而本土的理论仍未形成。拿知识建构的领军团体社会工作教育界来说，情况也不容乐观。社会工作教育协会开展的中国社会工作教育发展状况调查的结果表明，以在学术期刊上公开发表论文的数量、出版专著数、编写教材数、承担课题数等数据来衡量，社会工作教育院校教师的科研情况总体上水平不高。面对这一形势的却是社会工作教育在经过十几年的缓慢发展后，在世纪之交进入了高速扩张期。据中国社会工作教育协会统计的数据，截至 2000 年，协会的团体会员只有 32 个，到 2003 年 12 月已经达到 148 个。近 80%的会员都是在 2000 年之后的三年新加入的。于是有了这样的景象，一方面是知识提供和传输上的不足；另一方面是嗷嗷待哺的跨入社会工作之门的莘莘学子。这便有了策划和出版社会工作经典译著的最初动因。我们希望通过这一系列书籍能够较为全面地介绍在西方已有上百年历史的社会工作专业的核心知识，为建立中国自己的社会工作知识体系作参考。

在整体结构上，“社会工作经典译丛”由三类书籍构成，即社会工作的基础理论、社会工作的基本方法和社会工作的价值观。这也是基于对社会工作知识体系构成的基本共识。具体来讲策划这套书主要有以下几点考量：

其一，完整性。整个译丛力图完整地呈现社会工作作为一个学科的全貌。译丛精选了社会工作理论、人类行为与社会环境、社会政策、个案工作、小组工作、社区工作、社会工作督导、社会工作研究和社会工作伦理等方面的书籍，全面涵盖了社会工作专业知识的三大组成部分，即基础理论、工作方法和价值观。考虑到价值观方面的教学一直是专业教育中非常重要的一部分，但也是专业教育中的难点，所以本套丛书特别精选了再版 7 次的专门用来帮助学生认识伦理问题和困境，并适当加以处理的有关社会工作伦理的专著。其中涉及的保密原则和隐私权问题、当事人的知情权和自决权问题、临终关怀问题、艾滋病问题等在中国的社会工作实践中已经出现，由于处理不当而引发的争端和法律诉讼也曾见诸报端。这方面的论述相信不仅对于社会工作学生，对于社会工作从业人员也不无借鉴作用。

其二，经典性。所选书籍都是广受好评的教材或论著，对社会工作的知识有精到的描述和评说。作者都是各自领域的专家和知名学者，有着丰厚的积累，在书中详细展现了与所述主题相关的专业知识，特别是融合了许多最新研究成果和实务动态，对读者来说极具参考价值。这些书在许多国家都被社会工作教育者采用。几乎每本书都是再版过多次，最多的再版次数已达 9 次。经过了使用者的检验和编写者的不断完善，这些书非常适合做社会工作专业教学的配套教材使用。

其三，适切性。为了能更好地配合教育部高等教育司组织制定的对社会工作专业主干课程教学的基本要求，译丛所选择的书籍基本都是社会工作专业主干课程的教材或论著。各书的框架也多与国内教学所要求的主体结构相契合，更能配合教学用途。

其四，实用性。一方面，所选书籍在内容的编排上注重方便读者使用。受以实证为本的工作方法的影响，大部分书籍都穿插了与所涉及内容相关的研究结果和案例讲解，将理论与实践相结合。在语言上也大多深入浅出，贴近读者，减少了他们在消化吸收知识上的障碍。另一方面，书籍所涉及的内容也多是国内社会工作界涉足和关心的领域。如通才社会工作实务模式，操作层面的社会工作方法，社会政策的研究、分析与应用，身为社会工作教育和高层次管理人员开展督导的方法等。书中推荐的一些专业网站更可以帮助读者找寻更多的资源，丰富对书中相关内容的理解和把握。

其五，时代性。丛书中的每本书都是近两年来的最新版本，书中的内容涉及社会工作实务领域的一些最新发展，整套书如同一个多棱镜折射出社会工作学科的发展现状。大到社会福利体制管理上的变革，小至一些新的工作方法的使用，都有鲜明的时代特点。比如其中谈到的管理型卫生保健制度，个案管理，基因技术对社会工作的影响，网络技术对社会工作的影响，以实证为本的实践，私人执业，充实生活性质的社会工作等。一些实验性的工作方案在书中也有所介绍。这些无疑会拓展读者的视野。

2003 年的一场“非典”像是对整个社会运行机制的一次检测，留下了许多宏观层面的问题，有待社会工作者去思考和解决。比如，社会危机处理机制、弱势群体保障机制、社会捐赠机制、基层社区的疾病预防和康复机制、志愿者的动员与使用机制等。而 2004 年的马加爵杀人案则给开展微观层面的社会工作提出了许多问题。比如，如何更有效地建立个人的社会支持系统、如何筛查处于危机边缘的人、如何提供更有效的危机防范与干预方法等。

德国著名哲学家恩斯特·卡西尔在《人论》中说：“当领悟了一门外语的‘神韵’时，我们总会有这样的感觉：似乎进入了一个新的世界，一个有着它自己的理智结构的世界。这就像在异国进行一次有重大发现的远航，其中最大的收获就是学会了以一种新的眼光来看待我们自己的母语。”歌德也说过：“谁不懂得外国语，谁也就不了解本国语。”我们希望“社会工作经典译丛”的面世能起到这样的作用，让读者能有一次异国社会工作之旅，看到社会工作在专业发展比较成熟的国度里的情况。虽然译丛中谈到的都是美国社会工作的状况以及他们的问题与处理方法，但对我们反观自身，处理中国的问题应当说不无启示。

译丛的策划得到了中国人民大学出版社潘宇博士，首都师范大学教授、博士生导师范燕宁和中华女子学院教授刘梦的鼎力相助。在甄选书籍的过程中，笔者同她们进行了反复的讨论，最后确定的书目是笔者与她们共同斟酌的结果。丛书的译者队伍也都是各高校的教师，有较丰富的社会工作专业积累，为翻译质量提供了保证。在此对上述参与本丛书策划和翻译等工作的人员一并表示衷心感谢。

虽然参与本丛书的人都倾尽了心力，但仍难免挂一漏万，希望广大读者对不当之处能给予指正。

隋玉杰

2004 年 10 月 14 日

序　言

一套好教材所提供的信息，首先必须能够帮助读者更好地理解主题。这些信息必须是可信、易于访问和易于消化的。这本书的读者可以从文献中找到许多例子来说明要点和概念。你会发现一个新的重点，那就是循证实践。我们不断强调在项目和政策的有效性上找到证据的重要性。我们认为，项目评估人员和研究生学习如何评估，必须熟悉与他们感兴趣的项目相似的最重要的评估和当代评估。这可以为有效和无效的项目和实践提供有用的信息，还可以为评估同样设计类型的项目提供范例，其中后者可以为制定自己的项目评估提供指导。由于审稿人的意见和读者的反馈，出版过多个版本的教科书会得到不断改进，而我们这本书也不例外。回顾我们付出的点点滴滴，第六版是建立在前五个版本的坚实基础上的，但也添加了新的材料。 xi

有时候很难确定哪些部分需要“重做”，哪些部分需要保留。突出经典研究固然重要，但更重要的是，总有些最新观点和研究需要突出。有些内容必须常变常新，才能跟上时代的步伐。但是有些教育家总是喜欢选择他们以前用过的教材，因为他们对内容很熟悉，也很喜欢。如果一本书变化得太快，就不像最初选择时那样适用了。知道哪些需要更新、哪些需要摒弃，这多少也是一个挑战。所以亲爱的读者朋友们，这也是为什么要请你告诉我们，哪些起作用了而哪些却没有。如果项目评估的有些章节我们的解释不太好，你用起来不顺手，烦请你把自己的想法发邮件告诉我们。

对于刚刚发现这本书的读者来说，《项目评估》这本书就是要成为社会工作、社会学、心理学、公共管理、咨询、教育、护理及其他相关学科研究生的基础教材。重要的是要知道，干预是否对焦点个体、家庭、小组或社区有预期影响。它也可以作为研究方法的补充教材。我们希望本书已经写得很清楚，那些刚刚担任督导或评估具体项目或政策的从业人员、管理人员和其他人员也许会发现，这本书在对项目进行计划评估或需求评估时，是非常适用的。 xii

我们的重点也是沟通要点，即概念化项目评估所需的基本工具和知识，并执行与审查和评估项目绩效相关的任务。本书旨在帮助学生和实务工作者理解并促进循证实践。至关重要的是，我们的专业人员和专业培训人员不断检查我们方案的有效性及其对我们的服务对象的影响。这种改进方式既有利于服务对象也有利于社会。我们希望本书能为协助你承担这一重要责任尽绵薄之力。

戴维·罗伊斯（David Royse）（droyse@uky.edu）
布鲁斯·A. 赛义（Bruce A. Thyer）（bthyer@fsu.edu）
德博拉·K. 帕吉特（Deborah K. Padgett）（deborah.padgett@nyu.edu）

目　录

第 1 章

绪论 1

为什么说“从业者应熟知如何进行项目评估研究，在某些情况下甚至要参与其中”是十分重要的呢?

只有通过项目评估，才能充分说明相应的服务是有用的还是无效的抑或有害的。项目评估标志着一个专业的真实性，因为该专业的服务是以证据为基础的。所有的人文类服务领域都十分看重项目评估，并要求相关人员在实践及做出政策决定时，重视当前可靠的结果研究。

我需要具备哪些能力?

所有的人文类服务专家都需要具备阅读、理解以及批判性评价项目评估研究的能力，并且能够决定是否将这些研究运用到个人情况中去。有些从业者发现，正如当代伦理规章所提倡的，乐意去帮助他人设计、执行以及翻译项目评估是非常有必要的。

一、项目评估的重要性

欢迎进入项目评估这一领域，在这里我们将进行专业训练，我们的主要目标是帮助大家将研究与实践技能相结合，并通过相关研究更好地提高实践技能。研究发现，从事社会工作、心理学、咨询、教育、精神病学、公共卫生、公共管理以及护理行业等人文类服务的人员，鲜有人在其工作中致力于科学研究。然而，以上这些领域的每一个专家都专注于为不同的对象提供一定程度的服务（包括个人、家庭、情侣、小群体、组织以及社区的形式），每一位人文类服务从业者也都十分想知道自己的服务是否帮到了他的服务对象。因 2

此，即使做研究不是你的主要专业活动，你也会发现，运用科学、可靠的研究工具对服务和项目进行评估是一项十分有用的专业技能。除了可能要参与到你自己设计及操作的评估项目中之外，你也需要学会阅读并批判性分析他人操作的，或是发表在本学科或相关学科的期刊、书籍或网页上的评估研究。有能力去评判发表了或还未发表的项目评估的价值，实在难能可贵。在面对单个受助者或是团体受助者时，哪种类型的服务值得向他们提供，你该如何做出抉择？

在人文类服务领域，广义的科学研究主要有三大用途（它们彼此间相互关联）：客观描述事物、凭实际经验评估服务的有效性、合理解释事物。描述性研究有助于更好地理解特定机构所服务对象的特征及需求；评估性研究有助于确认客户的需求或目的是否得以实现；而解释性研究是为了揭示社会心理问题的成因以及干预因素产生作用的过程，在此过程中形成了两大理论——病因理论和干预理论。

项目评估可被视为研究的一部分，或被简单地定义为“用以寻求事实或准则的系统化程序”（Barker，2014，p. 365）。美国教育研究协会对研究（research）给出了更宽泛的定义，详见表 1-1，其中有几点值得强调。研究一定要严格精确、系统周到并找出客观信息。真正的科学研究不是未经认真计划就随意进行的，它致力于找出事情的真相，而非去证明早已存在的预期。研究一定要符合逻辑且方法多样，这些方法将贯穿本书始末。在评估研究中，*工具*（instruments）这一术语通常指由受助者或项目中其他利益相关者（如看护人、监督人、老师等）使用的铅笔和纸尺。有时项目评估也涉及对可观察行为的直接测量，在这种情况下，声音研究包括采用一些适当的方法来评估这些观察性方法的可靠性及有效性。在极少情况下，项目评估会使用物理仪器，如生物反馈仪、血压或心率监测仪等。项目评估偶尔会评估客户的生理变量，如血糖、胆固醇含量以及测压。

3　**表 1-1　科学研究的定义**

1. “科学研究原则”这一术语指的是使用严格、系统、客观的方法，以获得可靠有效的知识。具体而言，这样的研究需要具备：
   A. 发展一个具有逻辑性、依靠证据的推理过程；
   B. 根据提出的问题采用合适的方法；
   C. 拥有可观察的或可进行实验的设计和工具，以提供可靠、可归纳的研究结果；
   D. 有充足的数据和分析来支持研究结果；
   E. 清楚详细地说明研究程序和结果，包括可以归纳结果的特定人口数量；
   F. 遵循同行评审的职业规范；
   G. 传播研究结果，为科学知识做出贡献；
   H. 能够重新分析、复制数据，并有机会根据研究结果加以修改。
2. 检查临时问题需要运用随机评估或准实验研究及其他实验设计，这从实质上减少了对已有结果做出其他看似合理的解释的可能性。其中包括纵向设计、病例对照研究、测量与多元分析、时序分析，但不仅限于此。这一标准尤其适用于评估政策及项目对教育结果影响的研究。

3. “科学研究”这一术语包括基本研究、应用研究及评估研究。其原理、设计及解释与前面给出的科学原则相一致。

资料来源：以上内容来自美国教育研究基金会的网页，详见 http://www.aera.net/AboutAERA/KeyPrograms/EducationResearchandResearchPolicy/AERAOffersDefinitionofScientificallyBasedRes/tabid/10877/Default.aspx。

许多项目评估包括对使用各种形式的描述性及推断性统计的结果进行分析，这些方法必须符合测试的基本假设，并且能够正确执行。当给出不同的合法方法时，选择更保守的分析方法是最为明智的。有时你得到的结果看似可靠，实际上会产生弱效应或弱结果，而保守的分析方法会降低这种可能性。研究报告必须书写清楚，否则，一个独立工作的、训练有素的调查员可以复制现有的项目评估的基本特征，这样的做法会得出相似的积极结果，以此增强原始研究结果的合法性。

科学研究的一个典型特征是，它选择可靠的出版物去发表，这些出版物采用了同行评审的方法。首先将论文提交给期刊或其他出版物，之后会有两名及以上能力强的人详细检查，进行批判性分析并给出建议：修改、驳回或接受该论文。这一过程被称为盲审，因为评审人员并不知道作者的身份及关系，作者也不知道评审人员是谁。盲审可以减少偏见，评审人员不会受到作者已有的名声或声望（如哈佛大学 vs. 中西部农工大学）的干扰。同时，评审人员可以给出更多真实的反馈，当然前提是确认作者不知道他们是谁，以免将来会遭到报复。只有经历了这么严格的审查之后，这些科学性论文才能成为专业文献。正是同行评审这一步骤，才增加了这些研究的可信度。尽管互联网应用得越来越广泛，但专业期刊（电子版或纸质版）仍然是传播科学研究成果的主要渠道。

在许多情况下，项目评估只看重结果，而这一做法是十分合理的。其他的方法是为了
去确定求助者的目标，如他们对服务的满意度，或者代办人员对他们的尊重程度。更加热 4
切的是，有的评估研究试图确定既定的干预是否会导向已知结果，或引起各组间的差异。回答即兴提问已经是一项非常困难的工作，通常需要相对复杂的设计。本书将涵盖项目评估者感兴趣的各种方法及研究问题。

评估研究是指“通过系统调查来决定某一特定项目成功与否”（Barker，2014，p. 148）。**项目评估**是一项实践性而非学术性的活动，其主要目的并非是建立理论或必须发展社会科学知识（虽然这种情况的发生是十分美好的）。特里波迪（Tripodi，1987）曾指出：“在社会工作中，项目评估的使命是提供信息，以提升社会项目。”（p. 366）在人文类服务专业，对评估研究还有其他相似的定义。例如在《心理学词典》一书中，科尔西尼（Corsini，2002，p. 766）将其定义为：“评估研究是一个过程，其目标是：（1）有助于安装、认证和修改项目的决策；（2）掌握证据以支持或反对某项目；（3）对基础知识有所帮助。”项目评估的目的是使利益相关者的生活有所改变，其中包括受助者、服务提供者、督察人员、行政人员以及各个级别的政策决策者。评估项目的效果可以由个人完成，或者

由接收到该项目的多人完成，也可以在全州、全国甚至涉及国际政策范围内完成（如贩卖人口）。

近几十年来，人文类服务专家设计并开展的项目评估至关重要，得到了社会的广泛认可，然而，令人奇怪的是，就发表的文献数量而言，却少有人从事项目评估研究。请结合专栏 1-1 的引述认真考虑这一事实。

5 **专栏 1-1　　关于评估研究的重要性**

提请你注意……任何形式的测量、评价、评估、评价结果等，在任何条件下都会超过信念、断言以及“典型案例”。请陈述你的目标，要想实现这一目标还有多少路要走……我相信，这样的评估会更好地服务于我们的服务对象（Cabot，1931）。

第三种研究类型，即对社会福利项目及实务者活动的评估研究是至关重要的（Angell，1954，p. 169）。

社会工作这门学科不是要形成某种知识，而是运用已有的知识达到控制目的的一种技术。因此，在这个研究的连续统内，因其寻求的是实务知识，社会工作研究更像是一种应用终端（Greenwood，1957，p. 315）。

评估和服务对象反馈不仅是有效服务所必需的，而且也是专业道德所要求的。有必要形成系统的方法来评估社会工作者所提供的服务是帮助到了服务对象，还是伤害了他们，抑或对他们毫无帮助（Rosenberg & Brody，1974，p. 349）。

在社会工作中，用什么方法去研究并不重要，重要的是评估实务和政策选择的影响。如果他们把兴趣成功地转移到机构实务效能的中心上，并且建立了实务者与研究者的重要联盟，那么小规模的机构研究还是十分有价值的（Mullen，1995，pp. 282-283）。

我们有必要研究社会心理干预的效能，这包括干预前，在理想的控制条件下，对现实社会的卫生保健系统加以研究（Ell，1996，p. 589）。

对实际服务干预的研究，关键因素是专业实务工作者把研究与基础知识相结合……如今这已成为社会工作干预措施的一项发展性研究，超越了描述性研究和解释性研究（Austin，1998，pp. 17，43）。

我们有必要建立一个社会工作研究议程……干预研究在此议程中必须享有绝对的优先权（Rosen，Proctor，& Staudt，1999，p. 9）。

然而当前，我们的处境似乎十分奇怪，尽管许多国家认为，项目评估有望成为最有价值的研究，但却鲜有人致力于该研究，发表的文章也寥寥无几。相反，大多数实证研究都更加关注描述性研究和解释性研究，充其量只能对人文类服务实践活动起到潜在的暗示作用，却不能对精心策划的结果研究起到潜在的直接作用。

为什么评估新的服务和已有服务十分必要呢？因为问题总是有不同的解决方法，或者有时有更好的方法。在很多大学或专科学校，滥用酒精的问题十分严重，学校投入大量资金来禁止或减少酗酒及相关问题。动机式晤谈法（Motivational Interviewing，MI）被广泛用来治疗酗酒者，也是大学采用的预防干预手段之一。最近，维尔克、门尼克、豪威尔和马格努森（Wilke，Mennicke，Howell，& Magnuson，2014）对 MI 干预项目进行了评估，某所大学的妇女会和兄弟会的成员成为其评估对象。该项目的评估设计相对较强，随机安排了 4 间希腊式房间，一部分成员在这些房间内同时接受 MI 项目和标准校园范围内的酒精滥用预防工作；另外安排了 4 间房，另一部分成员在这些房间内只接受标准校园服务。并且该项目对学生饮酒及与酒精相关的后果采取了措施，包含项目实施前后 30 天。根据假设，相对于只接受常规服务的学生来说，同时接受 MI 和校园服务的学生会减少饮酒，较少承受饮酒的负面后果。而令人伤心的是，MI 干预对饮酒及其负面影响并没有任何显著的成效。在测试前后，这两个小组也没有明显的差别。而根据当初的假设，MI 会有更好的积极效果。现在，假如你是一所大学的行政人员，在校园范围内负责制定并实施一个全新的面向大学生的预防及干预滥用酒精项目，你愿意阅读这篇文章吗？这些研究结果对你选择什么样的项目会有影响吗？或许会有影响的，尤其是如 6
果 MI 缺少反平衡法研究，因为反平衡法研究对大学酒精滥用的预防及治疗十分有效。

心理健康问题让很多人感到痛苦，其中只有少数人寻求或接受了专业治疗，部分原因是他们难以找到有认证许可的临床医生借助他们丰富的经验来提供治疗。心理健康受助者真的需要博士级别的心理治疗师来帮助他们治疗吗？未接受过集中训练的临床医生是否也能提供有效的治疗呢？这个问题正是由斯坦利等人（Stanley et al.，2014）提出的。200 多名患有广泛性焦虑障碍（Generalized Anxiety Disorder，GAD）的老年人被随机分配到三种不同条件中：博士级别的心理治疗师的治疗、硕士级别的治疗师的治疗、普通治疗。在治疗条件分配好之后、治疗措施开始之前，会对广泛性焦虑障碍症状进行诊断。并且在预处理期间，所有的小组都受到同等程度的干扰，其人口、诊断都基本相同。硕士级别的治疗师接受过特别训练，该训练对治疗广泛性焦虑障碍非常有帮助，即认知行为治疗（Cognitive Behavioral Therapy，CBT）；博士级别的治疗师也提供了认知行为治疗干预。六个月后，这些受助者重新接受评估，结果是，博士级别与硕士级别的治疗师对其受助者产生的积极效果相同，而且治疗结果比接受普通治疗的要好很多。该结果表明，和博士级别的心理治疗师相比，精神健康机构可以提供花费较少但疗效甚好的临床医生（如硕士级别的临床医生）给受助者。如果你是一名社区精神健康机构的经理，你打算将预算最大限度地提高，那么该研究结果是否会引起你的兴趣呢？

所有政治决策者都想要知道社会政策的影响力度。医疗补助制度是美国的一项重要政策，该制度为相对贫穷的人设立健康保险。美国各州都受到鼓励，扩大其医疗补助计划，联邦政府也一直提供财政激励措施，鼓励各州这样做。医疗补助扩张的论点之一就是该计划将改善人们的健康状况，且具有经济优势，如减少了昂贵的日常护理急诊室就诊人数。没有健康保险的穷人经常没有正确使用急诊室，因为他们是可以在急诊室接受治疗，却无须支付费用的。有人认为，向穷人提供医疗保险，可以帮助他们从初级保健提供者处获得日常护理所需的保险，如家庭医生或护士从业者。陶布曼、艾伦、赖特、拜克尔和芬克尔斯坦（Taubman，Allen，Wright，Baicker，& Finkelstein，2014）在俄勒冈医疗制度实验研究中提出这样一个问题：医疗补助真的减少了急诊室就诊人数吗？

2008 年，联邦政府为俄勒冈州提供了额外的资金以支持其医疗补助计划的扩张，但资金还是不足以覆盖医疗补助等候名单上的每一个人（约 90 000 人），所以俄勒冈州采用公正的摇奖系统，随机选择参加医疗补助计划的人选（约 30 000 人），剩下的 60 000 人仍需等待。自医疗补助制度扩张之后，俄勒冈州波特兰市的急诊室就诊终于在关闭了
7 18 个月后再次开张。按照假设（也是利益相关者期盼的），参加了医疗补助计划的病人选择去急诊室就诊的会更少。而事实是，与未参加医疗补助计划的人相比，参加了医疗补助计划的人选择去急诊室就诊的要高出 40%。那么他们到底得出了什么样的结论呢？

> 我们发现，扩大医疗补助覆盖范围增加了各种类型的急诊部访问量，包括很多在门诊部就能轻松治疗的也来到急诊部就诊。这些研究结果正好解释了医疗补助扩张的成本问题……也成了知情决策的有效投入，以平衡医疗补助扩张的成本和好处（Taubman et al.，2014，p. 4）。

现在，假设你是一名州长或者立法人员，负责决定是否扩大本州的医疗补助计划。由于成本增加，陶布曼等人（Taubman et al.，2014）的研究成果被许多保守州用来反对扩张医疗补助计划，这也说明了做出政治和政策决定的错综复杂性。我们十分确定，陶布曼等人进行此项研究并不是为了给那些政客提供证据，并以此拒绝向穷人提供健康保险。他们只是单纯地想回答结果是什么，这些结果会使那些反对扩张医疗补助计划的、激进的政治家产生哪些相应的反应，以及这些结果如何解释急诊室就诊人数下降等问题。没有人认为实证研究的结果是制定政策的唯一标准，但是当前的项目及政策评估应该成为决定过程的一部分，尤其是那些做得非常好的项目。

很多评估后获得积极结果的案例，可用于帮助人文类服务从业者制定有效的政策和方案，指导他们采用何种类型的干预效果更好。来自英国和瑞典的研究者对家庭装修项目及其对住户健康的影响的项目评估进行了系统的评价。该报告的重点涉及增强隔离效果、提升家庭供暖系统、安装双层玻璃窗以及减少房间粉尘。超过 39 项研究涉及的房间有不同的质量，有的甚至质量非常好。简而言之，房间的热增强与呼吸疾病的减少以及健康的加强相关。旷工或旷课的现象有所减少，热增强的家庭有更多的可用空间，从而强化了家庭

的心理社会作用——例如，他们不需要挤在一个房间里用小型取暖器取暖（详见 Thomson，Thomas，Sellstrom，& Petticrew，2013）。

此外，斯堪的纳维亚的一些研究者也系统评价了高质量的评估研究，以检验“福利对工作”的影响。基于来自世界各地的 412 000 人参与的 46 个项目，他们进行了长达 122 页的分析，尽管这样的项目大多数是在北美开展的。这个“福利对工作”的影响的项目“会导致失业者找到工作的可能性略微上升，收入也将随之增长，福利支出却会减少，而失业人员长期靠福利生活的可能性也会降低”（详见 http://www.campbellcollaboration.org/lib/project/18/）。

如果你的职责是帮助贫困者就业，建议你学会这种系统评价，并掌握这些效率更高的方法。例如，一项对坎贝尔协作网的系统评价发现，认知行为治疗法对患有创伤后应激障碍的儿童十分有帮助。另外一项评价也支持了放学后家长的参与对提升学生的学业表现有积极的效果。坎贝尔协作网（www.campbellcollaboration.org）和科克伦协作网（www.cochrane.org）上有很多系统评价，其中一些是有史以来人文类服务领域中最可信的研究项目，包括社会福利、刑事审判、教育、健康以及医药等。这些都是项目评估者所要熟知的特殊资源。 8

我们相信，某些机构进行项目设计时，其主要资料来源就是先前发表的、真实可靠的评估研究。我们希望通过阅读本书，你能更好地定位并批判性地评估相关研究，能够更好地对自己所做的实践及所在机构的成果进行设计并开展实证评估。

当我们想更有效地推进项目和干预时，人文类服务系统所牵涉的所有事项都会受到影响。当我们发现某种方法比其他方法更好更有效时，我们的服务对象及其家人就能恢复得更快。从项目评估中获取大量的信息之后，工作人员及管理者就能更好地对待或支持他们的服务对象——可能让他们在工作中更加愉快，而不是更加沮丧。最终，纳税人甚至也能从中受益。下面让我们回头来思考一下项目由哪些部分组成吧。

二、什么是项目？

项目是为了达到特定目标而进行的一系列有组织的活动。让我们深入了解一下这个定义的两个基本要素：第一，有组织的活动是指这些行为并不是散乱无章的，而是一系列计划好的行为，用于解决某些问题；第二，如若不存在任何问题，也就没有进行项目干预的必要了。所以，项目是为了对参与者产生某种影响而进行的干预或服务。巴克将项目定义为“相对长久的组织或程序，用于满足客户不断产生的需求［与项目（project）不同，工程更加灵活，时间更短］”（Barker，2014，p. 338）。本书包括针对一系列场所的评估：长期项目、有时间限制的工程、一次性小组研究，以及针对特定客户的项目效果的评估（包括个人服务）。本书涵盖项目评估的定量研究、定性研究以及混合研究方法，以及其他评估的重要形式，如需求评估、客户满意度研究、形成性及过程评估、成本效率评估及成本分析研究评估等。其中每一项都极其重要，包含在我们评估工作范围之内。首先，让我们来看看“优质”项目的一些特征。

9

三、“优质”项目的特征

项目所具备的特征有助于我们去识别它们。首先，项目需要**人员配备**。例如，某地方性戒毒机构就需要大量人员，甚至会安排专人负责善后辅导工作，或是门诊药物治疗项目。作为毒品教育项目的一部分，两个项目的专员偶尔也会应邀给高中生或社区组织开办讲座。工作人员也许要同时在几个项目上花时间，也有可能全力做好其中一个项目。

其次，每个项目都有自己的**预算**。由于雇佣员工需要财政资源，有时项目可以通过资金预算来标识。然而，有些优质项目预算很少，因为它们需要大量的志愿者。

最后，大多数项目要想成功，**稳定的资金**至关重要。如果雇员无法定期拿到工资，或者为了申请到项目，让他们将日常工作放到一边，指望最后一刻去筹集资金和经费，那么他们会士气大跌，表现也会大打折扣。以“软资金”（补助拨款或临时费用）启动的项目，通常人事调整的频率较高，直到项目资金的连续性能得到保障。

项目的另外一个特征是它们都有自己的**身份**。简而言之，它们能被大众看见或得到认可。美国“大哥大姐会”（Big Brothers Big Sisters）就是最好的例子，这个机构仅因一个项目而享誉全美。其他组织如“仁爱之家”（Habitat for Humanity）、“匿名戒酒互助会”（Alcoholics Anonymous）、“全国精神病联盟”（National Alliance for the Mentally Ill）也广为人知。在有些社区，人们认可某个项目也许是由于其地理位置——它在那里已经存在很多年了，也可能是因其独特的口号、标志、信头、代言人或公益广告。

当一个机构有多个项目时，其理念、政策、程序和使命都会有所差异，甚至相关工作人员的着装方式以及对时间安排的诠释都会有所不同。这些差异可以让我们更容易把不同项目区分开来。在一个机构中，某个门诊病人咨询项目的**服务理念**可能是“不把任何人拒诸门外”；而另一个门诊病人咨询项目的服务理念可能是“只为具备一定资格的人提供服务”，比如那些拥有个人保险或是有支付能力的人。往往一个服务理念便能清楚地传达出该机构是如何对待服务对象的。例如，“我们尊重所有服务对象的尊严和价值，要在身体、精神、心理和社会福祉上给予照护”，或者“客户永远是对的”。

而项目评估者却不太幸运，因为项目有时很模糊，很难区分和定义。一位前州长曾公开发表声明说，他将推动“一个新项目”，让国家社会工作者到公立学校工作。他表示，该项目将有助于防止辍学，还能帮助那些面临严重的个人或家庭问题的学生，防止他们在学习上缺乏成就感。然而，报纸上却报道称，该项目不需要额外的员工和资金。其实，学校可以安置一些社会服务人员，并为他们提供办公场所和电话。

那么，州长的一个声明就能创设一个项目吗？这种情况不可能，完全无法实施。因为
它没有项目名称、没有人员配备、没有资金、没有口号，达不到可视化效果。大多数学校 10
没有多余的办公室。更何况，州长并没有提出什么新举措或新方法，来解决儿童及其家人
所面临的问题。

又如，在某所小学开办一个丧亲安抚小组，尽管都是志愿者在领导，也没有预算科研，但只要它长期存在，而且能测量其假设的影响，就可以算是一个项目。就评估目的而言，每年在高中生集合时宣讲 1～2 次毒品和酗酒问题，也可以被视为一个项目。

在所有可能的人文类服务领域中，最好每一个项目都能稳固地建立在科学可信的证据基础上，而这些证据都发表在同行认可的专业期刊上。也就是说，在实务工作者投身到一个社会问题中，在“助人”之前，他应该对评估研究进行认真审阅和评估，测试各种助人方法的有效性。如果对现有的成果研究进行仔细搜索和批判性回顾，就会发现：一个或多个干预模式都有可靠证据表明其成效显著，而且这些方法也可传授给现有的服务供应商。成本效益、伦理道德、当代伦理实务标准表明，服务项目将围绕这些有实证支持的服务展开。我们反对没有充分实证研究基础就进行干预。

如今，这让实务工作者和管理者陷入两难境地，也就是说：“没有实证基础的服务万一可以解决特殊问题呢？”在这种情况下，合乎常理的人主要依靠较为传统的实践知识，即理论、实践智慧、常识、传统和权威。但是（这是一个很大的转折），实务工作者只需要声称，对最新的与实务相关的研究文献进行彻底搜索之后，他们发现不以证据为本的干预确实存在。幸运的是，如今《精神障碍诊断与统计手册》（DSM；美国精神疾病协会，2013）中描述的大多数严重问题就是通过证据为本的干预确立出来的，而越来越多的情况已超出了《精神障碍诊断与统计手册》系统的范围，如失业、家庭暴力、儿童虐待和忽视、问题青少年等。我们相信，每一个人文类服务机构都应该通过订阅相关期刊（如《咨询与临床心理学杂志》《普通精神病学汇刊》《社会工作实务研究》）和获取最新版的专业书籍了解这些最新发展，这些书籍总结了关于以证据为本的实务工作的最新研究。

人文类服务专家试图在以证据为本的各种项目、政策和服务中，找出可靠的信息。而这些项目、政策和服务都有许多网站可供参考。表 1－2 列出了部分网站。

11 **表 1-2　　包含研究支持型心理疗法、社会心理项目及政策信息的部分网站**

科克伦协作网（广义上而言，关注卫生保健）：
www. cochrane. org
坎贝尔协作网（关注社会福利、刑事审判、教育及社会发展）：
www. campbellcollaboration. org
研究支持心理治疗网（关注心理卫生障碍）：
http：//www. div12. org/PsychologicalTreatments/index. html
SAMHSA 国家基于证据的实践及项目注册：
http：//www. nrepp. samhsa. gov/
加利福尼亚基于证据的儿童福利交换所：
http：//www. cebc4cw. org/
国家健康及护理研究所（关注健康及精神健康）：
http：//www. nice. org. uk/GuidanceMenu/Conditions-and-diseases
医疗保健研究及质量机构——基于证据的报告（关注健康）：
http：//www. ahrq. gov/research/findings/evidence-based-reports/overview/index. html
治疗顾问——研究支持型心理治疗法客户网：
http：//therapyadvisor. com/defaultSub. aspx
基于证据的政策联合——起作用的社会项目：
http：//evidencebasedprograms. org/
什么是票据交换所——关注教育干预：
http：//evidencebasedprograms. org/

当然，一个已经被证明有效的项目，可能因为其涉及的客户、治疗员以及机构设置等因素与你所在的机构或州府不同，无法保证该项目在实施后，能产生相同的积极的效果。从哲学上来讲，这就是**归纳**的问题。如果你看见一只新型品种的鸟，它是白色的，接着又看见这样一只白色的鸟，一只又一只，这时你可能会总结称：这种品种的鸟都是白色的。这是常识。但是，接下来你仍然有可能遇到这种鸟，只是其颜色不一样而已。在项目评估中，即使某一项目已经在其他地方被评估过，并被发现该项目对有特殊问题的客户十分有帮助，这也无法保证它能帮助到你所在机构出现同样问题的客户。但是，如果该项目被反复证明，在有着各种服务提供人员的不同机构对不同类型的客户都有所帮助，而且这些研究是由独立的调查员操作，几乎没有反事实的证据（没有消极的结果），那么，我们有更充分的理由选择该项目或该干预。

实务工作者和政策制定者*必须*对提供什么样的服务做出决定。从更强的、以研究为基础的项目中选择，会提高客户受益的可能性。虽然无法保证一定会成功，但与其他的资源相比，这些项目能提供更确切的指导（比如某个权威人士告诉你该怎么做，或是仅依靠临床机构、理论等）。本书强调，务必利用各种信息资源来决定提供什么样的服务。但是一
12 定要确保你参考的是最新的、科学的、可靠的文献，从而了解有效性服务已有的研究发现（无效服务、不利服务也同等重要）。

相应地，问题也随之而来："为了让给定的干预建立在充足的实证基础上，需要多少证据才足以证明呢?"为强调此问题，美国心理学协会（American Psychological Association，APA）一个推广与宣传心理过程的十二部门（临床心理学）工作组（Chambless et al.，1996，p. 16）颁布了一系列小建议。为了让社会心理干预的结论被列入实证支持治疗之列，它必须满足以下条件：

治疗必须得到以下支持：

（1）至少两个较好的组间设计实验，以证明下列一个或多个方法中表现出的功效——

a. 比药片、精神安慰剂或是其他治疗方式更有效；

b. 相当于在有着良好统计力的实验基础上已经确立了的治疗。

（2）大量个案设计（$N>9$）以展示其功效，这些实验必须——

c. 拥有较好的实验设计；

d. 将该干预与其他治疗进行比对，如（1）a。

其他可以应用的标准有：实验操作必须遵循治疗手册（此举将提高干预措施的复制力），必须明确指定服务对象的特征，其效果必须由两个以上不同的调查人员或治疗小组加以证明。尽管对学生和不习惯严谨治学的实务工作者而言，这些标准看似有些苛刻，但并非不合理；不论是否以证据为本，这些标准都是作为初始点，最早开始对特殊干预进行分类的。在选择提供何种干预项目时，从事人文类服务的业内人士可以采用这些标准。随着时间的推移，可能会有更高的标准（如"对现实生活中临床设置的干预进行评估"），从而提高其效用，"研究支持心理治疗"网站列出了满足这些标准的社会心理治疗法，详见http://www.div12.org/PsychologicalTreatments/index.html。

无论是社会心理治疗法、项目还是政策，它们都享有很大程度的实验支持，被广泛地称为实验支持型治疗或研究支持型治疗。为什么不称它们为基于证据的实践呢？请见下一部分。

四、基于证据的实践

人文类服务专业人士逐渐采用基于证据的实践（evidence-based practice，EBP），我们将其定义为"最好的研究证据与临床专家、病人的独特价值及状况的综合体"（Straus，Glazious，Richardson，& Haynes，2011，p. 1）。尽管以上陈述听起来和常识无异，但事实上，目前还没有明确的道德或法律授权要求人文类服务专业人士提供研究支持型干预，虽 13
然这种做法早已存在。显然，这是人文类服务专家要努力的方向，同时美国、加拿大、英国等国家政府也给予了支持，美国个别州甚至已经开始实施。关于 EBP 定义的引用，最早出自《循证医学：如何实践及教导》第四版这本开创性的书中。尽管 EBP 起源于医学术语，但是其简单的原则已在许多学科中被采用，包括心理学、护理学、公共卫生、咨询服务及精神病学。EBP 概述了基本的五步过程，从业人员可以帮助自己以及他们的受助者决定做些什么，这五步过程是：

（1）将对信息的需求转化为可回答的问题。

（2）追踪最佳证据，回答该问题。

（3）对该证据的有效性、影响及对环境的适用性进行批判性评价。

（4）将以上批判性评价与临床专家、病人独特的价值观、情况及偏好相结合。

（5）评估前述四个步骤的有效性及效率。

EBP 模式假定人们遵循一定的专业道德标准。虽然其最初旨在指导医生，但这五个步骤的一般性质很快被运用到其他领域，如今在健康及人文类服务领域，有大量的文献涉及 EBP 实践模式。请注意 EBP 并不是一种医学模式。没有任何断言称受助者的问题源自其生物本性，也没有断言宣称是医学上的干预，无须争辩临床医生必须是医师（医学模式的三个中心原则）。的确，EBP 来源于医学，但其不再仅仅是医学模式，而更多的是在 20 世纪早期农业发展中的一种推论统计，所有的社会行为科学家都认为仅限于农民使用。

追踪可获得的证据这一步骤，可由从业人员或项目经理自己来完成。他们搜索文献之后阅读并对其进行批判，或是根据有用的摘要——又称**系统性评价**——来解决可回答性问题，或者利用那些已初步搜集好信息的合格人员。如果你能检索到相关的系统性评价，则能帮你省时又省力。表 1-2 列举了能获取系统性评价的部分资源，以及一些引用或列举的研究支持型干预。但是系统性评价并不会告诉你该如何去做，何种服务该提供，何种服务不该提供。系统性评价只是总结了现有的证据，仅供读者使用。例如，某位受助者的医生通知她需要输血，而她属于研究支持型治疗的情况，考虑到宗教原因，她可能会拒绝输血。根据 EBP 模式，从业人员必须尊重受助者的价值观，不能简单地采用研究支持型治疗，却不考虑受助者的观点。可能某位受助者精神非常压抑，最新的系统性评价表明，计
14 算机辅助治疗是一种很好的心理治疗方法，但如果受助者患有严重的智力缺陷，从业者则不应该提供计算机辅助治疗，因为根据判断，受助者无法完成该模式所要求的自我反省及家庭作业。相反，你可以考虑或与受助者及责任方讨论其他替代的治疗法，如行为分析或抗抑郁药品等干预方法。在 EBP 中，并不会得出“研究控制一切”的结论。EBP 确实宣称要考虑研究者以及受助者的偏好和价值观、专业道德、可获取的资源及技巧。这些都经过了适当的考虑，这也是为什么 EBP 不存在一些基于证据的实践所困扰的问题。简单地依靠研究支持型治疗，同时认真考虑 EBP 模式中同样至关重要的因素便决定将其采用，与此相比，EBP 的五步决策模式更加复杂（Thyer & Myers，2011；Thyer & Pignotti，2011）。这对项目评估者而言极其重要，因为研究者为很好地了解 EBP，会更好地阅读该模式的原始资料，比如斯特劳斯等人（Straus et al.，2011）的研究成果以及之前的版本，而不是依靠经过三次或四次转述的资料，因为这些转述的资料往往会被配上曲解的图画，

如赛义（Thyer，2013）纠正 EBP 的错误表述，详见社会工作文献。

项目评估理论的角色定位

在所有可能的领域中，最好每一个项目都能建立在**理论模型**之上。也就是说，在从业人员投身到一个社会问题中、在助人之前，他们应该建立一个模型，对该问题进行检测——检测问题如何产生、为什么会产生以及最好的改进措施是什么等。社会心理学理论或其他理论可以成为每个项目的组织原则，这个原则通过提供一套标准方法让大家不懈地努力，而这套方法源于表述清晰而全面的社会学理论或社会行为理论。这些理论可以作为行动指南，对问题成因进行概念化梳理并对干预行动提出建议。

以多动症为例。如果一个人以生物学取向理解多动症儿童，并对其进行治疗，他也许就会将重点放在大脑化合物的潜在干扰上来解释多动症，并使用药物调节这种化学不均匀性。如果一个人认同学习理论的取向，那么，他也许会考察过激环境可能造成的影响，或者把同辈群体、家长、老师对多动症儿童的无意识强化作为多动症的初步成因进行考察，也有可能考察操作环境和积极行为管理计划，强化任务的完成要有始有终，以此进行干预。受过生物-心理-社会学方法训练的人可能两种方法都会采用。关于多动症成因还有很多理论及基于这些理论的干预措施，都可纳入考虑范围之中。

另一个例子是饮酒过量的问题（通常被称为酗酒）。关于酗酒的病因也有许多理论，还有各种方法帮助人们减少饮酒或戒酒。根据匿名戒酒互助会的理论，酗酒是由生物学上对酒精的过敏反应引起的，即使只喝一小口，也会引发想要喝更多的欲望，而且这种欲望令人失控。通常，这种生物学理论会发展出干预理论，即从接触酒精的环境中完全抽离。15
正如要求一个对花生过敏的人避免食用花生一样，可以为酗酒者提供一个教育、人际支持、精神发展的项目，目的是让他们完全戒酒。没有人会说从酗酒中“恢复”或是“治愈”，好比某人可能不再对花生过敏一样。根据匿名戒酒互助会的理论，人们只是处于不同程度的“恢复”中。该互助会是一个康复项目，可以清晰地追溯到病因理论和干预理论，只是在这种情况中属于生物学理论。而且，戒酒的理论还有不少，都是基于学习理论、基因遗传理论、心理动力学以及家庭影响理论等发展而来。每一个理论又衍生出自己的项目（例如，饮酒时戒酒药物产生恶心反应、抗渴求药物、行为矫正、社区强化戒酒法、心理治疗、理性的复苏、家庭治疗、冥想等）。

还有一个问题需要考虑。假设请你主持一个为男性虐待狂提供的干预项目，仅用一种方式描述这些人合适吗？只需要一种干预策略吗？桑德斯（Saunders，1992）称，理论上讲，可以把虐待者分为三种不同的类型：第一种是小时候遭受过严重虐待的男性；第二种是情绪上变化无常、性别角色态度强硬的男性，他们害怕失去自己的伴侣，因而抑郁、倾向于自杀、易怒；第三种是只虐待家人的男性，其性别角色的态度往往相对开明，童年受虐率越低，对婚姻满意度越高，他们一般都不自信。对一种虐待者而言，某些干预措施可能比对另一种更有效吗？

人际交往暴力，尤其是配偶虐待领域，主要采用针对女性的方法。这些方法解释了在不公平的父权社会制度下剥削权力的问题。这也导致了“德卢斯模式”（Duluth Model）的干预及预防的广泛使用（详见 http://www.theduluthmodel.org/about/index.html）。考虑到在亲密关系中女性对女性和男性对男性虐待的存在，其他的配偶虐待理论大多采用更加性别中立的方法（Ferreira & Buttell，待出版）。这种情况和“德卢斯模式”大相径庭。由此看见，针对特定项目所采用的理论可以对问题的起因产生强烈的影响，并且会影响干预的效果。

理论模型对于了解一个项目该如何运行、何处能找出迹象表明项目成功是十分重要的
16 （见专栏 1-2）。但往往在许多社会服务机构通行的理论都融合了过去的经验与传统。如果在恢复、帮助、修复或治愈服务对象时，项目通常是成功的，评估就没有问题。但是如果项目花了太多时间却不成功，那么即使项目是按设计实施的，可能基础理论仍存在缺陷。在这种情况下十分需要新创意和新方法。理论也许能告诉我们如何成功地达到目标（Conrad & Miller，1987），但并不适用于每个案例。

专栏 1-2　　优质社会服务项目的特征

- 人员配备
- 预算
- 稳定的资金
- 公认的身份
- 概念或理论基础
- 服务理念
- 系统地对服务进行实证评估的努力
- 证据为本的研究基础

项目评估研究逐渐会被视为相对糟糕的理论效度测试。举个例子，人们发现一个由理论发展出来的干预项目对服务对象产生了积极的影响——他们似乎真的是从项目服务中获益了。你可能会得出如下结论：这证明该项目的基本理论是有效的。如果你这么做，可能就错了。一个干预之所以行之有效，可能跟其基本理论基础毫无关联（详见 Lilienfeld，Ritschel，Lynn，Cautin，& Latzman，2014）。例如，据说早期的（大约在 20 世纪 50 年代）行为心理治疗被称为系统脱敏法，是因为所谓相互抑制的潜在理论在起作用。20 世纪 60 年代末至 70 年代，经过仔细测试发现：的确，系统脱敏法在克服某种焦虑障碍方面非常有帮助，但不是因为相互抑制的任何过程。最近有一种被称为眼动脱敏再加工（约 20 世纪 90 年代）的心理治疗，据说治疗师的工作就是一边让服务对象想着创伤性事件，一边询问他们，根据他们眼睛的来回移动建立一定的模式，使大脑发生潜在的生理变化。事实证明，这种所谓的眼跳、眼动与通过眼动脱敏再加工获得的适度改善毫不相关，更有可能是因为服务对象心存焦虑，从而这种治疗方式起到安慰剂的作用（详见 Lohr，Hooke，Gist，& Tolin，2003）。即使参与行为治疗项目、心理治疗项目或关注解决问题的治疗项

目的人的确得到了改善，也并不能证明相关的理论是正确的。总而言之，治疗与项目是建立在理论命题基础上的，要求其*证据*效力与成功的结果之间互不相干。

假设让你评估一个理论为本的服务项目，而结果却很糟糕，如服务对象没有得到改善，或者情况变得更糟（但愿不要这样），那就“证明”该项目所依据的理论错了吗？不要提前下结论。理论倡导者可能会说，结果不好是因为没有正确地进行治疗或提供服务，或是因为治疗师没有得到充分的训练及督导，治疗期太短，又或是检测结果的措施不够敏感但对治疗有深远而有益的影响，随访时间不够长，等等。项目不奏效的理由（有的真有的假）可能有很多，但潜在理论无效的原因只有一个。我们不建议根据项目结果所依据理论的真伪去进行项目评估。在极少数情况下，对一个精心设计、严格执行的项目结果进行研究，结果如果是否定的，可视为是基础理论无效的反映；但结果是肯定的，就声称该理论是正确的，也不恰当。项目奏效有很多原因，但不包括项目开发者提出的虚拟假设和前人提出的概念。 17

在某种程度上，项目的设计者和执行者克服了许多因误导和错误引发的问题，他们不单单是靠那些理论，同时也靠那些实务经验支持的方法研究和评估。最好的项目，那些“前沿”的项目，都是建立在最新实证研究的坚实基础上的。希望这些项目可以在成功率方面提供一定的信心和知识。如果我们自己或者家人需要干预，我们就会选择这样的项目。

然而，你应该意识到，许多（也许是绝大多数）的人性化服务项目并不是基于任何明确的理论，如可以解释特定问题如何产生的人类行为理论、病因社会理论或行为社会科学理论，或是其他特定干预理论。这些非理论型的项目可能就是基于常识、权威或传统。例如，我们知道一位州长为每一位新生儿母亲提供了一张古典音乐光碟。这些光碟已经正式被分发到数以万计的新妈妈手上，花费了纳税人成千上万美元。引发这个权威性倡议是由于州长在阅读时读到“莫扎特效应”，它是指听了莫扎特的一首特别奏鸣曲之后，大学生能得到更高的考分（并不真实）。该州长希望，这些拿到古典音乐光碟（光碟中不含那首特定的莫扎特奏鸣曲）的妈妈们播放给肚子里的胎儿听，孩子将来长大后能更聪明。这种人文类服务项目并不是基于任何与智力有关的病因理论，甚至也不是基于听古典音乐能提高智力的干预理论，而是基于*权威*，基于州长的授权。不幸的是，随后的研究都没能证明“莫扎特效应”在考试上的功效，更不能证明它在提高婴儿的智力上有任何效果。

与理论无关的项目，还有很多案例，如撤销辍学高中生的驾照、儿童保护服务项目、流浪汉收容所、施粥堂等政策。如果让提供这些服务的从业者说出其项目的社会理论或行为理论，你往往会发现他们一脸困惑。可以肯定的是，这些项目理应事先根据某些相应的理论而进行设计，但在许多情况下并非如此。而且试图追溯并适应一个理论取向去解释某个特定项目，可能会被误导，因为毫无疑问的是，针对同一个项目*可能*同时会有几十种相互对立的理论解释，使你无法有效地理解一个项目究竟是如何施加效力的。用正式理论对实务成果进行研究是十分复杂的，赛义（Thyer，1994；2001）的演讲可能比我们解释得更全面。

理论可能给人文类服务带来的负面影响也不容忽视，尤其在涉及项目及其评估时（Thyer，2012）。许多社会项目都是基于错误的理论，这些理论又基于无效的病原学或治
18 疗建议以及伪科学（Pignotti & Thyer，2009；Thyer & Pignotti，2010）。例如所谓的“少年犯训练营”，此处所用到的理论（宽松的）是：触犯法律的青年都有他们的“人格”缺陷。有些政客的军训经验使他们相信：一个海军风格的新兵训练营方案能以某种方式纠正青年男女的不良行为，当他们从训练营出来，回归家乡社区，他们的性格会变好，变得更“强”，能更好地抵制不良青年所带来的影响。然而，有证据清楚地表明：训练营在防止青少年再犯罪上就不奏效了（请参考 www.campbellcollaboration.org 网站上对该话题的综述；MacKenzie，Bierie，& Mitchell，2007）。这些支持青少年参加训练营的州府是在帮倒忙，而且还浪费纳税人的钱，雇佣上百人提供无效服务，更不用说耽误了这些青少年转去参加那些更有效的项目了。评估者在无效的项目上耗费精力，就无暇顾及那些更有益的活动了。这些都是无效理论对基础社会服务的有害影响。

不同的项目之间千差万别，有的项目复杂，而有的简单到仅由一个活动组成。其涉及范围小到为年轻妈妈提供合作照顾婴儿的项目，大到惠及百万人的生活联邦食品券项目。要确定应不应该把某些活动看作一个项目，或者看作一个大项目下系列活动的一部分，其实并不容易。无论哪种方式都可以进行项目评估，只要有预期目标或能够陈述出来即可。某些机构把项目称为服务，而在本书中，这些术语是可以互换的。

五、项目评估的定义

项目评估是管理过程的一部分，是一项应用研究。评估用来帮助那些必须对人文类服务项目做出行政决定的人。在理论研究中，科学家为了自身的利益而从事科学研究；与理论研究不同的是，项目评估是以务实的理由对人文类服务项目进行系统的考察。决策者可能需要知道一个项目是否完成了其目标，是否明年值得继续投资，或者有没有项目费用又低又能达到相同的效果。格林内尔与昂罗（Grinnell & Unrau，2008，p.553）对项目评估给出的定义值得推崇：

> 项目评估是一种形式，它使用有效而可靠的研究方法，探讨一个组织为满足某些社会需要而存在的过程或结果。

项目评估与基础研究一样，二者都遵循逻辑、调查有序，往往始于一个问题、一个疑

虑或是一个假设。通常情况下，项目评估对有关问题进行审视，包括之前的努力和理论方法（这就是所谓的文献回顾）。首先开发一个研究或是一项评估设计（用蓝图来指导数据收集工作），之后收集并分析数据。说到这种方式，人文类服务的业内人士都知道，研究和评估在以任务为中心和以解决问题为主的过程上是相似的。

鉴于对数据的预期用处或应用不同，研究与评估也有所不同，可能达不到预期的需求，或对“纯”研究的需要，但仍有很多人会焦急地等待项目评估的结果。同时，研究的目标是产生普遍性知识，而从项目评估中获取的信息可能只适用于一个特定的机构，从某种程度上而言，两者都是比较严谨的。请将项目评估视为一种工具——一种你可以使用（和帮助别人使用）的管理工具，让你为社会、为人文类服务项目做出更好决策的工具。 *19*

项目评估涉及比较。事实上，塞洛克和桑顿（Schalock & Thornton，1988）将项目评估定义为“结构化比较”。不将一些项目跟其他项目进行比较，就无法进行评估。一个机构的项目可以跟其他机构的类似项目进行比较，可以跟过去或之前的项目进行比较，或者与现有的目标进行比较，但如果没有某种形式的比较就没有评估。

六、为什么要进行项目评估？

通常，对社会及人文类服务项目进行评估，是因为需要对赞助方和投资机构负责，或者由于资金稀缺，竞争激烈，往往只有一个项目（通常是最有效且高效的项目）能够得到资助。每当尝试新的干预措施，却不知道它能否像以前的方法一样成功有效时，或者当你认为某程序可以得到改进，即可以提高效率或更好时，就有必要进行项目评估。要了解开展一个社会及人文类服务项目是否值得，关于它的客观评价和反馈非常重要，这种场合就需要我们进行评估。接下来的设想将说明遇到什么场合需要评估。

设想 1：评估需要

你的代理机构正在向“美国联合慈善总会”申请资助，准备着手一个新的项目，旨在为那些提起公诉的家暴受害者提供咨询，要求你来准备项目策划。在阅读前面的指导语，以准备项目策划书时，你会发现，除了描述项目、列举其独特性、说明所需资金外，该指导语还要求具备项目评估。在年底项目竣工时，必须提交一份项目报告，用数据表明结果很成功，对家暴问题具有一定的影响力。

设想 2：稀缺资金的争夺

假设针对男性家暴受害者设计的创新项目已经实施了一年，你已经获得了一些数据，希望这能有力地影响委员会，让他们决定继续为你的项目提供资助。你在准备陈述时发现，另一个机构也提出申请，希望资助其家暴项目。通过进一步了解，你发现现有资金只够资助一个项目。

20 **设想 3：评估新的干预措施**

越来越多的受助者希望能体验门诊心理咨询机构的服务，而你却没有足够的员工提供服务。在规划会议上，一位新员工建议，将一对一的个案咨询模式改为小组辅导模式，这样做的好处显而易见：不用再限制每一个从业人员每天只能为 7～8 位预约对象服务，每个治疗师一天可以开办 3～4 个小组会议，能覆盖到 25～30 位服务对象。尽管能够为更多的客户服务，但该建议并没有得到大家的支持，因为他们相信，个案咨询比小组咨询更有效。

设想 4：评估问责制

你在一个大型住宅机构为儿童提供服务。不幸的是，一名幼儿工作助理最近被发现猥亵了一名儿童，公众一片哗然。社区领导要求该机构主任和所有主要工作人员辞职。该机构主任知道你在附近的大学学习项目评估课程，她把你叫到办公室，要求你想方设法客观描述一下该机构的优势。那么你可能会告诉他们：“我们这里的绝大多数青年员工都有良好的经验，对本机构印象良好，离开机构之后，他们还能继续在学校和生活中表现得那么出色吗?”

七、项目评估的动机

我们为何要评估人文类服务项目呢？对项目进行评估主要是因为必须做出行政决策，而知道一个项目的好坏十分重要。政策制定者或决策者可能对一个项目有猜想（例如：免费诊所咨询项目是十分有效的）；而在其他情况下，这样可能会引发疑问（例如：免费诊所的咨询项目是有效的吗?）。猜想或疑问为项目评估提供了动机，至于到底是猜想还是疑问成了评估的催化剂，二者没有任何实际差别，详情请见专栏 1 - 3。

在专栏 1 - 3 中可以轻而易举地列出更多事项，对某个问题感兴趣可能会涉及其他领域。评估者可能一开始只是想知道客户是否得到了帮助，但在设计方法的过程中，其初始问题却有所变动。评估者不仅想知道客户是否得到了帮助，也想知道这一做法是否比其他方法花费更少（更划算）。其他问题也可能会被关注到，如自去年以来，某些员工是否提高了工作效率，或者该项目是否已实现其预期的目标。在某些情况下，管理者可能希望使用评估数据来争取民众，支持人文类服务项目（纳税人更乐意支持增加的税收被用于“优质”项目，而不是那些没有效果或是经营不善的项目）。项目评估也可用于向公众推销项目（作为一名项目经理或机构主管，有数据显示，92％的客户说他们会让自己的朋友或家

专栏 1-3　项目评估的动机 21

我们想表明：	我们想知道：
1. 客户得到了帮助	1. 客户得到帮助了吗？
2. 客户对我们的服务十分满意	2. 客户对我们的服务满意吗？
3. 该项目可以影响到一些社会问题	3. 该项目真有什么不同吗？
4. 该项目有其研究价值	4. 该项目值得花那么多钱吗？
5. 该项目或方法比其他的要好	5. 新的干预措施比之前的要好吗？
6. 该项目需要额外的人员和资源	6. 我们该如何改进这一项目？
7. 人员得到了充分利用	7. 员工充分利用他们的时间了吗？

人去你们机构求助，这可能是你手头非常有用的信息）。

社会和人文类服务项目已经发展到可以解决滥用药物这类社会问题的地步了。想一想这个国家的其他社会问题，我们可以列出：

贫穷
药物滥用
无家可归
青少年怀孕
失业
精神疾病
虐待儿童
文盲
家庭暴力
高婴儿死亡率
犯罪
饥饿
艾滋病

针对每一个社会问题都有成千上万个项目。其中有些项目奏效了，而且需要持续进行，而有的则是无效的。如果不能证明某项目对这些问题有任何影响，那就需要采取进一步的评估，研究一下为什么该项目没有成功。有的理由可能合乎逻辑，如项目可能管理不力、资金不足、概念缺乏或设计不佳等。作为人文类服务的专业人士，我们要抱有对地方 22
性项目那样的兴趣，密切关注国家项目的结果，不能把项目评估理解为只适用于我们所服务的某一家机构。

尽管迄今为止引用的例子有助于我们理解地方性项目评估的需求，但是由国家开支和计划的项目需求却更为巨大。例如，《品牌周刊》（1998 年 4 月）上一篇名为《毒资》的文章指出：美国远离毒品组织与美国国家毒品控制政策白宫办公室合作，斥资近 20 亿美元，发动了一项反毒品运动。该文的作者丹尼尔·希尔（Daniel Hill）表示，投入这笔巨资只得到了一些研究的“脆弱”支持。三项研究中有两项认为媒体报道对远离毒品很有效，但这些研究信息尚未公布。第三项研究的作者承认，她的被访者一直在说一些他们认为研究者想听的话。

不少专家指出，较好的对比研究表明，媒体宣传未能有效地改变人们的行为。据希尔（Hill，1998）的文章，国家毒品控制政策白宫办公室的副主任无法引用任何研究来支持禁毒广告有效这一论点。虽然美国国内存在严重的药物滥用问题，但有必要在未经检验的干预上投资数十亿美元吗？在投入大笔资金之前，不应该有研究来支持该干预是有效的吗？

禁毒广告宣传的例子并非普通事例。据《纽约时报》上的一篇文章说，在 20 世纪 60—70 年代，联邦政府为职业培训投资数十亿美元，却“对什么起作用，什么不起作用毫无头绪”（Passell，1993）。作为一个社会，我们需要检验新方法去解决老问题。例如：对依赖社会福利生活的母亲奖励金钱进行刺激，让其使用皮下埋植法避孕，这会显著影响其生育数量吗？为低收入的学生提供全额奖学金，让他们留在学校通过课程学习，不接触毒品、不怀孕或不触犯法律，以这样的方式与贫困做斗争现实吗？有时项目花费的确十分惊人。众所周知的“开端计划”（Head Start）广受欢迎，其宗旨是对处境不利（教育及经济方面）儿童进行教育补偿。自 1965 年以来，纳税人为支持该项目已支付 1 800 多亿美元。2012 年，联邦政府对“开端计划”进行了全面的评估，而结果呢？参加“开端计划”的学生与未参加的同龄人控制组相比较，整个小学三年级的学习经历并没有很大区别（详见 http://www. acf. hhs. gov/sites/default/files/opre/head_start_executive_summary. pdf，p. iv）。该评估范围大、控制好，得到的证据清楚明了、令人信服。就教育及发展来看，最好的证据并未表明“开端计划”取得了预期效果。作为日托形式的一种，它的好处是家长可以全心工作，但是与未参加该项目的学生相比较，其教育服务并没有明显的价值。

无论是地方项目、州立项目还是国家项目，评估时往往首先要确定一个问题。决策者
23 想剔除无效项目，并知道自己的钱花得值不值。可能只是因为一些事件或问题引起了他们的注意，他们便就某个问题开发出了一个项目，这些问题可能是显而易见的、公认的，也可能只为少数工作人员、管理人员或受托人所知。

有时进行项目评估是为了确定问题的程度或大小，或确定一个充满疑虑的问题。当你考虑在哪个机构工作或实习时，你会想到什么问题呢？对于你所工作的单位，推测一下你会想到哪些问题呢？（如果你最初对任何问题都没有想过，那么你有没有看过最近的数据，

显示该项目是有效的或者是高效的?)

由于项目不同，进行项目评估可能就有很多原因。除此之外，那些助人的行业也需要进行项目评估，因为他们有责任改进项目。

所有人都有道德义务来评估我们的实务（见专栏1-4）。专栏1-4包含了社会工作者、心理学家、法律顾问、护士、内科医师、公共卫生工作者的道德标准，所有的标准都强调了参考项目评估的重要性。通常，我们会陷入计时服务、家访、电话呼叫次数和机构内部审计与认证形式之中，却没有系统地评估这一切努力是否对服务对象产生了有益的效果。道德伦理要求我们确定我们的服务对象是否得到了帮助，干预之后结果是不是更好了。项目评估就是一个可以满足我们这个伦理准则的主要手段。

专栏1-4 专业协会对项目或服务评估中的伦理准则的指导意见

● 社会工作者应该监督或评估政策、实施项目及进行实务干预。社会工作者应该促进和推动评估与研究，以对知识的发展有所贡献。社会工作者在其专业实务中应该充分利用评估和研究证据（National Association of Social Workers，1999，p. 20）。

● 对所有的学校社会工作项目，不管是新的还是长期的，都应该在一个持续的基础上进行评估，以确定其相关性及效率，而且对儿童教育过程有所贡献（National Association of Social Workers，1992，p. 16）。

● 临床社会工作者应该具备用研究来评估服务有效性的知识和技能（National Association of Social Workers，1989，p. 7）。

● 对心理服务要进行周期、系统而有效的评估，当心理服务部门是某大型组织的一个组成部分时，在服务计划中就要求对目标的进展情况进行定期评估。这样的评估应该考虑心理服务的有效性（Board of Professional Affairs，1987，p. 719）。

● 督导作为专业人士应不断地监控其有效性，在必要时采取措施加以改善（American Counseling Association，1999，p. 6）。

●从学术角度来讲，护理专业应通过调查研究、评估来完善和扩大其学科和实践基础的知识体系（http://nursingworld. org/MainMenuCategories/ThePracticeofProfessionalNursing/EthicsStandards/CodeofEthics. aspx）。 24

● 公共卫生应寻求实施保护和促进健康的有效政策和方案所需的信息（同时也意味着项目评估信息的重要性）……评估个人和基于群体卫生服务的有效性、可及性以及质量（http://phls. org/CMSuploads/Principles-of-the-Ethical-Practice-of-PH-Version-2. 2-68496. pdf）。

● 涉及以人类为主体的医学研究，其主要目的是了解疾病的起因、发展和影响，在对其加以改善、预防的同时，应对其采取诊断和治疗干预措施（方法、过程和治疗）。即使采取最佳的干预措施，也必须通过不断地研究其安全性、效率、可及性和质量，以保证评估的效果（http://www.wma.net/en/30publications/10policies/b3/）。

八、克服主观性观点

任何时候我们面临选择时，总是发现自己处于这样一个位置：必须在两个或两个以上选择中做出决定。通常，非正式的（甚至是无意识的）标准指导我们做出选择。虽然这些标准可能是本能反应，而不是经过深思熟虑后的产物，却能帮助我们做出选择。它们可以帮我们确定“好”餐厅、“好”电影，还能评价医疗人员的服务（例如，一个“好”医生）。在这些情况下，“好”的定义是主观的，甚至是武断的。例如，在我看来，镇上最好的餐厅可能是一家意大利餐厅，然而你可能非常不喜欢意大利菜；以我之见，最好看的电影应该是《德州电锯杀人狂》，而你却不喜欢这种重口味暴力型影片；我认为一名好的医生可以不修边幅，但他能回答我的每一个问题，而你却认为一名好医生应该着装得体，尽显高贵，因为外表对你而言很重要，你可能对一个穿戴都不整齐的医生没有信心（不管你的问题是否得到了回答）。

但是这与项目评估有什么必然的联系呢？每天（有时一天多次），人文类服务的专业
25 人士必须引导人们参与他们的项目，或者基于主观印象推荐他们到其他项目中。当我们推荐时，我们不是希望服务对象去参加一个没有效果的项目，而是去参加一个“好”项目。我们希望他们有最好的机会在该项目中做得更好或实现成功。作为专业人士，我们有专业责任，避免将服务对象推荐到无效或是有缺陷的项目中。我们也希望我们指导的项目或是聘用我们的项目，能让服务对象从中受益，可是我们该如何识别一个项目是好是坏呢？

我们怎么才能知道我们的项目何时有效呢？我们愿意相信我们帮助到了服务对象，可是有什么实际证据证明，大多数服务对象得益于我们的项目了呢？大多数助人的专业人士都有一些服务对象经过技术干预后取得了巨大进步，我们觉得这些成功的服务对象就是一种回报，他们帮我们认识到自己是有能力的，而且我们选择了一个正确的职业。不幸的是，我们还有一些不成功的服务对象。尽管我们尽了最大努力，但这些客户还是退出了项目，生活一团糟，似乎从我们的干预措施中一无所获。想一想那些中途退出项目的服务对象吧。那么“成功的”和“不成功的”服务对象各占多少比例？你的服务对象中是成功的多还是失败的多？你有什么证据能证明你的成功呢？

我们提出这些问题是想帮你理解：项目评估采用的视角与你通常考虑服务对象时有所

不同。临床医生和从业者倾向于主观评估自己的实务和所选择的个案。他们会想到史密斯夫人（她是成功的案例）、亚瑟先生（他是受助者中的模范，现在回来做志愿服务），或者可能是凯西小姐（她并不成功）。然而，这些“案例焦点”不能在项目水平上对数据进行聚类分析，以致无法对项目的整体效果进行总体评判。尽管有句古话说“一颗老鼠屎坏了一锅粥”，但是出现个别不成功案例并不意味着要彻底检查整个项目。

对单个受助者使用“焦点案例”进行评估比较困难。例如史密斯夫人的案例，尽管你认为你成功地帮她戒了酒，但其他人可能不会这么快对你赞誉有加。那些对你作为临床医生的专业技能表示怀疑的人可能会指出，虽然史密斯夫人不再酗酒了，但她的家庭却支离破碎。她丈夫离开了家，十几岁的女儿也离家出走，而史密斯夫人现在和另外一位戒酒者住在了一起。她以前是一名注册护士，现在当了一名服务员，拿着最低工资。面对这些批评，你也许会说：“她不再喝酒，她自我感觉良好，我认为这就表明她取得了极大的进步。”尽管有人会争辩说，无论在特定情境下成功与否，负责人都需要把项目作为一个整体来看待。那么服务对象（作为一个整体）在参加该项目后，结果是更好了还是更糟了呢？

至于亚瑟先生这个案例，机构中的每个人都认为他在参加了该项目后，生活得到了很大的改善。但是细看却会发现，你为亚瑟先生所花的时间是一般受助者的两倍。他的成功是因为得到了双倍的关注吗？如果他所得到的关注时间与一般受助者一样，那他还会成功吗？（他得到这么多时间是因为他是一个“容易帮助”的工作对象吗？）

我们已经承认，凯西小姐的案例并不成功。但是，凯西小姐是一个典型受助者还是与 26
众不同的受助者？或许在你的项目中，凯西小姐是心理困扰最严重的受助者。考虑到她曾有多次入院史，或许没有人真的指望她能取得什么显著的效果。

从这些案例中我们可以看出，作为一名从业者，我们的观点往往涉及一些主观评价。也就是说，我们认为案主得到了改善或没得到改善。主观性评价的问题就是，别人可能不会赞同。你认为史密斯夫人是一个成功的案例，也许你最好的朋友或同事认为这个案例并不成功；虽然让你高兴的是，亚瑟先生克服了自己的很多问题，可是你的项目主任却在你的备忘录上措辞严厉，提醒你该项目的受助者等待名单很长，你无法在其他受助者身上花同样长的时间；尽管凯西小姐在治疗中没有取得任何进展，项目负责人却并未感到失望。“从这个案例中我们学到了一些东西，”她说，“我们知道哪些对受助者不起作用，下一次我们将尝试一些不同的东西。”

许多人深信，当他们快要迟到的时候，开车闯红灯的次数比平常要多，但是不可能在匆忙的日子里全世界都与你作对，这其实可能是你自己的强烈的主观印象。据调查，很多心理治疗师评估自己的综合有效性很高。如沃比冈湖的小孩儿，没有一个人是比较“平均”的。然而，数据显示，这是不可能的。在交谈中，我们可以避免说这样的话：“那个家庭是我做的一个非常成功的案例”，“她是一个好的治疗师”或者“这是一个好项目，你会非常喜欢的”。然而，某词典列举了“好”作为形容词的九种定义（见专栏1－5）。很少有人会问到我们是如何定义“好”的。有些事情，作为健谈的人我们能做，但作为项目评估员我们是不能做的。

专栏1－5 “好”一词的内涵

用途	例子
1. 可口的、好吃的	我今天吃了顿好饭。
2. 品行端正的、道德高尚的	特雷莎妈妈是个好人。
3. 技术熟练的、有能力的	她是一个好工人。
4. 有用的	我考前读的这本书真是太好了。
5. 可靠的	帕特是个很好的信息来源。
6. 善良的、无私奉献的	我奶奶真好。
7. 真实可信的	他画的重点很好。
8. 听话的、守秩序的	瑞琪儿是一个好孩子。
9. 数量庞大的	现在的贫困人口比5年前多好多。

评估者十分关心特征和测量。我们需要的是可以证实的证据，而不是别人的意见。这
27 关系到项目能否产生行为、态度和知识上的变化。此外，我们可能也想知道，一般受助者经历了多少变化，这种变化维持了多久，并且付出了哪些代价。

主观评估单个受助者的成功，就像之前对“好”电影、“好”餐厅的评价案例一样。我们每个人的意见都各不相同，在大多数团体中，如果有人说“这家餐馆不咋地”，肯定也会有人说：“嗯，这是我最喜欢的餐馆!”或是：“那家餐馆很有意思，我上周三才在那家美美地吃了顿晚餐。”主观评价的问题是，每个人都是正确的。在这个餐馆有过不愉快经历的人，也许是因为服务不周，也许是因为备餐不当；上周三才在那家餐厅吃过饭的人可能并没有吃到什么美食，他之所以会大胆地说那家餐厅是他最喜欢的，可能是因为他喜欢那里的氛围，他和餐厅的老板是好朋友，或者他的女朋友在那里工作，这些原因让他愿意忘记偶尔一顿难吃的晚餐，还有一个可能是，他不挑食。

要想成为一名评估员，我们需要调整自己的观点，这样我们不仅能看到一顿饭或个别受助者，还能看到更大的画面，关注焦点也从微观调整到宏观。大多数餐厅的顾客或客户都有着什么样的体验呢？从某种意义上说，我们需要忘我、拓宽视野，去关注最平常的体验。有百分之多少的客户不会再光临？工作量要达到多少我们才算成功？我们需要找到确证的证据，才可能说服保持中立的观察员。（例如，计算餐厅里没吃完就离开的食客数或是在电影中途离场的观众数，可能会有力地证实自己的主观经验。）

作为评估员，我们需要客观地得出这样的结论：这个项目很不错，而另一个不行。这不是基于个人观点，而是以事实为依据。只有当我们超越了自己的个人经历或见解，并收集他人的经验信息，我们才开始形成评估该有的立场——已经从主观走向客观。

客观的立场似乎更倾向于相信数字和计算。作为一个粗浅的经验规则，我们采访、调查或接触的人越多，对评估的结果越有信心。数字构成了客观数据（尽管有时数据也撒谎），例如：100 位客户中有 97 位客户表示，会把我们的服务推荐给自己的朋友，这就构成了客观数据。任何人对这 100 位客户进行测试，只要把他们的回答分为“推荐服务”和“不推荐服务”两组，就都应该得出相同的结论。

在某些方面，评估者就是应用科学家，科学家试图理解和解释他们周围的世界，但科学家对自己探索的事物不仅要解释，而且要*正确*地解释。无论我们认为自己是项目评估者还是应用科学家，与我们的主张或是极具说服力的演说有所不同，我们的研究结果必须是独立的；这个研究结果应该是可重复的（可再现的），其他人在独立操作中一定也能得出同样的结论。如果有人不喜欢或是不赞成某一项目评估的结果，他可以用相同的方法再进 28
行一次评估。假设此间该机构没有发生重大变化，原有的评估方法也是合理的，那么再研究的结果应该与第一次相同或非常接近。

客观性要求精确无误。评估者必须明确他所评估的项目要测量什么、如何收集和分析数据、他们要访谈谁、在特定期限内观察谁。这些问题都讲究特殊性。在研究和评估中，几乎都不能容忍模糊性。请注意下例中就缺乏特殊性：“这项评估将决定，在职培训中使用移情能否帮助护士更好地完成本职工作。”你不觉得这种表述太模糊了吗？之所以表述得不够清楚，是因为大家都在想：护士正在讨论什么？能确定在完成本职工作时有移情的必要吗？正在考虑的工作有哪些？表现得更好意味着什么？移情该如何测量呢？

让评估更加具体和精确的一种方法就是运用操作性定义。**操作性定义**就是为了达到评估的目的，给出一个变量或概念（如移情）并进行测量。评估者可以用一个标准化量表来测量移情水平，或是运用一些行为来测量，比如在治疗期间，咨询师点头肯定的次数，或说出表示支持的语句如“我明白”的次数。咨询师的操作性定义为：有一定学历，或者忽略其教育背景，而仅仅是在同一个项目中工作的人。

当一个人开始给评估或研究的主要概念设置操作性定义时，模糊性往往不复存在。至于模糊性的陈述，如：“这项评估将决定在在职训练中是否使用移情，以帮助社会工作者更好地做好自己的工作。”给这种重要概念设置操作性定义，可以将其改为：“移情水平高的社会工作者每年送到收养家庭的孩子要比移情水平低的社工多吗？”

在努力使项目评估更为精准的同时，也不排除主观性的经验。在某些特殊情况下，为了了解客户对项目服务内心真实的观点，开展定性研究也是十分有用的。尽管一个“不良”的主观性经验不能构成项目评估，但如果项目经理、机构主管或董事会成员关注到一个事件是否反映了项目的真实经过，那么主观性经验也可以成为正式评估。项目评估员旨在了解项目的“事实”和“真相”，在此过程中，评估员会搜集大量有关该项目的主观性意见。客观评估并不依赖任何个人意见（不论这个人多么有影响力），而是力图从总体或团体意见中获得综合性观点。

由于项目的效果有时让人痛苦不堪（如资金损失，相应地需要解雇一批机构员工），却又影响深远，项目评估员总是寻求他们能获取的最有力的客观证据（限定了预算、时
29 间、访问对象及其记录以及合作的人员等）。在客观的或是“硬数据”的指导下进行项目决策当然要比决策时没有项目评估数据要好得多。例如，如果给你量刑定罪，但你并没有犯罪，你一定希望你的律师代表你尽可能地拿出客观证据，协助陪审团以证清白。如果你的律师将整个案例都依赖于单个证人的证词，以此证明你是一个“好”学生或“好”朋友，你可能会感到十分不舒服。

本书强调克服主观性观点，虽然这是我们期待的，但完全做到也没有必要。我们都是人，都有自己的偏见，只是有些我们可能没有意识到，我们努力将引入他人的东西减少到最低限度，让我们的结论看上去没有明显的硬伤。好的科学并不是对一个问题进行“纯粹”客观的研究，然而缺乏较好的客观性却是致命的缺陷，其结果并不比“所知的其他方法”强多少。高文斯坦（Gorenstein，1986，p. 589）提出了更为现实的视角：

> 拒绝潜在的科学引进是毫无意义的，仅仅因为社会价值观在其制定中发挥一定的作用。一个建构是否具有科学意义，这是一个经验问题，取决于构建出的产品是否具有合法性。

九、项目评估的哲学假设

作为社会与行为科学研究的一种特殊形式，项目评估的前提是基于一定的哲学假设，这与现实属性、调查研究设计及其实施相关。尽管这些哲学假设常常与理论相混淆，但你可以通过回顾加以区分：社会与行为科学理论是对问题和干预的解释，而且可以通过科研调查去解释；而理论本身是基于一定哲学假设的，是无法进行检验的。一些以哲学为基础的项目评估列在专栏 1－6 中。

30 **专栏 1－6　　项目评估的哲学基础精选**

可接受的：

实在论——世界是独立、客观的存在，与观察者的感知无关。

决定论——假设所有现象都有可能进行科学调查的物理原因。

实证主义——相信通过科学研究，可以掌握客观世界的有效知识。

理性主义——相信推理和逻辑是科学调查的两大有力工具，并且最终对人类行为的真实解释都是合理的。

经验主义——倾向于依靠观察和经验系统搜集证据，而这些证据都是可以被他人复制的。

操作主义——断言发展出测量现象的方法十分重要（如案主的问题、干预的步骤）而且这些测量真实有效，可以被他人复制。

简约主义——倾向于对行为现象的适当解释进行简化。

实用主义——认为任何事情的含义和真相都取决于行动的后果。

科学怀疑论——认为所有声明的效度都应该受到质疑，直至得到可靠的科学数据。

不可接受的：

虚无主义——这种学说认为一切价值都是毫无根据的，没有什么是可知的，或可以交流的。

轶事论——相信轶闻证明了一些经验。

形而上学——对超自然的、无形的、非物质的实体因素进行解释。

二元论——认为世界是由精神和物质两大基本实体构成的。

物化理论——将现状归因于抽象的或假设的构建体（如超我），该构建体是一个缺乏足够证据支持的存在。

循环推理——不分因果地解释人类行为。

科学至上理论——该理论认为在自然科学中运用的实验方法应该被用来回答人类关心的所有问题（如道德问题、伦理问题等）。

唯我主义——认为没有证据可以证明，有什么可以独立于我们的意识而存在。

上百年来，甚至上千年来，这些观点在哲学界一直是争论的焦点。在提供有哲学支持特征的项目评估时，我们真心地认为其中任何一个观点都无可辩驳，都得到了逻辑和实证数据的证明，都毫无疑问是正当合理的。像欧几里得定律，一个未经证实的定律（尽管从常识上可以认为它是不证自明的），作为知识的一个支点，可以围绕项目评估展开。

例如，没有人——当然不是作者——能够从哲学上提供无可辩驳的证据，证明世界是客观实在的（与之对立的是人脑中的主观建构）。但为了付诸行动，有必要提出一些假设。因此，正如著名的社会工作教育家贝莎·卡彭·雷诺兹（Bertha Capen Reynolds）所说："科学的社会工作，它的第二个特征是接受了客观现实以外的力量，而且必须与之合作"（Reynolds，1942，p. 24）。这种对客观现实的假设在哲学中被称为**现实主义**。它得到无可 31
辩驳的证明了吗？没有，但为了努力改善我们这个世界的生活现状，必须接受这样的一些实际假设。

我们竭力让读者理解，有些哲学信仰的有效假设也允许接受其他假设，甚至是那些与前者不相符的假设。例如，现实主义的假设并不否认单个受助者的重要性，包括他们的世界观，或者他们对生活的意义和关系意义的认识；在某种程度上也不否认个人建构自己的现实。但是现实主义认为，受助者的世界客观存在这样一个因素，这个因素往往十分重要，事实上对项目评估者而言也是*最*重要的。例如，评估家庭暴力干预项目，更专注于确定暴力行为是否减少或停止，而不是去理解殴打配偶的“用意”是什么。评估邻居观望会降低犯罪率的项目可以了解社区成员对犯罪率的看法，但重要的是，要关注实施该项目之前和之后的实际犯罪率。项目评估常常关注的是受助者生活上发生的客观变化，而不是主观的认识过程。当然，研究这种主观过程也是科学的一个部分，如由项目所引起的受助者生活*变化*的意义，但这通常不是项目评估的主要焦点。有时评估研究包含对项目有影响的两个方面——主观和客观——两者都值得去研究。

接受**决定论**并不否认许多其他现象（如社会心理问题）的存在，而且有一系列复杂的星座连锁病因性因素，造成混乱或随机的局面，这可能是特定社会心理现象的一部分，是由科学意义“决定”的。如此，它便属于科学探索和项目评估的任务，以此发掘这种决定论的局限性，即使它的收益率不到100%。一个叫作“坚定的社区治疗”的项目帮助了30%的精神病患者，使之不再入院治疗，虽然只减少了30%，但这也是一种成功，因为这个项目并不是100%有效。很明显，30%的下降率还有很多地方不为人所理解，也有更多的改进空间，但比之前什么都不做要好得多。**实证主义**并不是维护当前某个特定领域业已形成的知识，而认为通过科学的方法获取这样的知识是个好主意，因为这才更有可能接近真理。这就是科学的进步。虽然你可能是一位**经验主义者**，但这并不否认常识、直觉、权威和传统知识等作为潜在价值来源的作用。

理性主义认为，如果你愿意的话，可以借助逻辑——纸上谈兵的推理，对社会心理现象进行实际解释。但不幸的是，理性主义也会导致错误，所以理性主义和逻辑思维被视为如实说明的最后一步（例如，能有逻辑地解释为什么项目可以运转），但这些结论*必须*运用实证检验进行评估，因为这些检验都是通过虚构整理出真相的最佳手段。

32 **简约主义**作为理论已经不新鲜了。例如，指导临床医生，在对假定心理动力学的病因实施干预之前，要尽可能地排除让患者得抑郁症的器质性因素。同样，运用少量未经证实的理论去解释，要比调用很多复杂的理由去解释更好。例如，多年来一直认为，同性恋都伴有严重的精神疾病，这是为什么呢？因为很多同性恋者向精神病专家和精神健康专家寻求治疗，因此他们似乎比普通人有更严重的病理学倾向。这种假设正确吗？一种可能性是，同性恋者与精神疾病相关；第二种可能性是，这个结论只是一个选择性偏差引起的失真（那些寻求心理治疗和情绪治疗的人并不能代表所有的同性恋者）。简约主义建议，在关注后者的解释前，要注意接受前者。事实上研究发现，与异性恋者相比，男同性恋者或女同性恋者的精神紊乱状况并没有很大差异（Thyer，2014）。当然，并不是简约主义的解释要比复杂原因的解释更有效。毕竟，很多心理问题*确实*很复杂。简约主义只是提醒我们，在接受更多参与者之前，要么反对，要么包容可能更简单的解释。

实用主义尽管通常被视为实用性的同义词，但它对项目的*结果*有更深层次的意义。根据实用主义，一个预防虐待儿童的项目，其“意义”在于把没遭到虐待的儿童数量作为项目的结果。求职项目的真正意义在于，有多少受助者成功找到了好工作。如果一个项目或干预没能产生任何变化，就意味着在实务意义上，该项目毫无意义。一个项目的意义并不在于受助者或服务提供者如何看待该服务，而在于他们是否获得实际的、正能量的效果。至于项目对个人而言意味着什么，实用主义并不排除其他的理解（也许更主观）；至于项目评估的目的和人文类服务的实践目的，指的是干预的实际效果。毕竟，这才是项目评估的目的之所在。

科学怀疑论是专业的屏障，以防过早采用不受欢迎的主张。摆在一个人面前的举证责任会得出与众不同的主张。“促进沟通有助于患有自闭症障碍的儿童与他人交流。”“神经语言学项目可以有效治疗恐惧症。”“原始尖叫法可以帮助抑郁症患者。”读者每天都很容易遇到诸如此类的主张。科学怀疑论适当地要求，在接受或广泛采纳之前，能有可靠的证据支持这些主张。举证责任并不是让怀疑者去证明这些主张不奏效，而是由支持者去证明它们有效。不同于**虚无主义**学说——该学说对科学探索精神是致命的——怀疑论的视角稍为柔和。虚无主义并不否认真正诚实的解释是可以获取的；而怀疑论只需要给积极的主张提供适当的证据。每当人文类服务的专业人士遇到有人提议去资助一个新项目时，这样的提问总是屡试不爽：“哪有数据来支持这种方法呢?”

我们喜欢使用全国人口普查数据来说明这些原则。在一个特定的时间里，一个数字就 33
能代表有多少人生活在美国（现实主义）。普查的目的是尽可能获得这个神秘的数字（实证主义）。人口统计局所使用的科学方法，就是用实证的或可操作的方法，从美国居民中获取数据。要得到准确的数据，这当然不是最完美的方法——有色人种的少数族群、无证件的外国人以及其他被边缘化的人（如无家可归者）并未被计算在内。然而，除了采用传统的科学调查可以达到这一目的之外，再也没有其他合理的替代方法了。我们不能简单地问一些著名权威机构：“不好意思，总统先生，请问美国现在有多少人呢?”我们的直觉，甚至是个人的实践经验都无济于事，指望获得神明的启示和帮助，那就更不可能了。同样，我们可以假设在一个特定的人文类服务项目中，根据受助者的经验得到某种结果。项目评估者的任务就是，最好搞清楚这些结果可能是什么。尽管有时它可能是烦琐的，或者并不完美，但这一系统是不可替代的。以经验为导向的评估遵循的是主流科学的方法和理念，顺便说一句，可以采用定性和定量两种研究方法。

最后，需要强调所谓的**轶事论**概念，轶事论认为可以根据经验证明一些事情。个人经历和描述可以建立强大的信仰系统，可能因特定的情形或个人得出真正的结论。如果某人遭到大胡子土匪的抢劫，那下次遇到这个人可能就会感到害怕了。然而，如果对所有大胡子都害怕，那就很不幸了。轶事论的主要问题就是，其“真理”不能一概而论。

同时，一个项目中受助者与工作人员的个人经验对项目评估也是十分重要的。我们想知道他们所遇到的问题以及所产生的好的结果。这些经验可能成为定性评估的一部分，或积聚成更多的定量评估。然而，我们不应该假设个人（或几个人）轶事构成了项目评估的*哲学基础*。虽然单个事件（如受助者的死亡）也可以引发评估，但是这个事件并不会如前面所讨论的那些立场（科学怀疑论、实用主义等等）一样，为我们提供一个世界观，以指导所有的调查。科学并不认定轶事是错误的，但如果仅仅将断言作为证据，其论证水平就比较低，只有提高标准，拿出最有力的证据，才是最有意义的。有人理所当然地说，许多轶事的叠加并不能形成数据。

十、实证主义的更多信息

在项目评估文献中，讨论较广泛的就是实证主义的含义及其价值，这是人文类服务的调查基础（Balland & Atherton，2002；Smith，2002；Thyer，1993，2008b，2008c）。但请记住，
34 专业的社会工作是19世纪初由法国哲学家和科学家奥古斯特·孔德（Auguste Comte）所创立的，从一开始就接受了实证主义学说。据说孔德所创立的社会学学科，最初被称为*社会物理学*。根据他的观点，研究人类行为同样可以使用研究自然现象的工具和原理：

> *实证*（positive）一词源于拉丁语 *ponere*，自14世纪开始使用，其意思是*放下*；16世纪开始指以事实为基础的知识，因而是合理的、确定的；18世纪，人们开始用 positive 一词来反对*形而上学*（Pickering，1993，p. 65）。

根据孔德的理论，“与神学信仰不同，科学的真理是可以证明的，如果必要的话……科学的*真理*总是暂时的，因为随时可能被证明是错误的”（Pickering，1993，p. 171）。抛开其名称不说，实证主义采用临时方法以促进知识发展。1825年孔德指出：“科学定律是由人与*外在物质*建构的并通过观察进行*确认*，它们无法达到与现实接近，永远不可能达到严格意义上的理解”（Pickering，1993，p. 294）。

自创立以来，实证主义的关注点不仅是研究人类现象，还是改善人类的生活条件。“社会科学不是……它只是历史、物理学、生理学和政治经济学的智力混合物。它有一个实际的职业：*改造社会*……尽管孔德也承认：我们永远也不可能完全认识外部现实，但他也强调科学理论越来越接近*准确地*再现”（Pickering，1993，pp. 294，296，斜体标注部

分）。实证主义对科学、新兴的社会科学，特别是社会福利产生了巨大的影响。美国社会科学协会（American Social Science Association，ASSA）成立于 1865 年，其职责被规定为：

> 按照美国社会科学协会成员的理解，社会科学指的是在整个人类事务领域中那些有问题的关系。一个人成为一名社会科学家“就是把自己渊博的知识和实务经验贡献出来……*这是照顾精神病人或管理慈善机构的新的方法*——所有这些对社会科学的贡献都同样有价值”（Haskell，1997，pp. 97－98，斜体标注部分）。
>
> 该协会建议资助那些有志于人类进步的人，抓住这个机会，从而将社会经济视为一体来考虑……他们搜集所有的事实，扩散所有的知识，并激励所有的调查，以影响*社会福利*（Haskell，1997，p. 102，斜体标注部分）。

美国社会科学协会出现后，1879 年成立慈善会议，1884 年改为全国慈善机构和矫正会议（National Conference of Charities and Corrections，NCCC），1917 年又改为全国社会工作会议，1957 年又一次改为全国社会福利会议，最后在 20 世纪 80 年代中期消亡。1889 年，全国慈善机构和矫正会议提交了一篇论文，题为《科学的慈善事业》，而 1894 年一篇题为《慈善事业的科学基础》的论文被发表在当时最有影响力的期刊《慈善机构审查》上，这样的早期作品成为科学慈善（或科学的慈善事业）运动的一部分，它源起于 19 世纪 70 年代，又是基于实证主义的假设。

以下是著名的社会工作教育家弗兰克·布鲁诺（Frank Bruno，1964）提供的 19 世纪 *35*
末全国慈善机构和矫正会议的一份会议综述：

> 大多数会议负责人都承认科学方法对社会工作问题的影响。他们隐性假设人类具有顽疾——疾病、精神错乱、犯罪、贫穷，采取行动加以研究，找到治疗方法，还根据这种假设提出预防理论。基于此种态度，从神秘主义境界出发所提出的问题也成了科学。采用这种科学态度，使得会议发言和项目都发展，而不是后退。经过耐心、细致的研究和实验，他们相信，未来有可能创造出一个社会，比他们现在所生活的社会更好（pp. 26－27）。

大约在 30 年前，布鲁诺（Bruno，1936）已经对科学与社会工作的融合提出了自己一致性的观点：

> 社会工作有其主要公理：人类行为的知识是可以通过感官获得并进行解读的，这些知识的推论也可以用逻辑原则来检验。现在的社会工作与过去所有年代的相比，不同之处在于：通过解释原因可以理解人类行为，并确定该假设成立。目前，我们还没有掌握理解人类行为的方法，但在本质上，任何行为预设的科学方法都是感官认知和推理可以理解的。它遵循这样一种理论：理解是控制的第一步，人类所遭受的各种苦难不仅是可以改善的，而且我们的前辈曾经尝试过（虽然没有成功），一旦理解其本

质，还可以预防甚至消除（这些苦难）。

尽管上述两种观点可能已经过时，但它们遵循科学规律。尤其是项目评估，它代表了当代的主流观点。最新的实证主义大纲是由格拉肖（Glashow，1989，p. 24E）提出来的：

> 我们认为世界是可知的，物质的反应和宇宙的进化遵循着简单的规则。我们确信，有永恒的、客观的、外在的和普遍的真理，而这些真理的集合就是我们所说的……科学。我们发现自然法则是普遍的、不变的、不可侵犯的、无性别的、可验证的。无论是男是女都可以发现它……

在学术研究及项目评估文献中，你会碰到*实证主义*这一术语。它的前提是："由奥古斯特·孔德引入了一个范式，该范式认为，社会行为是可以研究的，同时可以用理性而科学的方式加以理解，而不是以宗教和迷信方式来解释"（Rubin & Babbie，2008，p. 642）。实证主义是一种方法，而不是用来代表人类行为的既成事实。正如托德（Todd，1920）所说："科学并不要求对这个世界有全面的知识，也不是给这个世界建起了完美的秩序。与其说它是一种既定事实，不如说它是一种态度"（p. 71）。实证主义也不是否认其他非科学的方法（传统、道德、价值、宗教、谬论）对社会工作的潜功能。所有这些也许对我们的
36 领域都起着极大的促进作用。确定一种方法（即 A）有效，并不代表另一种方法（即 B）就没有价值。实证主义极力主张科学方法在知识尤其是项目评估发展中的价值。有些人甚至认为这种主张是最有力的。重要的是发展可靠、信息有效，而这些是可以通过很多方法实现的，其中就包括实证主义方法。

十一、本章小结

无论你是一线服务人员、项目主管还是机构负责人，你都希望你所在的机构管理完善，对受助者和社区的需求有一定影响力。那么怎样使一个机构管理有序呢？一个重要的方法就是评估其努力程度及问题所在并采取措施加以改进。

项目评估的学习要领是什么呢？除了理解项目评估的目的及其执行的不同原因外，你也要知道主观性观点与客观数据之间的区别。本书将教给你掌握、识别、收集和使用数据的方法，让你尽可能客观地评估社会及人文类服务项目。通常，项目主管在决策时会认为客观数据的可信度更高，提供的信息更好。评估者运用操作性定义来获取客观数据，如果有必要的话，这些数据也是可复制的。理论模型不仅能表明哪些干预比较奏效，而且能表明是什么引发的变化。

一、课堂讨论

1. 请列举 2～3 个你或者你的同事所熟悉的人文类服务项目。在另一栏中列出每个项目做得比较好的地方，例如：其成功率是多少？不要谈你对这些项目的主观感受，而是说说这些项目“好”在哪里。在第三栏中，列出每个项目你所想要了解的问题。

2. 评估员必须对哪些是“成功的”或“成功的结果”进行操作性定义。请你就问题 1 所列的几个项目的成功之处进行操作性定义。

3. 就你在问题 1 中所列出的项目，谈谈你的干预可能基于什么样的理论取向。

4. 谈谈你在工作或实习中就项目评估有哪些经验。

5. “好的”电视节目有哪些特征？把班上同学对“好的”电视节目的主观看法一一列在表格上。你如何客观地判断一个电视节目是“好”还是“不好”？

6. 为什么有必要进行操作性定义呢？诸如：什么构成了累犯？什么是成功的受助者？请举例说明。 37

7. 从专栏 1-6 中选一个哲学假设加强项目评估，并为之辩护。把它作为实证研究的一个有用取向。请选出另外一个假设，并有理有据地论证你为何认为其观点无效。

8. 假设给一个“完美”的项目（可惜没有）进行了评估后，研究发现参与匿名戒酒互助会就可以戒酒。讨论一下影响匿名戒酒互助会的基本理论。

9. 区分研究支持型的治疗与基于证据的实践。根据基于证据的实践，为何不存在以证据为依据的治疗或实践呢？

二、微型项目：亲身体验评估

1. 选择一件产品（如咖啡机、手提电脑、电子笔记本、手机），然后建立一套客观标准，帮助消费者选出优质产品，避免选劣质产品。当你完成后，根据《消费者报告》反馈的问题，对得到的标准与消费者产品测试联盟采用的标准加以比较。

2. 如果让你对一个国家项目进行评估，你会有什么要求？选择一个国家项目，并确定需要什么信息，以便让一个公正的专家小组认为，你的项目是成功的。

3. 从发表在专业期刊上的项目评估研究中找一个例子。建议你学着使用名为“PsycINFO”的在线数据库，当地大学的图书馆都有，找到这样的研究。简要描述一下在该研究中，研究者是如何对关键变量进行操作性定义的，项目的成功是如何测量的，以及该项目是否明确地使用了一个解释性理论——病因论或干预论，或者二者都用。

4. 使用表 1-2 中提供的网站，找到研究支持型的社会心理干预。对证据进行描述，用什么来表明干预是研究支持型还是经验支持型呢？

三、参考文献

American Counseling Association. (1999). *Code of ethics*. Alexandria, VA: Author. Retrieved from www.counseling.org/resources/codeofethics.htm

American Psychiatric Association. (2013). *Diagnostic and statistical manual for mental Disorders-5*. Washington, DC: Author.

Angell, R. C. (1954). A research basis for welfare practice. *Social Work Journal*, *35*, 145–148, 169–171.

Austin, D. M. (1998). *A report on progress in the development of research resources in social work*. Austin, TX: University of Texas School of Social Work.

Barker, R. (Ed.). (2014). *The social work dictionary* (6th ed.). Washington, DC: NASW Press.

Board of Professional Affairs, Committee on Professional Standards. (1987). General guidelines for providers of psychological services. *American Psychologist*, *42*, 712–723.

Bolland, K., & Atherton, C. (2002). Heuristics versus logical positivism: Solving the wrong problem. *Families in Society*, *83*, 7–13.

Bruno, F. (1936). *The theory of social work*. New York: Health.

Bruno, F. (1964). *Trends in social work: 1874–1956*. New York: Columbia University Press.

Cabot, R. (1931). Treatment in social casework and the need of criteria and of tests of its success or failure. In Proceedings of the National Conference of Social Work (pp. 3–24). Chicago: University of Chicago Press.

Chambless, D., Sanderson, W., Shoham, V., Johnson, S., Pope, K., Crits-Cristoph, P., et al. (1996). An update on empirically validated therapies. *The Clinical Psychologist*, *49*(2), 5–18.

Conrad, K. J., & Miller, T. Q. (1987). Measuring and testing program philosophy. *New Directions for Program Evaluation*, *33*, 19–42.

Corsini, R. (2002). *The dictionary of psychology*. New York: Brunner-Routledge.

Ell, K. (1996). Social work research and health care practice and policy: A psychosocial research agenda. *Social Work*, *41*, 583–592.

Ferreira, R. J., & Buttell, F. P. (in press). Can a 'psychosocial model' help explain violence perpetuated by female batterers? *Research on Social Work Practice*.

Glashow, S. (1989, October 22). Positivism lives: We believe that the world is knowable. *New York Times*, p. 24E.

Gorenstein, E. E. (1986). On the distinction between science and valuation in the mental health field [letter]. *American Psychologist*, *41*, 588–590.

Greenwood, E. (1957). Social work research: A decade of reappraisal. *Social Service Review*, *31*, 311–320.

Grinnell, R. M., & Unrau, Y. A. (Eds.). (2008). *Social work research and evaluation* (8th ed.). New York: Oxford University Press.

Haskell, T. L. (1997). *The emergence of professional social science: The American Social*

Science Association. Urbana, IL: The University of Illinois Press.

Hibbs, E. D., & Jensen, P. S. (Eds.). (2005). *Psychosocial treatments for child and adolescent disorders: Empirically based strategies for clinical practice* (2nd ed.). Washington, DC: American Psychological Association Press.

Hill, D. (1998). Drug money. *Brandweek*, *39*(17), 20–26.

Holosko, M. (2010). What types of designs are we using in social work research and evaluation? *Research on Social Work Practice*, *20*, 665–673.

Kolata, G. (1994, May 4). Clinic entices patients by paying them $10 a visit. *New York Times*, p. B8.

LeCroy, C. W., & Williams, L. R. (2013). Outcome studies in social work journals: A review of publication trends. *Research on Social Work Practice*, *23*, 706–709.

Lilienfeld, S. O., Ritschel, L. A., Lynn, S. J., Cautin, R. L., & Latzman, R. D. (2014). Why ineffective psychotherapies appear to work: A taxonomy of causes of spurious therapeutic effectiveness. *Perspectives on Psychological Science*, *9*, 355–387.

Lohr, J. M., Hooke, J., Gist, R., & Tolin, D. F. (2003). Novel and controversial treatments for trauma-related stress disorders. In S. D. Lilienfeld, S. J. Lynn, & J. M. Lohr (Eds.), *Science and pseudoscience in clinical psychology* (pp. 243–272). New York: Guilford Press.

MacKenzie, D. L., Biere, D., & Mitchell, O. (2007). An experimental study of a therapeutic boot camp: Impact on impulses, attitudes and recidivism. *Journal of Experimental Criminology*, *3*, 221–241.

Mullen, E. (1995). A review of research utilization in the social services. *Social Work*, *40*, 282–283.

National Association of Social Workers. (1989). *NASW standards for the practice of clinical social work*. Silver Spring, MD: Author.

National Association of Social Workers. (1992). *NASW standards for school social work services*. Washington, DC: NASW Press.

National Association of Social Workers. (1999). *Code of ethics*. Washington, DC: NASW Press.

Passell, P. (1993, March 9). Like a new drug, social programs are put to the test. *New York Times*, p. B5.

Pickering, M. (1993). *Auguste Comte: An intellectual biography* (Vol. I). New York: Cambridge University Press.

Pignotti, M., & Thyer, B. A. (2009). Some comments on *Energy psychology: A review of the evidence:* Premature conclusions based on incomplete evidence? *Psychotherapy: Theory, Research, Practice, Training*, *46*, 257–261.

Reynolds, B. C. (1942). *Learning and teaching in the practice of social work*. New York: Farrar & Rinehart.

Rosen, A., Proctor, E. K., & Staudt, M. M. (1999). Social work research and the quest for effective practice. *Social Work Research*, *23*, 4–14.

Rosenberg, M. L., & Brody, R. (1974). The threat or challenge of accountability. *Social Work*, *19*, 344–350.

Rubin, A., & Babbie, E. (2008). *Research methods for social work* (6th ed.). Belmont, CA: Thomson.

Rutter, M. (1987). Psychosocial resilience and protective mechanisms. *American Journal of Orthopsychiatry*, *57*, 316–331.

Saunders, D. G. (1992). A typology of men who batter: Three types derived from cluster analysis. *American Journal of Orthopsychiatry*, *62*, 264–275.

Schalock, R. L., & Thornton, C. V. D. (1988). *Program evaluation: A field guide for administrators*. New York: Plenum.

Smith, D. (2002). The limits of positivism revisited. *Social Work and Social Sciences Review*, *10*, 27–37.

Stanley, M. A., Wilson, N. L., Amspoker, A. B., Kraus-Schuman, C., Wagener, P. D., Calleo, J. S., et al. (2014). Lay providers can deliver effective cognitive behavior therapy for older adults with Generalized Anxiety Disorder: A randomized trial. *Depression & Anxiety*, *31*, 391–401.

Strauss, S. E., Glasziou, P., Richardson, W. S., & Haynes, B. (2011). *Evidence-based medicine: How to practice and teach EBM* (4th ed.). New York: Elsevier.

Sugarman, B. (1988). The well-managed human service organization: Criteria for a management audit. *Administration in Social Work*, *12*(4), 12–27.

Taubman, S. L., Allen, H. L., Wright, B. J., Baicker, K., & Finkelstein, A. N. (2014). Medicaid increases emergency-department use: Evidence from Oregon's Health Insurance Experiment. *Science*, *343*, 264–268.

Thomson, H., Thomas, S., Sellstrom, E., & Pattecrew, M. (2013). *Housing improvements for health and associated socioeconomic outcomes: A systematic review*. Retrieved from http://www.campbellcollaboration.org/lib/project/61/

Thyer, B. A. (1993). Social work theory and practice research: The approach of logical positivism. *Social Work and Social Sciences Review*, *4*(1), 5–26.

Thyer, B. A. (1994). Are theories for practice necessary? *Journal of Social Work Education*, *30*, 147–151.

Thyer, B. A. (2001). What is the role of theory in research on social work practice? *Journal of Social Work Education*, *37*, 9–25.

Thyer, B. A. (2004). What is evidence-based practice? *Brief Treatment and Crisis Intervention*, *4*, 167–176.

Thyer, B. A. (2008a). Evidence-based practice, science, and social work. In A. Roberts (Ed.), *Social worker's desk reference* (pp. 115–1119) (2nd ed.). New York: Oxford University Press.

Thyer, B. A. (2008b). The quest for evidence-based practice? We are all positivists! *Research on Social Work Practice*, *18*, 339–345.

Thyer, B. A. (2008c). The potentially harmful effects of theory in social work. In B. A. Thyer (Ed.), *Comprehensive handbook of social work and social welfare: Vol. 2. Human Behavior in the Social Environment* (pp. 519–541). New York: Wiley.

Thyer, B. A. (2012). The potentially harmful effects of theory in social work. In B. A. Thyer, C. N. Dulmus & K. M. Sowers (Eds.), *Human behavior in the social environment: Theories for social work practice* (pp. 459–487). New York: Wiley.

Thyer, B. A. (2013). Evidence-based practice and evidence-guided practice: A rose by any other name would smell as sweet. *Families in Society*, *94*, 29–35.

Thyer, B. A. (2014, August 15). Offensive ad serves no useful purpose [letter]. *The Chronicle of Higher Education,* Section B, p. B19.

Thyer, B. A., & Myers, L. L. (2011). The quest for evidence-based practice: A view from the United States. *Journal of Social Work*, *11*, 8–25.

Thyer, B. A., & Pignotti, M. (2010). Science and pseudoscience in developmental disabilities: Guidelines for social workers. *Journal of Social Work in Disability and Rehabilitation*, *9*, 110–129.

Thyer, B. A., & Pignotti, M. (2011). Evidence-based *practices* do not exist. *Clinical Social Work Journal*, *38*, 325–333.

Todd, J. (1920). *The scientific spirit and social work*. New York: Macmillan.

Tripodi, T. (1987). Program evaluation. In A. Minahan (Ed.), *Encyclopedia of social work* (pp. 366–379). Silver Spring, MD: National Association of Social Workers.

Wilke, D. J., Mennicke, A., Howell, R. L., & Magnuson, A. B. (2014). A peer-facilitated intervention to reduce risky drinking among fraternity and sorority members. *Journal of Social Work Practice in the Addictions*, *14*, 42–63.

第 2 章

41 # 项目评估中的伦理问题

为什么伦理问题在项目评估中如此重要？

项目评估涉及人类，所以为了保护“人体受试者”，就有必要确保受试者知情同意、信息保密并享有隐私。虽然伦理问题的最低风险很少涉及，但评估研究需要伦理警戒。所以本章节研究的主题是伦理评估进行时所遵循的指南。

我应该怎样处理项目评估中的伦理问题？

本章节会涉及伦理审查委员会提供的详细指南。当许多项目还没有成立自己的伦理审查委员会时，评估研究者应该对这些指南了如指掌，以便对伦理问题做出最优化的处理。

项目评估中的伦理问题关注的领域较广泛。虽然大多数伦理问题都和医学实验相关，但评估研究也会对参与者造成伤害，尽管这些伤害并不会造成生命危险。本章开篇描述了人体实验委员会（又叫伦理审查委员会），但是开始之前，我们必须提醒一下：并不是所有的研究都能被称作“研究”，都需要伦理审查委员会的审查和批准。当一个项目的评估只是为了提升自身的实践和运营，例如“内部消耗”，这就意味着委员会的审查没有必要。但是，如果这个研究是为了出版或者公示的学科研究，它就属于“研究”的范畴，就有可能需要委员会的审查。当然，不管研究的最终目的是什么（内部、外部或者兼顾），伦理审查专业人士都会依照相同的指南进行审查。

42 下文会详细描述伦理研究是如何定义及运作的，以及这样定义与运作的原因。为了保证术语的时代性和准确性，本章中出现的专业术语“人体受试者”，可能会被“参与者”一词替代。

一、伦理审查委员会的角色

到 20 世纪 70 年代，缺乏伦理道德的研究实验引起了广泛关注，致使联邦政府成立伦理审查委员会（Institutional Review Boards，IRBs），并授权其监督那些受政府资助的研究组织（主要包括大学、医院及其他实体机构）。因此，伦理审查委员会有权审查研究者的研究目标、研究方法和协议，特别强调参与者的招募方案及研究方案须征得他们的同意。

成立伦理审查委员会是为了保护参与者在研究中不受到伤害，并且其人权和尊严得到应有的尊重。委员会成员通常包括深谙研究方法的专业人士，也有一些代表社区的社会民众。委员会的职责就是对提出的研究项目进行讨论评估，并最终认定该项目是否遵循了联邦政府人类研究保护办公室（Office of Human Research Protections，OHPR）制定的伦理准则。

尽管公众会想起纳粹医生的恐怖医学实验，严重且公然地侵害了德国人体受试者，但其实最臭名昭著的医学实验当属美国公共卫生署所进行的塔斯基吉（梅毒）研究。这项实验始于 1932 年，400 名感染三期梅毒的黑人男子得知，他们因患“坏血病”，可以免费接受治疗，这些人中大多是穷人和文盲。然而事实却是，即使之后青霉素唾手可得，他们也并没有得到梅毒治疗。相反，他们只获得一些免费体检、定期血检、检查日当天免费的热饭热菜、一些轻微病症的免费治疗，以及一笔微薄的安葬费。公众对塔斯基吉研究的强烈抗议，促使美国国会于 1974 年通过了国家研究法案（公法第 93～348 条），并强行成立伦理审查委员会。塔斯基吉实验的遗留问题，也就是对研究伦理所产生的不信任感，在非洲裔美国人社区及其他地区一直延续至今。

奥克斯（Oakes，2002）认为，尽管委员会的数量和实力都在迅速增长，但关于评估的文献在很大程度上仍忽略了伦理审查委员会的观点。项目评估往往在“研究”和“非研究”的阈值之间徘徊，不一定属于伦理审查委员会的管辖范围。然而，越来越多的评估研究者正在寻求伦理审查委员会等机构的许可，这样他们就能公开自己的研究成果，与更多的受众共享。因此，很多项目和机构开始建立起自己内部的伦理审查委员会。

二、专业伦理准则

1979 年，全美生物医学与行为研究中的人体受试者保护委员会的《贝尔蒙特报告》

（the Belmont Report）确定了对人类进行研究的三大伦理准则：**仁慈**——对人类和研究对
43 象做到有利结果最大化，同时对研究风险和伤害也要最小化或者完全避免；**尊重**——保护所有人的自主权并尊重他们，包括那些最弱势的群体；**正义**——公平管理就是要确保程序合理、合法且周到（成本和收益的公平分配）。这些原则已经成为研究人员与评估者的伦理准则，如下所示。

准则 1：研究的参与者必须出于自愿。 所有这些研究和评估工作的参与者，都应该不受任何胁迫，能够自由地做决定。同时，对于自己的选择，他们还必须有理解感知的能力。如果符合条件的参与者未满 18 周岁，或者由于心理障碍尚无法完全理解及知情同意，必须征得其法定监护人的许可，且本人同意。与小孩子谈及研究过程时，要用他们能理解的语言来表达，一般只要求他们口头同意即可；而一旦他们年龄再大一点，知情同意的过程就要和成年人一样，要收到一份书面文件。

必须尊重研究参与者的自决权，并且他们随时可以退出研究的自由要得到保障。在大多数情况下，伦理审查委员会都要求知情同意书必须是书面形式，并附带亲笔签名。不过也有例外，采取口头同意附带个人信息表的形式亦可。风险越低的研究，获得研究许可的可能性最大。已签署同意书，且获得了弃权许可的研究例子就有如下几种类型：除了签名的同意书之外，参与者的身份是匿名的；在获得签名的同意书过程中违反了文化标准；在签署过程中存在法律、社会以及经济上的风险，例如，一位阳性艾滋病患者参与研究，他的身份就要对外公开。

知情同意书和信息表要根据项目的性质提供简短的基本信息，表明参与者可以在任何时候都自由退出并停止项目参与，同时他们不会为此受到任何处罚或利益损失（见图 2－1）。在对一项社会服务项目进行评估时，服务对象能充分理解这些保障是至关重要的。评估者可以罗列一张清单，以确保所有必要的信息项都包含在他们需要的同意书中（见专栏 2－1）。

44

门诊戒毒项目善后研究

1. 调查员

爱伦·萨莫瓦尔（Ellen Samovar），社会工作硕士，首席调查员，电话：(231) 555-5760

我是______，应邀参与萨莫瓦尔女士主持的门诊戒毒项目（Outpatient Drug Treatment Program，ODTP）的评估。

2. 目的

据我所知，该研究的目的是检查我所参与的门诊戒毒项目是否成功——就是要了解 300 名患者中大约有多少停止使用毒品，哪些因素可能会影响他们的决定。

3. 时间和地点

据我所知，该研究将在南一街 717 号 ODTP 办事处进行。此外我明白，该研究将在两个不同的场合进行，需要约 60 分钟的时间。

4. 程序

需要我回答社会和心理健康、人际关系、就业、毒品及违法活动等与我相关的问题。此外，要求我提供尿样，作为我的药物测试证据，并且还要用酒精测试仪来测试我体内的酒精含量。

图 2－1　参与研究同意书

5. 风险/不适

有人已经向我解释过，面谈会涉及一些个人问题，其中包括吸毒及犯罪行为，可能在回答过程中会引起不适。

6. 好处

我了解到，参加这项研究的好处可能是有助于研究者和制定公共政策的人更好地理解，到底有哪些影响因素会让人吸毒和戒毒。

7. 保密性

我知道研究编码是为了把我的回答与其他研究对象的区别开来。从我这里获得的任何信息都不会直接与我的姓名、住址及其他身份信息相联系。研究参与者的名单及其身份信息将被封存在一个安全的地方，只有被精挑细选出来的工作人员可以使用。此外，我明白只能从健康和人类服务署（Department of Health and Human Services，DHHS）得到保密证书，这样就能保护调查者不会迫于压力把我的数据泄露出去，哪怕是法院下令或发传票也不行。研究成果发表时，也不会使用我的姓名及其他身份信息。

8. 报酬

每次按照预定时间去参加测试，我都将获得 25 美元。如果我提前退出了，我明白，将会根据我所花的时间获得适当的报酬。

9. 退出的权利

我知道我并不是必须参与此研究，如果我拒绝参与，将不会受到任何处罚或失去我应有的权利。我可以在任何时间退出，不用担心失去任何应有的服务或福利。

10. 签字

我已经阅读了整个同意书，作为一个潜在的研究课题，完全理解我的权利。我自愿同意加入该研究。我已经得知自己将收到这份同意书的复印版，如果有任何问题，我可以联系萨莫瓦尔女士，或者地方大学的机构审查委员会（电话：231-555-4949），来讨论作为一个研究课题的我的权利。

____________________	____________________
课题研究者签名	日期
____________________	____________________
见证人签名	日期
____________________	____________________
被调查者签名	日期

图 2-1　参与研究同意书（续）

专栏 2-1　知情同意书清单 45

每份知情同意书都应该包含以下几点：

——如何选择研究课题以及本次研究需要邀请多少人参与

——谁在进行这项研究

——研究目的

——在哪里进行研究以及研究将持续多长时间

——研究课题有哪些要求

——可能存在的风险或不适
——参与可能有什么好处
——关于不参与的选择
——任何参与费用
——参与研究的报酬和奖励
——停止或中止参与
——如果需要就医会怎么样
——谁来回答有关项目的问题

知情同意书一般不会采用邮寄、网络或电话调查的方式，除非需要采集的数据具有一定的敏感性（比如涉及以往吸毒或违法活动的信息）。在后一种情况下，在采集数据前，应该事先把同意书寄给参与者并征得他的同意。如果问卷对象或调查对象是成年人，他们不属于弱势群体，这时候默许原则就可以派上用场了，也就是说，参与行为本身就可以视为知情同意行为。

如果潜在参与者觉得他们是迫不得已来参与研究的，这样是存在问题的。如果参与者正处于缓刑或假释期，或者正接受某种形式的公共援助，那么他们可能不会随意拒绝参与，因为他们不愿把自己置于险境之中。而对于正在接受心理健康治疗的患者，如果临床医生请他们参与研究，他们就会害怕因对治疗服务表现出了不满而失去治疗的机会。而对于一个无家可归的人来说，一大笔金钱可能会“迫使”他参与研究。针对此类情况，就可以咨询伦理审查委员会了——有必要采取其他措施以减少潜在参与者的猜疑，同时告知他们在研究中会享有的权利。

从事人文类服务的专业人士必须注意一点：即便是好心地鼓励客户参与研究，也有可能被认为是强制参与。因为专业人士是服务的“守门人”，客户为了得到或者继续接受服务，就不得不参与研究。

准则2：潜在参与者应充分了解相关研究信息，以确定可能存在的风险、不适以及利益。足够的信息包括解释研究目的、预计持续时间、告之应遵循的流程、确认实验的任何流程以及/或者可能造成的伤害。而且无论何时，都应该允许参与者询问那些会涉及的研究或流程，并且给予他们回复。知情同意书的撰写要具有可读性。经验表明，九级或者十级的阅读水平对成年人来说已经是上限，不要试着去超越这个上限。另外，知情同意书中第一人称“我”的使用似乎比第二人称或第三人称更容易让人理解。

准则3：不会给评估参与者带来任何伤害。与生物医学相比，社会或者人文类服务研究造成伤害的可能性非常小。然而，这并不意味着伤害不会发生。例如，在一个受虐待女性庇护所，某位评估者接触到一群女性，如果此时距离她们上次被虐待的经历不过短短数月，就会存在一种风险：这次与研究者的谈话有可能会在受虐者心中引发另一段暴力伤

害，参与者可能也会遭受情感或心理上的伤害。以上情况就违反了该准则。询问的问题可 46
能引发心理风险，让参与者沮丧，或者让他们感到自己不如周围的人那样聪明。没有适当的保护措施就询问过去的创伤或虐待事件，可能会让一些参与者感到苦恼，甚至造成二次创伤。

如果一些违法或令人生厌的行为信息（如吸毒、偷窃、撒谎等等）遭到泄露，则需要考虑与损害名声或危及他人工作相关的其他风险了。评估时，职员需要对公司管理做出自己的真实评价，但如果对主管的批评意见被公司其他人看到或听到，就有可能危及他的工作。

在某些情形下，当专业人士发现某些虐待儿童或者老人的事件时，必须打破严格的保密义务，因为他们必须依法如实地报告。对这种可能存在的情况必须在研究参与者签署的知情同意书中注明。总的来说，只有法律规定才能代替保密“规则”，而且每一位评估者都应该了解可能存在的无意识伤害。与医生和律师不同，如果当地检察官传唤非法活动的数据，研究者是不能免于法律诉讼的（这是一个极其罕见的案例）。解决这个问题的一种途径，就是获得联邦保密证书，它可以保障研究者的权利，即不向当局披露此类信息。这种证书的获取相对容易（详见 htttp://grants. nih. gov/grants/policy/coc/）。

准则 4：保护敏感信息。研究参与者的隐私保护方式如下：

- 尽一切可能让他们以匿名的方式回应。如果研究设计要求必须实名，那么可以通过以下方式来保护隐私权——

- 通过使用数字或其他特殊编码，将所有个人身份信息从研究数据中分离出来。当不可能完全实行匿名时（这在项目评估中很常见），最好使用代码，以防止他人在未经授权的情况下偶然认出或识别出项目参与者。

除非是研究的必要，一般不获取或报告参与者的个人信息，以将研究参与者的隐私进一步保护起来。不论信息敏感与否，所有的研究数据都必须被保存在上锁的安全柜或文件袋内，直至不再需要时将其销毁（受保护的材料包括受访者姓名、邮件清单、完成的问卷、访谈记录）。需要记住的是，在研究中匿名是非常罕见的，因为研究者在大多数情况下知道参与者是谁（除非是不需要确认信息的调查）。研究的保密义务众所周知，也就是保护参与者的身份信息和访谈信息不被泄露。

在卫生保健方面，联邦政府颁布了法令，旨在保护患者的隐私及其记录。1996 年通过的《健康保险流通与责任法案》（Health Insurance Portability and Accountability Act，
HIPAA），彻底改变了研究人员的医疗记录。尽管某位患者体验 HIPAA 的经历就是阅读 47
并签署一份医疗隐私权的信息表，但卫生保健研究人员必须应对 HIPAA 的相关限制及附加许可的挑战。由于各医院和医疗机构对 HIPAA 中提出的严格要求有不同的解读，研究人员应该就正在进行的研究与伦理审查委员会密切磋商。另一个令人振奋的消息是，伦理审查委员会和许多卫生保健组织机构都有一份 HIPAA 弃权书，以便研究者适应这些医疗

机构的不同需求（更多有关隐私规则的信息以及联邦和州政府的在线资源，请参见网址www. cdc. gov/mmwr/preview/mmwrhtml/m2e411a1. htm 和 http://www. hhs. gov/ocr/privacy/hipaa/faq/）。

选择不同的方法可能会影响到研究参与者，他们会觉得自己十分脆弱。一方面，相比于定性研究法依靠深度信息和使用逐字引用的方式，定量研究法通过数据总量统计呈现研究成果，能够提供更好的数据保护（Padgett，2012）。另一方面，定性研究又依赖于信任的建立，以此减弱参与者的脆弱感。就定性评估而言，其挑战是可以从一无所知追溯到某个特定的个体。比如，在乡镇社会服务机构的一项工作满意度研究中，倘若引用以下这段话来表明员工对新任总裁的感受，将会酿成大错：

> 我涉足虐待行为调查这个行业的时间比任何人都要长——整整 22 年，所以我敢发自内心地说，我们新来的执行总裁就是个废物，一无是处。他对自己的职务毫无概念，即使一个受虐儿童就站在他面前，他可能也无法辨认出来。

为了保护参与者的隐私权，很多伦理审查委员会都主张通过传单征集志愿者，以便直接与他们取得联系，但采取这种模式可能不符合评估设计的要求。当然还可以采用一些其他形式征集合适的参与者。比如，某些外围研究者也许要求中介代理，以信函形式联系参与者，告知其研究并邀请他们参与。一旦得到参与者的允许，中介就会将参与者的姓名、住址或电话号码发给研究者。如果这种方式让参与者觉得受到了中介机构的胁迫（和随之而来的害怕失去服务的恐惧），那么这些外围研究人员就希望直接和参与者见面，或通过信件和电话随访与之接触。

三、如何使用伦理准则？

历年来，伦理审查委员会的监控范围扩大了很多，在如何解释和实施方面，联邦指导方针也有相当大的变化。1991 年，为了编写这些条例并规范实施过程，美国健康和人类
48 服务署发布了联邦法案裁决法第 46 条第 45 款（也就是众所周知的“通用律例”）。人类研究保护办公室（Office on Human Research Protections，OHRP）（见 www. hhs. gov/ohrp）在试行条例中对伦理准则做出的明确规定，似乎与高校伦理审查委员会网站上公布的各类规则和律令大不相同。这就反映出各伦理审查委员会拥有各自的自由裁量权，而且它们想要跨越底线规定去获得更大的自由裁量权。这就是管理存在的一种风险形式：如果某一研究机构在参与者保护方面与人类研究保护办公室的规定不符，该机构就很可能会面临失去联邦政府资金支持的危险。

正如早前所提及的，一个由机构或项目所开展的研究可能不在伦理审查委员会的管辖范围内，除非其中有一个或几个研究员隶属于某学术机构，而且他们必须征得所属机构伦理审查委员会的批准。

在通用律例下，所有伦理审查委员会的审查都采取了阶梯评估法，即有的研究被视为例外不用评估，有的可以加快评估，还有一些必须经过全面评估。最简单的处理方式就是获取豁免认证。只有属于以下一种或几种类别，研究才能免于评估：

（1）在既定的或普遍接受的教育背景下进行的研究，包括常规的教育实践，比如：1）常规或特殊教育教学策略的研究；2）教学技巧、课程及教育管理的有效性的研究，或者对这三者进行的比较研究。

（2）涉及教育考试运用的研究（认知、诊断、能力和成就）、调查程序、面试程序或公共行为观察。以下情况除外：1）所获得参与者身份信息的记录能直接或通过相关标识得以辨认；2）向研究者之外的人披露参与者的任何回应，都要冒着承担刑事和民事责任的风险，同时他们的经济状况、工作能力和声誉也会遭受损失。免于评估还适用于其他的某些参与者，如竞选者，或是得到任命的公职人员，或某一公职的候选人。

（3）包括对**现存数据**、文件、记录、病理和诊疗标本等的收集和研究的相关研究，前提是它们的来源是可公开的，或者调查者所记录的参与者信息不会被直接或者通过有关的标识辨认出来。为了取得豁免资格，这些数据、文件、录音或标本必须在项目开始前就获得。这一政策背后所体现的原则是：个人的权利应该得到尊重，参与者必须同意参与研究。

（4）经由部门或机构负责人的批准而执行的研究和示范项目，旨在用于研究、评估或者检测以下几个方面：1）公益或服务项目；2）这些项目的谋利或服务程序；3）这些项目、程序、替代项目或者替代程序可能引发的变化；4）这些项目在方法、福利支付水平或服务上可能带来的改变。

（5）食品味道和食品质量的评估以及消费者接受度的研究。

符合以下几种条件时，项目**不得**免于评估：

- 未成年人（常规教学实践研究或现有数据的收集/研究除外）； 49
- 服刑人员；
- 胎儿；
- 智力或精神残疾者。

加快评估是另一个层面的评估（被界定为：参与研究过程中的预期伤害或不适的概率与幅度不得大于日常生活中例行体检或心理测试过程中的不适的概率和幅度），它涉及的风险最小。鉴于对周边“普通风险”和“最小风险”的解释相差甚远，明智的研究者会提前与伦理审查委员会确认自己的研究项目是否符合加快评估的要求。事实上，只有伦理审查委员会才能“豁免”和“加快”评估，而研究者不具有这个权利。

一般而言，伦理审查委员会的全面评估涉及一份申请书，该申请书要详细阐述研究目的、征募方法（包括知情同意方法）、保密承诺以及参与者免受伤害的保护声明。进行全面评估的项目主要包括弱势群体（比如儿童）和/或超过了“最小风险”的研究流程。此外，对于什么是“最小风险”依然没有一个确切的解释，因此大多数伦理审查委员会为了慎重起见，要求对项目进行全面评估。尽管准备一份研究协议的想法有点吓人，但可以把整个评估看作是相关同行进行道德审查的过程，他们的建议和意见可以帮助优化项目，并且一定会加大伦理审查委员会批准的机会。

截至 2000 年 10 月 1 日，美国联邦法规要求所有研究项目组的“核心成员”都必须完成一个有关参与者伦理准则的正式教育项目，并通过认证考试。为了响应这些要求，各高校的伦理审查委员会开始设立自己的考试科目和认证流程（通常这些考试都会在线进行，一小时之内就能完成）。在本章节中，可以找到这类考试的大部分内容。而学术-机构合作或学术-社区合作的研究又碰到了新的难题：工作人员或者社区加入研究团队时，没有进行过研究道德培训，也没有按伦理审查委员会的要求进行相关培训（Malone，Yerger，McGruder，& Froelicher，2006）（参见专栏 2-2）。

50 **专栏 2-2　伦理审查委员会的审查和以社区为本的研究**

至于基于社区的研究调查，伦理审查委员会的审查可能会导致一系列的问题（Wolf，Croughan，& Lo，2002）。首先，项目组里可能有独立的从业人员（如提供患者教育的医师），他们不隶属于任何机构，因此也不受任何伦理审查委员会的管辖。其次，多站点评估必然涉及一个问题：并非全部的站点都设有伦理审查委员会。关于批准通过的问题，如果伦理审查委员会之间相互依赖，意见就有可能相悖，甚至会出现僵持局面。如此一来，审查结果的整合就会消耗大量的时间和资源。

近期颁布的联邦要求又带来了新的挑战——国家卫生研究院（National Institutes of Health，NIH）资助的所有科研项目必须确保项目“关键人员”接受过参与者保护的训练，并且已经通过了当地伦理审查委员会或国家卫生研究院组织的相关测试。这项要求对于科研项目里“关键人员”的定义比较模糊，但是保守地讲，“关键人员”不仅包括主要的调查人员，而且包括分发招募传单的人员（Wolf et al.，2002）。这项要求似乎不适用于那些没有得到国家卫生研究院资助的研究项目，但许多机构的伦理审查委员会也要求调查人员必须接受这类训练并通过测试。尽管这些新的挑战有些艰巨，但是研究人员已经开始不断地寻求遵守联邦各项要求的新方法来解决这些问题（Wolf et al.，2002）。当然，在这些情况下，最安全可靠的方法还是联系学校的伦理审查委员会，并请求他们的指导。

四、对特殊群体的研究

1. 儿童

一般来说，在没有得到家长或监护人许可的情况下，未成年人是无法签署知情同意书的。以前，只要得到学校校长的同意，通过学生转达家长的方式来获得调研数据的方法就是可行的。孩子放学回家会递给家长一份参与研究通知单，上面通常会注明：如果你不同意你的孩子参与我们的研究，你可以写一份声明或将此表格退还给校长。这其实就是一种被动或默许同意。从研究者的角度来说，这种方法十分奏效，因为几乎不会有哪个孩子的家长会公然拒绝这种参与研究的邀请。

在 1995 年颁布的美国《家庭隐私保护法案》中，儿童的参与权受到了严格的限制，该法案规定：任何需要儿童参与的研究，只要是涉及性、非法、反社会以及自我认罪的行为和心理等敏感问题的，都必须在儿童参与之前获得家长的书面同意意见。但这种亲权要求的出现严重阻碍了学校和其他场合的研究进程（Esbensen et al.，1996），因为如果是邮件形式或者是孩子转交的一份知情同意表格，家长常常不会在上面签字或给出任何回复。而且，在要求获得双亲积极回应许可的条件下，少数族裔的学生和单亲家庭的孩子就不具有代表性（Dent，Sussman，& Stacy，1997）。

对于特殊的案例（如儿童被家长/监护人忽视或者虐待），以及涉及“最小风险”问题，没有弃权研究就不能执行的时候，人类研究保护办公室就会授权伦理审查委员会免去双亲的知情权。对于这种案例，就应该采用相应的保护机制，如儿童权益倡导机制。

2. 心智残障者

对研究者而言，智力残疾者、痴呆患者和精神病患者参与研究是一个非比寻常的挑战。尽管这类人群通常能够也愿意成为研究参与者，但很多人并不具备法定的给予知情同意的行事能力，所以他们往往需要来自家庭成员或监护人的附加知情同意意见。但是，目前对于有严重心理疾病的患者究竟什么时候可以达到能授予知情同意的稳定状态，以及老年痴呆患者什么时候开始丧失授予知情同意的行事能力，都还没有一个统一的判定标准。甚至一个罹患老年痴呆症的老人，对知情同意书加以理解都可能有困难， 51
但尽管如此，研究参与仍然需要参与者本人的同意意见（High，Whitehouse，Post，& Berg，1994）。

对心智能力的担忧可能过于敏感，因此，将潜在参与者强制列入无法给予知情同意意见的行列这一行为，是有悖事实的。例如，一位精神分裂症患者，除非是正处于敏感时期，否则完全有能力签署知情同意书。保护参与者的责任并不排除尊重个人知情权这一需求。

3. 服刑人员

那些有悖于参与道德伦理准则的知名研究往往都发生在监狱。直到20世纪70年代中期为止，药品实验和其他有风险的医疗实验大多都选择服刑人员作为“小白鼠”（Hornblum，1998）。伦理审查委员会注意到了这一点，于是开始对有服刑人员参与的研究制定特殊的预防措施。具体来说，这类研究必须接受全面的评估，而且在评估过程中必须有服刑人员或代表在场。此外，在理解监禁行为和服刑人员需求方面，研究还必须呈现出潜在的益处。同时，研究必须将给服刑人员带来的风险和不便之处降至最低。

当然，伦理审查委员会对参与研究的批准并不等同于监狱或者拘留所的批准。监狱长和惩教人员几乎没有什么理由允许犯人参与研究。为了防止异常“财富”带来的贿赂机制的形成（Hornblum，1998），大多数监狱和拘留所都不允许同狱犯人直接接受研究报酬，而会要求研究人员代为保管，直到犯人被释放，或者满足犯人适当的需求（如一些软饮料或者糖果）。

五、涉及不同文化与群体的伦理问题

和其他任何一类研究一样，当出现不同民族或不同群体的参与者时，评估研究不可避免地会遇到敏感的文化类问题。如果不妥善对待和处理，就可能会在有意或无意中冒犯其他民族的风俗和信仰（Letiecq & Bailey，2004）。而且，无条件地排斥少数族裔参与研究的行为不符合联邦扶持研究的伦理准则（对妇女和儿童的排斥也是一样）。如果这些不同群体的人被纳入同一个研究中，所有的知情同意书和数据收集准则就必须被译成对应的非英语文本。

缺乏对文化民俗的了解可能会给研究带来大麻烦。以下几个研究案例就违反了敏感性原则和道德伦理准则：

- 一项由一群男性研究人员负责的有关穆斯林女孩的研究；
- 一项在美国土著居民区开展的研究，却在获取研究许可时忽略了当地部落的权威；
- 一项针对墨西哥非法移民的研究，研究组要求参与者提供书面签字的知情同意书；
- 一项有关一群住在正统犹太教社区的癌症幸存者的研究，他们被安排每周去做礼拜；
- 一项有关青少年同性恋滥用药物的研究，却要求获得参与者家长的知情同意。

52 避开以上这些可能发生的情况看似是常识问题，但是很多这样的案例其实是在公然扭曲道德伦理风险与研究利益的关系。

在一些具有文化敏感性的研究中，如果研究人员感觉受到道德伦理的约束该怎么办？例如，在一项研究中，考尼什和高希（Cornish & Ghosh，2007）对印度红灯区一场由性工作者发起的艾滋病预防工程进行了评估。为了能够进一步了解性工作者，研究人员不得不与妓院鸨母和皮条客们合作并满足他们提出的一些要求。这种看似是在勾结不法分子和利用女性嫖客的做法，却被认为是顺利完成项目的必要手段（性工作者的大力支持也必不可少）。这也说明了研究者有必要尊重当地习俗和规范，即使这些规范会让他们感到不适。

当然，研究中难免有过失。对精心筹备的评估研究来说，文化曲解向来是心头之患。最好的解决办法就是尽可能多地了解研究地点的社区文化。时刻谨记一点：广义的“社区”就是一个有着共同信仰、遵循同一行为规范的群体，所以这里面可能有少年逃犯、静脉注射吸毒者、急诊室工作人员或者某个移民街区。而在评估研究中，“社区”的定义也可能是一个项目或者机构。要考察社区居民的语言及行为，使用观察法是最有效的。这也引发了额外的道德关注问题，详见专栏 2－3。

专栏 2－3　观察项目活动现场：道德问题及部分回答 53

尽管大多数评估研究是定量研究，而且是由结果驱动的，但是定性和混合方法越来越流行（在第 4 章中将进一步论述），为不寻常的新道德问题打开了大门。让我们想象一下，为了更加自然地观察项目的操作而设立“人种学站点访问”，因为很难想出一个更好的方法来获取员工与客户之间的互动以及管理者和员工之间的互动等等。当然，你的介入可能会影响他人的正常行为，因此，随着时间的推移，在进行这些访问的过程中，让每个人都习惯你的存在极其重要。下面就是一些你可能遇到的道德问题：

1. 当你在站点的时候，来来往往的人特别多，你如何能通知到所有的人呢？

2. 在不让员工或客户感觉自己的隐私被侵犯（并唤起你对自己的关注）的情况下，你如何做现场记录？

3. 你如何才能确保你的现场记录不泄露个人的身份？

4. 如果你看到或者了解到一些令人不安的行为，比如，口头辱骂、伪造记录，以及从客户处偷窃等，你该怎么办？

在由作者（DKP）主持的关于无家可归服务项目的定性研究中，我们经常陷入这样的道德困境。我们的处理方式如下：(1) 根据我们的伦理审查委员会协议，在事先批准的情况下，与项目管理员和主管会面，分发传单，并确保我们得到了现场访问的许可。在下一次员工会议（分发传单）中，项目工作人员收到通知，有任何问题都积极地与我们取得联系（没有打过电话）。(2) 为了尽量减少冒犯，我们在访问结束前不做任何笔记。我们有时会在去洗手间的时候草草记下笔记或者把它们口头输入智能手机中。(3) 我们用首字母缩写来识别我们所熟知的员工和客户，并记录下他们的姓名（保存在锁定的文件中）。我们没有中断任何活动来询问姓名，但以后可能会为此询问重要的线人。(4) 即使我们决定进行干预（这是不应该也不会发生的情况），大多数冒犯行为也不会发生改变。然而，在某些情况下，研究小组需要讨论和汇报道德上感觉到的不安。例如，一个项目的主管行为异常，后来因酗酒而被解雇。在另一个项目中，一个案例显示，经理确信管理层是在欺骗性地提交索赔要求。对网站访问的“自然性”保持真实，意味着我们需要时刻保持警惕，但我们也尽量避免干预行为。

六、行为研究和参与项目的伦理界限

开展行为研究就意味着要遵循一种立场，即研究结果应该直接有利于研究中的人群，而不是对未来的某种模糊承诺（Reason & Bradbury，2006）。一项相关的调查形式就是基于社区的参与式研究，该研究将社会行为以及受影响成员看作平等的伙伴关系（参见第4章关于此类方法的更多内容）。这些深入的参与和积极的变革被看作是一种有意义的道德义务。它们还产生了新的关系，在这种关系中，伦理审查委员会在生物医学方向却准备不足。例如，伦理审查委员会认为风险（和收益）只影响个人，而不是社区。

当社区成员既是参与主体又是“研究人员”，以及制定和考虑研究问题时，要优先考虑社区成员的利益，此时的界限就变得模糊了。对于他们来说，研究人员的角色要求学会放弃控制（包括单方面决定如何保护他们的学科），同时遵守伦理审查委员会的指导方针（因为大多数此类研究人员都隶属于学术机构或其他由伦理审查委员会管理的机构）。基于社区的参与式研究项目通常要持续数年，而非几个月，在每一个步骤中都需要很长时间来达成信任和共识。如果参与和合作是行动中和基于社区的参与式研究中所固有的，则会出现不可避免的道德困境，有时这些困境也是无法预测的。

以下是一些可预测的道德困境和决策：(1) 所有者的数据；(2) 传播的结果（时间、分享和所有权）；(3) 违反保密原则时考虑到的许多相关外部因素；(4) 在资源不平衡的情况下，社区成员不能平等地参与学术资助研究团队；(5) 在研究设计的严谨性与社区规范和期望的协调性之间总是存在着相逆的关系；(6) 确定社区利益相关者中，哪些人能合法地代表社区发言。以上每一个问题，以及出现的其他困境，都取决于对信任和承诺关系的决心（这与婚姻完全不同）。专栏2-4提供了一个与特定类型的基于社区的参与式研究相关的示例，被称为影像发声（photo-voice，PV）法。

专栏2-4　基于社区的参与式研究的伦理道德：影像发声处理 54

某一特殊类型的基于社区的参与式研究包括使用相机和摄影数据来促进社区成员通过视觉媒体参与研究。该方法可能是定性的或者定量的，也有可能两者都是，但是目标不变，即努力提高为社区解决问题的能力。影像发声是一种通过图片来表达声音的方式（Wang & Burris，1997）。影像发声可以解决的社区问题包括社区暴力、社区花园和公园的缺乏、附近的有毒废物处理工厂等。从评价的角度来看，影像发声在评估需求、干预的开发和实施以及评估影响等方面有所帮助。

这时，立刻浮现在脑海中的道德问题就需要得到特别关注。首先，视觉识别数据与音频或文档数据有很大不同。影像发声方法涉及对摄影的训练，包括对隐私和安全的关注（对当地文化和社会规范的敏感性）。道德相机的使用意味着要事先获得被拍照者的知情同意，以及签名许可。与基于社区的参与式研究一样，在其基本任务中，光声被呈现为一种道德手段，从而将参与者的创造性控制扩至最大。因此，它需要得到持续的关注，而不是一次性、“一刀切”的项目。展览、网站、相册、社区论坛或所有这些作品都是影像发声的最终产物，都是一种巧妙而又一致的社区项目表达方式，这个项目广泛地鼓励人们的参与。

1. 欺骗型研究

一般情况下，如果不是找不到研究问题的其他方法，是不会采用欺骗这种方法的。但在这种情况下，研究的问题需要具有重要的科学意义和最小的参与风险。在所有可能出现的例外实验中，欺骗型实验是最主要的一种。但在研究中使用欺骗的方法很难获得伦理审查委员会的接受和认同。一旦这类研究被允许，知情同意书中就必须注明并提醒有关研究过程中存在一些欺骗方法，还需要有参与者阅读后的签字。伦理审查委员会也可以决定放弃参与者对此的知情权。但无论是哪种情况，从参与者那里收集完数据之后，都要进行一次全面的汇报。因为不能让参与者对科学和研究过程失去信心，这一点非常重要。伦理审查委员会也希望在最后的研究汇报会上，参与者充分享有对研究项目的提问权和解答权。如果参与者希望将自己的数据从研究中删除，那么研究组应该尊重他们的意愿。

在项目评估中应该采取欺骗型方法吗？其实并没有很大必要，因为即使是随机分配型实验，也可以通过“掷硬币”的方法来决定哪一小组参与实验。在所有研究伦理道德准则中，指导性原则就是预防伤害。因此，在研究中，没有经过协商和讨论是不可以采取欺骗型方法的。作为研究过程的一个环节，研究问题的其他方法也应该被考虑到。

2. 研究中的补偿和奖励报酬 55

报酬（以现金或者商品的形式）是吸引或者留住参与者的一种奖励形式，是符合伦理道德的。伦理审查委员会认为这种报酬属于奖励，而并非参与研究获得的“利益”。此外，对于还未完成的研究，扣留参与者的报酬有强迫的嫌疑。因此，如果参与者退出研究，他们有权获得相应比例的报酬。

尽管对参与者参与研究所耗费成本进行补偿看似理所当然（比如因为研究耽误了照顾孩子和工作导致耗费的时间成本、交通往来费用），但物质奖励太过丰厚，问题就会不断涌现。关于奖励，必须把握一个原则：物质回报不要太过丰厚以致有“不当引诱”之嫌。当太过诱人的报酬摆在眼前时，有些人就很可能会为了获得那笔可观的酬劳，而冒险捏造自己的参与条件以求加入研究项目。

经验不足的研究人员应该向资历深的同事多了解一下有关研究补偿的相关规范和惯例，这是因为研究补偿也是因地而异，并且和数据收集的特点相关。丰厚的补偿依赖于特定的研究背景和群体。一般来说，研究时间耗费越长或者数据收集越困难，报酬就会越丰厚：即使参与的访谈只有一个小时，也会获得 25 美元的报酬；持续时间长达数年的研究会给参与者数百美元的报酬。而另一个极端情况也存在，即填写问卷调查通常不需要对参与者给予补偿（虽然有些研究者为了提高参与回复率，会向参与者提供礼品卡或者其他奖励）。但对于一般的项目评估（通常预算十分拮据），像这样丰厚的物质酬劳是不允许出现的。不过也有一些其他实惠的奖励办法，比如分发一些电影票或地铁票。

3. 研究中实验控制组的使用

在项目评估中，有关研究设计的决定可能会面临道德困境。有时，专家会对实验设计提出强烈的反对，因为他们认为被安排在实验控制组的参与者是无法接受治疗的（Buchanan，Miller，& Wallerstein，2007）。尽管药物实验研究通常会设定一个**安慰剂**实验控制组，但在社会服务机构所进行的项目评估中，在实验过程中没有接受治疗的实验小组是极其少见的。不过，这并不意味着比较对照原则就要被摒弃。相反，对照实验条件下的参与者反而可能会接受“常规或者标准的治疗”，或者在项目中会接受另一种形式的治疗方式或者干扰治疗（比如针对滥用药物的同龄群体治疗法和一对一个案专家咨询治疗法）。

无论是研究机构还是实验项目组，通常都会有一份很长的申请人候补名单，据此评估员会设定一个准实验控制组，这也就是所谓的**等候清单控制**。项目组会先后对准实验控制组成员进行两次预先测试，一次是在刚联系上参与者的时候，而另一次是在开始干扰实验之前。在实验结束后，还可以对他们进行第三次测试即后测。因此，评估员可以做出一个**时间序列设计概略图**（见图 2-2）。因为在 O_1 至 O_2 期间参与者是没有接受任何治疗的，所以这段等候医疗服务的时间就构成了 O_3 至 O_2 期间参与者身体健康状况发生好转的参照。

O_1	O_2	X	O_3	56
原始接触	治疗前的评估	治疗中	后测	

图 2-2　时间序列设计概略图

尽管很少有人在实验中使用一个对测试实验看似不起任何作用的干扰变量，但在那些涉及多元背景和不同群体的实验中，新出现的干扰变量往往未经过测试。从道德伦理的角度来说，在实验中，接受新疗法的参与者或患者的身体状况到最后有可能比那些接受常规治疗的患者的状况还要糟糕。因此，就出现了另一种方法，那就是让参与实验的患者在接受新疗法的同时也接受常规治疗，然后再将实验结果与接受常规治疗患者的康复状况进行对比。尽管这种对比方式比较耗费人力，而且对比结果也不够清晰，但它也能证明新疗法是否优于普通治疗。这一类新发现可以为其他关于新疗法是否优于普通疗法的研究提供依据。

还有一种能够得到实验控制组的准实验方法，就是将一个研究机构的项目参与者与其他类似项目或机构的参与者进行对比。虽然根据群体特点进行了细致的配对，但是这样的*对照组*和随机选定的实验控制组有所不同，因为两个研究机构的参与者或多或少会有一些不同。如果其他研究项目的负责人愿意参与对照实验、贡献研究数据，并且如果这两组来自不同机构的参与者在年龄、收入、性别、受教育程度和其他重要特质方面都相似，那么从统计检验的角度看，这类实验应该是可行的。

最后，在评估新项目时，还存在一种可能性：将本次实验参与者的治疗成功率与之前接受过其他疗法的参与者的治疗成功率进行对比。这种回顾性控制组实验设计需要找出已封存的实验档案，或者对之前实验的参与者进行追踪，但这两种做法都需要得到伦理审查委员会的批准。很多保持服务评估的机构在项目之初就和参与者签好了知情同意书，以备日后有项目评估员需要从研究记录中获取数据或联系参与者。一般来说，只要不会泄露参与者信息，并且研究结果都是以集合形式呈现，那么现存数据的处理就不会对参与者造成伤害。

七、评估工作者的伦理责任

心理学家、咨询师和社会工作者在进行项目评估时都应该承担起道德责任。因为我们的工作是和人打交道，我们的参与者很容易在这个过程中受到伤害，所以任何从事人文类服务工作的专家都必须对自己的研究介入行为负责。比如，社会工作者应该对美国社会工作协会的*伦理准则*十分熟悉。社会工作伦理准则要求我们在评估政策、项目和行为介入以 57

及发展科学知识的同时也要保护研究的参与者。

当社会工作陷入道德困境时，你该如何做？首先，仔细衡量你的选择及不同决定可能产生的结果。然后，在网上寻找类似的文献或者研究，看看相同情形下他人的解决办法。多数大学的道德委员会官网会有相关案例和有效的信息。

正如之前所提及的，在法律强制要求下，对虐待儿童或老年人行为进行报道时，真正艰难的道德考验和决定是研究人员不得不违背保密原则去“揭发”参与者的身份。尽管人的法定义务是凌驾于保密维护原则之上的（这在知情同意书中有明确说明），但这并不会让此类信息报道变得那么轻而易举。除非是形势紧迫，否则不会采取这样过激的做法，但是最好还是听取伦理审查委员会和资深同事的意见。

投资人、项目负责人、工作人员、参与者以及其他利益相关者都能从中获得各自的既得利益。但是，在有些人看来这是好处，在其他人看来这就有可能令人厌恶。那些外围评估者经常会遇到这样的难题：面对一个不合格的项目，自己到底是应该陈述事实呢，还是含糊其词，又或者是美化真相？当某个项目看起来具有明显的研究价值（比如入住保障型住房的低收入者的健康教育研究）却成果甚微时又该如何？

有时评估意见会和社区需求以及政治相冲突（Emshoff，2003），而且研究中的伦理道德选择对评估者来说也是一种束缚。内部评估者可能会陷入一个特殊的困境：出于对老板的忠诚，他们不得不屈服于科学研究目标。专栏 2－5 给出了案例，并对数据收集和研究道德可能出现的冲突提出了指导性建议。

58 **专栏 2－5　　当政治与道德伦理发生冲突时**

1. 情景

假设你是一名项目评估员，现在你需要对一个新项目进行评估，但你对项目环境并不十分了解。上级要求你在六个月内完成这次评估，因为项目已经进行了一年半，却还没有进行过任何评估活动。现在，为了扩大投资，项目组开始意识到必须出示一些能够展示项目成果的报告。项目负责人表示，如果你只是从项目工作人员处收集数据，那么应该能够在期限内完成评估任务。另外，负责人还要掌握你收集的所有数据。而你的评估职业生涯才刚刚开始，你很想在业内建立起自己良好的信誉。现在你面临的道德伦理挑战是什么？你将如何应对它？让我们来判断一下潜在的道德伦理问题和可能的解决方法。

2. 对道德伦理问题的回应

第一，如果研究背景不具科学性和完善性，评估是不能进行的。要想在六个月的时间内收集到一个你并不熟悉的项目的数据结果，这几乎是不可能的。这一点你需要向负责人说明。同时，为了收集到既符合项目管理者要求，又准确有效的信息，应当采取一些折中办法。

第二，在项目评估的过程中，要尽可能从多方利益相关者的角度看问题，这一点尤为重要。只从某一方立场出发的做法可能会使研究结果失衡，甚至会导致评估的失效。要果断地提醒你的上司，告诉他一个强有力的评估需要获得来自消费者以及社区其他成员的数据信息。

第三，对参与者的保护是毋庸置疑的。对研究工作人员、参与者和其他利益相关者都应该做出保密承诺并尽力确保研究的机密性。如果出于某些原因不能信守这一承诺，那么所有参与者都应被告知，项目负责人有权知晓参与者透露出的信息。这有可能会给数据收集的发现带来一些不良影响，项目负责人应该谨慎权衡一下其中的利弊。

第四，假设负责人现在已经向你透露，他们需要一份正面的报告来获得资金支持，那么这就意味着你要承受很大的压力去忽略报告中的消极内容。然而，做到评估的均衡也是很重要的，你要对项目的积极方面和消极方面（包括一些意料之外的影响）做一个全面检测。

第五，同样有必要的是，你要意识到很多项目的评估结果与评估方法息息相关（详见 Wilson & Lipsey，2003）。因此，你的评估报告要包括一个特殊部分，也就是对研究的局限性进行详细且全面的阐述。而对于那些需要进行成本和收益评估的项目，特别是成本收益分析，这就显得尤其重要（详见 Pinkerton et al.，2002）。

资料来源：

Pinkerton, S., Johnson-Masotti, A., Derse, A., & Layde, P. (2002). Ethical issues in cost-effectiveness analysis. *Evaluation and Program Planning*, 25, 71-83.

Wilson, D., & Lipsey, M. (2003). The role of method in treatment effectiveness research: Evidence from meta-analysis. In A. Kazdin (Ed.), *Methodological issues & strategies in clinical research* (3rd ed., pp. 589-616). Washington, DC: American Psychological Association.

研究行为中的道德行为方案无疑是在帮助研究人员专注于自己的专业研究目标，不为经济、政治和个人兴趣所动摇。但当他们开始认同一种社会公正思潮或一些主张时（就好比社区人员认为任何项目小小的成果都要好过毫无发现），他们原本中立的态度就很难再保持。

对于评估中的压力，评估员要做到妥善处理，并且花费时间和参与者协商出谅解备忘录以表明双方在项目评估中的义务。比如，评估员可以和研究的预期使用者分享研究中期的发现，这样也能为日后可能出现的研究成果争议做一些准备。我们应该清楚，评估员之所以从事评估工作，是因为他们能够公平且准确地对研究进行报告。

八、伦理问题与评估研究总结

由于联邦政府规章中并没有表现出对社会科学和人文类服务事业的支持力度，很多研究人员认为，伦理审查委员会的审查过程十分繁复。然而，尽管饱受争议，伦理审查委员会的审查工作仍须阻止反道德研究。在可预见的未来，委员会的权威依然是毋庸置疑的。
59 尽管委员会的监控范围可能不会再扩大至其他众多项目或机构，但是越来越多的研究人员希望能够确保他们的研究已经经过了伦理审查委员会的审查，并获得了许可同意，特别是在他们有意发表或传播实验结果的情况下。所以如今很多机构和服务性组织都开始根据自己的需求去成立自己的伦理审查委员会，也就不足为奇了。

本章已经讨论了一些让评估者左右为难的情形，这些情形往往都发生在他们决定是否要跨出常规项目监控门槛之前。然而就是在这样一个投资紧缺、稀有资源竞争激烈的时代，研究的普及和推广显得更为重要。我们应该大力开展有关责任和效益的研究，并尽可能地与他人和社会分享研究成果。在这种情形下，伦理审查委员会所付出的努力是值得肯定的。

我们不需要因为将参与者拉入研究活动而感到对他们有所亏欠。他们可能会从新疗法中获益匪浅甚至获得重要的人生机遇。即使没有得到这些好处，这些参与者也会觉得自己为医疗进步和他人的健康贡献出了一份力量。很多人都喜欢和他人分享自己对一些事情的看法，很多评估人员也会邀请参与者这样做（采用定性研究方法的研究通常会引用一些参与者表达自己观点的原话）。不过，由于研究参与者不愿意浪费太多时间在他们不以为然的实验上，所以未来参与者们可能会开始对参与研究持怀疑态度。在项目研究评估中，改良性实践和政策研究实现风险最小化和收益最大化的概率是极小的。

一、课堂讨论

1. 假设你是一个项目的执行者，最近一个颇有实力的基金会有兴趣给你的项目注资，但前提是该项目以证据为依据。所以你请了一位在高校工作的研究员为你的项目做评估。在这种情形下，你应该考虑哪些可能存在的道德问题呢？如何才能保证既采用科学可靠的研究方法又能实现既定目标？

2. 选择你比较熟悉的一个移民型社区，针对该社区开展一个艾滋病预防项目。面对你可能会遇到的文化信仰或实践带来的道德问题，你有哪些解决办法呢？

3. 如果可能的话，结合你的亲身经历讨论一下《健康保险流通与责任法案》中有关隐私的规定，以及这些规定是如何影响防癌普查项目评估的。

4. 假设你要进行青少年在线教育项目的评估。该项目通过社会媒体广而告之，要求青少年就约会暴力现象发表看法，并以简讯形式传达个人见解。在这类研究和基于网络的研究中又会产生哪些道德问题？

5. 讨论一下在项目目标没有实现或项目评估没有完成的情况下，外围评估者应该负哪些责任？如果该项目还有内部评估员参与，那么内部评估员与外围评估员各自所承担的责任又有什么不同？

二、微型项目：亲身体验评估 60

1. 找到或下载一张你所在学校的伦理审查委员会所使用的申请表格。完成表格的填写，想象你正在向当地一家社会服务机构申请一个项目评估。

2. 如果能在伦理审查委员会官网上找到相关资源，你可以自己学习一下《人体受试指导手册》，然后在线参加一下所有调查员必须通过的资格证考试。你可以从中得到哪些经验？

3. 你要进行一项有关家庭寄养的研究评估，为此你要去采访一些小孩和他们的家长或监护人，并拟写一份知情同意书。将你编写的知情同意书与学校伦理审查委员会的同意书进行对比。

4. 自伦理审查委员会形成以来，研究中有没有出现过打着研究的旗号虐待参与者的情况？利用网络或图书馆资源，对你认为有反道德嫌疑的研究项目做一个简单报告，并阐明你认为项目有危害的原因。

三、参考文献

Buchanan, D. R., Miller, F. G., & Wallerstein, N. (2007). Ethical issues in community-based participatory research: Balancing rigorous research with community participation in community intervention studies. *Progress in community health partnerships*, *1*, 153–160.

Cornish, F., & Ghosh, R. (2007). The necessary contradictions of a 'community-led' health promotion: A case study of HIV prevention in an Indian red light district. *Social Science & Medicine*, *64*, 496–507.

Dent, C. W., Sussman, S. Y., & Stacy, A. W. (1997). The impact of a written parental consent policy on estimates from a school-based drug use survey. *Evaluation Review*, *21*, 698–712.

Emshoff, J. (2003). Commentary: Practical realities and ethical choices. *American Journal of Evaluation*, *24*, 419–422.

Esbensen, F., Deschenes, E. B., Vogel, R. E., West, J., Arboit, K., & Harris, L. (1996). Active parental consent in school-based research: An examination of ethical and methodological issues. *Evaluation Review, 20*, 737–753.

Gensheimer, L. K., Ayers, T. S., & Roosa, M. W. (1993). School-based prevention interventions for at-risk populations. *Evaluation and Program Planning, 16*, 159–167.

High, D. M., Whitehouse, P. J., Post, S. G., & Berg, L. (1994). Guidelines for addressing ethical and legal issues in Alzheimer's disease research: A position paper. *Alzheimer Disease and Associated Disorders, 8*, 66–74.

Hornblum, A. M. (1998). *Acres of skin: Human experiments at Holmesburg Prison*. New York: Routledge.

Jones, J. H. (1981). *Bad blood: The Tuskegee syphilis experiment*. New York: Free Press.

Letiecq, B. L., & Bailey, S. J. (2004). Evaluating from the outside: Conducting cross-cultural evaluation research on an American Indian reservation. *Evaluation Review, 28*, 342–357.

Malone, R. E., Yerger, V. E., McGruder, C., & Froelicher, E. (2006). "It's like Tuskegee in reverse": A case study of ethical tensions in institutional review board review of community-based participatory research. *American Journal of Public Health, 96*, 1914–1919.

Morris, M. (2002). Ethical challenges: The potpourri. *American Journal of Evaluation, 23*, 101–103.

Morris, M., & Cohn, R. (1993). Program evaluators and ethical challenges. *Evaluation Review, 17*(6), 621–642.

Oakes, J. M. (2002). Risks and wrongs in social science research: An evaluator's guide to the IRB. *Evaluation Review, 26*, 443–479.

Padgett, D. K. (2012). *Qualitative and mixed methods in public health research*. Thousand Oaks, CA: Sage.

Reason, P., & Bradbury, H. (2006). *Handbook of action research*. Thousand Oaks, CA: Sage.

Wang, C., & Burris, M. A. (1997). Photovoice: Concept, methodology and use for participatory needs assessment. *Health Education and Behavior, 24*, 369–387.

Wolf, L. E., Croughan, M., & Lo, B. (2002). The challenges of IRB review and human subjects protections in practice-based research. *Medical Care, 40*, 521–529.

第 3 章

需求评估 63

什么是需求评估？

需求评估是试图发现并记录未得到满足的需求、社会服务缺口或者社区问题的评估。需求评估可能有助于优先考虑机构/社区的问题或者项目成果。

我需要具备哪些技能？

通常，需求评估需要使用调查法、个人访谈、焦点小组、公众论坛、二手数据源对服务需求或者问题的范围进行评估。本章会涉及每种方法的简介。

广义上，**需求评估**是对社区内或者服务对象群体内存在的问题的评估和预测。因为对提高项目水平的需求或者对先前未重视的问题的关注，所以对于需求评估众说纷纭。服务项目资金投入的降低可能会要求策划人和服务提供者优先考虑那些之前看起来没有必要的途径，同时，这也导致了服务项目不完善或者基础设施不足。通过需求评估确定公众最迫切的需求能够有效地帮助项目进行资金调整。同时，需求评估也可以识别障碍，在项目评估过程中，有效避免其对客户或者目标群体造成的干扰。

需求评估作为一种工具，能够决定如何优化人力、物力资源的使用和分配，也有助于推动项目的规划和发展。举个简单的例子，社区可能会召开一次论坛会，旨在帮助市政局决定是将资金投入建设新的养老中心，还是投资修建新的市内公园。理想情况下，需求评估是社会工作者在感知到社区或者服务对象群体的需求后，应该采取的第一步骤，而不是用来证明已有的决定有多么合理。

需求估计并非一种单一的方法，它还包括很多其他的方法，这些方法在本章中会被一
一讨论到。本章并不会将需求评估作为适用于单个服务对象的流程，更多地，它是一个宏 64
观概念，适用于社区和个人组成的团体。

举个例子，假设现在美国某小镇毒品滥用现象愈演愈烈。社区核心成员、家长、医护人员、刑事司法官员、学校代表都一致同意采取一些措施来解决社区毒品滥用问题。然而，在解决问题的前提下，如何实现有限资源的最优配置呢？社区人员对此并不十分清楚。是否应该为门诊病人研发更多不同的创新疗法？不同社区是否需要放宽门诊就诊时间或地点？学校是否应该以初高中生为目标群体进行毒品预防宣传？或者，社区领导是否应该倡导政府多向治安部门提供资金援助，着重关注违法毒品的交易和供应？这些都是进行需求评估时所要考虑的问题。

作为专业的协助者和策划人，我们可能觉得自己已经十分了解服务对象（或者某些社区和街区）的需要，然而这只是我们在获得确切证据之前的主观臆测。需求信息一旦被记录下来，便是今后项目执行和项目成果对比的参照标准。以后询问的问题就是："××项目对社区毒品滥用问题有没有起到作用？"

需求评估可以为项目规划提供十分有价值的信息，包括服务的目标群体、服务宣传和推广的方法、预计的具体项目或服务受益人数、地理分布信息、潜在服务对象的社会人口特点、服务对象可能会遇到的困难（参见专栏 3-1）。比如说，询问一些重要的问题："潜在服务对象的位置距离研究机构多远才算比较适中？""对潜在服务对象采访多长时间才最方便？"因此，项目的策划人和负责人会想获取潜在服务对象对研究中地理位置和受访时长的一些观点。

专栏 3-1　　进行需求评估的原因

1. 为了探讨服务对象群体或社区所面临问题的严重程度，通过判断是否已有足够多的受助者、员工或社区居民开始反映这一问题来证明新项目开发的合理性。
2. 为了优先考虑各种社会服务需求，促进资源配置。
3. 为了判断是否存在可用来解决问题的其他介入方法和资源。
4. 为了判断现有介入方法是否已为潜在服务对象所熟知和接受。
5. 为了判断是否存在阻碍受助者接受社会服务的干扰因素。
6. 为了获取信息来确定项目的具体目标服务群体。

65

一、需求评估的类型

如果认为每个项目或机构都能以相同的方式去评估社区或客户的需求，那就大错特错了。相反，需求评估类型的选择必须从需要解决问题的概念入手。尽管本章将讨论许多不同类型的需求评估方法，或者是已经实现的方法，但最终的选择都非常主观，并且由特定社区中的特定环境所决定。接下来我们将从两种特定的需求评估开始，思考以上问题。

1. 运用四个原则指导项目策划

想象一下，一家新的机构搬到了镇上，在该城镇改造了几栋两层的旧楼房，并把它们统一设计成单一的相同结构。在改造中，所有的窗户都采用反光玻璃，这样室外的人就不可能看到办公室内的人，甚至是室内的家具。此外，该大楼的停车场和入口都位于楼房后方，远离街道，因此很难看到哪些人在使用停车场，甚至连多少人进入大楼都无从知晓。假设该机构以广播或者报纸的形式购买了一些广告，并且利用广告宣称该机构将进行招商，提供服务，那么你在享受服务时可能会想到哪些问题呢？

举例来说，如果你行动不便，对于室内台阶的设置，你是否需要进行协商？他们如何收费？如果你需要陪同翻译或者儿童护理服务，这些特殊请求能够轻松地得到处理吗？如果你对附近的社区不熟悉，你会考虑在那里旅游是否安全、公交车能否直达。在这种情况下，可能就需要进行需求评估，以了解潜在客户是否认为该机构***可以提供服务***。假设该机构已运营了一段时间，但是由于种种原因，人们可能无法像预期那样获得服务。例如，可能在某一时间段，等候服务的时间过长，而潜在客户也不再将等待过程视为获得服务的初始状态。这种看法仍然很普遍吗？服务提供时间是几小时？有晚上或星期六的服务吗？可访问性研究将提供关于社区或潜在客户对这些问题的了解程度的信息。

有时，非营利组织和营利性公司会进行一种需求评估，这种评估可以被称为市场研究。在市场研究中，该组织可能希望对社区的成年人进行抽样调查，以了解他们是否知道去哪儿寻求帮助，例如，如果他们需要婚姻咨询，或者因为无法和青少年相处而存在困扰，他们会联系谁。这类研究也可视作***服务研究意识或服务研究可行性***。潜在客户通常会考虑距离近的服务以及供应充足的服务。如果某个项目很完善，但位于城市的另一端，参与该项目需要公共汽车的两次换乘，这就不具有可用性。类似地，客户可能会认为邻县或乡镇的服务也不具有可用性，即使他们并没有权利去剔除这些项目。

最后，某个机构可能想了解，社区居民或潜在服务对象是否能够***接受***该机构的服务。在对机构的要求和期望中，总存在一定的主观性。有些人可能会因为候诊室里的软沙发和 66
舒适的椅子而得到安慰，而另一些人则可能更喜欢医疗诊所更专业的外观，有色人种可能希望接待员或服务提供者是同族人，以此类推。文化群体的规范很重要，如果项目在使用中有太多的污名，或者对受教育程度不高、收入水平不高的人区别对待，或对他人的性取向或性别认同而感到羞耻，这些项目可能就被视为不可接受的类型。可接受性研究还可以关注从机构或组织获得服务的好感度。显然，如果好感度过低，那么让潜在服务对象求助并使用这些服务，就可能因接受水平所限而无法企及。

如果某地的项目预算存在问题，就需要定期对之进行需求评估，以提供信息给服务提供商和项目规划人员，从而更好地回应机构和社区潜在服务对象的需求。有了这些信息，随着新项目的成熟和发展，根据在人口或服务领域内不断变化的需求，就可以随时做出调整。

2. 还有其他形式的需求可以被审查？

很久以前，布拉德肖（Bradshaw，1977）对需求做出了四种概念化的界定，这对需求评估的关注方式仍具有指导作用：

（1）*规范性需求*——由专家定义的一种条件或情况。通过查看某国家的贫困数据和已经享受到免费午餐服务的儿童数量，专家可能会建议采取更多的措施来通知某些学区的学生家长，他们的孩子几乎还没有得到过免费午餐。专家的专业技能和知识在很大程度上影响着规范性需求的预测。所以规范性需求有可能具有主观性，缺乏代表性。换言之，有关需求的问题，仅仅咨询“专家”并不能全面反映整个项目的需求，毕竟这样得出的结果只是基于极少数个人的意见。

（2）*切身需求*——真正由受助者自身反映出的需求感知。收集切身需求数据一般会通过面谈、邮件或电话的方式对受助者进行调查采访。这三种方法都有各自的缺陷。比如，受助者可能不想告诉调查员他们内心最深处的私人需求。而邮件调查的样本有可能缺乏代表性且回复率低。

（3）*表达性需求*——对社会服务的需求。比如，已经在限定时间内申请过社会服务的受助者或接受过服务的受助者，还有服务候补清单上的受助者，他们的需求都代表了对某个项目的需求。这种需求界定方法的缺点在于——很多可以从服务项目中受益却不符合条件的当事人可能无法接受服务。他们可能没有便利的交通工具或者不知道申请服务的地点。表达性需求总是能够估测出社区的真实需求。

（4）*比较性需求*——一种推测需求的手段，通过观察正在接受服务的受助者的特点并
67 据此进行群体特征定位从而推测需求。比如，一份有关高层公寓老年居民的研究报告显示，12%的住户需要交通服务。这一信息可能也适用于其他以老龄住户为主的高层公寓调查评估。但是这种界定需求的方法并不适合那些没有代表性的问题。根据该定义，某一项目或机构的服务对象（如那些住在不同公寓的居民）都是自选的样本。他们的需求可能能够代表其他具有相似地缘条件（比如年龄和宗教团体）人口的需求，但也有可能行不通。

很显然，需求的不同界定告诉我们，当人们对需求有着不同的定义时，矛盾和分歧也会随之出现。举一个比较滑稽的案例，当我们“想要”一份三明治或一杯热腾腾的咖啡时，我们的身体都会本能地感应到这种“需求”。然而，一位观察员可能就会关注到我们，得出以下结论：“你已经超重十磅了，所以就别点那份会让你发胖的三明治了。”这位观察员的言外之意也许是有其他人更需要这份三明治来补充营养。但医生可能会持相反的态度，告诫我们要在饮食中减少咖啡因的摄入量。也就是说，不喝那杯我们迫不及待想喝的咖啡，

我们的身体状况会好很多。那么，谁的需求评估更合理？谁又是最好的需求判定者呢？

面对有关“需求”的分歧，解决的办法之一就是从两个不同的方面收集信息。也就是说，通过询问意见双方的观点来权衡某一群体可能“想要”什么和他们真的“需要”什么，然后从“期待”平均率中减去“实际”平均率。在采用了差别需求评估方法的典型实验中，高曼和施迈茨（Goldman & Schmalz，2007）对术语（“向孩子传授避孕套知识的家长”）进行了解释。在这一研究中，受访者的“预期”状态值为2.07（1＝总是，2＝时常，3＝偶尔，4＝从不，5＝不清楚），而“实际”状态值为2.78。因此，这两种状态之间存在0.71的差异。这种方法能够让评估者和项目规划者对不同的项目或活动进行检验，并根据差值进行项目优化。更多细节信息参见高曼和施迈茨（Goldman & Schmalz，2007）的文章。类似地，克劳斯、梅和巴特勒（Krause，May，& Butler，2013）的研究观察了密西西比州的艾滋病感染者对卫生保障和服务的需求。他们这样界定需求：最后12个月的具体需求和服务（如粮食银行或者食物的提供、合法的援助以及口腔保健等）以及调查对象未得到满足的需求及服务列表。

需求评估者应该力求对不同的需求感知保持敏感度，这种行为顶多算是一种不精确的科学。然而，当我们想要对受助人群的需求做出判断时，要尽可能地让受助当事人参与到过程中来。另外，评估人员应该清楚，一个社区总是包含各种利益相关者。有关项目的**所有利益相关者**可以概括为以下几类：

投资者
管理者
政治活动家
社区成员 68
服务提供者以及服务工作人员
其他可能创造或接受下线业务的项目和机构
工会
过去、现在以及潜在的服务对象

正如米卡（Mika，1996）所说，每一组利益相关者都有各自不同的立场，因而他们很容易从主观的角度去解读研究结果。通过同一份项目数据，不同的群体有不同的看法，有人可能会认为该项目是对公款的一种浪费，有人可能会认为这是一种极其必要的活动，这还得取决于他们对项目是持支持还是反对态度。

需求评估工作难易不同，也没有标准的方法。在一些社区，通过从当地联合劝募会的资源储备入手去判定项目或服务缺口的方式比较可行。在其他一些社区，预期服务可以通过某种形式实现，其评估的主要任务可能就是检验服务的便利性和可获得性。如果一个项目只能在某一个社区或者某一段时间内提供服务，那么对于那些必须照顾孩子、出行交通不便利或者不能离开工作岗位的潜在受助者来说，这类项目就没有多大益处。在进行需求评估时，还需要和研究机构保持联系，以便调整机构服务工作人员的教育和培训需求。例如，关于英格兰培训体验和“社会保健专业人员”训练的需求评估已经在滥用药物项目中得以体现（Galvani，Dance，& Hutchinson，2013）；又如综合行为保健服务机构中本土社会工作人员对专业能力和培训的需求（Horevitz & Manoleas，2013），或者受害人服务提供者的培训需求（Neff，Patterson，& Johnson，2012）。

二、如何进行需求评估？

在进行需求评估之前，评估主体必须对需求具有一定的直觉或想法。这个主体或许是你，是你的老板，或者一群工友、家长或邻居。下面将举例说明评估的开展过程。

假设你的孩子正在读小学，她有一个 9 岁的朋友，这个朋友每天中午都得独自待在家里。有一天，她想在母亲回来之前做好晚饭，但是无意间让厨房着了火。现场没有人受伤，但是火势迅速蔓延到了电视和周围的报纸。因此，你觉得很有必要在你所在的社区开展一个关注自带钥匙儿童的项目。那些家长因工作不在家，留小孩独自在家无人看管的情形就会引起你的特别关注。你了解到，如果社区真的有这样的需求，当地的基金会愿意提供自带钥匙儿童项目的启动资金。

所以你可能会问：“可以找到哪些信息源？”又或许你会问一些相关问题：“我可以向谁倾诉我的困扰？”正当你在考虑什么信息有帮助并且可获得时，你忽然想到小学校长的
69 参与会让项目更容易开展。于是，你开始联系他们，接着，你发现他们其中有两人认为这一项目有必要进行，而另一个有点犹豫不决。但是你感觉这些信息并不足以获得基金会的信任和支持。那么，你还应该做些什么呢？你可以去询问街坊邻居的意见，问问他们是否觉得有必要开展这样一个项目。然而，朋友在一旁提醒你说，这些意见都属于带有偏见的主观信息。即使和你谈话的人数已多达 25 人，具有了一定的代表性，但是身边人给你提供的想法仍然只是一种主观信息。

那么你还能做些什么呢？如果你所在的社区对这一项目确有“切实需求”，那么你可以从那些对项目感兴趣且想让自己孩子参与的家长入手，获得一些证据。他们的这种意愿可以通过调查问卷的方式记录下来。只要获得了校方允许，就可以给每一个小学儿童的家长寄去一份调查问卷，介绍说明项目的计划以激起他们的兴趣。然而当孩子家长或者监护人退还了问卷调查表时，你就需要向他们提供更多有关该项目需求的客观信息。不过，还有一种信息源也可以提供有效的数据，即与儿童保护机构合作，采访这些机构的工作人员，看他们是否也同样觉得社区需要进行这样的项目。同样，还可以联系消防队，确认是

否有孩子独自在家引发了火情的记录。警察局也有可能接到过独自在家的孩子拨打的火警电话。

正如上述案例所示，很多需求评估的内容都围绕你可以获得什么样*可用的*信息来展开。所以可用性是关键。在今天这个时代，信息来源十分广泛，就如同你面前的电脑一样伸手可及。但在收集信息之前，我们应该关注需求评估的必要步骤（见专栏 3－2）。尽管需求评估与过程评估、结果评估的步骤大同小异，但是对需求记录的重视应该贯穿于需求评估的每一个步骤。

专栏 3－2　　需求评估的步骤

步骤 1. 必须清楚以下几点：

a. 需求评估目标

b. 需求评估等级：国家级、社区级、街区级

c. 所涉及的利益相关者：受助者或潜在受助者、项目工作人员、主要社区领导、国家官员等

d. 预算和可获得资源

e. 分配给项目的时间

步骤 2. 确定你需要获得的具体信息。

步骤 3. 判断哪些是已有信息，哪些信息可以通过手头资源获得。

步骤 4. 有必要的话，可以对评估和测量方法进行设计。

步骤 5. 收集和分析数据。

步骤 6. 准备报告。

步骤 7. 向主要利益相关者宣传评估结果并得到他们的反馈意见。

步骤 8. 正式公布评估结果。

三、需求评估涉及哪些步骤？ 70

第 1 步：确定需求评估参数。需求评估的目的是什么？其关注的范围较宽泛（例如，城镇存在哪些未得到满足的心理健康需求）还是相对较窄（例如，北部的城镇是否需要为老人提供其他的辅助生活设施）？显而易见，国家级评估项目的规模会比偏远社区进行的项目的规模大得多。而另外一个重要事项包括：哪一类利益相关者会包括在内？完成研究

需要花费多长时间？需求评估的预算又是多少？如果手头的资源越多（工作人员、志愿者和预算总额），那么研究的期限就会越长，需求评估内容就能越全面、越精细。需求评估的过程大致相同：首先开始项目策划，接着就会意识到项目衍生了很多新问题，而项目决策人需要对其进行详细说明。要时刻谨记你的评估目标，这有助于你集中精力研究。

第 2 步：确定决策所需的必要信息。主要利益相关者可能会就他们感兴趣的内容提出一些问题，这些问题可能会拓宽需求评估项目的关注面，也可能改变项目目标。计划委员会甚至会转移话题或者把时间浪费在讨论已经明确的项目问题上。然而，他们所提出的这些新问题应不应该纳入评估，这还取决于他们能否为项目提供一些有用的信息。如果他们所提供的信息毫无用处，那么他们的意见就可以忽略。而你“需要”知道些什么呢？

第 3 步：判断哪些信息是已有信息。避免白费力气做重复的工作和无用功。和其他社会服务机构进行确认，回顾过去的研究报告，咨询相关工作人员有关可用信息或者记录的收集，查阅网络资源检索相关文献。你会发现在相同的问题上，机构、社区、城镇或国家都有类似的项目信息。如果另辟蹊径，你会发现一些你想要采用的有效问卷或者数据收集手段；但是如果你使用了公共的方法，你就有许多可对比数据，帮助你有效地理解需求评估中的一些发现。

第 4 步：制订一个需求评估计划，也就是有关项目构造和信息收集的方法。它包括对评估流程的介绍说明、研究课题、主要变量以及研究目标。没有足够的时间让你寻找和研究完美契合的数据收集方法。换句话说，通常需求评估没有标准化的限定范围。多数情况下，为了评估社区或者机构的需求，你需要撰写一些新问题，或者你也可以利用一些现存研究中的问题。在制定数据收集方法的时候，要遵循普遍适用的研究方法规范中的问题设计规则。也就是要确保问题或者答案的设置不重复，同时，不能使用诱导性问题或设置片面的答案。如果条件允许，可以向专家求助，让在问卷制定方面拥有丰富经验的人帮你审查初稿。

71 **第 5 步：**收集一些实际数据。根据评估设计和工作范围，很多不同领域的人会参与数据收集工作。有时，需求评估的协调者也会成为其他评估工作的负责人，他们要确保重要任务按时并保质完成。随着项目进入数据分析阶段，这些协调者除了要进行数值计算，还要承担一些数据输入或数据编辑工作。根据最后的期限制定日程表，特别是有志愿者参与的项目。提醒那些帮助收集数据的人员在项目到期前准确完成的必要性。如果有必要，对还未联系上的参与者需要取得进一步联系。如果你想要项目具有高参与率和回复率，做到这些会让你的研究更具说服力。

第 6 步：开始撰写需求评估报告。多打几次草稿十分有必要。第一份草稿只需要列出大纲要点。第二份草稿开始添加内容，也就是提供更高层次的细节或者特征信息。第三份草稿用来纠正拼写和语法错误，并对文稿进行润色。更重要的是，你需要其他人帮你修改这份需求报告的语言，确保语言表达清晰准确，保证文本没有任何政治性错误或者其他方面的疏忽。

第 7 步：与主要利益相关者分享你的初期评估结果。有关报告中的一些研究发现或者存在让人误解的部分，利益相关者可能无法理解，在研究结果公开之前，给他们机会询问和研究有关的问题。坚持让利益相关者参与评估过程，能让他们对最终的结果更有成就感，这也许还能提高项目被利用的概率。对如何展示你的研究结果，他们可能还会提出建议。比如，主要利益相关者所提的问题可能很容易回答，但报告中却没有包含这一问题的相关信息。评估报告产生的提议能否赢得主要利益相关者和机构核心人员的信赖也极其重要。而这有利于确保需求评估结果的使用价值。

第 8 步：向利益相关者或有道德共鸣的各方宣传评估结果。至少项目的支持者或者投资人会对你的研究发现感兴趣。如果你是为雇主进行需求评估，那么机构的管理人员就会希望从你那里获得一份项目副本或者你对项目的展示介绍，以便提供给雇主。你可能也想为主要的利益相关人（如机构董事会、市政局成员等等）撰写一份执行总结（2～4 页的简要总结）。如果你在公开提倡一项和你的雇主无关的新项目、服务或者政策变更，你可能也需要向你所在的公众媒体提供项目副本。

四、如何选择需求评估方法？

需求评估的方法并不单一，存在很多种方法。但是，也有很多问题和因素会影响你所采用的具体评估策略。首先让我们分析一些会影响需求评估方法选择的最普遍问题。

● 可获得的预算、时间和资源。显然，预算金额越大，你就能有越多机会咨询相关人员或者进行专业技术学习。考虑到你的项目规模，你可能需要机构给你更多的自由时间来进行需求评估项目工作，当然，机构的员工也是你的潜在人力资源。除了你自己，还有谁可以帮你进行需求评估？他们又能贡献哪些技能呢？另一个潜在人力资源可能来自社区招募的志愿者，或者是本机构内正在提供服务的志愿者。同时，在策划一项需求评估策略时，你有多得心应手？此时，你自己的专业技能也是一种资源。本机构中保留的数据或者可供分析的数据同样也是能够利用的资源。 72

● 完成项目所需的时间。你有严格的期限（如 60 天）吗？或者有更长的期限（比如 6 到 9 个月）？很显然，计划一次社区调查远比联系几个受访者要更费时间。

● 成果的重要性。没有人会对一次性的评估项目感兴趣，因为公众会认为这只是“浪费时间”，仅仅为了应付当地、国家或者联邦政府的要求。机构工作人员或者管理人员对项目感兴趣，真的是因为它可以向公众提供有价值的信息吗？为了应对经济衰落，机构会不会衡量工作人员的成果而重组项目或者调换岗位？项目成果有无可能被作为日后研究的标准？机构会不会因为某一个项目而决定需求评估的必要性和进程？需求评估应该客观地用数据说话，还是应该适当“温和”，讲点人情味儿？评估数据到底应该有多“强硬”？受众会对评估结果持怀疑态度还是欣然接受？阅读你项目评估的公众真的会对项目机构保持友好或者热情的态度吗？

选择正确的方法并不总是一个从左向右的线性过程。需求评估计划可能需要你同时考虑各种因素，包括资源、期限、所需信息等等。下面我们将对需求评估中可以采用的几种不同方法进行讨论（见图 3－1）。

需求评估方法	所需成本/预算	所需时间
二手数据分析法	低成本	最小化
关键知情者	低成本	最小化
听证会、论坛	低成本	最小化
小组提名法、德尔菲法	低成本	最小化
小组座谈会法	低成本	最小化
小范围调查	低成本	最小到中等
大范围调查	中高成本	中高水平

图 3－1　需求评估方法的时间成本对比图

73 **1. 什么是二手数据分析法？**

二手数据是指那些来源于人口普查、公文和报告的现存资料。甚至还可以通过二手数据分析法重新测试其他研究人员或调查所得的数据与新项目的相关性。比如人口普查数据就包含着丰富的信息，因为它不仅是易获得的机器可读格式，也可以很容易从网上检索（www.census.gov）。所以，在收集其他数据资料之前，必须回顾人口普查数据。把自己想象成一名侦探，看看自己只稍微利用快速的网络检索就能获得哪些信息。

至少，统计数据可以为你提供一些数据，即项目机构所服务的城镇以及国家的人口评估比例。你可以将这个信息和项目客户的信息进行对比，斟酌你的项目机构是否提供了真实有效的人口统计资料。

人口普查数据要从某一地区获得，也就是我们所说的普查区（需要注意一点，普查区数据只有在一些大城市中才可以获得）。通过参考人口普查数据，我们可能会了解到在某一特定地区有多少学龄儿童。你还可以了解到这些儿童的性别、种族以及来自贫困家庭的儿童数量。甚至这些普查数据还会告诉你在已参加工作的妇女中，有多少人的孩子年龄在 6 岁以下，又有多少人的孩子年龄在 6～17 岁之间。

我们再换个例子，人口普查数据还可以用来估测 55 岁以上老人的数量、老人倾向居住的社区位置，以及生活贫困的老人数量。人口普查数据还可以反映社区的富裕水平、平均受教育水平、低于标准的住房数量和因公致残的人数。

为了保护所收集数据的机密，人口统计局对那些可以用来辨别个人身份和家庭信息的数据进行了严格的监控。因此，通过人口普查数据不能获得某一家庭或某一家族的个人资料。它不会向你透露学龄儿童家庭或贫困家庭的家庭成员姓名、住址或电话等信息。但是，你可以通过人口数据社区的区域图，看出哪个区域是老年人或者贫困家庭孩子的聚集区。

除了人口普查数据，每一个州都有丰富的资料信息可供项目规划者和评估者使用。同时，从各州的卫生部门也可能获得一些信息，比如某县在某年份的出生人数、结婚人数、死亡人数和自杀人数。如果你正在开发一个针对未成年准妈妈的产前项目，那么你有可能会从中得到未成年妈妈的生育婴儿数以及项目开始前一年的婴儿死亡数。

那些想要开展酒精中毒预防和治疗项目的人，会希望记录下因肝硬化而死的人数。至少有一个州提供了被州警察强制关闭的毒品实验室的地址。你可能还会发现一些与毒品和酒精相关的逮捕案例、出院记录甚至某些特定地区对药物滥用治疗差距进行评估的其他变量。

以上这些信息以及其他类别的信息都可以从各地区、各州以及联邦机构获得（这些变 74
量可以用来帮助衡量社会问题的严重程度，即**社会指标**）。比如，从各州的教育部你可以获得以下信息：辍学人数、达到九年级阅读平均水平的学生人数以及学校的招生人数。各州的其他部门也会有这类社会指标型信息的记录，比如领取食品救济券的儿童人数、没钱治病的儿童数量、接受免费或优惠餐的学生人数、虐待儿童案例、持续虐待案例、少年犯罪案例、失业状况、精神病住院患者人数等等。

除了各州的报告，通过少数网络也可搜索一些国家报告信息，它们根据各州的具体情况提供了一些详细信息。比如，安妮·E. 凯西基金会每年都会发表一本《儿童数量统计手册》，对各州的变量数进行比较，包括婴儿死亡率、单身未成年人的生育率、青少年犯罪逮捕率、高中毕业率、儿童留守率。这些信息在可以在网上找到（www. aecf. org）。

输入 www. fedstats. gov，你可以找到 70 多个联邦政府机构的数据统计信息。很多机构还建立了自己的搜索引擎以便用户很快查找自己所需的数据信息。大多数人文类服务机构每年都会对过去一年的受助者特点进行报告。从这些数据的回顾可以看出社区内的哪些群体正在接受服务或未曾接受良好服务。

而从疾病控制和预防中心，还可以获取各州健康指数和健康风险行为普及数据。众所周知的行为危险因素监控系统，每年会收集电话访谈的数据。2011 年，它收集了 500 000 多条访谈数据。这就让拥有标准化核心访谈问题的行为危险因素监控系统囊括了世界上最多的电话调查数据。

你自己所在机构的行政记录、报告和文件都是实现需求评估目标不可忽视的现有资料来源。表 3－1 体现了用咨询机构所提供的数据实现需求评估目标的过程。

75 表 3-1 受助者数据信息利用（国际公共咨询服务公司）

	2015 年	2016 年	2017 年
受助儿童人数	363	383	407
等候受助服务人数	16	19	21
受助成年人人数	785	791	818
等候受助服务人数	14	12	15
受助老年人人数	63	72	84
等候受助服务人数	0	3	9
药品滥用者受助人数	302	414	545
等候受助人数	75	124	183
总受助人数	1 513	1 660	1 854
总等候受助人数	105	158	228

从该图可见，根据已经接受过服务的受助人数，我们可以判断出社区潜在的服务欠缺区域。该图表明，成年人项目需求要大于儿童项目需求，成年人项目的使用率要大于老年人项目。这些数据可以用来帮助我们理解表达性需求，即对服务的官方要求。我们还可以看到，药品滥用治疗项目中有一大群受助者在等待服务。而每三年都有超过 70%的等候受助者需要门诊病人药物咨询服务。同时，该图也显示这个比例在逐年增长。为了将等待服务的受助者人数控制在一定的可接受范围内，该项目需要投入更大的人力和物资。拥有这么多等候受助者的现象在其他项目中并没有出现。而且其他项目也没有像药品滥用项目一样，服务需求增长得如此之快。

受助者数据也可以用于找出某一问题（比如药品滥用）在哪个街区发生最频繁。在地图上用多色大头针代表受助家庭，以此帮助工作人员集中开展宣传和教育活动。在获得受助人允许的情况下，可以将过去一年受助者所到的街道地址接入 GPS 定位软件，绘出城市地图，并标出公共服务尚欠缺的县城。

二手数据信息通常很容易获取、理解和利用。每个人都可以根据特点的显著程度对县城或人口普查区进行排列分类。每个人都可以找出失业率最高的县城或得出某一城市在过去五年的失业率。在很多大城市，人口普查区可能依据家庭贫困率或老年人口数来进行排列分级。

不过，二手数据资料也存在一些不足。这些数据有可能已经失去时效性，也有可能不可靠、不完整，或者来源机构特性并不真正相似（因为机构可能位于不同的地理区域，服务于不同的目标群体，有着不同的参与者筛选规范）。即使有的数据来源是最好的服务机构，也可能会出现与潜在受助者相关的问题，因为有些符合受助服务要求的潜在受助者是从未真正接受过服务或从未申请过服务的人。所以如果把受助者数据当作唯一的信息来源，就有可能在某种程度上低估了现存的问题。

最后，在通过社会指标来预测某一地理区域居民的健康和社会生活状况时，可能会招致误解，也就是我们所熟知的**生态谬误**。事实上，如果吸毒者聚集的某一街区恰好是某一种族群体的聚居区，那这并不意味着该群体里每一个成员都会吸毒，也不能说明该种族群体就有毒品摄入的最高量纪录。在这种情况下，由于该街区的毒品摄入量极大，很有可能被其他种族群体夸大，因此会误导人们对这一种族的整体印象，造成生态谬误。

基于现存文献、市级的流行病数据以及社区的资源指南的二手数据法，最好的范例可以在费尔德曼、海尔以及温伯格（Feldman，Hile，& Weinberg，2011）的需求评估中找 *76*
到，其旨在为居住在纽约的黑人男子和拉美裔男子同性恋提供预防艾滋病和药物滥用的服务。

2. 什么是关键知情者和印象调查法？

当你已经通过人口普查数据或其他二手数据资料掌握了一些初始信息时，你还可以向服务提供者和其他**关键知情者**咨询更多的信息。关键知情者是指那些接受过训练或有工作经验且对某一具体问题十分了解的人。通常，他们也是自己所在人群的社会服务项目参与者。在有关学生课外生活的项目中，关键知情者可以是校长、咨询顾问、社会工作者和老师。如果评估员正在对自带钥匙学生的课后生活项目进行关键知情者评估，那么他很容易就能联系到这所小学的所有工作人员，并对他们进行面谈或者电话访谈。同时，关键知情者还包括儿童保护工作者、监护人、家长教师组织等。

关键知情者和印象调查法的调查质量具有一定的主观性。也就是说，这种方法在准确性和科学性上比不上大规模社区调查。为什么会这样呢？一方面，样本容量太小，不具有普遍的代表性。试想一次需求评估就只有三个校长的谈话数据，即使这次需求评估的受访者多了几位，比如还包括三位老师、三位单身妈妈和三位校家长会理事，我们的样本还是不能代表社区所有校长、老师和家长的意见。另一方面，我们的数据缺乏科学性，尤其是这些受访者是我们身边的熟人（关于样本量和样本的代表性问题会在本书的第 8 章进行详细讨论）。尽管很容易得到这些受访者的观点，并且他们对问题也有较为深入的了解，但是他们观点的依据仅仅是个人的偏见、信仰和价值观。对于自己所在的学校，他们是专家，但是却无法得知县城其他学校的需求。

当然，对这种关键知情者的需求评估，人们可能会产生怀疑，他们会觉得在热情听取这些关键知情者的意见时，要仔细观察他们是站在哪个利益角度理解这一问题的。因此，一位有望支持学生自带钥匙项目的校长很有可能是为了自己生活的便利，即使社区对这一项目并没有很大需求。比如，学校可能有两个“问题儿童”，他们的家长总不能按时接他们放学，因此老师每天都需要在放学后照看他们，很多老师开始向校长抱怨这个问题。这种观点主观化的问题在其他调查中也存在，而且更为明显。

听证会和社区论坛是一种基层型需求评估。首先申请一个公共会议室，接着张贴通知，然后公开邀请所有关注社区问题的人士来分享他们的观点。还有什么方式能比这更民主？这种方法的优点是既合理又经济，还不需要太多前期计划。而且，不需要专业知识也可以对讨论结果进行理解和总结。

77 听证会的举办也存在诸多困难。第一，很少会有真正的“公众”出席。除非所要讨论的话题颇受争议，不然很少会有潜在受助者去参加一个以得出规划数据为目的的听证会。通常，听证会的出席者仅仅只有项目规划人员以及少数服务提供者，这些服务提供者通常来自对该社区的某一群体一直特别关注的其他机构。

社区论坛和听证会可能存在第二个问题：即使有社区成员的参与，也不能保证他们就能够代表社区其他成员或整个社区的意见。有时会出现某些利益团体“包场”的情况，这样就很难听到其他与会人员的观点。和其他中立的人不一样，那些反对将罪犯过渡住所安顿在社区内的社区居民可能也会参与听证会。那些人少却嗓门大的团体有可能会主导整个会议。而那些最需要申请社会服务的社会成员（比如贫困家庭的家庭成员、少年犯、未婚先孕者）根本不会出席这样的听证会。

第三个问题是关于印象调查法的评估结果。比如听证会，由于会议一般都聚焦于单个问题，所以可能导致社区其他重要的问题或需求得不到解决，即使这些问题对很多社区成员的生活造成了困扰。

3. 如何应用小组提名法、德尔菲法及小组座谈会法？

一些印象需求评估方法可以从一些小群体那里获得有用信息。小组提名法（Delbecq, Van de Ven, & Gustafson, 1975）就是其一。针对一个问题，一小组人先进行独立思考，然后再分享各自的想法。组长会让每个成员轮流发表自己的意见，然后在黑板上或一张白纸上记录下这些想法。就这样不停地轮流发表意见，一直到所有人都不再有新想法。参与者们对清单上列出的观点进行一番解说、排除、合并和补充之后，新一轮的讨论就会开始。接下来，每位成员都需要把清单上他们认为最重要的 5 个问题依次进行排名。然后小组汇总大家的个人意见，以期得出认可度最高的提议或解决问题的办法。接着，为了消除讨论过程中可能产生的误解，整个小组还会对本次的匿名排名情况进行讨论。讨论之后，小组成员需要给出最终的独立排名结果。

德尔菲法（Delbecq et al., 1975）主要采用问卷调查的形式。将调查问卷分发给关键知情者或专家（这些人不会聚在一起讨论，而且其中有人可能匿名参与），通过这种方式收集他们的意见，并将他们的回复汇总。如果出现了分歧，就需要根据所反映出的问题再设计第二份问卷。这份新问卷会被递交给座谈会，再对参与者的意见进行收集。就这样周而复始，直到所有人都达成共识。

小组座谈会法是另一种用来评估需求的偏向感性型评估方法。尽管小组座谈会法是从市场调查中演变而来的，但近年来这种方法越来越受大众青睐。如今它已是社会服务机构评估活动中经常被采用的一种方法，包括了需求评估、项目评估等等。

小组座谈会法一般会邀请6～8个人到场，然后根据主持人提出的开放式问题，进行 78
一场有组织的讨论（Krueger & Casey，2013）。主持人或者协调人会精心准备少量问题，尝试引导参与者讨论——有时，还需要查看是否有小组成员答复了特定的结果。每组的时间一般限定在90～120分钟之内，讨论结果经常会被记录下来以便后期分析。通常，小组成员来自特殊机构或者目标小组。之所以这么做，不是为了促使大家尽快达成共识，而是为了让每一个人了解他们各自的需求。有些需求有可能是共有的，但也有一些需求是某个人特有的需求。通过问答环节，主持人可以更深入地了解到一些信息。

为了关注美国城市印第安青年人的社区心理健康需求，韦斯特、威廉姆斯、苏祖科维奇、斯特兰格曼和诺维斯（West，Williams，Suzukovich，Strangeman，& Novins，2012）通过社区公告、张贴传单、网络宣传等方式招募社区年轻人参与学习。他们最终招募了107名年轻人，组成16个焦点小组，并向他们提出了同样的问题："你在我们社区听说过哪些有关精神健康服务的内容？""当今我们社区的年轻人面临哪些精神健康问题？"

为了了解位于马里兰州蒙哥马利镇的亚裔（如中国人、菲律宾人、日本人、韩国人以及越南人）美国居民社区对卫生保健的需求，李先生等人（Lee et al.，2011）也组织了大量的焦点小组（19组）。有关焦点小组的讨论详见第4章。

尽管印象调查法有很多优点（比如贴近基层、费用低、易于操作，而且对专业知识没有特别要求），但这种数据收集方法的准确性很难衡量。那些被选中或被邀请或毛遂自荐的参与者并不能真正代表整个社区。他们所反映的意见可能并不最具典型性，不能代表大多数人的意见。如果数据的可靠性是需求评估考虑的最重要因素，那么通过社区调查法获得的信息可能要更客观、准确一些。也许印象调查法的最大用处就是能够给一贯依靠客观数据支持的调查研究方法增添一点主观色彩的活力。这样，印象调查法就会更加趋向定性法，结合更多客观数据的收集就需要采用*混合法*。

五、关于调查我需要了解什么？

说到调查，大多数人不会觉得陌生。在商业活动中，调查可以帮助销售商了解消费者的消费心理，比如为什么会选择购买某一品牌的牙膏。政治家通过调查可以判断出谁会在下一次竞选中将选票投给自己。社会科学家利用调查来判断某一社会问题，比如老年人受虐待的普遍程度。调查还可以用于需求评估目标的设定。

对需求评估来说，调查是一种十分有用的方法。尽管它比印象调查法更费时费力，但
调查获得的信息却更客观、更科学。当需求评估有了精细的概率抽样设计时，样本的代表
79 性就可以得到保证。这样，对社区问题的严重程度我们也会有比较准确的认识与了解。比
如，你可能会发现只有 42%的受访者知道他们所在的社区配有心理健康中心。同样地，如
果只有 24%的受访者知道该中心可以为学习成绩差或者与家长有矛盾的孩子提供心理咨询
服务，我们该怎么办？如果得出这些样本都是通过概率抽样设计的方式，那么研究人员对
他们研究结果的真实性就会有八九不离十的自信。这种准确度是其他需求评估方法所不能
实现的。然而，需求评估调查不大范围地使用这种概率抽象设计，也能获得较高的准
确率。

例如，2008 年到 2010 年间，加布里埃尔、莱其呤、博兰以及贝克（Gabriel，Leichtling，Bolan，& Becker，2013）报道了一种参与式的需求评估，了解对未成年人饮酒法执行情况（也有其他的主题）的关注，评估通过各种方法（邮件、网络、商场现场采访）采访了 3 000 多名居住于华盛顿州 12 个社区的居民。需要注意的是，使用商场拦截采访是一种非概率抽样设计，通过收集大量数据来增加样本的规模，在这些地方，人们认为他们最有可能找到目标人群。

蒙托亚、吉拉蒂诺和利文萨尔（Montoya，Giardino，& Leventhal，2010）报告了一项关于受虐待和被冷落儿童精神健康治疗的大规模调查。他们向 528 个儿童医药保护组织邮寄了调查问卷，并从收回的 472 份中得到了数据（例如，从全国儿童医院协会和相关机构获得该名单）。在调查时，只有为数一半的单位报告称可以用西班牙语为病人提供服务。使用手语的人也可以获得服务的单位不到 1/3。没有设置专门的项目或配备专门的工作人员为有特殊需要的孩子提供服务的团队占 2/3。

需求评估的展开可以基于任何主题。作为关心孩子的家长或专业人士，你可能想知道高中生是通过何种途径接触到酒精或毒品的。你可能想了解你所在社区的所有高中，或者只关注那些被认为拥有更多滥用药物问题学生的学校。又或者，你是拉美裔青少年的拥护者，你选择集中关注洛杉矶某县的一所高中，而该校学生大多是拉美裔人。根据这个线索，安达、弗兰克等人（Anda，Franke，& Becerra，2009）进行了一项很有趣的需求评估，涉及 892 位家长/青少年，这样就可以对这两代人进行比较。

通过回顾文献可以发现，很少有基于家庭概率样本进行的需求评估。尽管这可能是获得最精确社区需求评估的一种“黄金标准”，但这种类型的需求评估需要对研究方法和取样程序十分了解，而且成本往往非常高。

因此，你会发现更多的需求评估报告使用了潜在应答者的非概率性样本、*便利性样本*
以及*可用样本*，这些人（如教室里的学生）很容易接近或者获取数据。便利性样本可以包
80 含大量类型的样本，但不能对正在研究的人群做出准确的概括。这并不意味着你不能从中
获取信息，如维尔纳（Werner，2012）报告了 206 名严重精神疾病患者的需求评估，又如

史密斯等人（Smith et al.，2010）报告的 38 名患者的非概率抽样设计。

在任何非概率的研究中，当你开始否定自己的结果或将你的结果告知他人时，你必须谨慎，因为只有这样你才不会把他们排除到研究参与者的集合之外。换句话说，那些仅仅因为方便而被选中的人可能不能充分代表这个群体。例如，你可以选择去调查那些孩子在学校游泳队的家长，看看他们是否会支持学区增税，用来建造新的游泳池。然而，他们的观点可能不能代表这个学校大多数孩子家长的观点，因为他们担心税收的增加会带来更大的经济负担。

当调查需要参与者以与会的形式参与时，有些参与者可能会由于缺乏便利的交通工具而无法出席会议，这样的抽样调查就可能出现偏差。此外，还有一些人，特别是单亲家长，他们可能因为没人帮忙照看小孩而无法参加会议。毕竟对于有些家庭来说，请家庭保姆照顾小孩也是一种经济负担。

尽管在本书的第 8 章我们会对抽样法进行更为深入的讨论，但是如果你想对人口多达 100 万的城市社区进行调查，你就会体会到代表性有多么重要。假设你有一个生活在另一个城市的朋友，她对整个国家大城市居民的生活质量很感兴趣。你的这位朋友（她对抽样法没有任何了解）让你给她发你所在城市的一位居民的地址，这样她就可以通过信件的方式对这个人进行问卷调查。但是一个人的意见能够代表整个大城市所有人的想法、经历和生活方式吗？

如果你的朋友之后让你再给她发两个居民的地址，你该怎么办？三个居民的观点能够代表整个大城市吗？那么如果你给她发 30 个地址呢？如果要使调查样本代表你所在城市的大部分居民的观点，你需要给她提供多少个居民的地址呢？同时，调查的回复率也很重要。回复率低的调查就像一场冷场派对，受邀嘉宾很多，却只有一两个人露面。

以上的说明和解释是为了告诉评估者，在进行社区评估调查之前，要对抽样法有一定的了解。为了方便起见，可以对 20 个、40 个或 50 个受访者进行一次小调查，并以此作为实验研究来做一些初步的需求评估。但是，一定要记住，除非所有这些成员都参与进来，或者都有参选的机会，不然无法衡量评估结果的准确性。很遗憾的是，即使你花了很大力气得到了随机样本，你的调查结果也有可能出现偏差。当你发出调查问卷后，通常却只有 23%的回复率。甚至你会发现你的回复者中女性和大学生居多，且平均年龄较长。

流行病调查是为了了解社区问题（疾病或病伤）的严重程度，一般通过发病率来体现。根据定义，流行病调查必须以科学且具有代表性的样本为基础，因此，它要比小规模的调查更消耗资金，且形式更加正式。

如果要开展一次大规模的社区调查，就需要投入更多的资金和时间，也要求更多的研 *81*
究专业知识和技能，这些都与二手数据分析法和印象调查法有所不同。但是这种调查方法得到的调查结果和发现在精确度和可靠性上，是其他需求评估方法所不能及的。

六、特殊情况：合并数据

因为无论哪一种需求评估方法，都不可能完全反映出项目的真实需求或问题，借助信息的多源特点，并试着找到不同地区的共识和相似点，这样可能会为评估提供更好的证据。不同的利益相关者团体的介入可能更能支撑研究发现。比如，西亚特、斯泰尔、穆尔索、斯科特（Hiatt，Stelle，Mulsow，& Scott，2007）等人从多个角度入手，收集了有关临终关怀的一些资料和信息。他们的受访对象包括医生、家庭成员、患者、志愿者、失去亲人的家庭成员、工作人员和社区利益相关者，调查形式主要是面访和座谈会。

为了评估堪萨斯州边远地区的拉美裔美国人的健康需求，波普（Bopp，2012）和他的同事提供了一个不错的评估模式。首先，针对社区现存的数据源（如人口动态统计、人口统计局、行为危险因素监控系统），他们的个体性评估团队及组织性评估团队汇集了人口统计、卫生保健和道德统计数据。接着，通过邀请社区成员参与社区居民卫生保健民意调查（英语和西班牙语两个版本），收集到其他的数据。最后，每个县/市的社区领导参与社区领导卫生保健优先调查（p. 455）。

从三个方法中获得的数据被汇总之后，根据三个不同的社区、各社区独立的报告以及一份涵盖所有信息的完整报告，对这些信息进行整合。然而，“社区领导认为的主要健康问题和社区成员的看法之间还是存在着一些差异”（p. 458）。但是尽管存在着不同，“针对三个社区的项目和政策提出的建议以及健康问题该采用的策略都基本相似，完全可以据此列出主要的建议列表”（p. 458）。

由于所有的需求评估方法都存在概念主义、经验主义（Fiorentine，1994）和逻辑主义的问题，专家们经常会倾向于选择多策略分析法，因为它能避免采用单一评估方法遇到的一些问题。

聚类分析和多元分析

假设你是学校的一名社会工作者。你得知一名 8 岁的孩子因为在床上玩火而引发了一场火灾，结果自己严重烧伤。孩子家长当时都在上班，而下午三点至五点半期间，这个小孩经常一个人在家，无人照看。法律和儿童保护机构都已经介入了这一事故。于是，你开始认定有必要去开展一项针对自带钥匙儿童的项目。

吃午饭时，你和几位小学老师表达了自己的想法，他们都十分激动，并且每个人都当场脱口而出几个具有类似情况的孩子的名字，觉得这个项目肯定能帮到这些孩子。学校校长也同意你的提议，认为确实需要这样一个项目。并且，他还建议在第二天晚上的家长会

上和学生家长讨论一下这个问题。家长会上，家长委员会很赞同这个项目的开展，并询问 82
校长可否给每个家庭发一份调查问卷来征询意见，校长同意了。接着你与一个小型规划委员会开了讨论会议，并设计出了一份如图3-2所示的调查问卷。

亲爱的家长朋友：

社区最近发生的一起火灾事故酿成了一次不可挽回的悲剧，这让我们开始觉得有必要针对那些自带钥匙的学生开展课后照顾项目。这样，我们的孩子放学后就会有学校老师照看。我们会在这一项目中安排课后辅导、游戏和趣味课堂活动，希望这些活动能够让你满意。学校董事会可能也会同意每天给这些参加课后项目的老师支付两小时的工资。请你花上五分钟时间完成这份调查问卷，然后让你的孩子明天带回学校交给班主任。

1. 如果1月15日有课后项目服务免费对你的孩子开放，你会让你的（几个）孩子（幼儿园至小学六年级）参加吗？

——会，我想让______个孩子参加。

——不会，我不会让任何一个孩子参加。

——不知道，我想要了解该项目的更多信息。

2. 因为学校董事会没有足够的资金来支持该项目，所以每个孩子每周需要交25美元才能参加该项目。这样你还会让你的孩子来参加该项目吗？

——会，我想让______个孩子参加。

——不会，我不会让任何一个孩子参加。

——不知道，我想要了解该项目的更多信息。

3. 如果你确定要让你的孩子参加此项目，想要预约一个座位，请在下面写下你的姓名和住址。但是，无论你现在有没有确定是否进行预约，都请你将此调查问卷回馈给我们。

____________________（姓名）

____________________（住址）

____________________（电话）

图3-2 福克斯格勒弗家长会课后照顾项目调查问卷

准备好需求评估问卷后，你分发给每个学生，并让他们带回家。60%的调查问卷最终被返还到你的手里，结果如下所示：

> 问题1：如果不需要收费的话，20%的家长愿意让他们的孩子参加课后项目，共有105个孩子表示希望参加免费的课后项目。
>
> 问题2：如果课后项目的收费是每人每周60美元，那么10%的家长愿意让他们的孩子参加课后项目。在该条件下，将近50个孩子表示希望参与课后项目。
>
> 问题1和问题2：30%的家长还不确定要不要让他们的孩子参与课后项目，他们希望能够获得更多相关信息。

在这个虚拟案例中，所有的信息都告诉我们，学校确实存在对课后项目的需求。如果 83
能够得到更多的二手数据，比如警察和救护队接到无人监护的孩子的求救电话数量，这种需求就可以得到进一步的证实。这样的需求评估可以为课后项目的申请提供强有力的支撑。不过，并不是每种需求评估都可以实现这样高程度的信息聚合。

比如，家长完全有可能觉得并没有太大必要去开展课后项目。又或者，考虑到该项目会带来公共服务、卫生服务和人员管理支出的增加，大大超出学校预算，校长也可能不支持这一项目的开展。

如果信息不能实现聚合，问题就很难解决。有时你可以通过解释来消除某一方面的质疑从而获得支持（比如，家长委员会的成员可能并不是那些需要课后项目服务的家长）。另外，即使你联系的所有人都认为这个项目可行，你也必须消除校长的顾虑。

一般来说，多个“参照点”也增加了需求评估的可靠性。同时，聚合需求评估工作要比数据收集和分析工作更为复杂。

七、在需求评估中发挥创造性思维

需求评估并不需要特别复杂的流程。有时最简单的文件程序也可以为新项目的开发提供有力的数据支撑。在一次需求评估课结束之后，一个学生跑来办公室找我。她说她要完成一项课题任务，但是课堂知识掌握得不够好，所以没办法完成。她正在开展一项少年犯改造项目。她提到自己每天都会感受到的迫切需求——社会没有给那些少年犯们（因逃跑、夜不归宿或携带酒精而被警察逮捕的年轻人）提供足够多的临时收容所。因为没有合适的去处，这些年轻人只能被抓进监狱，直到固定收容所有多余的床铺。

我问她，监狱这种不合理的安置现象每个月会出现多少次，她说大约有 18 至 20 次。我又问她有没有对这种情况进行记录，她说这不是什么难题，因为她每次都会填写一份特殊表格。几分钟之后，我们想出了一个办法，并且这个办法能说服当地县和州的政府官员，让他们相信这些少年犯是真的需要更多的收容所。

在另一个需求评估的案例中，某州的服务机构向社区心理健康机构咨询相关信息。然而，由于缺乏资金支持，该机构临时决定使用从其他国家获得的数据信息。

需求评估不一定会给人力服务机构造成沉重的经济负担，开展某些调查（比如对重要
84 信息的研究）不需要大量费用或人力资源。必要的时候，一项需求评估可能会花费几千美元，同时还需要社会服务机构或资助者（比如联合劝募协会）的合作和努力。此外，通过具有创造性的计划也可获得部分资金，例如，一项社区心理健康服务的需求评估过程中，还包含了一些额外问题，如询问受访者在白天、夜晚或开车时最喜欢的广播电台。因为广告的投入是基于听众数量，所以广播电台对此项数据很感兴趣，有几家电台还购买了部分研究结果数据，用于增加听众数量，因而他们也就承担了这项研究的部分费用。

假设现有一项需求评估任务，你需要花费时间找到各种评估受助者需求的方法。接着制出一张清单，罗列出这些方法——据此判断这些方法是否可行。当你没有萌生新想法的

时候，你可以回顾这个清单，并选择出最好的方法。下面就是一张清单，罗列了一家心理健康机构六年间所进行的不同类型的需求评估。这张清单包括了获得需求评估信息的方法，一定会给你一些灵感。

- *社区调查*：给当选官员、学校校长、律师和其他关键知情者邮寄了 300 多份调查问卷。另外，给随机选取的社区受访者邮寄了 500 多份调查问卷。
- *神职人员调查*：给神职人员邮寄了 100 多份调查问卷，以此来获悉他们对社区心理健康教育系统的了解和认识。
- *受助者服务利用研究*：观察总结心理健康机构过去和现在所服务的受助者的特点。对于那些潜在的不曾接受很好服务的群体（比如少数民族居民、低收入家庭），在研究时要给予特别关注，照顾他们的特殊利益。这次研究报告利用价值很高，接下来几年的年度研究报告都以它作为参考。
- *关键知情者研究*：通过电话和信件与 35 个人文类服务机构的代表取得了联系，了解他们对社区心理健康服务系统的看法。
- *社区意识调查*：通过电话对 300 多名受访者进行了采访，了解他们对当地心理健康服务效果的看法。

八、什么是社区意愿研究？

和需求评估概念最接近的就是社区意愿。思考一下你所在社区存在的问题。二手烟在饭店、酒馆以及其他商业区随处可见，或许还存在青少年暴力问题。所以如果现在有团队想要为这些问题做些什么，他们可能会想要确定社区对此的态度以及社区的资源是否足够支撑这类项目的完成并达到期望的结果。

因为不同社区的资源、优势、挑战和政治形势不同，在一个社区中有效的项目并不一定完全适用于其他社区。值得庆幸的是，社区支持新项目的意愿的强度，能够通过社区意愿模型进行评估。

社区意愿模型包含九个阶段的意愿程度（Plested，Edwards，& Jumper-Thurman， 85
2006），如表 3－2 所示：

表 3－2　社区意愿模型

阶段	对社区准备水平的描述
1. 零意识阶段	在这个阶段，社区及社区领导层并未意识到问题的存在。社区的氛围可能有形或无形地滋生出一些问题行为。针对这些问题行为，社区也未出台任何的正式或非正式的政策。

续前表

阶段	对社区准备水平的描述
2. 拒绝或者阻止阶段	在这一阶段，社区领导意识到某种行为已经或者可能会出现问题，但他们并没有把这种行为看作本土问题。即使这一问题被看作本土问题，他们仍认为没有什么方法能够解决这一问题。社区领导的态度被动而且冷漠。
3. 模糊意识阶段	在这一阶段，社区领导认识到某种行为是本土问题，他们也知道应该采取行动解决这一问题，但他们并没有任何动力立即采取行动。谁的行为是问题行为，关于这部分内容的想法可能会被形式化或模糊化。针对问题行为的政策已经存在但并没有被坚决执行。领导层缺乏解决问题的动机，而且社区氛围并没有激励领导者。
4. 计划未形成阶段	至少有一部分领导者清楚地意识到本土问题的存在而且认为应该采取行动解决这一问题。可能这部分领导者不止一位，甚至可能已经形成了委员会。但是，他们的努力并没有聚焦点。社区领导在讨论这些问题，但是并没有采取实质的计划或行为解决问题。社区对处理这一问题的态度模棱两可。
5. 准备阶段	领导层已经开始积极地筹备。计划正在进行中，并集中于一些实用的细节。并且拥有一些关于当地的问题以及活动优缺点的信息。领导层很活跃而又充满能量。决定了将要完成的事情以及谁来完成的事项。将直接告知犯罪分子以及难民相关政策。资料也正在积极搜集当中或者已经提交。
6. 开始阶段	有充分的信息可以来评判和引导活动。一切都已就绪：活动正准备开始进行；职员正在接受培训或者刚刚完成培训。领导者或许有一股很强烈的热情，因为目前还未曾体会到活动存在的局限和问题。
7. 稳定阶段	管理者或者社区决策制定者所支持的一两个项目或者活动正在运行当中。职员经常接受培训，因而富有经验。大多社区人员都了解团队的处境。但是总的来说，社区总是对正在发生的事情持支持态度。
8. 确认/扩张阶段	成果已准备就绪；社区领导对此也非常满意，并且支持扩大和完善项目。为了能够普及更多的人，最初的活动已经得到评估和完善。有关当地问题的数据正有序地收集着。社区对此基本上持支持态度。
9. 专业化阶段	具体而复杂知识的广泛性、成因和重要性都和现存的问题联系在一起。接受过高级培训的人员正在运营着项目或者活动，当局也表示支持，且社区参与度很高。有效的评估被用于测试和完善项目、政策或者活动。社区支持持续的评估和当前政策或者项目的完善。

资料来源：http://triethniccenter.colostate.edu/docs/CR_Handbook_2014.pdf. Accessed March 29，2014.

86 要给社区带来一些变化，就必须有非常具体的事件或问题。可以通过对社区中少数领导人和决策者进行采访，呼吁对社区解决这些问题的意愿进行评估。这些意愿通常都来源于地方政府、卫生或社会服务、学校、神职人员、治疗提供者等等。为了覆盖社区知识的不同维度，如社区成果、领导能力、社区气候、社区所发生事件的信息和预防工作的资源，已经产生了 36 个问题。这些问题所寻求的信息，例如：

“这个问题在社区中引起了多大的关注?”

“对社区领导作用问题的关注度有多大?”

“在社区中,谁是这个问题的领导者?”

“社区成员对这个问题有多了解?”

“对于如何支持解决这个问题,社区和/或当地商家是什么态度?是通过人们自发参与、捐款还是提供足够自由的空间?”

一旦从关键信息提供者那里获得了足够的信息,就可以计算出社区在处理这个问题上的整体准备阶段数值。这些数值与九个阶段中的其中之一具有相关性。例如,数值超过3.25分表明社区仍然处于模糊的意识阶段。普莱斯特、爱德华兹和江珀-瑟曼(Plested, Edwards, & Jumper-Thurman, 2006)解释了这一过程,并确定了每一个准备阶段的目标。

而文献中囊括了一些关于社区准备研究的有趣报告。帕克、阿卡瑞兹和佩恩(Parker, Alcaraz, & Payne, 2011)已经描述了他们在两个不同社区使用社区准备模式应对青少年暴力的第一手结果。在第一个社区里,他们的研究成功了,但在第二个社区却遭遇了失败。文章中非常坦率地描述了他们的成果和失误,更重要的是在社区中,他们确定了对项目产生负面影响的一些变量(例如,地区学校负责人的不合作、家长给予的主观数据、其他机构的竞争、不稳定的内部领导、商业参与性的缺乏、市政局对此的毫无兴趣等等)。评估者可能永远不会提前预料到的问题之一就是谣言会对项目造成不利影响。其中涉及的一个项目是:这项调查的目的是找出曾违法犯罪的家长,这样就可以对此处以罚款,或者将之驱逐出境。作者得出的结论是:“如果这样的过程有可能成功的话,当地的政治领导和社区动员小组的领导都需要保持一致、稳定和长期的承诺。”(p. 104)

对于那些提倡社区中存在特定问题或事项的人来说,社区意愿模式是很重要的工具。对于评估者来说,这也是一个很好的“模板”。使用该模式的其他研究包括:约克、哈恩和瑞恩等的《本地无烟政策变化》(York, Hahn, Rayens, et al., 2008),皮尔斯、格瑞、江珀-瑟曼和普拉斯德的《部落参与预防心血管疾病研究》(Peercy, Gray, Jumper-Thurman, & Plested, 2010),斯里瓦等人的《选择社区预防肥胖症研究》(Sliwa et al., 2011),琼斯、塞梯帕里、古德曼等人的《关节炎患者的体育活动项目研究》(Jones, Settipalli, Goodman, et al., 2012), 87
埃勒斯、休伯特和贝斯勒的《参加“准备休息”项目后,学校利益相关者意愿的变化》(Ehlers, Huberty, & Beseler, 2013)。

参见专栏3-3,了解开展需求评估的概要。

专栏3-3 何为真正的需求评估——个案研究

欧文(Ervin, 1997)描述了他的一段经历。当时,他正在学校上课,参加各种考试,只有不到一个月的时间来构建研究设计。这一份社区需求评估需要召开近 30 次会议，并且会议上需要三名学生研究者、官员们的协商委员会以及当地代理商代表这三方的配合。他与 28 名代理商的执行理事见过两次。其中有一些人强烈反对需求评估，认为研究资金是通过减少直接服务资金得来的。同时，他们也担心此次项目合作会消耗职员宝贵的时间，而且报道还会产生“主要的赢家和输家”。他们抱怨需求评估可能将注意力过多放在未触及的新需求和已经建立起来却贬值的项目上面，而且联合招募未能充分激发公众在集资方面的兴趣。

人们将关注点放在了以下两方面：一是对于未触及的新需求（这种需求与不间断的陈旧需求相对）的过多注意力；二是标签的细微差别（例如，女人们的购物清单是应分门别类，还是属于诸如健康和贫穷的其他类别）。

由于时间和资金方面的局限，运用一份标准的问卷来展开社区研究不大可能。因此，一种涵盖多种方式的方法被采用。其中包括：

先前报道的检查

社会指标统计的收集

德尔菲程序（28 名代理商的执行理事参与其中）——历时 90 天，包括 16 个不同的子阶段（包括催函和打电话）

对 135 位关键知情者的采访（n=135），其中不包括代理商

焦点小组（n=6）

公共论坛：将布告发往 200 个组织，并且通过媒体公布出来

最终的报道足有密密麻麻的 209 页。除了对他经历的描述之外，欧文还表明，“这段经历再次强调的是在进行反复研究之前，要更加全面地理解公共政策这一概念”(p. 386)。

资料来源：Ervin，A. M. （1997）. Trying the impossible：Relatively “rapid” methods in a citywide needs assessment. *Human Organization*，56（4），379-387.

---

88 ## 一、课堂讨论

1. 在家长委员会设计的假设问卷中，如果替换下列任意一个问题，会得到更好的信息吗？为什么？

a. 你曾将你还在上小学的孩子放学后丢在一边，让他们没有成年人的监管吗？如果有，多久一次呢？

b. 一周里，你有多少天将放学后的孩子丢在一边，让他们失去成年人的监管？

2. 在黑板上罗列出班上大多数人都熟悉的社会代理商。这些代理商一般说来都有可

能收集哪些信息？而这些信息又如何运用于需求评估目的中？

3. 为你的社区引进户口普查资料。选择近日出现在新闻里的社会服务项目，思考一些方法，将户口普查资料运用于此项目需求评估中。

4. 让同学们辨别社区里的社会服务，然后讨论能够记录这一需求的各种方式。

5. 讨论只调查你熟悉的人容易产生偏颇信息的原因。讨论彼此都了解的人可能知晓什么样的相关事件或者有什么共同的特征。

6. 讨论：在何种情况下一个人的观点可能不会反映其真实的需求。例如，就流浪者这一社会问题，单靠建设更多的过夜住房，这一问题就能得到最好的解决吗？流浪者述说自身的需求与一般市民述说他们的需求有差异吗？流浪者最迫切的需求是什么，职业培训、就业机会、医疗服务或者是收容所？

7. 公共住房项目的管理人员来到你身边为你提供帮助。他们获得允许培训并授权给居民领导人，让他们培养一种社区意识：消除吸毒问题。但居民委员会刚成立，所以会议出席情况并不太好。管理人员坚信，住房项目应该有新的用武之地。他们请求你帮助他们设计一个需求评估的进程。在这种情况下，你会怎么办？

8. 为社区需求评估设计一个商城拦截类型的（方便抽样）问卷，其优缺点各是什么？

二、微型项目：亲身体验评估

1. 从参考文献以及资源列表中选择一篇关于需求评估的文章。写一篇短文说明以下三点：

a. 你所得到的有效信息。

b. 所报道的需求评估的问题、偏见或者是局限。

c. 如果你是需求评估负责人，你可能会做的不一样的事情。

2. 运用专门的二手数据，为一个你熟悉的人文类服务项目设计一份需求评估。必须描述以下几点：

a. 该项目是什么。

b. 需求评估的目的。

c. 数据收集程序。 89

d. 所需时间长短和资金数额的预估。

e. 你将运用的方法的优缺点。

3. 运用主观方法，为一个你熟悉的人文类服务项目设计一份需求评估。必须描述以下几点：

a. 该项目是什么。

b. 需求评估的目的。

c. 数据收集程序。

d. 所需时间长短和资金数额的评估。

e. 你将运用的方法的优缺点。

4. 运用社区调查方法，为一个你熟悉的人文类服务项目设计一份需求评估。必须描述以下几点：

a. 该项目是什么。

b. 需求评估的目的。

c. 数据收集程序。

d. 所需时间长短和资金数额的预估。

e. 你将运用的方法的优缺点。

5. 为一个你熟悉的人文类服务项目设计一份需求评估。运用的方法包括二手数据法、主观方法以及社区调查法。必须描述以下几点：

a. 该项目是什么。

b. 需求评估的目的。

c. 数据收集程序。

d. 所需时间长短和资金数额的预估。

e. 你将运用的方法的优缺点。

6. 为解决你所在社区的问题，查阅普莱斯特、爱德华兹和江珀-瑟曼（Plested，Edwards，& Jumper-Thurman，2006）有关社区意愿的手册，并使用社区意愿模式采访关键知情者。设计 36 个问题，根据计算得出总分，对你所在的社区进行评估。并针对你的评估过程，撰写一份简单的报告，内容要涉及你的访谈对象和你的访谈收获。

三、参考文献

Bopp, M., Fallon, E. A., Bolton, D. J., Kaczynski, A. T., Lukwago, S., & Brooks, A. (2012). Conducting a Hispanic needs assessment in rural Kansas: Building the foundation for community action. *Evaluation and Program Planning*, *35*, 453–460.

Bradshaw, J. (1977). The concept of social need. In N. Gilbert & H. Specht (Eds.), *Planning for social welfare: Issues, models and tasks* (pp. 290–296). Englewood Cliffs, NJ: Prentice Hall.

Buckelew, S. M., Pierrie, H., & Chabra, A. (2006). What fathers need: A county-wide assessment of the needs of fathers of young children. *Maternal and Child Health Journal*, *10*(3), 285–291.

De Anda, D., Franke, T. M., & Becerra, R. M. (2009). Latino parents' and adolescents' perceptions of the needs and issues of adolescents in their community. *Child and Adolescent Social Work Journal*, *26*, 415–430.

Delbecq, A. L., Van de Ven, A. H., & Gustafson, H. (1975). *Group techniques for program planning: A guide to nominal group and Delphi processes*. Glenview, IL: Scott, Foresman.

Ehlers, D. K., Huberty, J. L., & Beseler, C. L. (2013). Changes in community readiness among key school stakeholders after Ready for Recess. *Health Education Research*, *28*(6), 943–953.

Feldman, M. B., Hile, S. J., & Weinberg, G. S. (2011). A community needs assessment to inform HIV and substance abuse prevention services for Black and Latino young men who have sex with men in New York City. *Journal of Gay & Lesbian Social Services*, *23*, 465–506.

Fiorentine, R. (1994). Assessing drug and alcohol treatment needs of general and special populations: Conceptual, empirical and inferential issues. *Journal of Drug Issues*, *24*, 445–462.

Gabriel, R. M., Leichtling, G. J., Bolan, M., & Becker, L. G. (2013). Using community surveys to inform the planning and implementation of Environmental Change Strategies: Participatory research in 12 Washington communities. *American Journal of Community Psychology*, *51*, 243–254.

Galvani, S., Dance, C., & Hutchinson, A. (2013). Substance use training experience and needs: Findings from a national survey of social care professionals in England. *Social Work Education*, *32*(7), 888–905.

Goldman, K. D., & Schmalz, K. J. (2007). "As you Likert it": Conducting gap-based needs assessments. *Health Promotion Practice*, *8*(3), 225–228.

Hiatt, K., Stelle, C., Mulsow, M., & Scott, J. P. (2007). The importance of perspective: Evaluation of hospice care from multiple stakeholders. *American Journal of Hospice and Palliative Medicine*, *24*(5), 376–382.

Horevitz, E., & Manoleas, P. (2013). Professional competencies and training needs of professional social workers in integrated behavioral health in primary care. *Social Work in Health Care*, *52*(8), 752–787.

Jones, D., Settipalli, S., Goodman, J. M., Hootman, J. M., & Goins, R. T. (2012). Community readiness for adopting a physical activity program for people with arthritis in West Virginia. *Preventing Chronic Disease*, *9*, 1–9, 110166.

Krause, D. D., May, W. L., & Butler, K. R. (2013). Determining unmet, adequately met, and overly met needs for health care and services for persons living with HIV/AIDS in Mississippi. *AIDS Care*, *25*(8), 973–979.

Krueger, R. A., & Casey, M. A. (2013). *Focus groups: A practical guide for applied research*. Thousand Oaks, CA: Sage.

Lee, S., Ma, G. X., Hee-Soon, J., Martinez, G., Hsu, C. E., & Bawa, J. (2011). Assessing the needs and guiding the future: Findings from the health needs assessment in 13 Asian American Communities of Maryland in the United States. *Journal of Immigrant Minority Health*, *13*, 395–401.

Mika, K. L. (1996). *Program outcome evaluation: A step-by-step handbook*. Milwaukee, WI: Families International.

Montoya, L. A., Giardino, A. P., & Leventhal, J. M. (2010). Mental health referral and services for maltreated children and child protection evaluations of children with special needs: A national survey of hospital- and community-based medically oriented teams. *Child Abuse & Neglect*, *34*, 593–601.

Neff, J. L., Patterson, M. M., & Johnson, S. (2012). Meeting the training needs of victims: Assessing services providers. *Violence & Victims*, *27*(4), 609–632.

Parker, R. N., Alcaraz, R., & Payne, P. R. (2011). Community readiness for change and youth violence prevention: A tale of two cities. *American Journal of Community Psychology*, *48*, 97–105.

Peercy, M., Gray, J., Jumper-Thurman, P., & Plested, B. (2010). Community readiness: An effective model for tribal engagement in prevention of cardiovascular disease. *Family and Community Health*, *33*(3), 238–247.

Plested, B. A., Edwards, R. W., & Jumper-Thurman, P. (2006). *Community readiness: A handbook for successful change*. Fort Collins, CO: Tri-Ethnic Center for Prevention Research. Retrieved March 29, 2014, from http://triethniccenter.colostate.edu/docs/CR_Handbook_2014.pdf

Royse, D., & Drude, K. (1982). Mental health needs assessment: Beware of false promises. *Community Mental Health Journal*, *18*(2), 97–106.

Royse, D., Staton-Tindall, M., Badger, K., & Webster, M. (2009). *Needs assessment: A basic guide*. New York: Oxford University Press.

Sliwa, S., Goldberg, J. P., Clark, V., Collins, J., Edwards, R., Hyatt, R. R., et al. (2011). Using the community readiness model to select communities for a community-wide obesity prevention intervention. *Preventing Chronic Disease*, *8*(6, A150), 1–9.

Smith, L. A., McCaslin, R., Chang, J., Martinez, P., & McGrew, P. (2010). Assessing the needs of older gay, lesbian, bisexual, and transgender people: A service-learning and agency partnership approach. *Journal of Gerontological Social Work*, *53*, 387–401.

Werner, S. (2012). Needs assessment of individuals with serious mental illness: Can it help in promoting recovery. *Community Mental Health Journal*, *48*, 568–573.

West, A. E., Williams, E., Suzukovich, E., Strangeman, K., & Novins, D. (2012). A mental health needs assessment of urban American Indian Youth and Families. *American Journal of Community Psychology*, *49*, 441–453.

York, N. L., Hahn, E., Rayens, M. K., & Talbert, J. (2008). Community readiness for local smoke-free policy change. *American Journal of Health Promotion*, *23*(2), 112–120.

第 4 章

定性评估法与混合评估法 93

如何区分评估中的定性法和混合法?

定性法采用更为写实的形式，强调研究者的重要性，采用纪实的方式而非用数据说话。而混合法则善用“三角测量法”，将定性和定量法相结合。本章会详细描述这些评估类型。

我需要哪些相关技能?

为了进行深度的采访和行为观察，定性研究要求进行实地考察、和受访者建立融洽的关系。定性数据分析利用的是模式识别和联系社会背景的能力。而混合法则需要定性法和定量法的运用以及综合二者的方法和能力。

一、导言

无论是在自主学习还是在借助定量法学习的过程中，定性法已然成为项目评估中的关键部分，以下显著的例子足以证明该方法的普遍性：在社会工作与研究学会以及美国评估协会中，即便定量法在其组织和会议中占主导地位，但定性法却是评估中人们使用的最为普遍的方法之一，可搜索网页（www. sswr. org 或 www. eval. org）查看定性法在每年召开的会议中的使用案例。而定量与定性相结合的评价方法则被称为混合法（Creswell & Plano Clark，2011；Greene，2007；Padgett，2012；Tashakkori & Teddlie，2010）。

近年来，有关混合法的关注越来越多。毫无疑问，这是由于人们对社会问题的复杂性 94
意识以及不同研究方法的互补意识越来越强（Fishman，2003；Padgett，2012）。研究工作坊、培训机构、新杂志（《混合法研究杂志》）以及各种教材及其读者已经开始寻求这种需求的满足（Creswell & Plano Clark，2011；Tashakkori & Teddlie，2010）。所以混合法成了评估的不二之选。

本章旨在讲解四个部分。首先，本章概括介绍定性评估法及其在更为广阔的评估研究领域中的相关内容。其次，本章将讲述定性评估在数据抽样、数据整理及数据分析中循环反复产生、开始以及继续的过程。再次，本章会为读者介绍评估中的混合法，着重关注最普遍的设计方式和应用。最后，本章将结合为人所熟知的社会服务以及国际背景，提供具体翔实的定性评估法案例。同时，本章会着重强调定性法的相关知识。

二、什么是“定性评估法”？

就“定性”而言，历来的学者提供了多种多样的方法，比如人种学研究、扎根理论、案例研究以及叙述分析等等。这些方法的差异源于不同的哲学及学科基础。然而，实际上，以认知论为背景，所有的定性方法都共享以下关键要素：（1）关注自然调查；（2）依赖研究人员搜集数据；（3）研究结果重叙述而非数据。

定性法以观察或实验为依据，依赖详细的文献资料，根据数据进行分析，此特征与定量分析类似。然而，定性研究并不是一种配方类型的说明——它更多地强调研究者的灵活性和研究能力。总的来说，定性法存在认知上的差异（Denzin & Lincoln，2005），定性研究并不会存在相同的认知观点，因此支持定性评估法的人员对实证科学研究褒贬不一。对此专栏 4－1 会详述。

95 **专栏 4－1　　不同的评估研究哲学**

根据格林（Greene，2007）的说法，尽管评估研究并不总能解释知识生成过程中的哲学理论，但评估研究确实植根于不同的哲学领域。评估证据的传统等级与随机对照实验被视作“黄金标准”，来源是实验测试和测量的后实证主义哲学。这显然是实证科学的指导力量。反对这一观点的是解释主义哲学，它强调利益相关者的想法和观点是研究的关键。这也可能被视为一项更为巨大的批评理论议程的一部分，该议程通过对授权弱势利益相关者和社区的研究来纠正权力失衡。最不具有哲学性的是务实评估者，他们关注方法与问题相匹配，而不担心哪种方法比另一种方法“更好”（Greene，2007）。

毫无疑问，后实证主义哲学占主导地位。但近年来，随着倡导草根和社会科学方法的结合，形成了以社区为基础的参与式研究的方法，这种情况已经发生了改变。批评人士认为，随机对照实验评估是一种刻板的输入—输出研究，很少考虑到周围的道德随机分配、现实生活中项目的波动，以及在一段时间内评估对象的要求下矛盾和辍学的可能性（Rossi，Lipsey，& Freeman，2004）。正如本章后面会涉及的，无论是社区进行的反暴力项目、面临工作压力的儿童福利工作者，还是感染艾滋病病毒的失控青年，参与式方法都依赖于受影响人群积极地参与设计与实施。我们希望通过本章能明确一点：定性法和混合法是实现和评价社区参与计划的最佳方法。

三、什么是“混合评估法”？

混合评估法这一概念很容易理解，即在相同的研究中结合定性和定量两种方法。但是，设计此类评估以及成功实施并非易事。为了达到协同作用的目的，高质量的混合法研究会利用双方的特点——两个以上毫无关联的研究会被放置在一起或者按照一定的顺序实施。混合评估法最基本的实施方法就是三角测量法，或者是通过并列两种方法对研究发现进行证实或者补足。

四、定性评估法何时可发挥作用？何时采用混合评估法？

一位著名的定量方法论学者（Cronbach，1982）坚持认为出色的项目能够成功，其关键在于具体语境下的观察和采访，这在市场营销、政治投票以及教育评估的历史中尤为明显。

当然，定性法并非适用于任何评估，混合法也是如此。我们该如何选择呢？这就依赖于评估目标的驱动以及想要回答的问题类型。从评估过程和结果的基本差异来看，定性法通常与前者相关，即项目过程中的*方式*和*原因*以及其内部运作。定性法同样适用于*形成性评估*，基本目标旨在改善项目，使其得到充分实施。

一个项目存在着一些难以掌控和量化的方面，比如员工士气、决定的执行、文化冲突以及客户体验。定性法的优势在于不需要借助定量分析的数据汇集便可检测复杂的环境。96
经过不断的细致钻研可以发现：那些对项目内部运行的深入了解虽然常常出人意料，但却意义非凡，并且这种机会将明显增长。

不难发现，混合法也需要“更深入的挖掘”，但是还要借助定量法来达到一定“广度”。这就意味着要在相同研究中对研究过程和结果进行处理，或者使用定性和定量结合法来研究过程或者结果。在成果报告方面，定量分析存在一定局限，但是许多统计结论回避了导致这种局限的原因或者它在现实术语中的意义。专栏 4－2 说明了混合法在爱尔兰大哥大姐会项目评估中的运作流程。

专栏 4－2　　爱尔兰大哥大姐会的混合法评估

大哥大姐会项目成立于 1905 年，现已遍布世界各地的 30 多个国家，在指导青少年风险方面，它发挥了主导作用。它具有可靠的证据基础（Tierney，Grossman，& Resch，1995）。在报道大哥大姐会项目在爱尔兰采用随机对照实验的决定时，布雷迪和欧里根（Brady & O'Regan，2009）获得了欧盟和私人基金会的循证实践的支持。在这种情况下，大西洋慈善基金会作为研究者使用了蒂尔尼（Tierney）和他的同事们所进行的美国式评估方法。根据布雷迪和欧里根的说法，在爱尔兰的社会服务中，随机对照实验非常罕见，它强调的是过程而不是结果，他们注意到了这一点，所以设计了随机对照实验的混合方法，对过程和结果进行了双重关注。该过程元素被视为对一种基于随机对照实验方法严格性的软化中和，并为利益相关者提供了一个相对有保障的研究观点。随机对照实验的另一个需求是样本量要足以支撑统计分析，并且要求研究持续时间比计划时间更长——为期若干月的研究必须综合原始设计的 18 个月的观察和随访。

通过对青少年学业成就和其他幸福指数的调查，这项研究得以评估研究影响的量化结果。定性研究由过程研究组成，其中包括对 12 对互助指导搭档的访谈，用来代表样本的多样性。为期 6 个月的两轮访谈会在这个过程中进行，并将他们的体验作为案例进行了研究和分析。此外，焦点小组和员工的研究会一起进行。

在某些方面，混合法中双方的融合产生了影响。首先，作为额外的维度，12 对互助指导搭档的定量数据也被纳入了案例研究分析。其次，为了了解两者的匹配过程，案例研究和焦点小组分析与罗兹（Rhodes，1995）的指导理论进行了对比，然后与调查结果数据进行对比，以确定最“优”的实践是否“指导出更好的结果”。在本研究中，大哥大姐会项目工作人员的接受性与过程相关的定性法的作用至关重要。

定性评估法产生的重要副产品，即其人际特性让该方法更具吸引力。若成果出色，定
97 性法将对参与者产生即时效益，尤其可以缓解底层员工和客户的心理压力与不满。尽管这个副产品并不能成为必须使用定性法的充足原因，但它已经让无数相关人员更有参与感和共鸣（这不会成为评估完成后的遗留问题）。

当然，定性法存在一些缺陷。首先，在研究深度和广度的选择上需要权衡利弊。定性法不太适用于需要从大量原始资料中整理数据的评估行为。其次，定性法在实践过程中属

于时间及劳动密集型，需要长期深入采访及原位观察，耗费大量人力进行录音转录，以及分析数据和回访，所有的评估行为致使传统的定性研究面临着艰巨的挑战，即实施过程中项目评估的环境压力（部分时间密集型定性法策略符合评估者的需求，此内容将在本章后面的部分进行讲解）。

最后，只有在提供项目产出数据分析的时候，该项目才具有权威性，且这些分析可以控制相关变量并提供具有公信力的结论。如果过多强调项目产出报告的准确性，定性法的作用就不太明显。尽管定性法能够在某些场合建立有效的项目，但由结果驱动的项目评估有可能更忠实于科学定量模式。

上述内容意味着定性法在结果评估中毫无用武之地吗？并非如此。定性分析的结果通常与混合法设计中的定量分析结果一致。假设你对监狱实行的将暴力青年与其他犯罪人员隔离的项目感兴趣，你的评估发现，在参加情绪管理项目的青年中，曾经接受过标准行为治疗的人占42%，如今在随机抽取的总人数中，有67%的人情况已得到改善。上述例子中，行为改善的评分标准是情绪控制。我们足以发现具体准确的百分比（以及数据测试）比定性分析法中的“最多”“部分”更加完善。

定性评估可提供一些不可替代的其他数据，比如生动地描述一位男性如何对不同的评估项目做出回应。因此，尽管数字和数据分析告诉我们项目进行得很出色，但是对个人成败的个案研究将有助于理解研究结果产生的过程。

为进一步促进过程评估，定性法在项目关*键期*的作用不可小觑。例如，确定如何制定情绪管理课程，阻止人类犯罪行为的再次发生。同样，过程评估可以检验项目指导者是否将情绪管理信息有效地传达给他们的学生，或者检测他们是否完成家庭作业等等。

近年来，当**实践科学**被运用到新条件下时，它的兴起为我们更好地理解项目的变化和适应过程提供了新动力（Palinkas，Aarons，Horvitz，Chamberlain，Hurlburt，& Landsverk，2011）。正如专栏4-3所述，实践科学和项目评估具有相同的研究目标（特别是形成性评估和过程评估），并且这个过程会频繁使用混合法。

专栏4-3　　实践科学和评估研究 98

“实践科学”是指在复杂环境下，对项目和干预措施从控制测试阶段转移到现实环境的研究（Palinkas et al.，2011）。在哪些因素有助于或阻碍项目的实施这一问题上，理解的差距巨大（Damschroder，Aron，Keith，Kirsch，Alexander，& Lowery，2009）。许多以证据为基础的实践和项目正处于休眠期，等待被人采用，但由于各种已知或者未知的原因而无法吸引项目人员。据估计，90%的公共青年服务系统，包括精神健康、教育、青少年司法和儿童福利，都不运用以证据为基础的实践（Hoagwood & Olin，2002）。即使是受科学驱动的医学领域也有一些实践尚未经过检验或得到有效证明。定性法对理解评估过程成功或失败的原因至关重要（Palinkas et al.，2011）。显而易见，任何类型的实践研究都能从定性研究角度获益。

五、定性法与从业人员的现场评估

因为定性法已经得到了普及，所以本部分就实践的定性评估展开讨论（Fox，Martin，& Green，2007）。单系统评估设计从定量法中衍生而来（或以测量为导向），借此评估单一用户系统（个人、夫妻、家庭等）中的调节和处理行为。本部分将简要概括其原因，重点讨论项目和社区层面的定性评估，而非个人层面。

在社会工作实践研究中，观察和采访中的定性法技巧已占有重要的地位。譬如，定性评估可通过观察员工和客户之间的交流、双方的采访以及检测其过程记录展开。当员工企图从中寻求自我评价时，问题就产生了，即在帮助模式下，员工自发性的参与感。这种角色困惑缘于员工试图在原位从定性的角度理解当事人的言行，而这些言行并不利于项目实施和评估过程的完整（Padgett，1999；2004）。

定性法更加符合计划和社区层面的评估。原因如下：其一，定性法的劳动密集型特点和一对一项目的低成本；其二，定性研究的整体性和实况化。当单独关注个体冲突行为处理时，他们将有可能脱离实时背景，还会将定性研究当作其最大的优势。

当定性评估者能够接触各式各样的人类团体活动而非单独个体时，这种状态最适合评估。而人类活动的自然涨落——当事人参与计划、员工参与训练和精神面貌的培养、社会对政策项目的倡导及呼吁——都是定性评估者的自然栖息地。

99

六、常用于评估研究的定性法

尽管定性法的“大家庭”有很多成员，但大多数评估研究中有三种广泛的类型：（1）编码和主题分析（有时被称作扎根理论）；（2）案例研究；（3）人种学研究。在经过仔细阅读和分析后，扎根理论研究（Charmaz，2014）以及更通用的编码和主题分析（Boyatzis，1998），从采访数据中发展出交叉的主题。案例研究采用了不同的视角，即保留“案例”的完整性，并依赖于多种数据来源进行全面的描述（Stake，2005；Yin，2013）。相反，在概念集合中，编码和主题研究“失去”了个体性。案例研究坚持研究个体“案例”，即使在此过程中出现了交叉案例分析和主题发展。最后，人种学指一种方法，但不仅仅指定性法（因为人种学也可以利用定量数据），而它最初的数据收集模式具有过去一个世纪以来的定性研究特征，即现场考察获取数据（Padgett，2012）。

七、定性评估法

接下来，我们将集中探讨项目评估中的定性法，从定性法设计出发，到抽样、数据搜集和数据分析。本章探讨结束后，请牢记定性研究中的基本观点，定性法并不像定量研究一样遵循“烹饪书式”的线性顺序，相反，定性法倾向于运用逐次来回的顺序。

设计定性评估

如上所述，与定量研究的含义不同，定性研究设计有自身的系统，而非随意发挥。虽然运用的方式灵活多变，但都遵循其内部要求。定性研究可被视作一系列决定的参与，首先决定恰当地使用定性法（谨慎细致决定的基础是评估目标以及时间和资源的有效利用）。接下来的过程就类似于定量法——决定分析的数据单位、抽样策略、数据搜集和分析形式，以及策略的严谨性（Padgett，2012）。

就定性评估而言，**数据分析单位**指个体（员工、客户等），但也包括机构、家庭、医院及任何有组织的特殊人类活动，借此为人类学家寻求整体计划和关键参与者提供一个天然的平台。类似地，案例研究的过程就像特殊项目或者特殊事件（也称为案例）的评估。一项高绩效的临终关怀项目研究可以表明是什么促成了这一项目的成功。或者，一项案例评估研究也可以关注有关寄养决定的政策变化以及它对慈善儿童保护机构的影响。

定性评估法具有与生俱来的灵活性，它并不会遵循某种严谨或格式化的设计。相反，定 100
性评估对所计划之物具有直观性和灵活性（并明显提示在整个研究过程中计划可能会有变动）。在评估报告阶段，需要做一份关于该计划项目的详细资料整理。事实上，这个过程存在不确定性，需要研究人员的灵活应变。一项实验设计的结构和其受到的指责与目测的、听见的以及对定性研究的丰富观察大相径庭。该差异增加了定性研究的风险，同时也促进了新事物的发现。

八、混合评估法的设计

人们对混合法的兴趣日益浓厚，这使得人们更加详细地阐述了这些方法的结合过程

(Creswell & Plano Clark，2011)。这一过程存在很多选择，最直接的选择是双方（定性和定量）按顺序还是同时执行。如果是按顺序，哪一个先进行？从属于另一方的第二个重要设计决策是否会占主导地位，或者双方是否具有同等的权重？在这种情况下，主导地位是指付出更大的努力和给予更多的资源。评估研究可能主要采用定量法，但包含一个较小的定性成分（反之亦然）。最终的设计决定取决于在一段时间内双方如何相互影响。纵向研究通常是项目开发的特征，紧接着可能会在不同的时间以及不同的方面进行阶段性评估。结果具有很大的可能性，而且往往很复杂。

这种变量的符号系统先定量后定性（或先定性后定量，依据主导地位判断）。箭头用于指示先后顺序，而加号则表示同时发生的过程。常见的一种混合法研究采用了连续的先定性后定量的设计。涉及的案例是利用焦点小组来获取通知并形成更大的调查研究。评估研究中存在一个通用的设计选项，就是嵌入式并行设计（定量＋定性），在这个过程中，通过使用定性法将子研究评估过程嵌套进一个更大的结果评估。而这种不太常见但却很稳定的混合法设计——“定量＋定性”表明，该研究将全部资源投入到这两种方法并同时进行综合。

而另一个概念——完整资源就具有广泛的定义。但我们可以假设，在定量方面，这就意味着有足够的样本容量来支持统计分析。在定性方面，这意味着拥有足够深度的信息，无论是通过多个数据源获得，还是广泛地使用单一数据源，如采访。混合方法研究的门槛即双方都具有完整性。因此，一项定量调查，在最后会有一些开放式问题，不太可能被贴上完整性的标签。即使访谈指南中也没有包含过这样类型的深度访谈。

1. 进入现场

即使研究者们从资金赞助者和项目主管那里得到了执行评估的承诺，但想要进入现
101 场，也必须获得所有股东的信任，同时尽可能少地造成混乱和误解。这一步也需要得到守门人的许可——研究的实现需要组织层级中不同地位的人的参与。

定性研究者习惯性地怀有友善的态度，不论他们在组织中是什么地位，他们都愿意不加评判地倾听，并从每个人那里搜寻信息。而作为旁观者，他们可能会从消极的角度描述项目，评估者的角色会让他们置身于具有潜在危险的位置。虽然没有评估者能够做出美好的承诺，虽然他们试图让参与者在参与采访和项目观察期间能感觉良好，但无论如何，定性评估者都必须保持中立立场。而能让人轻松融入组织文化的途径就是依靠关键知情者，即知晓很多并愿意分享所知的人。

2. 互助、回报和反馈

在评估期间，各种形式的互助都可以接受，甚至值得赞扬。从一开始，评估研究者就传递出该研究的要求（关于要做的事情，研究者没有理由去欺骗或误导参与者）；回报的

类型很多，比如正式采访中使用的金钱奖励，以及为员工举办一个非正式的颁奖仪式。以分享研究结果为形式的回报是研究中的常见做法——鉴于有损形象的发现可能因为权势遭到歪曲（或压制），分享是个很微妙的问题。

在项目开始时，敏锐的评估者应该协商如何呈现研究成果——目的在于让各种各样的参与者最大限度地参与项目。当然，评估者需要具有一定程度的敏感性，也要对不同程度的信息公开加以考虑。主要成果可以在总结后公之于众，更敏感的问题则要与有关各方进行讨论。

随着评估的进行，产生了其他的互助方式即反馈，这当然来源于定性评估者体验到的投入程度。在有重大影响的评估中或出现比较容易解决的系统问题时，提供**现场反馈**就会特别有帮助。然而，现场反馈信息的提供需谨慎。定性评估者可能会无法脱离项目，并成为现场介入者，这会是首要的问题。其次，利益相关者可能会乐于接受建议，但是也可能心生埋怨。而另一个提醒就是反馈的时效性——要避免在评估完成前提早下结论。

3. 抽样

帕顿（Patton，2014）用“有目的”一词描述定性评估者选择的各种采集样本的策略。所有这些策略都为了深度而牺牲广度——这些选择大部分取决于需要什么类型的数据，以及谁最能提供这些数据。这些选择包括*例外个案抽样*、*典型个案抽样*、*最大变量抽样*、*滚雪球抽样*、*方便抽样*、*负向个案抽样*和具有政治重要性的*个案抽样*。在帕顿的术语的基础上，我们可以增加*专家抽样*或者*关键信息提供者抽样*。

例外个案抽样需要了解异常值——具有不寻常成功或失败经历的个人。如果你在评估一项青少年避孕项目，你可能想采访 21 岁前就有了三个孩子的毕业生。与此相反，**典型** 102
个案抽样集中在项目里最能代表常态的毕业生身上。当研究需要有代表性时，就会选择**最大变量抽样**——超越了项目进程和/或结果中巨大差异的案例。而当兴趣人群与世隔绝、难以接触或者不信任外人时，**滚雪球抽样**是必要的选择。毫无疑问，**方便抽样**是最简单的方法，因为它意味着评估者仅需要利用身边的例子即可。任何有数量限制的评估都会使用方便抽样。但评估者应注意，这种方法最缺乏目的性，也最不可能产生丰富的信息。

4. 收集数据

评估者对数据收集模式的选择应该根据评估目标和可获得的数据来源而定。无论何时都应当搜集多个数据来源。**人种观察**取决于研究者是否有能力进入项目环境，与参与者建立融洽关系，不引人注目地观察“当地人”进行日常活动。在**笔记**中记录详细的观察内容，这是定性研究存在的关键形式。大多数定性研究者研究出多种笔记形式，不是在当时立马记录（如果能做得不引人注意的话）就是趁记忆还新鲜赶快找安静的地方记录。

实地工作者对正在进行活动的参与方式存在很大差异。在连续变化过程的一端，评估者待在远处悄悄观察。另一端，**参与性观察者**则积极地参与，并与环境建立密切的联系，与此同时，还要保持一种中立的研究立场。

因为人不能掌控所有事情，所以目标是怀着最少的偏见观察实体环境、行为人的行为和沟通以及言语和非言语交流。实体环境，如机构、诊所、学校、养老院等地的空间布置和颜色装饰，其重要性显而易见。一家宽敞明亮、搭配着彩色艺术品的心理健康诊所，与一间昏暗狭窄、灰泥剥落、家具破旧的诊所相比，是截然不同的项目活动舞台。同样地，如果项目负责人占用一间豪华的大办公室，而员工们却被迫挤在隔间里，对这种差异的记录可能在评估员工士气的时候能派上用场。画出实体环境的平面图和布置会是好的开头，接着就是对环境细节进行描述。

关于记录观察数据，困难在于怎样区别细枝末节的数据和有意义的数据，因为你正试图在幕后工作——捕捉平凡和异常的数据——所以你需要撒一张很大的网，然而你并不想在一些微不足道的数据上过分花费精力（当然，微不足道的数据在某一时刻却可能成为疑问的关键部分）。而能解决这个问题的方法就是锁定评估要达到的目的，并相应地让你的观察有重点。

当然，最佳的方法是把**观察**、**深入访谈**和**文献的使用**结合起来。记录定性采访者观察
103 采访环境和采访对象表现出的非言语信号。采访者应该时刻牢记研究关系以及偏见和有成见的猜想所带来的影响。这也是为了提醒定性评估者观察自身，通常称为**反省**，这有助于最小化那些在评估过程中可能出现的个人偏见（Charmaz，2014）。

现在我们转向评估时定性采访的“什么”和“怎么样”的问题。定性采访的特征是具有熟练而敏锐的盘问风格，协调在相关区域随时获取新信息来源的需要（Padgett，2012）。基本目标是让采访对象能够用自己的话自由地表达自己的想法。

采访问题的类型涉及经常会询问的方面：态度、感受/感情、知识、行为。**态度型问题**主要询问看法（“你怎么看这个机构的政策?”“你对上次帮助你的护工有何看法?”）。**感受型问题**试探出情绪反应（“如果你的主管当众责备你，你感觉如何?”）。**知识型问题**用来考察信息提供者对于某些事实或能证实的信息知道多少，比如，你可能会问：“准许病人出院的标准是什么?”或：“这家机构多长时间提交一次质量保证报告?”**行为型问题**关注信息提供者采取（或未采取）的行动，比如：“客户威胁到你的时候你做了什么?”“你参加了上个月的在职培训工作坊吗?”

除了这些预先设置的问题之外，定性访谈依赖于深度的探查。多亏了访问者对所听到内容的临时应变能力，探查过程才能更加深入（比如“你可以多讲一些吗?”），可以更好地阐明某一问题（比如“你刚说在政策变更的时候你是主要负责人?”），也可以掌控节奏（比如“我们可以回到……话题吗?”），还可以进行对比（比如“你更喜欢哪一种类型的雇

佣政策在这里实行?")。探查过程能够让定性访问具有对话的节奏和语流，有效地避免了呆板的问答模式。

焦点小组访谈是一种即有成效又节省时间的深度采访的变体。它使采访对象的数量大幅度增加，并在公开过程中产生一种新的协同作用，而这些无法从一对一采访中获得。焦点小组由一位受过训练的领导者或引导员引导，他的主要目标就是获取有益于项目评估的信息（Krueger & Casey，2008）。

理想的情况是焦点小组成员不超过十人且地位相差不大，即主管和下属不分在同一组，护工和客户不分在同一组。访谈由一位引导员召集，持续一个小时或更长时间，他能娴熟地带领小组完成一系列问题，而这些问题旨在让参加者能轻松地分享见解。数据由录音带或记录员（参与者之外的人）记录下来。尽管焦点小组访谈不能像一对一采访那样保密，但是对于那些不惧怕被公开的各种观点，小组领导者应该尽力保证对各方的理 104
解和尊重。

焦点小组可以运用于各种评估项目，尤其对大部分参与者来说，小组访谈更容易实现，甚至令人愉快。在需求评价和项目规划者开始制定项目目标和目的的重要阶段，焦点小组就能派上用场。同样地，当项目评估是为了站在关键利益相关者的角度去探索某一项目或一项干预措施的优劣势时，这些人也能被召集起来。但焦点小组访谈具有局限性，尤其是缺少一对一采访具有的深度信息保密（Robins et al.，2008)。如果没有足够的准备和监管，焦点小组访谈很容易产生缺乏价值、不够详细的数据。除此之外，在这个快节奏的时代，焦点小组很难组织，并且参与人数也会参差不齐。但当利益相关者从早期就加入了项目，并且愿意为招募参与者而伸出援手时，这也就不成问题了。尽管有诸如此类的缺陷，但在发挥好的情况下，焦点小组具有高效率和协同作用，所以它在评估方法中有稳固的地位。

文献是定性评估中最终的数据来源（对于定量评估而言也是如此）。使用文献也是一种最不容易起反应（比如因为评估者在场而被歪曲）的数据收集技巧，因为它们通常是人文类服务的天然副产品，因此是关于机构内部日常工作的极其重要的一种信息来源。文献包括会议记录、备忘录、往来信件、财务记录、内部章程、监管方针、筹资项目，以及与项目及其运作相关的其他任何印刷材料。

至于一项评估的诸多方面，评估者应该在研究开始之时，就讨论出获取文献的途径，从而预先避免之后的困难。讨论过程需要确保严格的保密性。尽管计算机表格程序和其他信息可能不会被发现，但是如果违背保密性的话，会议记录和备忘录也会透露信息，可能造成危害。

5. 什么时候停止收集数据?

定性数据收集本身没有终结点，只有所谓的**饱和状态**。当数据分析显示出重复和累赘，新数据倾向于证实已有的发现结果，而非在此基础上拓展时，就会出现饱和状态。鉴于定性研究中数据的收集和分析有重叠之处，研究者必须决定什么时候判断饱和，停止进一步收集数据。即使是时候该终结项目，定性研究者也会选择留有余地，为了反馈、澄清或者其他问题来重访采访对象。

九、管理和组织数据

定性评估者有责任尽快开始管理和分析数据。这也包括确保那些用来保密和保护身份信息的识别号码被保管在安全的位置，如保险箱。定性研究产生的大量原始数据——录音带、记录文本、采访规约、同意书、分析备忘录、实地笔记、文件、加密片段——使系统地管理数据成为当务之急。**数据管理**是指建立一套为数据分析提供良好基础的归档和检索
105 的系统。任何东西都需要有额外备份，这点至关重要。这意味着要经常提早给所有电脑文件做备份，复印所有的手写笔记、打印文件用于安全保存。

使用定性数据分析软件

是否使用定性数据分析软件（比如 ATLAS/ti、NVIVO 或 HyperRESEARCH）是个人的选择。定性数据分析程序旨在减轻处理大量纸质材料时手动剪切粘贴方法带来的负担，允许研究者保存和分析定性数据，并把分析总结在备忘录中进行记录。一些定性研究者宁愿坚持他们最喜欢的文字处理程序，而不愿学习一种对技能有所要求的新软件程序。其他人坚持认为，定性数据分析软件节省了大量时间，让他们能更有效率地处理数据。这类软件对于有多个现场的评估而言尤其实用。数据收集和数据分析的协调与管理在多现场评估中至关重要。

十、数据分析

数据分析与数据收集和管理同时发生，它是当大脑功能真正起作用时，发现数据中存在的意义模式，建立一个基于实践且充满描述性的概念体系。这个任务既是创造也是简化。如果不简化数据的话，研究者就会被原始数据压垮。

因为很多关于定性数据分析的书籍和网上资源都有具体的指导（见专栏 4－4 以及本
106 章结尾的“参考文献”），这里把重点放在与评估密切相关的一般方面。最好是先集中于评

估的最初目标和数据如何解答关键问题。同时，你会想对分析中出现的新认识保持开放的态度。参考前文提及的定性分析基本类型，编码和主题分析是最常见的分析方法。案例研究分析并不专注于基于文本的编码，而是对从案例中获得的多来源数据进行深度研究。在记录下个体**案例总结**以及对每个案例都进行了单个分析之后，就可以确定通过案例制定专题的想法了。而除了其他数据源之外，人种数据分析会基于实地考察笔记，对探讨的结果进行选择。

专栏 4-4　定性分析研究相关的网络资源

一般信息：

http://www.nova.edu/ssss/QR/qualres.html

http://www.antiochne.edu/clinical-psychology/qr/

http://www.qualitativeresearch.uga.edu/QualPage/methods.html

http://www.qualitative-research.net/index.php/fqs

赋权评估：

http://comm.eval.org/cpetig/home/

http://eevaluation.blogspot.com/

定性数据分析使用的软件：

http://www.researchware.com/products/

http://www.qsrinternational.com//default.aspx

http://www.atlasti.com/qualitative-analysis-software.html

美国评估协会定性数据分析软件资源列表：

http://www.eval.org/p/cm/ld/fid=81

专栏 4-5 展示了一段采访的节选，采访对象是一名研究参与者（身份代码＃6 号），他是一位中年白人，关于他严重精神疾病和滥用毒品的生活经历，他接受了研究员的采 107
访。其中，研究员对文字记录、编码和备忘录进行了分栏，这一布局与软件程序的屏幕截图功能非常相似；对每一行都进行了编号（因为都需要进行编码），这样更容易将代码标识和其他注解与文本中匹配部分相连接。第二列是一些初始代码标识（开放代码），这些标识与意义单位或者摘录内容位置相近，它们是括号中行数的参考或者与行数相关联。因此，第 1～4 行的代码是吸毒，需要注意的是第 1～17 行编码为毒品和精神疾病，这就构成了一个更复杂的意义单元，因为研究参与者正在谈论这两类问题如何在他的生活中相互交织。

专栏 4-5 原始编码和备忘录

访谈节选#1	开放代码	备忘录
6：我已经吸毒很久了，		
有 20 多年了，大多是可卡因，		服务提供者对他的精神疾病进行了跟踪，他在 17 岁的时候开始吸毒，那时他的母亲去世。
我从来没有吸食过海洛因，	吸毒 [1-4]	
这也不重要。		
但是它能让我安静下来。		
对于我妈妈的死，它能减轻我的痛苦。	毒品和精神疾病 [1-17]	
作为一个青少年，几乎在这 20 年里		这就是所谓的自我治疗?
我一直患有妄想症，		
极其暴力，对于我的精神疾病		
我没有一点概念，不知道我是谁，	精神疾病的征兆 [4-11]	
甚至我为什么是这样。		
似乎唯一对我有用的		情感危机导致的精神疾病和毒瘾，这是一种常有模式吗?
就是毒品。不幸的是，		
当你倒下的时候，毒品让事情变得更糟。	上瘾 [11-18]	
在你没意识到这一点之前，		
你什么都不需要，		
需要的只是毒品。		
我就这样生活了很多年。		
我：你要怎样才能摆脱毒品?		
6：我并不确定。真的，		自身意识到自己的毒瘾，并非只是对自己精神疾病征兆做出的反应。
所以我就参加了治疗项目。		
在完成治疗后，我还是有少量接触，		
这只是生命进化的一种需求，		
我是这样想的。		
后来我戒了很久，		
在这个过程中你会想起那个感觉，	摆脱毒瘾康复 [19-32]	
你可能会尝一口，		
但是随着时间的推移，		
你会发现它已经影响不到你了。		自己逐渐恢复，并非通过治疗。这种现象普遍吗?
我数数，大概八九年前，		
我不太记得了，		
我已经这么久没想过它了，真的。		

当然，还有很多其他可接受的代码标签——对此并没有一类准确通用的方式。这些措辞可能来自文学作品、街头俚语、参与者自身的话语（也就是**体内代码**），或者能够适当地，并且偏差最小地代表着所说的意思的任何短语。卡麦兹指出，一些代码有很多的优势，它们会挖掘深度的含义，同时会对参与者的语言进行索引编码（Charmaz，2014）。

带有偏见的编码决策是什么？看看专栏 4-5 中的第 5～8 行，想象着将这个部分编码为“薄弱的接受力”（缘于他的精神疾病）。这一术语经常被精神科医生用来表述病人不能或者不愿意接受给他们的诊断。虽然对于患者来说这看起来是一个不错的选择，但它是一个充满负担或评判性的术语，而不是对他所说的话进行的更为中立的描述。

另一篇关于专栏 4-5 的评价是：文字编码过程揭露了事实信息，例如，研究参与者使用药物超过 20 年了。这些信息应该在**案例摘要**中被单独记录。案例摘要或简短的生活史，是收集每个参与者生命中所有重要事件的一种方法。对于案例研究来说，它们也是很有用的参考点，在编码过程中，它们可以让人回忆起相关的那些人，他们的话语正在被分析出新的意义。几个简单的例子就可以说明：如果参与者态度恶劣地谈论他的非洲裔美国治疗师，这将会很明显地帮助我们了解他是否是非洲裔美国人。类似地，如果一位参与者说她在使用药物上已经到年纪了，那么在 50 岁和 25 岁说这句话就有不同的意义。

最后，专栏 4-5 展示了简短的备忘录或笔记，通过写下转录和编码，对初步的预感或假设进行测试，从而帮助推动分析向前发展。这些可能来自研究者自身的经验、文献，也可能来自自己的创造性思维。备忘录是一种很好的（也是安全的）方式，不必把它们强加在数据上，通过它可以尝试新的想法，并将细节与更广泛的内容联系起来。

十一、混合数据分析法和综合分析法

混合法的评估依赖于每一种分析方法的专业性，一种方法用来统计而另一种方法用来进行结构和交互模式的识别。一开始，决定何时以及如何综合两种方法至关重要。通过 108
“整合”，指在多大程度上利用定性和定量的特征最大化二者的互补贡献。整合的目标之一就是使用**三角测量法**，即评估这两组方法的发现是否一致（从而提供确证或确认），或者它们是否有所不同。如果是后者，差异可能更多是互补的，而非矛盾的。然而，当这两种发现相互矛盾时，研究人员可能陷入了僵局，选择将两种发现一起呈现给读者，让他们（或未来的研究者）决定该信任哪一方。然而，这一切并不是损失，因为这种不一致往往为新思想和额外研究奠定了基础。

在连续的研究中，数据分析在两种方法中各自进行，第一种方法获取研究发现，或者进行数据收集通知，第二种方法就形成数据收集和分析结果。在并发设计的研究中，可能性就会变得更大。如果双方在数据收集和分析过程中都保持了完整性，研究人员可能会在事后的分析报告中进行整合，并对结果进行综合阐释。这样一个接一个的形式对于研究是个不错的选择，但综合度很低。

当时间允许，且设计呈纵向式时，双方可以在不同的阶段相互交流，并促进更大程度的整合。例如，初步的定性研究结果可能被用来决定哪些措施能合并到数据收集的过程中，或者如何对抽样进行分层，以确保在实验中包含某些子实验组。在实验开始后，对关键信息提供者（项目主管）的采访可以用来衡量对员工的干预程度，并相应地调整干预措施的力度。当实验结束后，研究人员可能会要求参与者加入焦点小组，在这些小组中，用自由的方式讨论那些不容易获得的结果，这样的反馈循环会使研究更有根据，因而不太可能偏离轨道。

混合法数据分析中的一个选项是将数据转换为另一种方法。**量化**定性数据，将其转化为连续的或者分类的变量，这比**优化**定量数据（将定量结果作为某一类型或主题）更常见。由于这个步骤破坏了对应方法的完整性，所以像混合法研究中这样的设计很罕见。更常见的情况是，预先决定步骤，以进一步利用随手可得的数据。

十二、质量控制

对定性评估方法质量的关注逐渐增多（Shek，Tan，& Han，2005）。然而，仔细研究方法论的严密性可以提高定性评估的可信度（Padgett，2012）。对质量控制要提早关注，并且在一开始就要意识到充分培训和足够经验的重要性。在数据收集和分析过程中，研究
109 人员必须避免个人偏见或外部压力影响研究。定性调查尤其容易受到影响，因为在定性研究中，研究者的身份是收集和解释数据的工具。

然而，关于可信度，并不需要屈服于怀疑主义，因为有改善潜在问题的方法。大部分定性研究者避免使用诸如“*可靠性*”和“*有效性*”等词汇（更喜欢“*可信度*”“*可信赖性*”），但却关心如何最小化和正确发现调查者的偏见。因为对于项目评估和其他的定性研究来说，提高定性研究严谨程度的可用技术都一样，你也许会希望阅读补充材料来详细了解，但这里只简单回顾一下。

从定性方法的各种文献中产生了六个严谨化策略（Padgett，2012），分别是长期参与、数据的三角测量法、同侪检核、成员检查、负性个案分析和审计跟踪。其中的一些策略可能听起来已经比较熟悉，比如长期参与，通过长期参与产生信任，对事情的理解也不再局限于表面。**数据的三角测量法**指综合不止一种类型的数据获取结果，从而提高理解的准确性。

而从单个的定性评估者角度，可能很困难。因为进行数据收集和分析时，**同侪检核**需要博学机警的同行监测潜在偏见的来源。这是研究团队的一个明显益处，团队的成员可以协助他人，给予仪器上的帮助和情感上的支持。**成员检查**，指将初始结果反馈给参与者加以确认或者阐述。这有助于研究人员以参与者的主观认知为根据，也提升了研究的参与性。

负性个案分析是指那些反驳案例——非证实由数据分析得出结论的例子。这一步很明显要求人有原则、诚实、正直，因为让人发现自己的问题并非易事。但也只有通过故意去找不同的数据结论，研究人员才能自信地说结论可信。

最后一种策略——**审计跟踪**——关乎整个分析过程中采取步骤和所做决定的完整文件。如果跟踪检查过程仔细的话，有经验的旁观者就能弄清这个实验，理解数据如何采集、分析，每一步的偏差如何处理。编辑备忘录也是一种处理方式，用数据记录人的反应和在分析过程中所做的决定（Charmaz，2014）。这些备忘录是审计跟踪的重要组成部分。

在项目评估混乱的竞技场上，应用这些策略的能力还很成问题。成员检查可能是个费时（也可能分裂内部关系）的任务，另外有没有能向你反馈情况的人也是问题。然而，定性评估人员大都沿用三角测量法，因为采访、观察和文件是理解项目的关键。对于评估者来说，花费时间做审计跟踪是树立可信度的硬性投资。

在此情况下，混合法的双重需求会是一种负担，因为在质量控制标准上，二者具有一 *110*
定的分歧。有人曾表示这种负担在严格的条件下可能会从策略上做出妥协或者牺牲（Chen，1997）。与此同时，偏向任何一方——定性或者定量的行为所造成的信用损失都不可估量。

十三、撰写报告

考虑到叙述性描述的重要性和洞察的深度，定性报告通常篇幅很长，缩写起来很难。然而，鉴于项目评估的现实性，要求用日常用语（非术语或者其他类型的行话）精确说明评估结果，并且快速切入要点。至少评估的发起者持有整份报告，参与者有定制的简短报告（通常被称作行动纲要）。

定性或者混合法评估报告倾向于遵循介绍、方法、结果、结论和建议的标准纲要。正如之前所提及的，通过混合法得到的发现可能会被分开进行陈述或者综合成单个记叙文本。尽管撰写一份定性评估报告并没有标准的纲要，但在报告一开头就写明评估的目的是明智的选择。整份报告的主体部分，宜描叙项目和评估的背景。报告也应当简单总结评估使用的方法，包括抽样技术、数据采集与分析模式，以及提升研究精确性的策略（可以将这些方法的详细介绍放在附录中）。

报告的结果部分，应当说明通过分析、解释数据得到的准则和主题。为了证实数据的基础以及让读者参与最优定性法的讨论，说明性的论述是最常见的做法。你也可以通过对示范个体或者机构的案例分析来阐明调查结果的要点。

诸如频率、百分比和平均数这些数字，尽管并不是报告的中心，但能够传达出对项目和项目成分的重要描述。用表格、图表、图解这些形象的方式呈现结果能让对文字疲劳的读者耳目一新（同时高效）。

报告的最后一部分——结论和建议——通常是唯一一个读者会认真阅读的部分（一些读者就只看行动纲要）。因此，在这一部分应当做一个简明深刻的摘要。如果时间空间上允许的话，可以把你的评估结果同其他类似项目的评估结合起来，使读者能在上下文中阅读。研究的局限性（和优势）也一并在此处加以讨论。

一份报告中正式感谢的重要性不言而喻。除了要有向把关人和其他人（乐意被提到的人）表达感谢的有用途径，向资助评估报告的赞助人致谢也至关重要。当和报告赞助人有
111 明显利益冲突时，报告的可信度和评估者会受到恶性影响。例如，查明少女怀孕预防项目评估的赞助者是计划生育组织还是保守派宗教基金会，是很关键的。

十四、推广和倡议

评估报告有各种不同的受众，包括利益相关者——从业者、决策者、社区和客户端支持团体——以及一般公众。如果一个项目评估具有深远的影响和强有力的支持后盾，评估结果则有可能通过印刷和广播媒体对外宣传。而当报告准备被公之于众的时候，也可能会产生一些麻烦。之前花了很大篇幅介绍了协商的必要性。各出资人为了各自的利益希望报告结果会迎合他们的议事日程，这就需要在各出资人之间就对于报告的控制进行协商。

除了要有倡导性和地区适应性，评估也应当致力于知识构建和引起其他地方的反响——它的最终影响取决于此。如所有的研究一样，将研究结果通过行业期刊进行宣传是贡献项目和实践评估知识的最基本途径（也是为研究者提升专业性的途径）。尽管出版耗费时间（得等同行的审阅，并进行必要的修正，然后等待编辑决定），但是有所值，因为这往往是唯一可以让国际读者和远端读者看到研究结果的方式。鉴于在网上（比如谷歌）可以看到期刊文章，那些“灰色文献”中未经发表的报告的影响力就小得多了。

1. 参与式评估和赋权式评估

尽管评估的政治语境无处不在，但我们要注意到一些评估者公然把活动议程纳入评估方法。根植于行动研究，**“赋权式评估”**与**“参与式评估”**（Fetterman，Khaftari，& Wandersman，2014；Suarez-Balcazar & Harper，2003；Stringer，2007）高度重视与直接受评估影响的利益相关者和社区合作。社区作为平等的合作伙伴直接参与研究，这就是术语“*基于社区的参与式研究*”（Israel，Eng，Schulz，& Parker，2012）。参与式研究并非具有天然的定性特点（它同样会涉及混合研究法，如果不是更有可能的话），但是它的平均主义和参与驱动性决策与定性方法学高度一致。

参与式评估的设计自始至终以获得最弱利益相关者的合作参与为中心。参与式研究没有标准步骤可循，但是研究的成功取决于赋予社区和客户权利的能力，能让人们对于与自身息息相关的项目拥有更多的决策权和控制权。从某种意义上说，实施参与式评估的*过程*也是*成果*的一部分，是能力建设的一种方法。

要从一个能促进社会公正、赋予人们权利的实践型方法中挑毛病很难。然而，将这些宝贵的原理应用到真实世界中会产生多个不可忽视的挑战。首先，许多赞助机构——私立或公立——并不沉迷于打破社会现状帮助基层改变。其次，当参与团体间的目标和价值观产生分歧的时候，此项目就有可能陷入僵局。意见上的分歧会导致专业评估团队与当地评估团队起争执，当地团体内部因争夺控制权而起内讧也会引起分歧。最后，为达成各个不同团体间的意见一致所花费的时间和人力，都会让成功的参与式评估遥遥无期。 *112*

尽管会有这些风险，但参与式行为研究的核心价值仍可以在设计和执行阶段付诸实践。诚然，对于所有评估者而言，想要追求最广泛的利益相关者的参与，尤其是最弱势的利益相关者和最易受影响的大众的参与性，行为研究的核心价值都应当是他们的指导原则。

2. 快速评估和评定方法

定性评估工作中强度最大的是数据采集和分析，具体有：(1) 最低规模的采访（若有需要的话，还需要二次采访）；(2) 逐字录写录音带的采访数据；(3) 专注于数据并做相关分析。因为评估通常有时间限制，评估者会有一些修正的方法来兼容真实世界的限制。根据麦克纳尔和福斯特-菲什曼（McNall & Foster-Fishman，2007）的研究，快速评估和评定方法有多处交汇，它们都“在关键时刻应用一套相似的技术把可靠可行的信息传达给决策人员”（p. 152），这些技术是典型的混合法设计，采取了半开放半组织型（非开放型）采访、焦点小组、实地观察和使用现有文件的方法。

快速评估或者实时评估的发展起源于公众健康和慈善工程，卫生保健与发展组织会进行快速需求评估，或者进行与饥饿/营养、公共卫生、传染病（如艾滋病）相关的项目功效评估（Scrimshaw，Carballo，Ramos，& Blair，1991）。快速评估的步骤和快速人种学评估都有典型的时间限制，通常是几个星期、几个月，而非几年。

在快速评估或者实时评估研究中，传统的人种学观察和采访并不可行，取而代之的是更具时效性的方法。例如，某个顾问项目帮助战争难民重建家园，最大限度减轻战争给他们带来的创伤。国际救援组织负责人希望在难民营中开展一次简短的需求评估，并在这些居民重新定居国外之前执行这个为期 60 天的项目。该组织想对干预措施进行评估，并最终决定其是否适用于世界上其他地方难民的情状。项目要求评估者利用小组讨论和对难民营日常生活（如集体就餐用的帐篷、诊所等）的集中观察，快速评估存在最大需求的对象
113 （小孩的母亲、退伍军人）。在 3 周的项目咨询期间及之后，评估研究者会继续进行人种志观察，并以对项目参与者的采访作为补充。

为了最大限度地减少时间和资源的利用，做出的决定就需要创造性的妥协，即保持研究的完整性，不过于损害研究形式和深度。包括：

- 在半结构式的采访中采用“先验”范围。这些范围可能来自先前的理论、参与人的贡献或者之前的研究。
- 用笔记代替逐字记录。
- 放弃开放式或逐行编码，对之前确定的范围进行编码。

这些策略能够相当大地减少记录和逐行编码所需的时间。例如，每小时的采访要花大约 3～5 小时来记录，能产生 20～30 页的文本。仅一份文本的开放式（逐行）编码就能花 2 小时或更多，这取决于材料的难易程度和编码人的能力。重复编码、编码分组和显示主题要花更多的时间。通过对研究进行概念上的事先安排，评估者们集中精力研究被参与人和/或先前的理论视为最重要的领域。同时，他们能对意想不到的发现保持警觉，甚至当这些发现和先验大纲不吻合时，也能把其包括在内。诚然，定性方法中的捷径需要做出妥协，然而如果要完成一项评估，快速评估策略经常是唯一的方法。

十五、定性评估案例

用几个实例准确描述一次定性研究能展现出的大量方法几乎不可能。定性方法有很多——更不用说多种多样的混合方法设计。有了这些事先说明，我们再来看如下实例。

案例 4－1

使用定性和混合方法，评估精神健康中的循证实践：堪萨斯州的实例

在一项为期两年的全州范围内的项目中，查尔斯·拉普（Charles Rapp）和同事们使用定性方法来检验两项循证实践（Rapp et al.，2008）。第一项循证实践是综合性的双重诊断治疗，帮助有严重精神疾病的人获得他们所需的全面服务，包括药物滥用治疗。第二项循证实践是支持性就业，一种“先安置再训练”的方法，保证有严重精神疾病个人的就业。在实践过程中选中了五个社区的精神健康中心，独立的评估者进行了现场观察和采

访。通过使用所谓的“模板方法”(Crabtree & Miller，1999)，原始数据被分成三类：(1) 有 114
利条件；(2) 策略（目的性行为）；(3) 执行的障碍。归纳性的主题也来自阅读三个调查者的个人现场报告。

评估者发现循证实践带来了新要求（如增加文件记录），以及新的实践技巧（如激励性采访）。为了解决潜在的员工抵制，用教育和劝说相结合的方法来说服管理人员（那些继续带有明显敌意的人员，处理方式不是调职、辞职就是解聘）。通过组成代表员工和参与者的特定场地领导团队（客户的家庭成员不愿也不能加入这些团队），循证实践的使用频率大大增加。评估者还发现，便利的咨询服务、顾问指导、部门内的合作是成功的关键因素。虽然这次评估本质主要是定性，但为了监测对人工实践的忠实程度，这些场地也使用了与双重诊断治疗和支持性就业相关的措施。忠实评价需要收集新信息，比如支持性就业需要就业专家的就业发展联系数量，又比如双重诊断治疗需要知道消费者是否在接受药物滥用治疗。社区精神健康中心的主管不同程度地执行这些措施，给员工反馈，确保一定程度上的质量控制。尽管忠实措施对于执行必不可少，但只有定量评估者的实际参与才产生了“经验教训”，让人明白是什么促成了成功和偶尔的失败。

案例 4-2

美国南部农村艾滋病病毒和性传播感染预防项目过程评估

在非洲裔美国青年中，艾滋病病毒和性传播感染的较高比例是 TORO (Teach One Reach One) 预防项目的基础，该项目位于美国卡罗来纳州的东部和北部 (Albritton, Hodge-Sallah, Akers, Blumenthal, O'Brien, Council, Muhammad, & Corbie-Smith, 2014)。通过使用基于社区的参与研究法和与非洲裔美国教会的合作，研究人员和社区成员决定了 13 个项目目标，包括为青少年和家长分别提供不同的项目。4 个评估目的是：接触（通过项目参与度衡量）、保真（遵守项目指导目标过程中的有效性）、交付度（提供的信息）和接受度（参与者的反应和满意度）。收集的数据包括观察记录（在项目中获取）、青年满意度调查、主持人简报访谈和青年焦点小组。访谈和焦点小组都会采用录音和转录的方式记录，然后用定性分析技术进行编码，而对观察笔记则要进行内容分析，以显示干预课程所有的偏差或吻合。

通过数据进行的三角测量法让奥尔布里顿（Albritton）等人得以从多个角度以及不同
的维度来看待 TORO 项目。分析结果显示：在接触方面取得了一定的成功（预期的 15 对 115
成对组合中有 12 对是通过招募而来的）。由于参与者的迟到，项目设置常会被删减，所以保真方面就要做出让步，但是协调人在吸引参与者方面也表现出了巧妙的方法。同时交付度不均匀（在标准/护理人员之前，年轻人就提前完成了疗程，因此联合练习就要推迟）。观察数据显示，接受度也不均匀，因为年轻人有时会因为长时间的活动而分心或者疲劳。但是调查显示该项目的满意度很高，而社区研究人员在推进项目进展的同时，也做出了一些细微的调整，所以所有这些问题都可以克服。

案例 4－3

在美国印第安人社区进行参与式评估

所有的评估都需要怀有文化敏感，但那些围绕少数族裔群体的评估必须特别注意其不同于白人主流标准的价值观和信仰。白人主流标准在研究文献中无处不在（Smith，1999）。而且，内在多样性几乎在所有少数族裔中都很常见，比如美国就已发现超过 500 个印第安人部落。在该前提下，李铁克和贝利（Letiecq & Bailey，2004）使用部落参与式研究模型（Fisher & Ball，2002），在蒙大拿州的一处印第安人保留地对“危险中的儿童、青年和家庭”项目进行评估。这个部落参与式研究是参与式行为研究的一种形式，优先考虑让部落负责，包括得到部落长老的事先认可，雇用和训练部落成员参与研究。干预措施集中于有青少年的家庭，为青年提供部落工艺和计算机课程的项目，还有“弥补神圣环”抚养计划。

在和部落成员的协商中，研究者为结果评估选择了单个小组的前试和后试项目，在学年开始和结束时对年轻人进行了采访。深入采访的形式，而非焦点小组访谈或者调查，被公认为更加符合部落文化。李铁克和贝利坦率地回顾了执行评估的挑战，对经验丰富的研究者来说，其中一些挑战很熟悉，比如研究方法受阻、资源匮乏等。当地的挑战包括措施缺乏文化可行性，比如自尊量表、印第安年轻人抗拒谈论家长（认为是不尊敬的行为），以及担心这个小镇气氛的保密性。在监测评估进展时，保留地位置偏远——距离研究者的大学有几个小时的车程——还要求在那里过夜，带来了严重的后勤问题（特别是在冬天下雪的几个月里）。

同所有基于社区的参与式研究一样，建立关系是核心。如果远距离进行，就更加费时费力。好的方面在于：这种伙伴关系有时间成熟、发芽，并产生足够的信任来支持数年间的大量研究。

116 ## 一、课堂讨论

1. 讨论进行“近距离亲自接触”风格的定性评估时，可能产生的道德问题。

2. 设想在项目或机构中，能够使用定性方法进行赋权式评估。服务接受者/客户/社区成员会如何参与？讨论执行评估的一些障碍，以及如何克服这些障碍。

3. 班上的学生应该能够认出他们知道的某个机构或项目，或者能够通过网站了解它。考虑怎样使用定性方法对项目进行过程评估。过程评估的目标是什么？如何确定项目是否按照正确的方式在执行？一旦目标确定下来，设计一次定性评估。分析单位是什么？怎样着手抽样、收集数据、分析数据？你的发现可能怎样帮助结果评估？

4. 为了用于项目评估，考虑怎样使用混合法收集和分析数据。设想一个具体的项目，举一些收集数据的定性和定量方法的例子。讨论这些方法可以进行怎样的互相补充。

二、微型项目：亲身体验评估

1. 腾出一些时间（大约一个小时），对你的机构开展一次人种志观察。作为一名这个“领域”的人种志研究者，尽量抛弃成见。同时记录实地笔记（在必要情况下，也可以几小时以后再记录），思考以下问题：

a. 自然环境如何？可能影响行为吗？会怎样影响？

b. 环境中的行为人在做什么？

c. 时间是哪年哪月哪日？这会影响你正在观察的环境或行为吗？

d. 有人注意你吗？如果有，会发生什么？

你的实地笔记应该尽可能详细。尽量区分“纯粹的”观察（未过滤的描述）和带有自身偏见的解读。把你的实地笔记带到课堂上分享和讨论。特别要讨论人种志观察可能对评估机构的项目和服务产生怎样的帮助。

2. 班级可分成若干由五到七个学生组成的讨论小组。每组应该确定一位协调人，选择另一个成员记笔记。然后讨论小组选择一个关于学校（如课程设置）的评估性问题，并讨论各自的想法和关注的问题。约30分钟后，各讨论组重新集合，分享各自的报告。

3. 班上的学生应该确定一所机构或项目的一位关键信息提供者，对那人进行一次有关机构目标和表现的定性采访。采访之前务必做一份附有两三个开放式问题的采访提示。117
（注意：如果出现了政治性或种族性问题，学生可以互相作为关键信息提供者，并询问彼此的实地实习状况。）

三、参考文献

Albritton, T., Hodge-Salah, S., Akers, A., Blumenthal, C., Council, B., Muhammad, M., et al. (2014). A process evaluation of an HIV/STI intervention for rural African American youth. *Qualitative Health Research*, *24*, 969–974.

Boyatzis, R. E. (1998). *Transforming qualitative information*. Thousand Oaks, CA: Sage.

Brady, B., & O'Regan, C. (2009). Meeting the challenge of doing an RCT evaluation of youth mentoring in Ireland: A journey in mixed methods. *Journal of Mixed Methods Research*, *3*, 265–280.

Charmaz, K. (2014). *Constructing grounded theory*. Thousand Oaks, CA: Sage.

Chen, H. (1997). Applying mixed methods under the framework of theory driven evaluations. In J. C. Greene & V. J. Caracelli (Eds.), *Advances in mixed method evaluation: The challenges and benefits of integrating diverse paradigms* (pp. 61–72). San Francisco: Jossey-Bass.

Crabtree, B., & Miller, W. L. (1999). *Doing qualitative research* (2nd ed.). Thousand Oaks, CA: Sage.

Creswell, J. W., & Plano Clark, V. L. (2011). *Designing and conducting mixed methods research* (2nd ed.). Thousand Oaks, CA: Sage.

Cronbach, L. J. (1982). *Designing evaluations of educational and social programs*. San Francisco: Jossey-Bass.

Damschroder, L., Aron, D., Keith, R., Kirsch, S., Alexander, J., & Lowery, J. (2009). Fostering implementation of health services research findings into practice: a consolidated framework for advancing implementation science. *Implementation Science*, *4*, 50–65.

Denzin, N. K., & Lincoln, Y. S. (Eds.). (2005). *Handbook of qualitative research* (3rd ed.). Thousand Oaks, CA: Sage.

Fetterman, D. M., Khaftari, S., & Wandersman, A. (Eds.). (2014). *Empowerment evaluation: Knowledge and tools for self-assessment, evaluation capacity building and accountability*. Thousand Oaks, CA: Sage.

Fisher, B. A., & Ball, T. J. (2002). The Indian Wellness Project: An application of the Tribal Participatory Research Model. *Prevention Science*, *3*, 235–240.

Fishman, D. B. (2003). Postmodernism comes to program evaluation: A review of Denzin and Lincoln's handbook of qualitative research (2nd ed.). *Evaluation and Program Planning*, *26*, 415–420.

Fox, M., Martin, P., & Green, G. (2007). *Doing practitioner research*. Thousand Oaks, CA: Sage.

Freundlich, M., Avery, R. J., & Padgett, D. K (2007). Care or scare: The safety of youth in congregate care in New York City. *Child Abuse and Neglect*, *31*, 173–186.

Greene, J. C. (2000). Qualitative program evaluation: Practice and promise. In N. K. Denzin & Y. S. Lincoln (Eds.), *Handbook of qualitative research* (pp. 530–544). Thousand Oaks, CA: Sage.

Greene, J. C. (2007). *Mixed methods in social inquiry*. San Francisco, CA: Jossey-Bass.

Greene, J. C., & Abma, T. A. (Eds.). (2001). *Responsive evaluation*. San Francisco, CA: Jossey-Bass.

Hoagwood, K., & Olin, S. (2002). The NIMH blueprint for change report: Research priorities in child and adolescent mental health. *Journal of the American Academy of Child and Adolescent Psychiatry*, *41*(7), 760–767.

Israel, B., Eng, E., Schulz, A., & Parker, E. (2012). *Methods for community-based participatory research for health*. Thousand Oaks, CA: Sage.

Krueger, R. A., & Casey, M. (2008). *Focus groups: A practical guide for applied research*. Thousand Oaks, CA: Sage.

Letiecq, B. L., & Bailey, S. J. (2004). Evaluating from the outside: Conducting cross-cultural evaluation research on an American Indian reservation. *Qualitative Health Research*, *28*, 352–357.

McNall, M., & Foster-Fishman, P. (2007). Methods of rapid evaluation, assessment and appraisal. *American Journal of Evaluation*, *28*, 151–169.

McNall, M., Welch, V. E., Ruh, K. L., Mildner, C. A., & Soto, T. (2004). The use of rapid–

feedback evaluation methods to improve the retention rates of an HIV/AIDS healthcare intervention. *Evaluation and Program Planning*, *27*, 287–294.

Miller, S. I., & Fredericks, M. (2006). Mixed-methods and evaluation research: Trends and issues. *Qualitative Health Research*, *16*, 567–579.

Padgett, D. K. (1999). The practice-research debate from a qualitative perspective. *Social Work*, *44*, 280–282.

Padgett, D. K. (Ed.). (2004). *The qualitative research experience*. Belmont, CA: Wadsworth.

Padgett, D. K. (2012). *Qualitative and mixed methods in public health*. Thousand Oaks, CA: Sage.

Palinkas, L., Aarons, G., Horvitz, A., Chamberlain, P., Hurlburt, M., & Landsverk, J. (2011). Mixed method designs in implementation research. *Administration and Policy in Mental Health*, *38*, 44–53.

Patton, M. Q. (2014). *Qualitative evaluation and research methods* (4th ed.). Thousand Oaks, CA: Sage.

Rallis, S. F., & Rossman, G. B. (2003). Mixed methods in evaluation contexts: A pragmatic framework. In A. Tashakkori & C. Teddlie (Eds.), *Handbook of mixed methods in social and behavioral research* (pp. 491–512). Thousand Oaks, CA: Sage.

Rapp, C., Etzel-Wise, D., Marty, D., Coffman, M., Carlson, L., Asher, D., et al. (2008). Evidence-based practice implementation strategies: Results of a qualitative study. *Community Mental Health Journal*, *44*, 213–224.

Rhodes, J. E. (2005). A model of youth mentoring. In D. L. Dubois & M. J. Karcher (Eds.), *Handbook of youth mentoring* (pp. 30–43). Thousand Oaks, CA: Sage.

Rist, R. C. (2000). Influencing the policy process with qualitative research. In N. K. Denzin & Y. S. Lincoln (Eds.), *Handbook of qualitative research* (pp. 545–557). Thousand Oaks, CA: Sage.

Robins, C. S., Ware, N. C., dosReis, S., Willgang, C. E., Chung, J. Y., & Lewis-Fernandez, R. (2008). Dialogues on mixed-methods and mental health services research: Anticipating challenges, building solutions. *Psychiatric Services*, *59*, 727–731.

Rossi, P. H., Lipsey, M. W., & Freeman, H. E. (2004). *Evaluation: A systematic approach*. Thousand Oaks, CA: Sage.

Scrimshaw, S. C., Carballo, M., Ramos, L., & Blair, B. A. (1991). The AIDS rapid anthropological assessment procedures: A tool for health education planning and evaluation. *Health Education Quarterly*, *18*(1), 111–123.

Shek, D. T. L., Tan, V. M. Y., & Han, X. Y. (2005). Evaluation of evaluation studies using qualitative research methods in the social work literature (1990–2003): Evidence that constitutes a wake-up call. *Research on Social Work Practice*, *15*, 180–194.

Stake, R. E. (2005). *Multiple case study analysis*. New York: Guilford Press.

Stringer, E. (2007). *Action research: A handbook for practitioners* (3rd ed.). Thousand Oaks, CA: Sage.

Suarez-Balcazar, Y., & Harper, G. W. (Eds.). (2003). *Empowerment and participatory evaluation in community intervention: Multiple benefits*. Binghamton, NY: Haworth Press.

Tashakkori, A., & Teddlie, C. (2010). *Mixed methodology: Combining qualitative and quantitative approaches* (2nd ed.). Thousand Oaks, CA: Sage.

Tierney, J. P., Grossman, J. B., & Resch, N. L. (1995). *Making a difference: An impact study of Big Brothers/Big Sisters*. Philadelphia: Public/Private Ventures.

Weiss, R. S. (1994). *Learning from strangers: The art and method of qualitative interview studies*. New York: Free Press.

Yin, R. K. (2013). *Case study research: Design and methods*. Thousand Oaks, CA: Sage.

第 5 章

什么是形成性评估及过程评估？ 121

有关形成性评估及过程评估，我需要知道些什么？

本章所讨论的评估类型，需要你对它十分上心，并具备足够的能力去反映和考虑——哪些方法能提升项目呢？哪些方法能将项目设计、操作得更好呢？有几项绝对的准则是你一定要遵守的；每一种评估的实践都不同，都取决于决策者所关心的问题或所需要的信息。

有关形成性评估及过程评估，我需要具备哪些技能？

这些评估方法包括观察、面谈并调查受助者、员工、行政人员及社区推举人的资料。这些方法主要是定性研究、定量研究或混合法研究。能够运用搜索引擎寻找大量项目的相关文献，这对设计调查问卷非常有帮助。

从本章开始将介绍一系列项目评估的方法，这些方法有的相对复杂且属于劳动密集型，而有的简单自然（如受助者满意度评估）。本章所介绍的两种评估类型十分重要，但由于其性质与定性研究一样，属于描述型研究，而且关注的重点不是对受助者产出的测量，因而，普遍认为这类方法的要求都不够严苛。

对受助者产生积极的效果是所有社会服务项目的目标，但在研究项目结果之前，需要完全熟知该项目和当事人体系，并做出必要的调整和修改。形成性评估及过程评估的工作是构建并改进项目，而非总结项目。有关总结性评估，之后会再进一步探讨。

最终的评估设计受多种因素的影响，其中包括：完成该研究所计划的时间、预算、人员资源、客户数量、研究问题严重性、评估动机及目的、预期用途、客户预期合作水平、利益相关者等。作为一名评估员，你需要有一个意义相对明确的项目来进行评估，否则你会被分派到另一个散乱无章且经费不足的项目。无论是哪种情况，毫无疑问，你都会思考：“我从哪一步开始？”有一项工具可以帮助你思考评估过程及评估过程的各组成部分，这个工 122

具就是建构逻辑模型。美国联邦政府补助金申请也需要建构逻辑模型，后文会详细讨论。

一、如何建构逻辑模型？

逻辑模型是检验评估过程及其各组成部分能否达到预期项目成效的工具。更准确地说，逻辑模型是描述理论上评估项目应该如何运行，从而帮助参与者实现预期结果的图表，该图表通常只有一页。逻辑模型详细地描述了项目的输入、活动过程、产出以及成效，这些步骤直观地显示了“假设的过程如何实现最初的目标”（Herranz，2010，p. 57）。如图 5-1 所示：

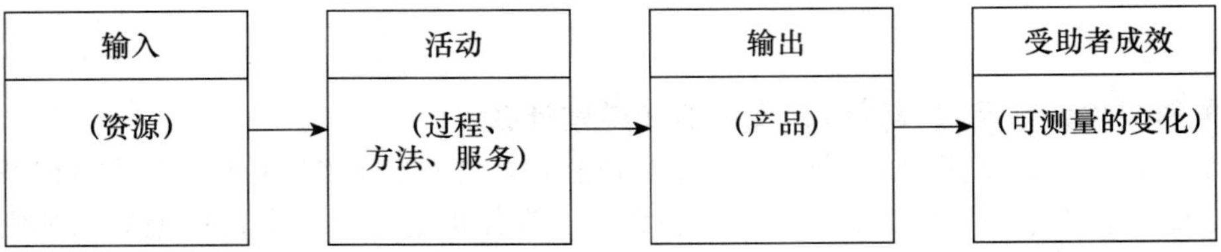

图 5-1　逻辑模型

输入是指投入项目的经济资源、组织资源以及人力资源，包括人员配备、设施以及预算。**活动**是指组成项目的活动、任务以及计划事项，是项目人员需要做也十分期待做的事情（如提供咨询）。**输出**是指从活动中所得出的可数的产品，如分发的教育宣传册的数量。**受助者成效**是指从项目中所获得的积极的改变或者客户成就感，如自尊心增强、高中顺利毕业、戒酒戒烟超过半年甚至更久。很多逻辑模型将短期的、中期的、长期的成效区别开来。

逻辑模型不仅帮助评估者将重要的项目组成部分形成概念，还有其他优点：

- 逻辑模型可以帮助理解要实现成效需要些什么。
- 逻辑模型可以辨别出核心过程是什么，从而再次策划，可以为程序性或组织性变化提供指导。
- 逻辑模型可以提供框架帮助分析替换策略，以达到预期的受助者成效。

123
- 逻辑模型可以为利益相关者澄清事件的影响，以及项目流程。
- 逻辑模型可以对项目或者政策逻辑进行批判性检查。
- 逻辑模型让策略、活动以及预期成效的交流更加顺畅。
- 逻辑模型可以告知实现最终预期结果的关注点，将预算、活动、输出以及成效联系起来（Millar，Simeone，& Carnevale，2001）。

逻辑模型就像人一样，有各种风格与形态。有些是垂直的，有些是水平的。有时，逻辑模型并不会将成效的三个层次全部体现出来，毕竟有些社会服务机构没有足够的资源，能在服务结束 2～5 年后还对客户进行反馈。明确成效的重点是了解什么会影响项目。当然，如果这些成效很容易实现，其帮助还是不小的（如帮助失业人员寻找工作）。逻辑模型也包括程序性假设，以及项目设计阶段组织的明确性活动。当设计项目时，或是项目已经操作一段时间之后，逻辑模型也有可能形成概念，或用来解释关键的组成部分（详见 Randolph，2010）。

制作逻辑模型的模板请见表 5－1。表 5－2 是从“联合之路”发表的《测量项目成效》（1996 年）中选取的一个垂直逻辑模型。凯洛格基金会被公认为逻辑模型信息最早的倡导者与来源，他们发表的《凯洛格基金会逻辑模型发展指南》得到了广泛引用，可浏览网站 http://www.wkkf.org/resource-directory/resource/2006/02/wk-kellogg-foundation-logicmodel-development-guide。

表 5－1　逻辑模型模板

资源	活动	输出	短期成效	长期影响
为了完成项目设置的活动，我们需要：	为了完成项目设置的目标，我们需要：	我们可以监视我们的活动，通过记录以下事项：	我们希望项目设置的活动可以形成以下改变：	我们希望该项目最终可以形成以下改变：

表 5－2　逻辑模型样本 124

<table>
<tr><td colspan="6">方案：让家长熟知与儿童卫生和健康有关的网络健康信息质量（合作方：公共健康科学图书馆、公共图书馆以及三所非营利社区机构）
目标：提高家长搜索儿童健康信息的能力</td></tr>
<tr><th>输入</th><th colspan="2">活动</th><th colspan="3">输出</th></tr>
<tr><th>我们投入了什么</th><th>我们做了什么</th><th>我们为谁服务</th><th>为何短期项目有成效</th><th>为何中期项目有成效</th><th>为何长期项目有成效</th></tr>
<tr><td>1. 关于客户健康信息的培训小组模型
2. 培训员（由公共健康科学图书馆的管理员来提供培训课程）
3. 电脑培训设备
4. 资金
5. 网络健康信息宣传资料</td><td>1. 为网络终端（CBO）客户提供网络健康信息
2. 推荐 CBO 客户使用当地图书馆的相关服务
3. 为使用 CBO 的家长开设十门以上在线搜索课程</td><td>1. 接受训练的 70 多位家长
2. 收到 Med-linePlus 宣传册的 150 多位公共图书馆用户
3. CBO 客户</td><td>1. 家长会提高搜索在线健康信息的能力
2. 家长会想办法联系当地图书馆</td><td>1. 家长会使用在线健康信息资源去研究未来对健康的关注
2. 为了获得健康信息，家长会联系相关图书馆
3. 网络终端会要求家长进行课程培训</td><td>1. 提高健康知识普及程度
2. 提高孩子的健康水平
3. 提高社区对公共图书馆的支持力度</td></tr>
</table>

设想：	**外部因素：**
1. 拥有方便的电脑培训设备 2. 参加 CBO 项目的家长能够参加在线电脑培训课程 3. 相关图书馆随时对家长开放	（+）公共图书馆的主要分馆能提供十台电脑以及网络接口供培训之用 （−）预期将减少公共图书馆的预算，这可能导致员工下岗以及开馆时间缩短

125 威斯康星大学合作推广部制作了一个非常精美的网站，包含开发逻辑模型、示例、幻灯片演示和自学模块等模板。具体请参见 http://www.uwex.edu/ces/pdande/evaluation/evallogicmodel.html。

二、真实情景

假设需求性评估以及新项目的设计已经完成，该项目已经实施了 3 个月。平时，少数几个员工会抱怨：由于该项目不断更新，总是存在一些不尽如人意的地方。有的客户也会不满抱怨，因而主管要开始进行项目综述及评估。如果你被叫到办公室，主管让你设计程序，获得有*建设性*的反馈，而且非常希望该项目可以成功，使得整个社区为之骄傲，你现在所担心的并不是该项目是否还有继续下去的必要，而是如何提升该项目，那么你会建议主管采用哪种评估呢？要设计一份关于提升项目的评估，你会如何处理呢？

三、形成性评估

形成性评估用于调节或者提升服务，为项目，尤其是新项目提供指导，而不是用来证明项目是否值得它所花费的资金。换言之，形成性评估就是用来形成项目的。因此，形成性评估并不具有威胁性，反而比其他评估更受员工欢迎，所以应该推荐形成性评估给机构主管。

将形成性评估类比为经验丰富、坐在新手司机旁边的驾驶指导员再合适不过了。如果你最近教过别人开车，或者还记得自己第一次开车的经历，那么你可以回想一下最初开车时忽动忽停，时而加速、时而减速的情况。驾驶指导员通过观察你的驾驶过程，给出建设性的意见，帮助你成为一名技术娴熟的司机。驾驶指导员更关心的是你开车的过程而不是最终的目的。一旦掌握了驾驶技术，你离成功也就不远了。

形成性评估员会观察客户的退出率或相关抱怨、人员模式、管理形式或者当下的问题和潜在的问题。这种评估类型也可以用来决定新项目是否具有**忠实度**（已经按计划实施——第 13 章中会详细说明）。形成性评估可能会检测服务的种类、服务的对象、服务的频率。这种评估经常被视作机构内部的事情，但在项目实施之初就可以发现其优点和缺点。

形成性研究并不依靠特定的方法或程序，相反，它只关注如何获得对提升项目有用的信息。这些信息的获取有可能是通过与员工和客户面谈，有可能是回顾单位的记录和进展笔记，也有可能是通过细致的观察。有人会希望形成性评估员找出差错、故障、长时间的拖延以及与设计相背离的问题。而机构内存在这些缺乏交流的问题，一方面是由于员工参与度不强，另一方面是由于缺乏其他的服务训练。 126

形成性评估没有什么诀窍，你会如何操作取决于项目本身、个人偏好、机构以及有相关要求的形成性评估。让我们假设以下事例，看看会出现哪些选择。

假设儿童滥用毒品项目的经理告诉你现在项目的启动出现了问题。该项目被称为“家庭加强项目”，而且已经实施了三个月。参与积极性以及儿童的注意力成了最主要的问题，此外，家长也抱怨他们并不喜欢这个项目。经理相信形成性评估是检验这些问题的最好方法，而且对项目的“微调”可以给出有价值的信息。对此经理向你寻求帮助。

你要做的第一件事就是检查原来项目的计划与目标。在该案例中，经理采用了以证据为依据的操作方法，并对模范夫妻及家庭进行研究。参与该项目的经理和员工都对研究进行了讨论，发现他们的项目并不是基于合理的原则。他们一致同意放弃之前的努力，并准备采用另一种可靠的模式。评估者通过寻找，发现在美国药物滥用研究所（National Institute on Drug Abuse，NIDA）的网站上有一本资源手册，该书详细地描述了如何为滥用毒品儿童创立禁毒项目。该手册记录了 NIDA 在全国十个不同地点出资实施的项目。同时，三个不同的评估研究中都记录了该项目的有效性。通过通篇了解这本手册，项目经理和员工决定放弃以前的项目，并利用它来作为新项目模式。

这个情形就展示出合理实践标准在项目发展中的重要性，以及形成性评估的目标并不是提供任何最终或是总结性的评估，而是为提升项目提供帮助。

四、形成性评估的操作

形成性评估可以使用许多不同的方法。以你可能创造的情形开始，你会从何处入手？针对三种不同的形成性评估的操作方法，评估员可能推荐其中一种或多种结合的方法。

127 **方法 1：定位模型标准**

如果相同项目的标准已经由国家认证或者宣传组开发并提倡，那么可以将本地的项目与这些标准相对比，并找出差异。政府单位经常用这种方法来投资、许可或监控人文类服务。如果有书面的标准，评估员通常会以核对清单的形式，监控这些项目是否遵循标准，以便找出缺点。如果能够对期望结果轻松定义，该方法能发挥出最好的效果。例如，住房设备的标准要求每一间卧室都装有窗户、二楼设有安全通道、厨房备有灭火器。但当标准很模糊、难以实行时，这些标准就不再有帮助（例如，某一项目要求提供充足的娱乐机会）。

评估员一开始便要考虑用来创造项目的原始项目手册或设计，再与现在的活动或者实践项目进行对比。那么需要完全遵从建议的数量和幅度来执行吗？项目的客户与最初的目标人数会有所不同吗？所有的员工都接受过相关的训练吗？

主动式社区治疗项目标准：兰德尔、维克菲尔德和理查兹（Randall，Wakefield，& Richards，2012）的一篇文章提出了 33 项标准，并在 56 个主动式社区治疗项目的调查中评估了这 33 项标准。请参阅此文章，了解更多关于开发项目标准的难度，以及为什么很少有主动式社区治疗项目对标准有良好的忠实度。

资料来源：Randall，G. E.，Wakefield，P. A. & Richards，D. A.（2012）. Fidelity to Assertive Community Treatment Program Standards：A regional survey of adherence to standards. *Community Mental Health Journal*，48，138−149.

在理想情况下，每个人文类服务项目都存在标准，而且需要对其进行评估。不幸的是，你会发现很多情况欠考虑。有的人文类服务领域已经形成了重大的标准，而其他领域很少甚至没有标准。但是你会发现，一个人文类服务的项目所发展的标准可以用于另外一个类似的项目。认证委员会是一个对私人和公共的非营利性机构进行认证的组织，该委员会已经制定了从未成年人收养到成人保护等领域的服务标准，在日常护理、团体生活、合法移民服务、毒品处理、孕期保护、职位更换等多个方面，大约拥有 50 种不同类型的服务。该机构的标准在 http://coanet.org/standards/standards-for-public-agencies 上可以浏览。在该网站上，你会发现它们的标准可能适用于大部分类别的人文类服务项目或机构。

专业文献是潜在可用标准和基准的来源。例如，一篇关于住院病人酗酒治疗的文献综
128 述提到，在五个不同国家的项目中，病人在出院后的前 6 个月，出现旧病复发的概率是 48%。如果你所在地的住院病人项目中，前 6 个月病人旧病复发的概率是 78%，那么这个信息对进行深度形成性评估的需求就有很大的指导性作用。

即使没有直接涉及标准，期刊文章中也会讨论机构应对问题的方法，如参与度不高、客户对项目的有些特征不太满意等问题。甚至有些相关性不大的文章也会涉及机构的名称以及为你所在项目提供咨询的专家。

方法 2：获得专家咨询

因为员工每天接触的都是项目，所以他们对项目十分熟悉，但是他们很难发现在哪些领域项目还能有所提升（尤其是当他们过于劳累的时候）。形成性评估经常引进专家或是外来人员，给现存的项目引入不同的新观点。

运用这种方法，你可能想找到公认的专家或是有很好信誉的类似项目来进行咨询。在项目中很权威的人，通常是主任或项目主管，他们会对你的项目进行实地考察。顾问通常会检查你的操作策略和程序；采访当地居民、员工和董事会成员；将他自己的项目或模范项目与你的项目进行比较之后，给出一些提高的意见。（因为这里的标准都是顾问的经验所得，所以非正式性更强。）如果难以支付顾问的高额费用，还有另一个成本较低的方法：向对你项目感兴趣的公务人员进行免费的咨询。因为每个社区免费咨询的质量都有所不同，那些没有咨询资金的评估员还可以选择第三种方法。

方法 3：组成临时评估委员会

临时评估委员会可以由治疗员工、董事会成员、社区的业内人士、客服和其他的利益相关者组成。临时评估委员会并不需要成为真的“专家”。然而，当参与到形成性评估过程中时，他们也可以成为当地项目的专家。委员会的工作主要从对相关工作人员的访谈开始，然后转移到相关客户，再到机构之外的其他专业领域。某些或者全部的委员会成员都可以跟踪相似的项目。如果考虑到经济问题，委员会可以联系其他项目，并获取他们的项目政策以及运行流程副本以便获得信息。通过审查这些信息，就可能形成新的政策或者流程，这样评估委员会也可以为项目推荐一套新的评估标准。从委员会的角度，他们可能也会发现在提升项目时，需要重视某些地区或者矛盾。

临时评估委员会的想法中还存在另一个变量，那就是项目要协调多个焦点小组，从而获得反馈数据。例如，有一个项目的设计是帮助低收入孕妇戒烟，而病人和项目提供者都表示“病人教育资料”（指南）看起来作用不大，因此要对该项目进行修改，使其信息更加生动、鼓舞人心，封面也进行了更新，里面的语言用小学六年级的阅读水平来重写，14 分钟的录像也被缩短，并制作了复件，这样在电视机上也可以观看（Crawford，Woodby，Russell，& Windsor，2005）。形成性评估可以用于适应特定目标群体，以确定合适的策略（见专栏 5-1）。

129 **专栏 5-1　　形成性评估中焦点小组文献中的事例**

青少年吸毒已经不足为奇。但由此也引发了一些问题：专为 14～18 岁的青少年设计的早期干预措施可以在学校采用吗？芬兰的公共健康护士开发了一些工具，这些工具用于对学生进行检测，并将学生吸毒分为四种类型：有节制地吸毒、反复吸毒、冒险吸毒以及危险性吸毒。在学生的许可下，学校的护士利用这些工具对学生进行检查，然后与分数显示有问题的学生进行面谈。四个小组分别由护士、社会工作者、医生以及学校健康咨询家来执行，他们都认为早期干预可行性高。该过程起到了作用，因为营造的保密氛围使学生产生了信任感，这些工具也帮助评估工作更加具体化，让学生可以自我评价他们的毒品使用情况，最终与护士就毒品使用达成共识。干预的内容更加实际，并以焦点小组的反馈形式再表现出来。

资料来源：Pirskanen, M., Laukkanen, E., & Pietila, A. M. (2007). *Public Health Nursing*, 24 (3), 256-264.

形成性评估设计用在项目早期，一旦形成，操作过程评估就非常重要。我们将过程评估定义为：全面描述并分析项目如何设计和实施，以及为何这样修改。过程评估可以收集数据，从而获得有关项目质量的最初印象，以及项目活动是否达到了预期目标。接下来我们会继续讨论该话题。

五、什么是过程评估？

图 5-2 展示了形成性评估及过程评估在整体评估项目中的配合。形成性评估与过程评估的主要不同之处在于：形成性评估主要影响项目的初步发展；过程评估可以在任何时候，甚至在项目结束阶段进行。

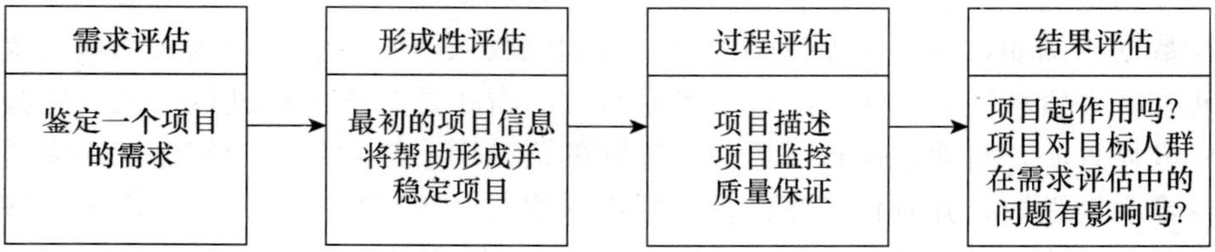

图 5-2　形成性评估及过程评估如何适应整体评估项目

130 为什么每个人都想在项目结束时进行过程评估呢？过程评估通常在研究和项目示范中

十分重要，因为赞助商想知道，在项目实施过程中获得了哪些信息。这些信息对决定在其他社区是否展开同样的项目十分有价值。具体来说，过程评估所有的目标如下：

（1）项目描述；

（2）项目监控；

（3）质量保证。

每个主要目标还包括很多子目标。此外，过程评估可能包括一个或几个上述三大目标的综合形式。

举个过程评估中项目描述的实例。在某个社区，一家机构提议：招聘非洲裔美国人为少数族裔青少年指导。在最初的提议中，该机构明确表示：必须招聘 80 名指导者并对他们进行培训，让每个指导者和他们指导的青少年相匹配。而实际情况比该机构预想的艰难很多，以致在项目结束时，指导者人数不到一半。虽然很多地方不太成功，但这个项目似乎获得了和大哥大姐会一样的成果。

过程评估员了解了员工的流动率，获得了结论，通过招聘指导者的活动，得知哪些起了作用，而哪些是浪费时间。该评估也检查了遇到的其他问题，如在招聘青少年及家长中遇到的困难，从学校或其他人文类服务专家那里获取推荐的困难。过程评估告诉我们：如果有人也要进行相同的项目，他们会有哪些期望。

过程评估的另一个目的是帮助解释：为什么一个项目实现了（或未实现）预期目标。例如，一家全国性的大型单位想要测试：与对患有严重精神疾病的客户进行危机支持计划的新程序相比，采用同龄的志愿者是否对减少术后住院治疗更有效。该项目在全国选择了 *131*
三个不同的测试地点，并且对员工进行了必要的培训。项目在四年后结束，过程评估揭示了以下三个结果：（1）有的员工没有完成对客户的危机支持计划，很明显他们对这样做的必要性并不了解；（2）第一年之后，员工没有再接受其他的培训；（3）缺乏对未接受危机支持计划客户的诊所记录的监控。

此外，尽管大多数客户都表示和他们的志愿者在一起很愉悦，但在项目中加入志愿者并不是标准的干预形式。也就是说，志愿者的活动、责任以及他们与指定客户接触的变数很大。客户可能每天都和志愿者接触，也有可能一周、一个月甚至一年才接触两次。

很显然，即使这些观察结果对想要开展相关志愿者和危机支持计划的相同项目的机构来说很重要，他们也想通过不断地提供训练以及密切的监控确保危机支持计划的充分使用。而且为了使志愿者的干预更加正规，他们会明确一些小要求，例如，每个志愿者要与他们指定的客户每周面对面访谈半小时。和其他建议一样，志愿者为客户所花费的时间总量应该仔细记录并监控。然而，过程评估显示：记录与同龄志愿者交流量的文件实际上并不存在。

过程评估帮助确定第三种类型的错误是否发生。也就是说，假设认为干预对结果的积极性有一定影响，而事实上，项目中并无干预加入（例如，极少接触干扰项目、干扰项目的使用并非原本打算）。

六、过程评估：项目描述

过程评估的目标之一就是描述项目。项目描述记录了项目的操作，这对想要复制或转移某个项目知识和技术的人十分重要。过程评估用于提供评价服务表现的强烈感和可信度的必要数据，强烈依赖于机构通常情况下获得的数据。为详细地说明，在专栏 5-2、专栏 5-3 和专栏 5-4 中，我们给出了过程评估员想要检验的信息事例。

132 **专栏 5-2　　过程评估中有用的数据类型**

1. 客户社会人口学的特征
2. 客户服务使用（接受服务的类型和数量）
3. 转介资源（转介和协调机构对项目优点和缺陷的看法）
4. 员工特征：
   专业学位
   工作经验
   社会人口统计
   员工对项目优点和缺陷的认知
5. 项目活动：
   特殊事件及会议
   员工会议
   提供培训
   书面形式的项目协议、程序及训练手册
   回答“客户发生了什么”“什么是项目”等问题的有关信息
   对项目活动的观察——项目是否按推想的实施？
6. 董事会、员工以及委员会会议记录
7. 相关项目的通信及内部备忘录
8. 客户满意度数据，客户对项目优缺点及障碍的报告
9. 财政上的数据，项目支出及花费

专栏 5-3　过程评估中的问题及有用的数据来源

一般问题	潜在数据收集资源及技巧
为何要将项目引入社区和组织中？项目有哪些需求？项目发起的政治立法机制有哪些？	文献综述；当地及全国性的法律回顾；现有的当地、州立及全国性的数据；法律工作者访谈；行政性访谈；董事会成员访谈；社区主要领导访谈。
实施过程中涉及哪些人员和组织？牵涉到其他组织的未来计划是什么？理由是什么？需要做什么来确认该组织会加入本项目？	行政性访谈；董事会成员访谈；社区主要领导访谈；项目文件记录。
本项目中的合作成就是如何使用的？合作关系是如何随着时间发生改变的？	行政性访谈；员工访谈；董事会成员访谈；项目文件记录；与合作机构的交谈。 133
项目的规范、假设、习惯、传统以及特征有哪些？换言之，项目的文化是什么？项目依照的原则有哪些？	行政性访谈；员工访谈；客户访谈；董事会成员访谈；与合作机构的交谈；方案文件记录；观察法；焦点小组。
什么是项目？由什么组成？自项目成立以来发生了哪些变化？为什么？未来计划会发生哪些变化？为什么？	员工访谈；客户访谈；行政性访谈；项目文件记录；观察法；焦点小组。
项目的社会人口由哪些组成？项目真的有为它预期服务的人员服务吗？如果没有，原因是什么？实现预期目标人数的计划是什么？客户是怎样招聘来的？客户对项目满意吗？	案件记录；项目文件记录；客户采访或调查；员工及行政性访谈。
员工是谁？这些员工的效度如何？如何进行员工培训？如何对员工进行评估？客户对员工的满意度如何？员工参加会议的频率？员工的角色及责任有哪些？	行政性访谈；员工调查；项目文件记录；客户访谈。
为了扩大项目或将项目在其他情境中复制，哪些设计变化是十分必要的？	行政性访谈；董事会成员访谈。

设计了哪些结果评估活动？主要感兴趣的结果变量有哪些？项目有哪些支出和花费？自从项目建立以来，资金发生过变化吗？未来的资金计划是什么？	行政性访谈；董事会成员访谈；社区主要领导访谈；与合作机构的交谈。

134 **专栏 5-4　过程评估的七大焦点：林楠模式和斯特科勒模式**

接触范围	参与干预的目标受众比例可以根据年龄、性别、种族、收入等因素进一步确定。
交付量	项目提供实际的干预比例。例如，在由共 16 小时的指导组成的简短培训项目中，休息时间比计划或延长的讨论时间更长，导致培训师在最后两个小时里不得不缩短他们准备好的谈话。
接收量	接受者阅读、查看或使用与干预有关的材料/资源的程度。项目人员可能会对参与者进行调查，了解他们对干预的各种特征的了解。
精确性	干预程度和原本设计的相同。工作人员可以得到一份清单，或者是对交付的干预措施所做的调查或观察。
补充	为了观察吸引参与者的效率以及找出他们不参与项目的原因，我们需要记录并观察用来吸引参与者参与项目的方法。是否有些团体被过度忽略了？
环境	政治、经济、社会甚至社区都可能影响干预，或使用干预的态度。
实施	这是由两种方法中的一种计算得出的综合数值：要么将接触范围、交付量、接收量和精确性的四个分量相乘。因此，60%的听众比例，60%的交付量，60%的接收量，60%的精确性等于 0.13 的项目执行评分，相同数据的平均方法会产生 0.60 的实施项目数值。

专栏 5-2 大致回顾了过程评估中可能有用的不同类型的数据，而专栏 5-3 列举了可能会提及的问题，并将这些问题与可能的数据资源相联系。专栏 5-4 展示了过程评估员想考虑的项目组成部分的另一实例。目前，焦点的设置已被运用到对教堂的干预过程评估的系统审查中（Hey-cheon，Klos，& Linnan，2012），同时展示了文献咨询在评估开始之前的重要性。

正如专栏 5-3 中第二列所示，收集项目过程评估信息的方法有很多，其中包括：面对面采访或电话采访、调查、关键调查者采访、焦点小组、组织记录分析、项目文件分析、观察法以及案例研究。

精准的策略也可用来收集数据。有些数据收集策略是定性收集法，如焦点小组、观察法；而有的是定量收集法，如调查法。在进行过程评估时，将定性和定量数据收集法相结合才最明智，这样才能最好地掌握项目所发生的事情。同时，在面试过程中，从众多机构中选择几个代表，对项目的整体构建才能更准确。 135

例如，当地毒品法律程序的一项过程评估主要包括八大步骤：

步骤1：弄清项目主管真正感兴趣的信息。所有的参与者都了解项目会产生哪些信息非常关键。如果主管仍然处于确认项目是否会成功的阶段，那么过程评估就不适合提供这类信息，因为过程评估并非结果评估。

步骤2：形成数据收集计划来指导过程评估。专栏5-3中所列举的一些问题对工具发展和全面的文献综述都具有指导作用。

步骤3：对主要项目利益相关者进行采访。对于哪些类型的人可以进入项目的问题，项目主管最有话语权。在这种情况下，法官、客户、员工、警察、入狱人员、律师以及治疗人员都是重要的利益相关者，他们对项目的认知也十分重要。客户的观点也应该重视，客户的项目样本也应该从他们的角度获取。

步骤4：建立过程评估工具。基于步骤3所搜集的信息，针对利益相关者制定问卷调查。调查包含定性与定量问题，调查及编写定量问题的评论也十分灵活自由。

步骤5：访谈操作。过程评估包括毒品法庭项目的行政人员访谈，每个项目中有5名法官，面对面与随机抽选的20名活跃的客户进行访谈。此外，每个毒品法庭的员工、社区治疗专家、随机抽选的辩护律师代表、检察官代表、1位缓刑及假释办公室代表、1位当地监狱代表及2位警察局代表都要接受调查。总共有70位代表，他们分别代表了10个不同机构的观点，为毒品法律项目的过程评估提供信息。

步骤6：检测项目的文件及记录。

步骤7：分析信息。概括专栏5-2中提到的内容在特定部分进行报告。

步骤8：写报告。本步骤包括主要项目主管评论的相互影响。在最后报告的初步阶段，将项目主管包括其中十分重要。关于项目的信息，最初他们所掌握的可能没有得到充分的阐释，但他们可以纠正误解。以上八个步骤可以运用于任何项目的过程评估。

七、过程评估：项目监控 136

项目监控是过程评估的第二个目的。项目监控对过程评估员而言十分有效，因为他们总是想要了解项目中发生了什么以及发生在谁身上。初学的评估员应该形成一种观点：项目监控并不是在过程评估要求之后才操作的。持续的项目监控是所有项目稳健管理的基础。

和形成性评估一样，项目监控是项目评估的一种基本形式。为什么项目监控如此重要？因为一个项目如果没有达到预期的人口数，该项目的指示就是错误的，或许另一个人口替代项目早已准备就绪。此外，当项目与需求的人口数不匹配时，实施更复杂的评估来决定干预措施是否起作用就没有意义。

项目监控不要求精心的研究设计，也不需要对数据有很深入的理解，在项目监控起初阶段通常是检查项目目标，并将这些目标与人文类服务机构例行收集的数据进行比较。对这些数据进行监控是为了确认项目确实为设计的对象提供了服务。随着时间的流逝，项目的方向可能会有所改变，甚至不再为预期的目标人群服务也完全有可能（见第 14 章中有关“项目偏移”的讨论）。

实际上所有的项目都会发生变化。开展新项目的新鲜劲一旦消失，员工及机构资源就会被抽走，或重新换为新的一批，那么更加紧迫的问题也会随之而来。由于以前的员工更换了其他的工作、退休、升职或转到其他项目中，引进的新员工对于“项目应该完成些什么”“项目应该指导谁”等问题会有不同的观念。在员工中，十分细小甚至无法察觉的变化、项目理念、客户构成或新雇员的定向等都会导致项目严重背离原来的计划。

拥有负责的项目经理、行政人员和机构主管或董事会对项目监控而言越来越关键。只有管理不善才会将新项目忽视 10 个月或 11 个月之久，而在最后的融资阶段，却试图让项目员工和经理来承担所有责任。为确保项目为目标人群提供了服务，并且实现了项目目标，常规的项目监控很有必要。与形成性评估的单片段评估不同，项目监控是不间断的过程。项目监控应该视为常规活动，这样项目主管可以在常规的基础之上回顾数据使用的模式。例行监控可以在问题难以控制之前将其揭示，并对符合赞助商和机构所期待的进步进行追踪。

八、成为项目督导

人文类服务项目的存在要么是为了给客户提供物品，要么是为了给客户提供服务。有
137 的项目提供有形的物品，如食品（施粥所）、床（应急避难所）或者衣物；而有的项目提供的则是无形的服务，如咨询、精神健康教育及防御服务。

无论客户接受的是有形还是无形的服务，总有可以计算的东西。例如，一家儿童保护机构可能会在课程期间，为 189 个家庭提供为期一年的家务操持服务。同样的机构可能会

解决 42 个家庭的收养问题，批准通过 64 个寄养家庭，并提供 1 195 个小时的个人或小组治疗。每个项目的产品都可以用来衡量责任度。一方面，机构主管可能会因为只给 189 个家庭提供了家务操持服务而感到不高兴，因为她希望有 200 个家庭可以享受服务；另一方面，主管可能会因为有 64 家寄养家庭通过了审核而感到开心，因为在某一时刻看来只有 50 家寄养家庭能通过审核。

督导项目的第一步包括：决定哪些项目产品、事件或活动需要计算。并不是每个与项目相关的活动都很重要并且需要监控，例如，我们从来没有在年度报告上看到订书机的使用次数列表，同样，计算挂电话的次数也没什么必要。然而，如果你是危机电话热线或电话信息及推介服务的经理，记录不同电话所涉及的各种问题及其次数就很重要了（如自杀计划、毒品使用、意外怀孕等问题）。

当然，有些事件可以计算但不意味着它们应该计算。某个电话咨询热线服务，每天记录涉及不同问题的电话的次数，尽管他们用 20 多种分类来记录问题类型，但仍有 15%的电话很混杂且无法归类。在初步调查之后发现，他们只计算个体打进来的电话。一位技工可能会打进电话报告称某个员工的汽车已经修好，或者某个小孩儿会给正在上班的家长打电话称他们已经放学回家。尽管这些电话对接电话的人而言十分重要，但在服务月报中计算这些热线电话数量似乎比预想的更加繁忙，而且计算这些电话数量并不会为经费来源提供任何重要的信息，项目是否提供了预期的服务类型更不得而知。为了计算而计算，最后得到的结果会令人啼笑皆非。所以除了记录事件发生的频率，项目监控应该涉及更多方面。

项目经理需要考虑哪些事件和活动会给他们的项目提供重要的信息。例如，检查客户接受服务的时间长度，或者最初接触服务与服务交付的时间间隔。同时，高效的行政人员应该清楚地了解员工对时间的分配，如他们用于直接服务（即结算时间）的比例和他们用于支持性事务（科室工作、旅游、委员会会议等）的比例。

专栏 5-5 中的事例提供了组成毒品法庭项目月报的可能数据项。经理可以利用这些数据项来监控毒品法庭项目是否按预期进行。

专栏 5-5　毒品法庭监督月报 138

1. 最近活跃积极的客户数量
2. 项目加入的新客户数量
3. 在以下阶段毕业的参与者数量
   a. 从 1 阶段到 2 阶段
   b. 从 2 阶段到 3 阶段
   c. 从 3 阶段毕业
4. 开庭期的数量

5. 毒品检测的数量
6. 使用毒品检测的参与者数量
7. 职业咨询服务期的数量
8. 分组会话的数量
9. 家庭支持会话的数量
10. 机构外参与者数量
11. 机构外提供的居民服务的参与者数量
12. 雇佣
    a. 全职
    b. 兼职
    c. 残疾人
    d. 家务料理的参与者数量
13. 有教育追求的参与者数量
    a. 高中（普通教育发展证书）
    b. 大学
    c. 职业培训
    d. 成年教育
14. 就业证明和学历证明的数量
15. 居住证明的数量
16. 支付法院费用的总额
17. 处罚的总数量
18. 由于新的起诉被再次逮捕的参与者数量
19. 结案的总数量

九、宗旨、目标和目的

在决定哪些事情对计算和监控十分重要时，熟悉机构的宗旨会很有帮助。**宗旨**是对目的的陈述，它解释了该机构的全部任务。宗旨为机构提供了共同愿景，为所有的重大计划决策提供了参考点。它也回答了“我们为何存在”的问题。宗旨不但为组织内的成员给出了明确的目标，而且会将其目标告知组织外的人——特别是可能需要服务的个体或者想要以某种有意义的方式支持项目的那些人。如果你所在的机构没有正式的宗旨，或者你发现有必要起草一份宗旨，那你可以着手看一看公司的章程、制度以及地方法规。这些文件讲述了机构创立背后的目的。以下是四个机构的宗旨：

- 北县受害者援助项目的宗旨是为北县重罪的受害者提供帮助，尤其是帮助受害者及其家人治疗感情上及心理上的伤害。 139
- 天主教社会服务局的专家表示：我们的宗旨要求我们生活在爱与正义相互依赖的价值之中，摆脱压制，治愈个人、家庭、团体或社会的破碎。
- 西县精神健康局的宗旨是：通过促进精神健康，预防及减少精神和感情问题、药物滥用问题，减少遗留问题，提高我们社区的生活质量。
- 香槟郡毒品法庭的宗旨就是发展药品自由及市民自生产，打破重复违法的循环。通过评估和直接接触滥用药品者，进行司法监督治疗。

从这些例子中可以看出：宗旨并不是直接告知一家机构该如何经营业务，或何时实现其宗旨，而是告知你组织的性质。我们可以从第二个例子中推断出该机构以宗教为主。当他们讨论机构的目的、传达其价值时，宗旨十分有帮助。它表明了在解决资源问题中，宗旨的重要性。但宗旨通常呈现得比较模糊，它不会像“提供什么类型的服务”或“客户如何得到服务”一样精确具体。

有时，机构有必要更换它的宗旨，“美国畸形儿基金会”大概就是最好的例子。1938年，总统富兰克林·罗斯福为抑制小儿麻痹症（即由病毒引起的新生儿瘫痪），创立了该机构。随着研究的发展，疫苗被发明，如今该疾病已经基本得到治疗。但美国畸形儿基金会仍然存在，现在的宗旨是和先天性畸形、早产以及婴儿死亡率做斗争。无论宗旨何时改变，项目目标和目的都会随之发生改变。

目标随宗旨产生，就活动和产品而言，它也具有综合性和全球性。目标是对项目基本方向的陈述。通常情况下，目标源于一系列价值观和原则。它并不明确指出何时或如何完成一些事情，而是一种激励和志向。

目标为员工提供需要的焦点、方向，控制员工的精力和活动以便实现困惑局面最小化，并为客户的需求服务。想象有几匹马，被马车套住，马将马车向四个不同的方向拉拽，有可能会向哪个方向动，而不会向哪个方向动呢？

很多人误以为要在短时间内（大概十年？）完成目标，然而，并不存在这样的要求。很多人文类服务机构的目标可能从未实现过，因为不断地会有新的需求出现。你认为以下目标有多少可以实现：

（1）该机构可以让整个区域摆脱贫困。

（2）该项目可以在管辖区域内阻止虐待儿童、忽视儿童的行为。

（3）医院可以让有酗酒问题的人康复。 140

（4）大学会加强对奖学金和学术成就的承诺。

一家机构有很多目标，但存在有些目标从未实现过的情况，这完全可以接受。机构或项目的目标没有实现并不代表项目的失败，因为通常人文类服务机构设立的目标都很难实现。

与宗旨和目标不同，**目的**总是很明确。目的允许我们测量目标所取得的进步，它表明了在一定时间内要实现些什么。目的应该有单个的意图以及可以测量的结果。德鲁克（Drucker，1980）提出：

> 为了项目的实施，项目需要明确的目的，目的的实现要能够测量，能够评价或者至少能够判断。甚至有的目的是“为病人提供最好的卫生保健”，但为英国国家健康服务的很多家医院都无法实现。相反地，我们的目的是确认每一位急诊病人在三分钟内都能得到合格的验伤护士的检查，这样的说法才有意义（p. 231）。

当目的得到合适的发展，对于将要做些什么、任务完成的预测时间、清晰的目的测量是否实现等问题就很明确了。只有明确表示事件和活动的目的才有用处，见专栏 5－6 中的例子。该表中所列举的例子可以用来监控项目，也可以用于需要提高的特定领域。如专栏 5－4 所表明的，需要将两种类型的指标区别开来。

专栏 5－6　毒品法庭机构的宗旨、目标及目的举例

宗旨：

毒品法庭的整体宗旨是停止酗酒、吸毒及相关的犯罪活动。

目标：

1. 促进客户戒掉毒品
2. 减少累犯客户
3. 增强社区安全性
4. 提高客户生活技能
5. 增强社区对项目及戒毒的了解
6. 扩大并保持资源库

1999 年目的指标（与 1998 年进行比较）：

1. 促进客户戒掉毒品
    - a. 增加不沾毒品的新生儿数量
    - b. 增加干净尿液的数量
    - c. 增加为客户开展的会议数量（治疗小组、教育、个案专家会议），减少累犯
    - d. 降低正在参加项目的客户被再次逮捕的比例

141 2. 增强社区安全性
    - a. 减少社区毒品逮捕
    - b. 减少社区财产犯罪

3. 提高生活技能
   a. 提高客户居住在经法院批准的住房中的比例
   b. 提高客户在法院批准的地方工作的比例
   c. 提高客户获得普通教育发展证书或大学文凭的比例
   d. 提高客户获得对儿童监护权的比例
4. 增强社区对项目及戒毒的了解
   a. 增加员工与媒体接触的数量
   b. 增加媒体报道项目或项目客户的数量
   c. 增加项目资金
   d. 增加员工要求演讲的次数
   e. 增加客户对项目的推介次数
5. 扩大并保持资源库
   a. 增加机构对毒品法庭项目的客户的推介次数
   b. 增加与毒品法庭项目合作的机构数量

资料来源：

Logan, T., Williams, K., Leukefeld, C., & Minton, L. (2000). A process evaluation of a drug court: Methodology and results. *International Journal of Offender Therapy and Comparative Criminology*, 44 (3), 369-394.

Logan, T., Hoyt, W., McCollister, K., French, M., Leukefeld, C., & Minton, L. (2004). Economic evaluation of drug court: Methodology, results, and policy implications. *Evaluation and Program Panning*, 27 (4), 381-396.

过程指标指机构常规收集的数据项，并用于项目监控。**结果指标**是指在项目完成之后由参与者收集的数据项，但过程评估是在项目过程中收集的。过程评估通常只包括客户或项目参与者的信息，而结果指标包括控制组、比较组以及项目参与者的信息；结果指标回答“项目起作用了吗”的问题，而过程评估回答的是“项目过程中发生了什么”的问题。目的帮助辨别在过程评估中需要什么样的过程指标。

十、项目目标的撰写

在撰写提供责任性承担测量（这样才能确定目标是否实现）的目标时，要考虑可计算、可观察的活动。目标必须表明要实现什么，何时可以实现。以下是编写明确目标的范本：

在 2010 年 6 月 30 日之前	增加	10%的准许量
（时间）	**（动词）**	**（明确的目标）**

142 在编写目标时一些可以用到的动词有：

增加、添加、发展、扩展、扩大
减少、下降、缩小
发扬、宣传、推介
开始、创造、发起、着手、建立

然而，选择动词并不需要如此挑剔，只要读者能够对可测量的结果有形象的认识就可以了。但使用的术语过于模糊也会很难表明结果能否实现。要避免项目中出现以下语言描述：

帮助客户发现与他人更加健康的关系
帮助客户学会欣赏礼节
帮助学生成为更好的市民
帮助客户生活得更好
增加社区的支持率
提高客户对自己的认知水平
帮助家庭学习酒精及酒精中毒知识

以上这些目标都存在同样的问题：不够明确具体。换言之，很难知道这些目标何时或者是否能实现。它们没有告知要学习或理解到什么程度（我们如何得知客户提高了对自我的认识），没有表明何时完成这些事情，也没有说明通过什么样的方法得知这些目标实现的日期。

有时，机构主管和项目经理为了让项目看起来不错，便将目标设定得很容易实现。这类情形可借助监控主体的出现解决。我们曾遇到的一种评估形式包含以下两个问题：项目实现目标了吗？项目的目标实现了多少？每个项目经理都希望自己百分之百完成了项目目标。然而如果这些目标并没有得到评估，那么项目经理完全可以只设置他确定能实现的目标，而这种行为是在浪费所有人的时间。如果一个项目一年提供 2 200 个单位的个人咨询，那么明年它应该预期超过 2 200 这个数字。当然也有例外，除非该项目希望失去大量的员工、资金及其他资源。而另一个例外就是项目质量受到严重影响。当然平衡数量和质量也很重要，下一章会讲到这个问题。目标应该设定得比较高，这样才能激发员工不断地去挑战，但也不能设定得太高以至于完全无法实现，最好就是鼓励员工尽力去发挥，跳出固定的思维模式实现目标。

项目目标一旦形成，监控管理的目标就有可能实现。通常，在新项目目标形成过程中，对于可完成事情的评估会比较保守。而对于一年内可以服务的客户量，项目经理更有可能会低估，而不是高估完成情况。如果在其他新项目目标初始阶段，数据就已经存在了，项目目标就不会有太大的指导意义。如果缺乏这些数据，可以进行适当的推测。

然而，当项目开始产生服务数据的时候，项目监控也开始起作用。从表 5－3 中的咨询机构案例可以发现，可以辨别出没有得到合理机构资源数量的小组。

表 5－3　　受助者数据信息利用，接受咨询服务 143

人口普查 变量	2015 年 （%）	2016 年 （%）	2017 年 （%）	2018 年 （%）	2010 年 （%）
寡妇	3	3.6	4.5	5.2	4.95
60 岁以上的年长者	6	7.5	9.5	15	24.75
非洲裔美国人	8	11	14	17	18.25

从表中可以发现，2015 年，寡妇、60 岁以上的人以及非洲裔美国人所占的比例表明，在所期待的客户中他们并不具有代表性。在依据这么多信息的情况下，项目经理撰写了以下目标：

目标 1：在 2018 年 12 月 31 日之前，将项目服务的寡妇数在总客户数中所占的比例提高 5%。

目标 2：通过一定的努力，增加项目所服务的年长者数量，直到 15%的服务对象年龄都在 60 岁及以上，该目标要在 2018 年 7 月 1 日之前实现。

目标 3：在 2018 年 1 月 1 日之前，要使 2016 年项目所服务的非洲裔美国人数量翻两番。

在所有这些目标都准备就绪之后，项目经理和员工就会对他们未来的努力有所期待。这些目标一旦实现，又会有新的目标形成；如果目标没有实现，可能就会需要纠正措施（假设此时没有情有可原的原因可以解释这一失误）。目标的设定为反对项目成就检验提供了基础。

十一、应该督导什么？

项目督导可以用于检查项目的进步是否与目标相符合（例如，增加了少数族裔准许的数量）。从这个意义上来说，这和你的医生告诉你需要督导哪些类型的事项以保持健康十分相似。例如：被诊断出患有糖尿病的人就需要对他所摄取的碳水化合物量进行督导；患有高血压的人需要督导盐的摄取量。但是，经理需要在发现项目有问题之后才能采取项目督导。

项目督导最有效的方式就是诊断。项目经理可以通过项目督导诊断项目潜在的问题。 144

但是，要找出的问题很难被简明地表述清楚，因为人文类服务项目有很大的多样性。

每个项目规模都不同，有的只需要几个志愿者就可以运行，而有的则需要上百个员工。而每个项目都有其特殊的系列问题，即使是非常相似的项目，产生的问题也会有差异。这是因为人员组成、当地政策（通常是非正式的形式）、程序、与其他专家或社区的机构的关系、机构主管的领导力和指导、资金支持、董事会的兴趣和参与等因素都有所不同。

项目逻辑模式推荐了适合项目督导的数据。由输入、程序和输出三部分组成。该模式认为，**输入**是项目执行所需要的资源。这些资源包括：项目员工、办公地点、办公设备及办公用品。就输入而言，最需要督导的是项目预算费用，而不是实际上花费或分配了多少；**程序**则由项目实施过程中将要开展的活动组成；**输出**是项目产生的结果，即项目真正创造或完成的事物。

使用这种模式之后，经理才能确保项目花费并没有超出预算（或者预算刚好合适），计划的活动也在适时地进行。常规的计算数值由服务创造的数量组成（如提供的进餐数或其他可量化的产品）。因此，如果一家机构半年就花费了预算的 75%，经理就会知道出现了问题；如果计划的项目活动没有执行，或是项目在首月就提供了 300 次服务，而在接下来的 3 个月却下降到 125 次服务，这同样也存在问题。

对输入、程序、输出进行督导，能够为项目经理管理项目提供基本的信息，但是如果经理要对项目进行微调，这些信息就不够完整。即使项目实现了预期的活动、生产的产品数量，且经费花销也在预算之内，该项目也不算完成。

还有哪些其他的信息对督导有帮助呢？推介资源就是其中之一。负责的经理会督导推介来自何处以及所占比例。对一家私人咨询机构而言，92%的客户都是自荐，这种情况完全可以接受。但公共机构会希望推介来自更广泛的范围。公共机构的项目经理表示，在 3 个月内刑事司法项目完全没有任何推介，因此可能需要采取特殊的行动让项目专家知晓应该联系的对象以及如何进行推介。同样地，如果医生、神职人员或其他人文类机构并没有推介该项目，或者没有达到预期的推介比例，那么项目经理也会开始担忧项目进展。

项目督导更好的改进方式是检查退出项目的客户数量。有多少客户只完成了一个季度
145 或两个季度？在第三个季度退出的比例是多少？同样重要的是，客户从初次接受服务或者应用项目到退出项目花费了多长时间。项目经理必须知道还有多少客户在他们的等待名单之中，这样才能相应地对项目做出计划。

运用项目督导，项目经理不仅可以确定某部分人员（年长者、低收入人群、少数族裔）是否接受了服务，也可以确定偏远地区客户和有特殊需求的客户（如患有精神迟缓或生理障碍的人）是否也接受了服务。此外，项目督导也可以告知我们，具有某种问题或参与诊断的客户数量是否有所增长。如果有一定问题的客户数量大幅增长，那么有必要对员工进行培训，并且对项目进行一定修改。同时检测客户居住地址的数据会为通信办公室的

信息更新提供依据。

由于管理对项目信息的需求增加，如单个员工的生产力等附加项目也可以加入督导项目之列。由于项目经理需要最大限度地利用项目信息，开发更加复杂有效的途径来管理数据就十分必要。

管理信息系统以电脑的电子文件为基础，这些文件记录了多项交易，如客户接受的特定服务、服务单位提供的服务时间、涉及的员工数量、地址、日期等。这些信息通常与客户的年龄、性别、街道地址等其他数据相联系，并存储在最初的应用数据或者表格中。为了有效地督导项目，项目评估者和管理人员必须妥善保管存储在机构管理信息系统中的数据项。

管理信息系统允许对服务使用最复杂的督导模式，因为电脑可以轻松地处理大量数据。管理信息系统可能会遇到的项目督导问题有：

（1）精神失常的客户平均可接受的服务量是多少？（或者有双向障碍的病人平均和医生待在一起的时间是多长？）

（2）上个季度哪个单位需要的咨询最多？（或者上季度哪一类工人支付的咨询费最少？）

（3）能够支付全额费用的客户比例是多少？

（4）上个月被推介来接受服务的客户中，有多少源于刑事司法体系？

（5）上个月取消的服务（或者从未接受服务的）有多少？这些取消服务并且没有通知他人的客户有什么样的特征？

外部评估者需要回顾机构发布的每月、每季、每年的例行报告。这样可能可以提供更好的关键变量概述（如申请服务或接受服务的客户数量等）。

另外一种方法就是系统地收集机构采用的所有形式。如果你是一名客户并要完成所有的表格，那你就要从新员工部门开始；然后收集其他部门的形式，这些部门的客户可能都 146
以被推介的方式来接受服务；最后将客户完成或案例终止的形式复制下来。所有这些形式共同组成了机构的管理信息系统。但你会发现不是所有的形式都可以纳入管理信息系统，很多形式被存档保存下来，但没有人有这些数据的使用权。这些形式可能会产生大量数据供分析，也可能包含其他的重复信息。

要强调的是，用于管理目标的项目督导数据有时有效，但并不总能告诉我们机构对各种客户团体的服务质量。尽管你对项目十分满意，因为在客户群体中，穷人和少数族裔的人十分具有代表性，但是这并不代表他们所接受的服务就真的能帮助到他们。项目可以为很多人服务，但有的服务并不合适。尽管举例列出了接受服务的客户的特征，但是你还是对“好”的项目没有很深的认识。当你想知道客户在项目中接受服务之后，是否变得更好时，你要采用的是项目评估模型，而非项目督导。在考虑项目产出评估之前，你还需要检测项目的质量保证系统。

十二、质量保证

质量保证是评估的另一个基本形式，其中包括与某些标准相妥协。该术语经常与持续性审查医疗或临床护理记录相联系。质量保证的目标是检测并纠正为客户提供服务的过程存在的缺陷。亚拉巴马州立大学伯明翰分校的一项研究就是最恰当的例子。少儿血瘤科的人员绝对不允许在病人身上出现化疗事故。为了减少这类事故，计划已准备就绪。数据显示，2008 年，每 1 000 名患者中就有 6 起这类事故发生。该比例每年都在降低，直到 2011 年，事故数减少了 1/2，也就是每 1 000 名患者中只有 3 起这类医疗事故（Watts & Parsons，2013）。如果在少儿癌症治疗中心出现这样的问题，那也让人无可奈何，只能想一想这些事故对其他社会服务项目的影响程度。提供的干预措施合适吗？治疗项目与病情症状有关联吗？干预的频率如何？是否正确地评估了客户出现的问题？推介是在必要的时候进行的吗？

人文类服务中有很多认证标准。例如：卫生保健组织寻求医疗保健和医疗救助接受的行为必须得到联合委员会（详见 http://www.jointcommission.org/accreditation/accreditation_main.aspx）或者其他国家认证机构的认证。

147 根据卫生保健组织提供的信息，审查员可以检测以下事项，如准许的恰当性、治疗是否和惯例做法一致、停留的时间间隔以及其他相关项。

不幸的是，很多社会与人文类服务组织认为质量保证的“医疗模式”就是项目评估的代名词。质量保证通常被概念化，并且受到限制，只用于检验审查情况的样本是否与可接受的治疗标准基本一致。然而，这些成果并不能表明项目的成功程度（比如，无论客户是否提高了干扰结果），质量保证最大限度地以治疗过程为重点，而不是治疗结果。

因为还存在一些困惑，所以有必要大致地强调质量保证和项目结果评估的区别。首先，质量保证通常起源于立法委任权。1972 年，《社会安全法修正案》（第 92～603 条）成立了职业标准审查组织（Professional Standards Review Organization，PSRO）。该法律的意图是建立同行评议制度，以确保联邦或国家的医疗保险、医疗补助计划以及妇幼保健计划的费用都是医疗必需的。其次，临床医生力图作为治疗计划和服务条款的同行评议人员加入质量保证工作之中，并成为与项目评估相关的利益小组中的一员。第三，关于质量保证的建议通常依赖临床医生，以优化记录保存流程，而评估调查结果可能会/也可能不会被反馈给临床人员，但通常用于行政部门处理事务。第四，质量保证通常依赖于专家对同行评议人员的看法，以及样本记录可以实现预期标准的共识。项目评估方法很少依赖于评论，而更多地依靠定量数据、研究设计、对假设的正式测试以及统计数据分析。

扫除这些问题，你应该相信质量保证并不是项目结果评估。我们并不希望你将质量保证过程视作浪费时间的行为，因为它一定不是。通过不断提高对临床指南的遵循，质量保证提供了一定程度的一致性和统一性。只有质量保证标准已颇具规模，干预相对稳定可靠，项目评估员才能早些理解治疗的精准度以及干预的积极效果。

即使一家机构不需要质量保证，尽职尽责的经理也会想要通过某些形式来实施质量保证活动。研究和评估专家克劳德·库尔顿（Claudia Coulton，1987）曾经表示："一个成功的组织会不断地寻找、发现并解决问题。在这种情况下，质量保证的循环督导、深度分析问题、纠正措施功能在组织中都能自我纠正。"（p. 443）

有的人文类服务专家并不喜欢记录他们所做事情耗费的时间，尤其是当工作量巨大时，文书工作会成为负担。工作者可能会认为花时间做文书工作，就会减少为有需要的客户服务的时间。然而，从经理的角度来看，很多原因都表明文书工作十分有必要： 148

（1）保护客户避免接受不道德或不合适的治疗。有些故事听起来确实很恐怖，例如，有两位顾问医生的合同被不同的精神健康机构取消。在某个健康中心，效用评估发现，医生为客人用药过量，并且将奇怪的药丸混合在一起，给客人服用，但并未起到任何效果。另一家健康中心发现，他们的心理咨询师将很多病人诊断为多重人格患者。从更积极的角度来看，质量保证活动能帮助证明：机构十分关心他们所提供的服务。

（2）保护员工避免因提供不合适的治疗或能力不足而遭受控告。在这样一个诉讼成风的社会，将提供的服务记录成文档，在遭遇不公平或不真实的控告时，文档可以成为保护员工的工具。质量保证的数据也可以用来分析病人对服务不满意的原因。客户对项目满意总是能帮助提高项目和服务的市场适销性。

（3）弥补保险公司或其他第三方的赔偿。正如上文所提及的，医疗保险、医疗补助和其他第三方付款人都要求有质量保证活动来确保自身的权益。

（4）更好地帮助计划有效且高效地使用人员及机构资源。有了客户平均住院时间和接受诊断治疗的客户数量等信息，就可以帮助项目经理评估特殊需求或未实现的需求，以及更好地督导案例中超过了平均水平的员工。

质量保证可以很复杂且充满惊喜，也可以十分简单、基础。表 5－4 提供了国家社会服务部门质量保证办公室使用的清单。通常该办公室会随意地从每个区域办公室选择一些案例进行回顾综述，找出哪些记录有必要进行修改。他们会将低效的案例清楚地标明，并返回给社会工作检查员。检查员必须确保这些问题得到了纠正，并上报给质量保证办公室。

质量保证的另外一个重要的优点就是责任性。

表 5-4　　个案工作评估表

149

	是	否
1. 一份以家庭为基础的周密评估反映了家庭对持续服务的需求吗？	（　）	（　）
2. 个案记录中正在进行的以家庭为基础的治疗项目，在提供服务时是否足够明确？	（　）	（　）
3. 服务提供是否遵循了治疗计划？	（　）	（　）
4. 专业人员联系的类型、频率和住址是否合适？	（　）	（　）
5. 家庭联系期间问题解决的策略是否预示着良好的社会工作技巧？	（　）	（　）
6. 专业人员通过与服务提供人员的间接联系，是否使用了已鉴定的资源？	（　）	（　）
7. 流水记录是否清楚地记录了社会工作的活动和社会工作的提高？	（　）	（　）
8. 社会工作是否根据现行的政策和程序管理？	（　）	（　）
9. 在现行的安排中，专业人员是否确保了成年人或小孩的安全？	（　）	（　）
10. 家庭的感知和偏好是否包含在社会服务提供之中？	（　）	（　）
11. 服务是为了加强家庭感情并阻止家外安置吗？	（　）	（　）
（回答“是”得 1 分，回答“否”得 0 分。11 分：极好；7～10 分：好；3～6 分：一般；1～2 分：差）		

十三、整体质量的管理

格林和艾特吉森（Green & Attkisson，1984）强调，当项目评估和质量保证成为完全不同的方法时，它们就会走向趋同。他们发现质量保证包含了功效的标准、服务的成本效率标准以及服务中呈现的与需求相关的服务充足性标准。同时，项目评估员更加看好评估与质量方法的合并特征。

全面质量管理以威廉·戴明（William Deming）创立的原则为基础。其主要目标之一就是减少每一个过程的变数，让做出的努力更加一致。质量由客户来定义，然后根据客户的需求不断改善。然而，全面质量管理并不是努力一次就够了，还需要得到上层管理者提高管理水平的承诺。该管理经常要求能够在思维上有所改变，从而鼓励所有的员工都能够积极参与到计划的过程之中。戴明建议到，必须让所有的雇员都能够有抗议的自由，并强调减少交流障碍的重要性。该组织必须形成员工在组织中勇于揭露事实，但组织不会对其处以罚金的氛围。

全面质量管理有时也称为持续质量改进，它十分注重客户满意度调查，并借用反馈进行改进。尽管在后面的章节中我们也会讨论这些方法，但必须指出：到目前为止，我们讨
150 论的所有资料（如需求评估、宗旨、目标与目标、过程评估、项目督导）都与全面质量管理的定位一致。

马丁（Martin，1993）已经辨别出 14 个与项目相关的不同维度（见专栏 5-7）。尽管

对于项目经理来说，同时获得14个维度的提高不太可能，但是在管理中考虑特定的项目如何关注特定的标准还是很有意义的。例如：有时机构开放的时间（晚上或者周六?）对客户来说方便吗？该机构位于公交路线或其他交通工具附近吗？有没有设置残疾人无障碍通道？如果某个项目对每一个人都开放，管理就会考虑另一个维度，如绩效（即有效性）维度。这些维度将根据每个项目的实际操作定义，那什么样的绩效在一个项目中可以接受，而在另一个项目中却不符合要求呢？

专栏5-7 质量规划的各方面

- 可达性（在进入方案时，遇到的问题很少）
- 保证（人员十分便利）
- 交流（已有客户及潜在客户能随时知晓该方案）
- 能力（员工技能娴熟、知识渊博）
- 一致性（为了实现最好的实践成果，达到广泛认可的标准）
- 缺陷（不缺少成为合格方案的任何需求）
- 耐用性（该方案所产生的变化或影响能够持续）
- 同情心（治疗专家和员工能够理解他人）
- 人文关怀（客户在治疗时能够被尊重）
- 绩效（干预能够产生预期效果）
- 信度（干预始终如一而且能够预测）
- 响应能力（方案中从需要帮助到给予帮助的时间要足够短）
- 安全性（不存在与获得或接受干预相关的危险）
- 有形资源（实体环境可接受——如设备十分干净、家具没有被损坏）

资料来源：Adapted from Martin (1993).

大多数质量管理控制程序并不是关于生命或死亡之类的话题。但是，如果项目的整体目标或宗旨是帮助他人或提高客户的生活品质，质量保证程序就可以帮助实现这一目标。

如果要概述一个适合你所在机构的质量保证程序，那就超出了本书范围。但我们之所以对此进行讨论，是为了帮助你理解质量保证如何用来提升项目，检验员工做出的不合适的诊断或治疗计划，或检验他们的干预与期望或可接受的惯例是否一致，了解在职教育或继续教育的需求量，为管理层的决议提供有用数据。《绩效管理：行为改变对组织绩效的影响》(Daniels & Bailey，2014) 一书为质量保证项目设计和实施提供了全面的系统信息， *151*
同时关于质量保证这一话题，该书含有很多参考信息。

十四、本章小结

形成性评估及过程评估对提升项目都十分关注，因为它们有共同关心的问题，每位实践者或项目经理都有责任学习更多本机构的评估定性形式。为了提高项目质量，我们不能只关注过程的一小部分（如出口的产品），我们应该从项目的目标开始，检查项目的每个方面和每个步骤。

当你评估一个项目时，如果你依赖于该项目所属公司的创立时间及其复杂性，那你可能不会发现项目的宗旨或目标。事实上，作为一名评估员，你要做的第一件事就是帮助机构建立宗旨和项目目标，你会发现你在撰写目标的时候很轻松，因为之前没有人做过，而且也没有人有任何类似的经验。

请记住有时一个项目的目标不止一个，而且每个目标都具有很多子目标。例如，我曾听说一家精神健康机构收购了一家快餐店，这样该机构就可以雇佣那些患有慢性精神疾病的客户，此举不仅可以为客户提供必要的治疗，也可以让他们在充满挑战的人才市场上找到一份可以获得收入的工作。而该快餐店的收入也帮助该机构获得了可操作性的收入。这些目标都会被独立地进行评估。

帕顿（Patton，1982）对管理信息系统进行了观察，他表示"如果你不尝试去发现事物，那你什么也发现不了"（p. 229）。他建议：管理信息系统并不是找出问题以进一步研究的终点，相反地，它是起点。管理信息系统只提供数据，不做任何决议。只有当有人用数据来回答已经出现的问题时，评估过程才会发生。

总之，形成性评估被用于项目的初始阶段，帮助形成项目。而过程评估的特定目标并不明确，它可能是过程评估三大目标——描述项目、项目督导和质量保证的综合形式。

最后，针对组织该如何不断地得到提高，可以用四个词来总结戴明的话：策划、实施、检查、改进（Plan，Do，Check，Act，PDCA）。在 PDCA 循环模式或称戴明循环模式中，策划意味着通过收集数据和决定哪些有助于提高来研究一个项目或过程；实施即为执行计划（有时规模较小）；检查指员工检查已得到的结果，对项目或过程做出必要的改变，又称改进。无论何时，只要我们需要提供形成性评估或过程评估、项目督导及质量保证，我们都需要记住这四点。

152

一、课堂讨论

1. 将下列陈述改为项目目标：

a. 提高全国性计划的性能和能力。

b. 最大化第一方和第三方付款人获得的数据。

c. 通过合适的在职培训提高员工技能。

d. 提高国内精神病院员工与病人的比例。

e. 更加积极地参加经济发展活动。

2. 阅读以下目标并加以改进：

a. 自由诊所将通过与当地医生保持联系以及由其他机构推介客户来提高产前护理的早期启蒙。

b. 自由诊所将分发手册和海报来宣传早期产前护理的需求以及提供这些服务的机构的地址。

c. 对于有高风险的病人，自由诊所将根据需求进行术后跟踪咨询。

d. 慢性精神病人将由病后护理俱乐部项目为其服务，以减少患者再次入院的概率。

e. 八周之后，所有的小组成员都要开发帮助解决恐慌发作和幻觉重现的工具。

3. 讨论董事会董事如何才能知道项目何时需要进行形成性评估。

4. 谈一谈你所知道的社会及人文类服务机构在你所在的社区进行质量保证和项目督导活动的各种方法。

5. 讨论你们社区的社会及人文类服务机构对管理信息系统的利用程度。

6. 向班上同学大致描述一个当地的社会及人文类服务项目，并讨论对项目督导有用的信息。

7. 根据专栏 5-1，讨论可能出现使用服务的人数比预期的要少的原因。我们可以说相比社区总人口对服务需求的比例，有些人的需求更大吗？

8. 讨论有关质量保证项目的经历。从管理的角度来看，你认为质量保证的好处有哪些？

二、微型项目：亲身体验评估

1. 选择你所熟悉的人文类服务项目，然后进行以下步骤：

a. 大致描述该项目。

b. 至少写出一个项目目标。

c. 写出三个明确的项目目标。

2. 为你选择的虚拟机构撰写一则宗旨。

3. 想象一下，一位负责人让你为你所在的机构进行形成性评估，并扮演实习生实习。153
你会使用什么方法？撰写一份完成项目的真实预算和期限。

4. 子项目产生一年之后，概述你在步骤 3 中进行了形成性评估的项目。对于同样的项目，再使用过程评估策略。特别是在过程评估中你会想要收集什么数据？

5. 大致描述你所熟悉的社会及人文类服务项目的质量保证程序。并撰写一份大纲分析这些程序如何得到提高。

6. 从一家社会或者人文类服务机构获得一份月度报告、季度报告和年度报告。如果你是该项目的项目督导员，还有哪些有用的信息？有哪些遗漏的信息可以在以后的报告中融合？根据你阅读该报告的看法，列出一些建议。

7. 阅读参考文献和资源中的一篇文章，然后写一篇文章。

8. 为一项你未来可能开发或者提出的项目设计一个逻辑模式，除了附带图解之外，请用 250～500 字描述该项目。

三、参考文献

Coulon, S., Wilson, D. K., Griffin, S., St. George, S., Alia, K., Trumpeter, N. N., et al. (2012). *American Journal of Public Health*, *102*, 2315–2321.

Coulton, C. J. (1987). Quality assurance. In S. M. Rosen, D. Fanshel, & M. E. Lutz (Eds.), *Encyclopedia of social work* (18th ed., pp. 443–445). Silver Spring, MD: National Association of Social Workers.

Crawford, M. A., Woodby, L. L., Russell, T. V., & Windsor, R. A. (2005). Using formative evaluation to improve a smoking cessation intervention for pregnant women. *Health Communications*, *17*, 265–281.

Dagenais, C., Briere, F. N., Gratton, G., & Dupond, D. (2009). Brief and intensive family support program to prevent emergency placements: Lessons learned from a process evaluation. *Children and Youth Services Review*, *31*, 594–600.

Daniels, A. C., & Bailey, J. S. (2014). *Performance management: Changing behavior that drives organizational performance* (5th ed.). Atlanta, GA: Performance Management Publications.

Drucker, P. (1980). The deadly sins in public administration. *Public Administration Review*, *40*(2), 103–106.

Goenka, S., Tewari, A., Arora, M., Stigler, M. H., Perry, C. L., Arnold, J. P. S., et al. (2010). Process evaluation of a tobacco prevention program in Indian schools—methods, results, and lessons learnt. *Health Education Research*, *25*, 917–935.

Green, R. S., & Attkisson, C. C. (1984). Quality assurance and program evaluation: Similarities and differences. *American Behavioral Scientist*, *27*, 552–582.

Herranz, J. (2010). The logic model as a tool for developing a network performance measurement system. *Public Performance & Management Review*, *34*, 56–80.

Hye-cheon, K., Yeary, K., Klos, L. A., & Linnan, L. (2011). The examination of process evaluation use in church-based health interventions: A systematic review. *Health Promotion Practice*, *13*, 524–534.

Linnan, L., & Steckler, A. (2002). Process evaluation for public health interventions and research: An overview. In A. Steckler & L. Linnan (Eds.), *Process evaluation for public health interventions and research* (pp. 1–23). San Francisco, CA: Jossey-Bass.

Logan, T., Hoyt, W., McCollister, K., French, M., Leukefeld, C., & Minton, L. (2004). Economic evaluation of drug court: Methodology, results, and policy implications. *Evaluation and Program Planning, 27*, 381–396.

Logan, T., Williams, K., Leukefeld, C., & Minton, L. (2000). A process evaluation of a drug court: Methodology and results. *International Journal of Offender Therapy and Comparative Criminology, 44*, 369–394.

Martin, L. (1993). *Total quality management in human service organizations.* Newbury Park, CA: Sage.

Millar, A., Simeone, R. S., & Carnevale, J. T. (2001). Logic models: A systems tool for performance management. *Evaluation and Program Planning, 24*, 73–81.

Patton, M. Q. (1982). *Practical evaluation.* Beverly Hills, CA: Sage.

Randolph, K. A. (2010). Logic models. In B. A. Thyer (Ed.), *Handbook of social work research methods, second edition* (pp. 547–561). Thousand Oaks, CA: Sage Publications, Inc.

United Way of America. (1996). *Measuring program outcomes: A practical approach.* Alexandria, VA: Author.

U.S. Department of Health and Human Services, Administration for Children and Families, Office of Community Services. (1992). *Evaluation guidebook: Demonstration partnership program projects.* Washington, DC: U.S. Government Printing Office.

Wang, H. E., Lee, M., Hart, A., Summers, A. C., Steeves, E. A., & Gittelsohn, J. (2013). Process evaluation of Healthy Bodies, Healthy Souls: A church-based health intervention program in Baltimore City. *Health Education Research, 28*, 392–404.

Watts, R. G., & Parsons, K. (2013). Chemotherapy medication errors in a pediatric cancer treatment center: Prospective characterization of error types and frequency and development of a quality improvement initiative to lower the error rate. *Pediatric Blood & Cancer, 60*, 1320–1324.

第 6 章

155 单系统研究设计

如何将单系统研究设计运用于项目评估中？

单系统研究是项目评估中的一种非常有价值的研究方法，其目标是进行需求评估、客户满意度研究以及结果的形式性和总结性评估。单系统研究适用于各种形式的项目评估——个体实践、小组评估以及地区、国家或者国际层面的研究。

我需要哪些相关技能？

能够辨认出项目评估中各种类型的单系统研究设计，同时，能够批判性地分析已公开的研究案例。能对目标行为或独立变量进行概念化的处理并为评估项目进程的各个方面确认一项合适的单系统研究设计，这些方面包括客户个人的实践或者较大范围的机构项目及政策研究。

一、什么是单系统研究设计？

社会工作者已将单系统研究设计（single system research design，SSRD）用于临床研究及项目评估超过 50 年。其设计基础和逻辑推理的方法看似很简单。在标准条件下，反复评估某个因素（项目结果的测量、目标行为或依赖变量）。然后故意引入一些新因素（独立的变量或疗法），看看这个依赖变量如何变化。如果马上能显示出一定的成效，那么就很容易得出这样的结论：独立变量具有因果关系。如果这个过程可以重复进行，并在不同的个体或环境中获得相似的结果，那么对因果推理的肯定就会得到加强。在干预案例
156 中，因果影响可能短暂，在明显的初步效果消失后，人们可以重复进行干预，看看是否会出现同样的变化。如果出现同样的变化，因果推论也会得到加强。许多读者深信他们的身

体机能无法消化某些食物，或者他们对某些物质过敏，这是为什么呢？因为之前他们一接触这些物质身体就会起反应。这种现象一次又一次地发生。同样地，大多数读者也会相信某些药物的价值，因为他们在服用这种药物后，症状多次得到缓解（例如，在服用了阿司匹林后，头痛症状减轻）。这是一种常见的逻辑和经验，我们中的大多数人都深信这些显而易见的因果关系在我们的生活中起到一定的效果。

在多年的科学研究中，类似的方法已经被用于包括评估研究等研究目标之中。在化学家约翰·道尔顿（John Dalton）（现代原子理论的奠基人）的报告中能发现最早的科学案例。他写了一项长篇的单主题研究，研究了摄入的食物量和身体排泄物之间的关系（Dalton，1831）。许多早期医学和生理学研究都涉及个体对实验操作的反应，这是在 19 世纪晚期的心理学中最广泛使用的方法，其发展在 20 世纪早期（Dukes，1965）的小组研究设计之前。在 19 世纪晚期，实验心理学开始在冯特（Wundt）、艾宾浩斯（Ebbinghaus）和费克纳（Fechner）的实验室中使用单主题研究。在经典的生理学研究中，伊万·巴甫洛夫（Ivan Pavlov）以狗的条件反射做实验，从而获得了诺贝尔奖，而在 20 世纪 30 年代和 40 年代，心理学家 B. F. 斯金纳（B. F. Skinner）在改进单系统方法方面做了很多工作。单系统设计不同于像弗洛伊德（Freud）这样的临床研究人员的叙述案例，因为通常有一种或多种可靠且有效的测量结果对临床案例叙述进行补充。它是有效的系统度量的附加元素，它扩展了单系统设计的有用性，超出了案例研究的范围。

系统研究设计这个话题首次在社会工作专业文献中面世是通过理查德·斯图尔特（Richard Stuart，1971）在《社会工作百科全书》中编写的一篇开创性文章，以及社会工作者埃德温·托马斯和他的同事（Thomas，Abrams，& Johnson，1971；Thomas & Carter，1971）发表的一些系统研究设计的个案实例。还有更早的（Arthur Staats & William Butterfield，1965），早期的社会工作评估书籍中也涉及该话题：迈克尔·奥斯丁和他的同事（Michael Austin et al.，1982）花了整整一个章节来介绍个案评估方法；伊丽莎白·穆奇勒（Elizabeth Mutschler，1979）也在她的文章中讲到了该方法在家政机构中的运用。

在社会工作主流期刊上，可以看到成千上万篇运用单系统研究设计方法进行研究的文章，而且关于该话题的教材也数不胜数，都可以堆满整个书架了（详见 Thyer & Thyer，1992）。而循证实践的范围包括使用单个案例的实验研究对个案的结果进行评估（Straus，Glasziou，Richardson，& Haynes，2011；Guyatt，Sackett，& Adachi et al.，1998），因此任何采用循证实践模式的原则都必然要使用这些设计。

这些设计中运用的各种方法，都可以运用到本书中所提到的大量项目评估目标中，如需求评估、形成性项目评估、质量保证研究、总结性评估等。在很多国家，单系统研究设计也 *157*
被用来评估人文类服务（Thyer，Artelt，& Shek，2003；Kazi &Wilson，1996）。或许大家都认为单系统研究设计对个体的实践评估具有最大的适用性，而事实却是，它与评估小组工作、组织性（详见 Daniels，1989）或社区性实践以及评估社会福利及其他形式的公共政策密切相关（详见 Greene et al.，1987；Thyer，2008）。实际上，在很多情况下，单系统研究设计可以是研究方法的一种选择，能为小组设计或是其他形式的结构化系统调查提供诸多好处。

我们很难将单系统研究设计方法划归定性研究或定量研究。鉴于它能长久保证结果测量的有效性和准确性，它应该属于定量研究方法。但在众多以简单线图的形式呈现数据的实践中，进行推理主要采用的是定性研究的可视化推理，在不采用推理性的数据时，从客户的真实情景中收集数据也是符合传统的定性研究方法。尽管在单系统研究设计中，结果测量通常采用定量测量的方法（以便了解其总量），但情况并不总是如此。例如，有的结果测量只是简单的一分为二的变量——呈现或缺失——并不测量总量。这就像某个学生的上课出勤率——出勤或缺勤，或是为特定客户进行每周的违禁毒品尿检——阳性或阴性，又或是该单位是否实现了本周客户就诊的数量上的目标——是或否。只需将该结果绘制成一份表格，如果答案为“是”的数量，在没有定量要求的情况下，数月之后有明显的改变，那这种推理方法还能否被简单地称为定性研究或定量研究？答案显而易见。

单系统研究设计有很多同义词，包括间断的时间次序研究设计、单个案例实验设计、具体研究设计。我们选择了单系统研究设计这一术语是因为它可以最好地反映出分析单位可以包含各种不同的客户系统类型：微观的、中型的、宏观的。操作单系统研究设计的先决条件很少，而且十分容易理解（虽然在现实生活中很难操作）：

（1）选择实用、有效并且能够经得起时间评估的结果测量。

（2）不断地评估这种结果测量。

（3）用图表将结果表示出来，横轴表示时间，纵轴表示结果测量。

（4）进行合理的推理，并询问自己以下问题：

a. 数据是否体现了客户的进步？

b. 数据是否说明客户退步了？

c. 数据是否没有任何变化？

d. 数据是否不清晰？

158 以上四步可以看作为了解决玛丽·里士满（Mary Richmond）90 年前的建议（Richmond，1935/1917）的一种尝试：

> 为了查明数量和密度是否存在异常的*增长*或*下降*，应该采取特殊的方法，这对案例的管理有实际的作用。（p. 435）

二、结果测量的选择

要使结果测量在单系统研究上发挥作用，必须具备几个特征。这些特征包括可靠性、有效性和对变化的敏感性。可靠性又包含几个方面：首先是一致性。如果对一个程序进行多重测量时，什么因素都没有发生变化，那么测量就应该放弃每个应用过程中的相同信息。其次，这个测量结果应该相当容易收集。代理商的记录和其他档案材料能够作为单系统研究设计申请的有效来源。或者，程序评估者可以制订未来可预期的计划来收集无相关服务的额外信息，特别是打算用于评估的信息。如果两个人分别独立地从记录、预期中收集或者获得相同数据，他们的数字应该保持一致。缺乏良好信度一致性的数据不具有可信度。

如果使用了标准化的工具，结果测量应该相对简洁、容易获得并且便于理解。此外，它们应该与代理人的使命息息相关（详见 Hudson & Thyer，1986）。明尼苏达州多项人格类型测验就违背了这样的原则，因为它包含了 400 个问题以及棘手的分数处理（但是可以利用计分器处理获得一大笔酬金）。很少有代理商从事人格本质改变工作。通过重复的管理实施，客户的多项人格类型测验得分将往与项目程序效力（Kelley，Jacobs，& Farr，1994）不相关的原因上转移。所以，多项人格类型测验并不适用于多形式的程序评估。

有现存的文献指出了如何为项目评估和实践做出合适的结果测量定位和选择（例如，Whipple & Lambert，2011；Corcoran & Fischer，2013）。然而，评估你的实践活动，运用单系统研究设计寻找标准化的测量方法并不是必要条件。选择效果测量方法最直接的方法就是询问："代理的使命是什么?"正如第 5 章所讨论的那样，大多数代理商们有一个任务宗旨、章程或者命令。如果没有，就需要向代理商的主管和其他专业员工咨询这个问题。通常，这个回答可以让你确定作为代理商的使命。比如说，某个通过向小孩提供保护性服务收取佣金的代理商可能有以下几个目标：第一，防止虐待儿童事件的发生；第二，在代理商初步觉察之后，通过干涉行为使虐童事件不会再次发生。孤儿和收养机构也有自己的目标——将孩子们安置在合适的收养机构或者收养家庭。为了改善客户的行为、认知和情感表达的症状，精神疾病治疗服务机构有兴趣与客户合作。选民登记运动将有针对性地与不记名投票人签约并且帮助他们投票。在密集家族保护项目中，其目标是避免由虐待或疏忽造成家庭破裂的风险。

在每个案例中，效果测量似乎都很明显。对于儿童保护服务机构来说，有关虐待儿童 159
和家庭暴力的官方报告可能是有用的结果测量。然而对于孤儿机构或者收养服务来说，每月或每年被安置在孤儿机构或领养家庭的小孩数量是自然的结果测量（Briggs，1994）。对评估精神康复机构客户的改变而言，反复执行的精神疾病治疗症候学的测量十分有效。新登记投票人的数量和实际投票的新登记者数量将是选民登记运动效果最好的显示指数。在大多数项目中，机构以及地区会依照那些用于评估的规范。测量过程（如有多少客户会咨询与找工作相关的事项）往往与结果背道而驰（如又有多少我们提供服务的客户获得了满意的工作）。通常情况下，有关结果测量的选择和机构真正解决的事情越接近，效果就会越好。

比如说，假设某机构向有过虐童史的妇女提供服务。研究报告显示，有虐童倾向的母亲会被社会孤立——也就是说，她们与自己的孩子有大量时间单独相处，但是缺乏与成年人之间的沟通，或者说，她们缺少社会支持网络。机构会使用干涉的方式，通过扩大这类母亲的社交网络来期望减少虐童事件发生的可能性。通过利用社会岛屿状态的标准化测量方式，程序评估将其作为效果测量的办法。然而，从某种意义上说，减少社会岛屿状态偏离了机构的核心使命——防止儿童虐待。如果缺乏虐待儿童事件发生的数据，一项显示社会岛屿状态减少的程序评估就可能出差错。因为没有数据就没有直接的证据表明这个机构完成了它的使命。如果使用了间接测量，最好要用更多的直接测量来补充说明。为了使程序效果测量有效，它应该提供本应该测量的精确指数。比如，一份有关药品滥用的客户自我书面报告测量并不能同违法药品的定期随机尿检一样，作为直接（或有效）的效果测量。

通常，我们首先必须承认效果测量存在缺陷。家庭暴力的报告不能代表所有暴力事件的发生。虐待和忽视儿童的报告、强奸宣告等等同样如此。间接的精神状态测试提供了一种测量慢性精神疾病患者认知功能的办法，但这并不是为了测量他们的真实想法，它们只是传递出一种想法和感受。所以，为了实际可行的目标，我们必须尽自己所能做好一系列可用的测量。当然，这也意味着要选择最有用的指标。得到了实证研究支持的最好测量没有得到应用，实践性强、成本低、可靠有效的测量也没有被充分利用，这都是对专业不负责任的表现。选择最能让人接受的测量方式，则需要从务实的角度考虑（关于怎么为程序评估定位和评估指标的更多信息，详见第 11 章）。

如果这个“最好”的测量费用太高，那么就有理由考虑下一个最佳方式，以此类推。当然，这不是运用较差测量的合理理由。坦白地说，如果效果测量方法不可靠并且无效，就不应该在评估实践或者程序的尝试上浪费时间。著名的密歇根州酒精筛检量表（Michigan Alcoholism Screening Test，MAST）是帮助评估客户的有效工具，但它却不能在程序评估上起作用。为什么呢？

160 思考从密歇根州酒精筛检量表上节选的以下问题：

第 8 条　你曾参加过匿名戒酒互助会的会议吗？（是或不是）

第 17 条　有人告知你你有肝脏问题吗？（是或不是）

虽然这些问题都是首次筛选后不错的问题，但是密歇根州酒精筛检量表项目对于程序评估却没有任何作用，因为它们对变化并不敏感。甚至当正在接受康复，并且已经 10 年没有沾过一滴酒的戒酒者在回答这些问题（并且还有很多类似的问题）的时候，还是没有体现出任何改善（向积极方向的变化），因为这些问题的答案体现不出任何变化。运用单系统研究设计做一项程序评估，需要熟悉那些适用于你所在机构的发展现状的测量，有技巧地去选择最好的方法（或寻找专业咨询做出选择），并适当地运用。

三、评估测量的演变

多次操作科学可信的结果测量要遵循一些策略，这也取决于评估研究本身的目标。这些策略包含了用于构建单系统研究设计的各种各样的设计，以下便是其中的四种：

（1）对没有涉及干预的测量进行多次评估。这种研究会表明（通过数据，而非猜测或直觉），随着时间的推移，问题是会变得更好，还是更坏，抑或是没有任何变化。

（2）对你开始实施干预时的其他测量进行多次评估。这种方法经常被用于以下情况：并不合适推迟干预的情况，或会造成内部效度低下的研究设计结果。这种测量会表明，客户或系统是有所改进还是变得更差，抑或是在干预期间仍然没有任何变化。

（3）在开始干预之前对测量进行多次评估。这也被称为获取基线。而且当有现存的数据或档案数据被作为基线，或是推迟干预发展基线时，这种测量方式就十分有用。这种方法会表明，与治疗前的功能相比，在采取干预之后，客户和系统是有所改进还是变得更差，抑或是仍然没有任何变化。

（4）对干预之前和干预之后的测量进行多次评估。这种方法会形成单系统研究设计最大的内部效度。结果会表明项目或干预是否会造成任何变化。

如果可以在后续研究中复制从这些步骤中获得的发现，或者使用不同的客户端或不同的编程语境进行扩展，那么外部效度就会得到加强。每次只尝试一个变量的改变也十分重要。例如，在项目中实时跟踪每周没有出现的客户，为了降低那些未遵守约定的客户的比 161
例，开始实施电子邮件*和*电话记录提醒系统，如果以电子邮件或语音信息的形式，则不可能确保通知到位，还会减少已错过的约定数量。从潜在的因果推断，最好的方式是引入一种干预手段（比如电话记录提醒）并观察其变化，再引入第二个元素（通过电子邮件提示），观察是否会进一步降低“不出现”的比例。不可否认的是，项目通常由多个因素组成，这些因素不能单独应用（比如住院的心理治疗项目）。因此，在这种情况下，评估整个系统的干预措施结果大有裨益。

四、符号及其基本原理

单系统研究设计有自己的图解码描述其特征。A 代表基线期，在该期间内通过系统的方法将有效可靠的数据收集起来，在*缺乏特定干预*的情况下，延长时间范围；B 代表设计期，在该期间内通过在 A 期间内同样的方法收集可靠有效的数据，但是在 B 期间*实施了特定的干预*；C 代表不同的期间。由此，运用这些不同的符号评估某个问题或情况。A 型设计表示基线期；A-B 型设计表示干预之后的基线期；A-B-A 型设计是检测基线期之后的干预会发生哪些情况，之后再将干预撤除，接着是第二阶段的基线期；同样地，A-B-A-B 型设计包含交替地进行基线期—干预—基线期—干预；B-A-B 型设计表示在干预合适的同时将数据记录下来，之后再将干预撤除，再恢复干预；A-B-A-C 型设计允许将干预 B 与干预 C 的功效进行对比。这些符号组成的排列有很多种，但实际上，大多数项目评估中所使用的单系统研究设计都比较简单。

但这些排列有一个共同的问题：每一个期间需要多少数据点？答案当然是：越多越好。两个总比一个好，三个比两个好，以此类推。任意两个数据点都可以联系起来描述成一行，但至少需要三个数据点（越多越好）才能推断出发展趋势。一本发表了单系统研究设计的核心期刊研究发现：发表在《应用行为分析》中的单系统研究设计单个期间数据点的众数为 4。作为一项基本标准，你可以问问自己："我能直观地推断出单个期间或两个期间中数据的变化吗?" 如果可以的话，你可以很自信地说"我的推断十分准确"吗? 如果回答仍然是"是"，那说明你已获得足够的数据。

当然也有一些例外，有些数据分析的方法要求数据点的数量相对较多。例如，名叫"时间序列分析"的推理工具就要求有超过 50 个数据点计算数据。然而，本章所讨论的大多数项目评估形式都不采用推理数据。

图 6－1 就展示了 A 型设计的一个示例，在收集这些数据期间，没有使用任何特别的干预。

162

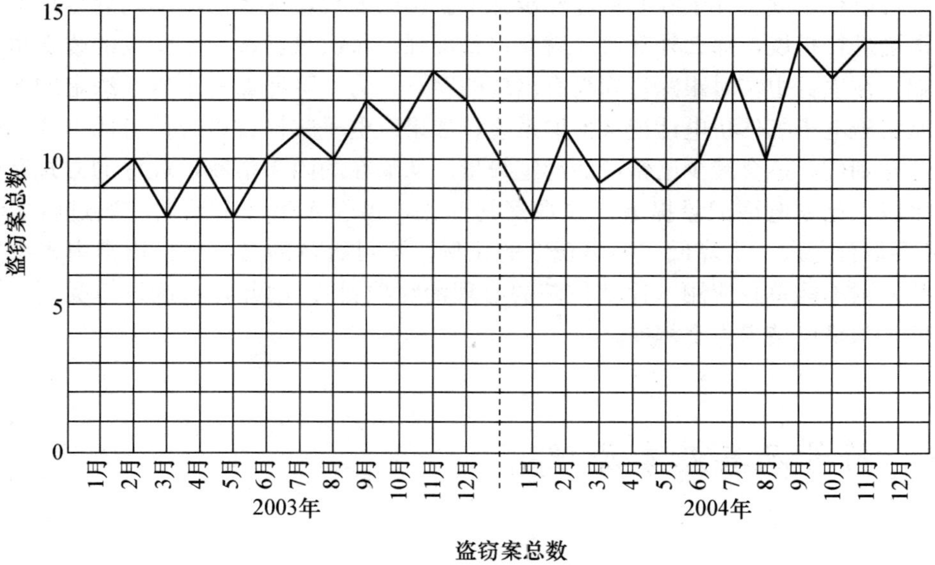

图 6－1　洛克斯普林社区盗窃案数量图示

你会发现A型设计能非常自然地过渡到需求评估的过程中，即“证实了问题要么现在被忽视，要么没有很好地进行处理导致其存在的程度不够充足，因而需要引进额外的新干预”（Rossi & Freeman，1985，p.107）。

有些对此了解不够充分的作者称：最初的基线期是单系统研究设计的基本特征。但事实并非如此（请参考B-A-B型设计）。同样地，这些作者称：*基线*这个术语适用于单系统研究设计，但不适合小组设计。基线是指与图表相联系的一行或一系列数据点，而非单时间点测量。单时间点测量与治疗前评估相关，其特征是小组设计，如后文会讨论到的O-X-O型设计。小组设计的数据通常在单个情况下收集，报告了如何描述性及推理性地使用数据，并且使用表格的形式而非与数据点相关的图表形式来呈现数字，如收入、比例等。在干预之前，调查性地使用小组设计所收集的数据被称为“前测”；但在干预之前，使用单系统研究设计评估所收集的数据被称为“基线”。

据说未成年少女怀孕的问题越来越严重，不过真的是这样吗？有何数据可以说明？未成年少女怀孕的现象比十年前更普遍吗？请看图6-2，该图绘制了某个城镇从1992年到2000年未成年少女的怀孕率。从数据上来看，每1 000名10～17岁少女中，怀孕少女的数量从30名增加到了37～38名。换言之，九年来未成年少女怀孕的比例从3%增加到了3.8%。然而，并不需要数据专家根据此图来证实：近年来确实有更多的未成年少女怀孕。人文类服务工作者及社区活动家掌握了这样的图表数据之后，就会呼吁在校开展防止未成年少女怀孕的项目及相关服务的需求。

接下来我们将讨论在各种项目评估目标之下，该如何使用单系统研究设计。这些评估目标包括需求评估、形成性评估、质量保证研究和总结性评估。 163

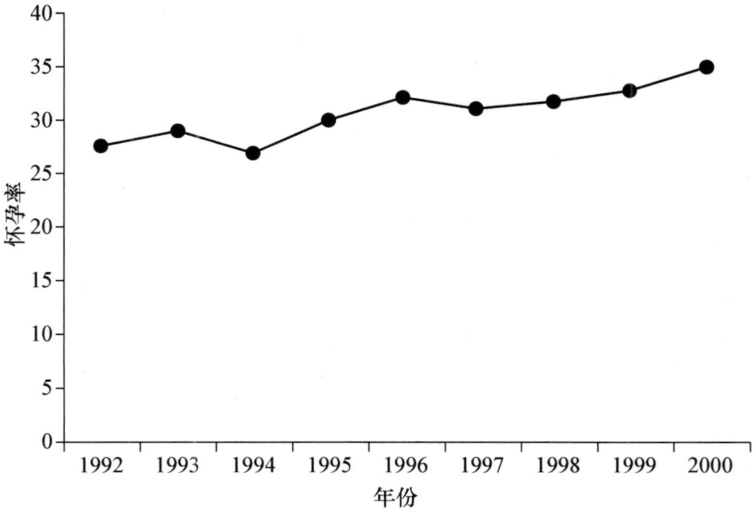

图6-2 某镇1 000名10～17岁少女怀孕率

五、需求评估

单系统研究设计为需求评估的过程做出了宝贵的贡献。例如，如果当地社区的成员对附近明显增加的盗窃案有所关注，就会向城管请愿或游说他们通过增加巡逻、缩短通信时间的方式更好地维护治安。依靠政治影响和可得到的资源，这种增强治安维护的需求有可能会实现，但也有可能不会实现。

为了社区的诉求能得到领导和行政人员的回应，有种方法可以增加这一可能性，即系统地收集数据证实（或反驳）盗窃案的增加。警察局存有近几年因盗窃入狱的记录，市民
164 可以对这些记录进行汇编，将发生在某个社区内的每月盗窃案数量绘制成曲线图。这样在视觉上，这些数据就能十分形象地被呈现出来，比简单数据表格更具有说服力。比较表 6-1 和图 6-1，想象一下，在市议会上将这些图表呈现出来，相比之前的诉求方式，你认为哪一个对加大社区治安保护力度更有说服力呢？

表 6-1　　洛克斯普林社区近两年的盗窃案

年份	月份	盗窃数
2003 年	1 月	9
	2 月	10
	3 月	8
	4 月	10
	5 月	8
	6 月	10
	7 月	11
	8 月	10
	9 月	12
	10 月	11
	11 月	13
	12 月	12
2004 年	1 月	8
	2 月	11
	3 月	9
	4 月	10

续前表

年份	月份	盗窃数
	5 月	9
	6 月	10
	7 月	13
	8 月	10
	9 月	14
	10 月	13
	11 月	14
	12 月	14

六、形成性评估 165

我们回顾一下，第 5 章中提到，形成性评估用来调节或提高现有的干预和项目。单系统研究设计也是这一目标，蒂莫西（J. Timothy Stocks）对此进行的研究就可以说明。当他还是一名社会工作专业硕士（Master of Social Work，MSW）实习生时，他就在益和实业经营的教养院实习，为患有生理及心理障碍的人服务（详见 Stocks，Thyer，& Kearsley，1987）。当蒂莫西到达教养院开始实习的时候，他发现了分数系统。凭借此系统，项目客户通过完成日常生活任务（洗衣、洗碗、做其他家务、个人打扮）获得对应的得分。这些分数可以换取额外的消费品（小吃和饮料），并且享有可获得所有教养院住户得不到的食品的特权。这个分数系统已经运行了 10 年，而在此期间没有对其有效性进行过任何系统的评估。有时住户做完家务，员工会不会并未给予相应的奖励？或许分数系统可以完全抛弃，或许它还可以有所提高。蒂莫西找到教养院的经理，表示想要做一项这样的研究，并且得到了经理的允许。

蒂莫西和教养院的员工每天都认真地做着记录，将住户为了换取分数所做的家务绘制成表，记录周期为一周。这与为期七天的 B 期间相符合，通过现存的干预措施收集了数据，每个数据点都包括了这些住户每天所挣的总分数。在第二周，教养院的经理告诉住户们，他不再需要他们通过做家务挣分数来获取额外的特权，这些额外消费品的发放将与他们帮助经营教养院的工作量、他们所做的家务以及个人护理无关。蒂莫西和员工们继续督导居民对这些任务的表现，他们每天都认真做记录，采用和第一周一样的方法又记录了一周。可将第二周视为 A 期间，收集的数据没有得到任何干预（本案例中的干预即分数系统）。最后，在第三周的时候，经理宣布恢复传统的分数系统，即再一次根据做家务的表现获取分数来给予特权，这样又回到了起初的 B 期间。在制图的时候，数据都在图 6－3

中得到展现。从图中我们可以看出，在分数系统撤销的那一周，住户做家务的积极性大幅下降。而恢复了分数系统后，做家务的表现又恢复原样。分数系统与家务表现之间的功能关系似乎十分显著。结果，分数系统使蒂莫西评估的其他部分都更加有效地得以运行。

166

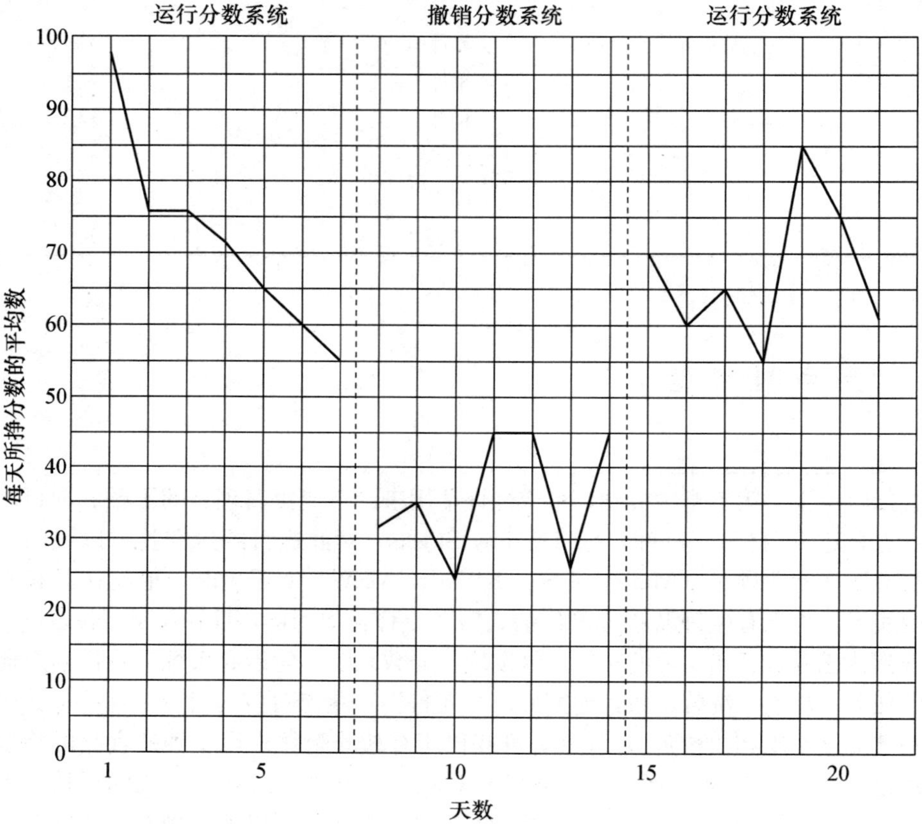

图 6－3　教养院 12 名成年人每天所挣分数的平均数

资料来源：Stocks，J. T.，Thyer，B. A.，& Kearsley，M. A.（1987）. Using a token economy in a community-based residential program for disabled adults：An empirical evaluation leads to program modification. *Behavioral Residential Treatment*，1，173－185.

使用单系统研究设计展开形成性评估的另外一个例子由纽金特、布吕莱和阿伦（Nugent，Bruley，& Allen，1999）提供。该实践的背景是为青少年服务的避难所。客户待在避难所时，实施了反社会行为（如偷窃、侵犯或破坏他人财产）。每周认真地将反社会行为发生的频率记录下来，在为了减少反社会行为而采取干预之前，回顾过去 300 天的情况，接着在采取干预之后的 200 天里估计可能出现的情况。心理社会干预是一个具有良好程序的项目，叫作“侵略代替疗法”，该疗法专门提供给待在避难所的青少年。针对未成年女性反社会行为的结果在图 6－4 中已描绘出来，该图与包含未成年男性数据的报告相对独立，但结果十分相似。通过每一阶段的平均数据绘制的平均线可以帮助进行结果目测。由纽金特等人计算的推理性数据表明：引进侵略代替疗法之后，反社会的行为下降了 30%。这个效果十分显著，而且避难所的员工也将侵略代替疗法永久地融入心理社会服务之中。这些结果用来帮助提高现存项目服务的事实是定义此例为形成性评估的一大特征，但该研究并没有强调避难所服务自身的有用之处。

167

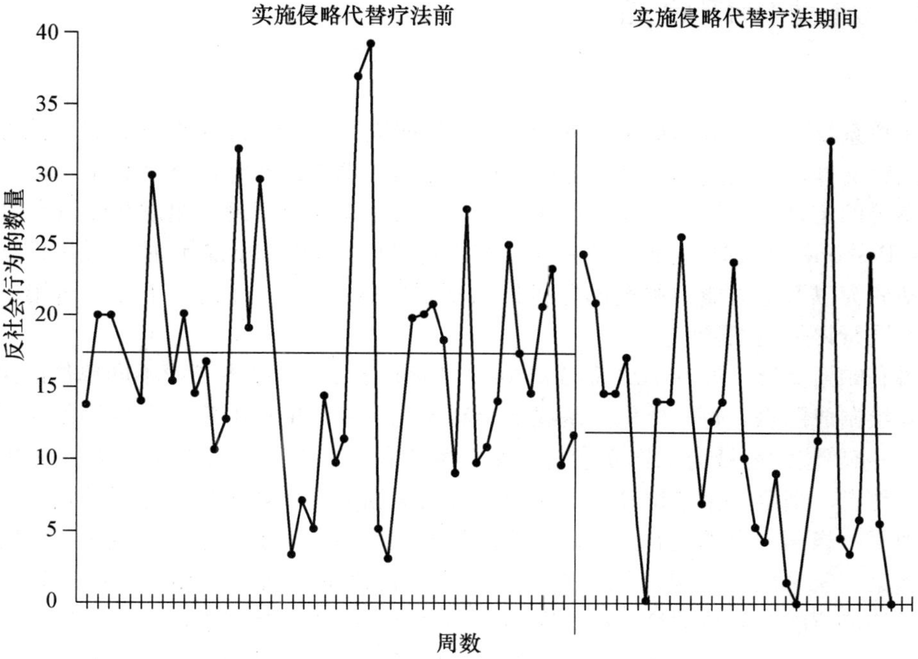

图 6－4　未成年女性每周反社会行为的频率

资料来源：From Sage Publications，Nugent et al.，*Research on Social Work Practice*，9，pp. 466－507.

在形成性评估中使用单系统研究设计的最后一个例子由恩格尔曼、阿尔特斯、莫西尔和马修斯（Engelman，Altus，Mosier，& Mathews，2003）提供。该实践的背景是私人疗养院，该疗养院专门照顾痴呆症患者。直接护理人员（认证护理助理）给病人穿衣的方式存在问题。起初他们给病人穿衣时病人十分被动，经过训练后，病人就像人体模特一样十分温顺。认证护理助理抓住病人的胳膊，用力将其推到袖子里，扣紧纽扣，拉好拉链，这样衣服就穿好了。从疗养院和病人护理的角度来讲，更让人满意的反而是病人获得了最大的机会来进行自我护理或激发病人尽可能地自己照顾自己。认证护理助理为病人穿戴时使用提示语，这是最基础的方式，这种情况发生得很少。之后，疗养院对认证护理助理进行了个人培训，该培训旨在使用最少的提示语。一个完善的培训项目，目标应该是帮助病人更加独立地穿衣。在认证护理助理接受第一阶段培训时，使用提示语的情况增长显著；而在第二阶段，认证护理助理使用的提示语已保持在最低水平。该结果在其他几位病人身上得到了证实，并且为认证护理助理在训练项目中为病人穿衣时使用提示语的积极影响提供了有力证据。项目评估的本质就是形成性评估，力图提高现有的服务质量，而不是客户的生活水平是否提高。

七、质量保证研究

使用单系统研究设计的目标是进行质量保证研究。质量保证通常以对照表的方式进行
168 分析，回顾文件记录决定是否遵循各种规则。然而，单系统研究设计的数据对继续保持利用率、系统的审计诊所记录以及门诊病人治疗等目标确实有帮助。纽琳和帕斯克恩（Neuhring & Pascone，1986）主张“单系统研究设计可以为同行的问题评估、效用评估、临床护理评估研究以及个人能力检测图分析做出贡献”（p. 359），并给出了若干运用单系统研究设计的同行评估的案例。

纽琳和帕斯克恩（Neuhring & Pascone，1986，p. 364）把在三家不同单位的医院平均停留时间绘制成图表，每个单位的基线期绘制了病人在该单位治疗的平均停留时间（一个月）。第一家单位没有社会工作者参与，第二家单位有一位社会工作者，第三家单位有两位社会工作者。当第一家单位和第二家单位分别增加一位社会工作者之后，病人停留的时间就缩短了；当第一家单位和第二家单位再将出院计划加入治疗中，病人停留的时间就更短了；当第三家单位将出院计划加入社会工作项目之中，病人平均停留的时间还是减少了。将平均停留的时间数据绘制成小图表，每家单位的月度数据制成两年时间。这是很好地使用了单系统研究设计的例子，这些作者总结了几个习惯性的质量保证方法，如同行评估、继续保持利用率评估、回顾图审核、临床护理评估研究以及个人能力检测图分析都已准备运用单系统设计来操作（Neuhring & Pascone，1986，p. 364）。

约翰逊和福西特（Johnson & Fawcett，1994）运用了单一受试跨多基线的设计来评估员工训练项目的有效性，该项目是由“联合劝募会”注资、提供给员工的反贫穷机构。该机构提供免费衣服、食物、信息和推介的服务，并且通过其他形式每年给 400 多个家庭提供支持。机构的接待员（与客户接触最密切的人）是本研究关注的重点。安、苏、科尼三位接待员被认为能够礼貌地与客户互动或者提供服务。同时，拥有极高相互评级的独立评估者对三位接待员进行了隐秘的观察，接着给安在对待客户时的礼貌性方面进行了明确培训，但没有对其他人做过培训，之后再给苏进行培训，最后给科尼进行培训。因此，基线期有所上升。

每位接待员在接受训练之后，服务的礼貌性提高了不少，而在培训之前并没有这样的效果（见图 6－5）。第一次接受训练之后，礼貌程度达到了最高峰，几乎接近 100%，而之后有所下

降，这也促使评估者进一步引进抽奖奖励法这一元素。根据观察到的员工及客户之间礼貌互动的数量，将有三名接待员有资格参与抽奖——对客户越有礼貌，他们获得奖励的可能性就越大。奖品是每周 10 美元现金，在随后的 3 个月、5 个月或 8 个月内，礼貌行为的比例仍然处于很高的水平。最初针对如何有礼貌地与客户互动而训练接待员的目标相对明确，成本较低，而且与奖金挂钩，看起来十分有效。本研究可以看作质量保证研究的一种形式，评估项目是为了确保反贫穷机构提供更高的服务质量（如有礼貌的服务），而不是评估反贫穷项目本身的效度。

169

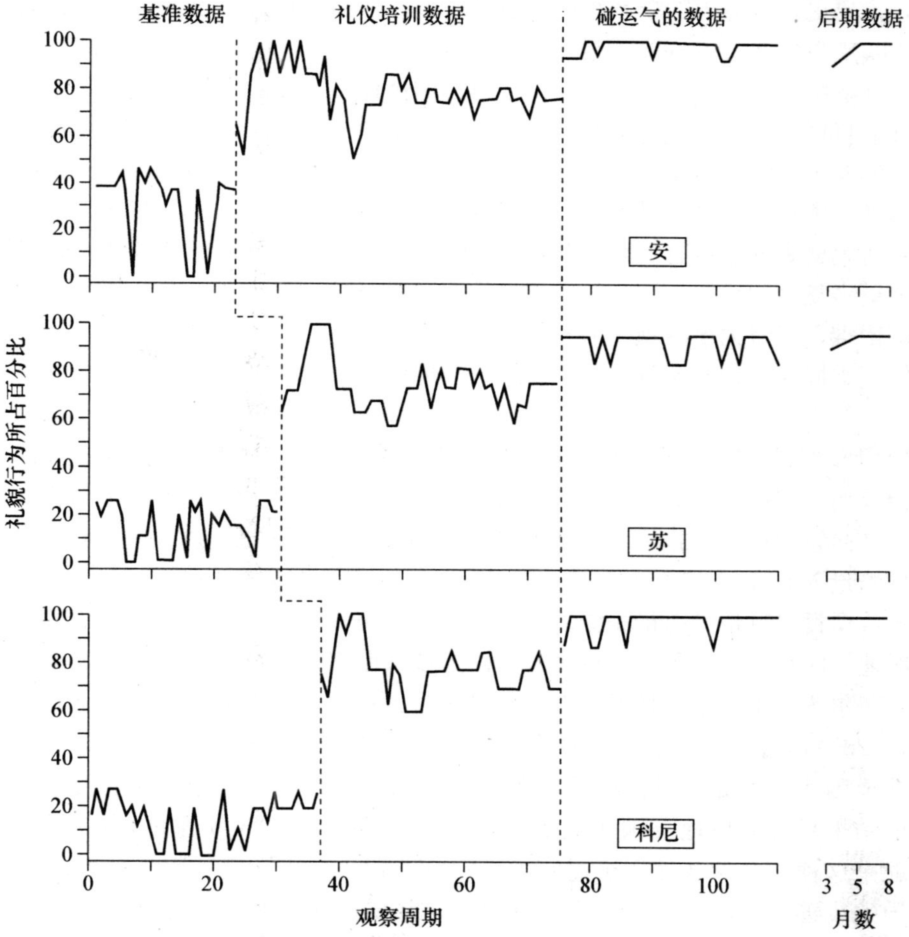

图 6-5　机构接待员礼貌行为所占百分比

注：机构接待员礼貌行为所占百分比是针对观察周期内的每个参与者。基准数据在 2 月收集，礼仪培训数据收集于 3 月和 4 月，碰运气的数据分别收集于 5 月、6 月，后期数据于 7 月、9 月和 12 月收集。

资料来源：Johnson & Fawcett (1994). Courtesy service: Its assessment and modification in a human service organization. *Journal of Applied Behavior Analysis*, 27, 145-152.

八、总结性评估设计

总结性项目评估研究是以实证性为基础对结果或最后的产出进行评估。为了进行总结性评估，需要更加强有力的单系统研究设计类型。然而，在进行设计之前，我们需要了解B型设计以及非常实用的A-B型设计。

170 在第9章中，我们描述了几个简单小组总结性评估设计的应用。在研究中使用总结性评估设计的目标是回答“我们客户的状态有所改善吗?”的问题，或者说是回答“我们项目的目标实现了吗?”“事情是否变得更好?”“实施了新政策之后事态是否有所好转?”的问题。通常，项目评估员只是想知道特定的项目是否产生了有意义的变化，而不是为了证明项目对所观察到的进步有贡献。“客户有所进步是因为他们参加了特定的项目吗?”这个问题需要更多复杂的设计。证明特定项目的服务对可观察到的变化有贡献比展示所发生的变化更加困难。尽管大多数项目并没有足够的信息回答“我们的客户有所改善吗?”这个问题，但是掌握这些信息十分有用。单系统研究设计对应的简单小组设计可以用来评估项目结果。

当使用B型设计时，需要收集实施新项目、服务或政策时产生的数据。不存在前述基线或非治疗期。因此，我们不能对项目有效和项目无效时产生的数据进行比较。但是，B型设计允许回答“项目实施后事情变得更好了吗?”的问题或是检测“项目X的实施会伴随着结果测量Y的提高”这样预测性的假设。但因果推论并不总可行。

大多数项目（哪怕是有最积极的改善的项目）声称改善是由项目X造成的，因为正如第9章所述，B型设计不允许将其他的解释排除，也不允许排除对内部效度构成威胁的因素。利林菲尔德、里切尔、林恩、考廷和拉兹曼（Lilienfeld，Ritschel，Lynn，Cautin，& Latzman，2014）精彩地概述了各种混淆因素，这些因素给完全依赖明显客户提升现象的总结造成困扰。例如，或许在项目X开始之前，结果测量已经得到了改善，而用曲线图表示的结果只是简单地反映了数据的趋势。或许在项目X实施的同时发生了一些事情，而就是这种并发的变量真正促使了我们所看到的进步。或许评估过程影响了结果的测量，导致改善的方向发生了改变。反之，这些变化通常迫使项目评估员不断学习运用B型设计的各种项目。然而，当项目没有任何数据可用于说明事情得到了改善的时候，这些简单的方法就十分实用。如果因为逻辑上不可行或道德上不合适而延迟了新项目的实施，为了获得基线数据，这也是一种可选择的设计。所以，不妨大方地使用B型设计，但结果一定要真实。

另一个B型设计逻辑性的提高就是A-B型设计，该设计被用来评估有关新出台的安全带使用的公共政策。数据令人印象深刻，它表明：机动车事故导致了美国高速路上的大屠杀。同样类似的数据已经说明：如果事故发生时，你系了安全带，那么你遭受严重受伤或死亡的风险会下降一半。为了减少事故伤亡，很多国家已经颁布了《强制使用安全带法》，该法要求司机（有时是乘客）必须系安全带。1988 年 9 月，佐治亚州《强制使用安全带法》并不严格：新闻报道中提到，司机经常不系安全带，除非他们突然刹车或加速，否则不会意识到安全带的重要性，而且罚款金额也不大（最多 25 美元）。玛格丽特·罗伯逊（Margaret Robertson）是佐治亚大学社会工作专业的一名硕士生，掌握了佐治亚州《强制使用安全带法》实施之前和之后的每月伤亡数据以及过去一年的死亡率。罗伯逊假定：如果《强制使用安全带法》有效，那么受伤率、死亡率在《强制使用安全带法》生效后一年内就会下降。数据呈现在图 6－6 和图 6－7 中，这两个图阐明了在《强制使用安全带法》实施前和实施后一年的严重受伤人数，以及每驾驶 1 亿英里（约合 1.6 亿千米）的人员死亡率（此数据根据这两年间发生在佐治亚州内驾驶事件的可能性做了调整）。这些数据摘自赛义和罗伯逊（Thyer & Robertson，1993）的研究。 171

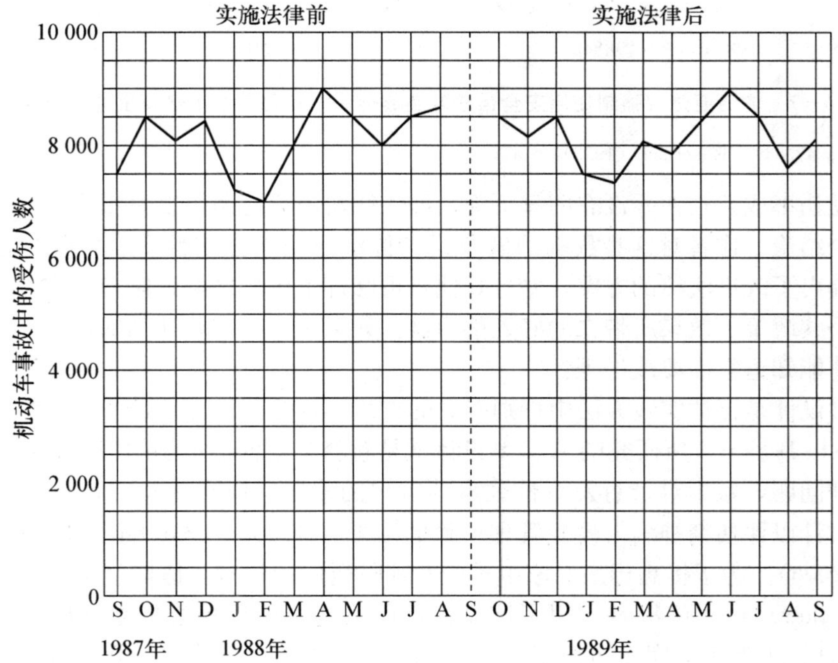

图 6－6　佐治亚州《强制使用安全带法》实施前后一年机动车事故中的受伤人数

资料来源：Thyer & Robertson (1993), p. 510.

172

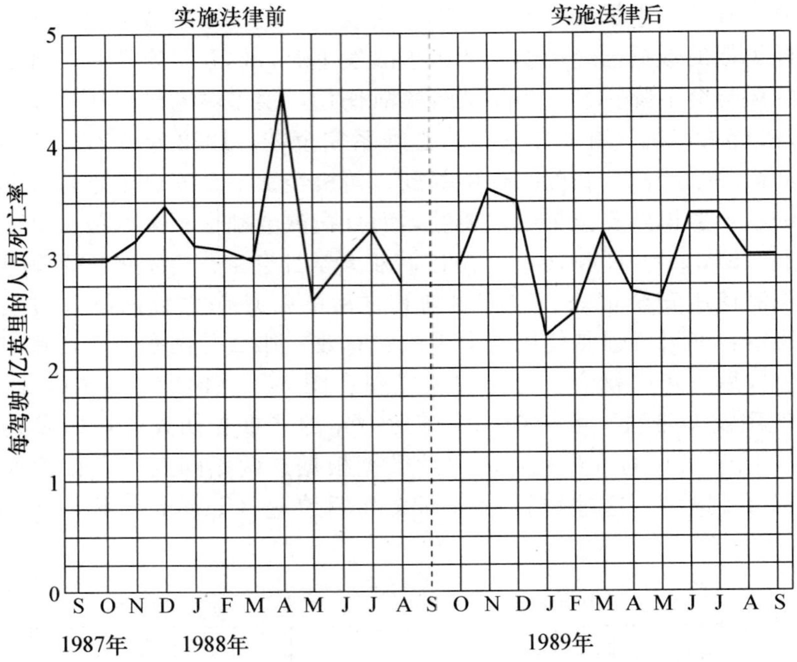

图 6－7　佐治亚州《强制使用安全带法》实施前后一年每驾驶 1 亿英里的人员死亡率

资料来源：Thyer & Robertson（1993），p. 510.

目测受伤率或死亡率并没有明显下降，即法律实施后这两个变量没有下降，数据分析也支持这个结论。作者对这些数据的解释是：佐治亚州《强制性安全带使用法》没有成效。她也提出了改进法律的方案，并且其他州也修订了更严格的强制使用安全带法律。实证性检查公共政策的效果所带来的好处很明显。如果法律与某些评估的形式不相符，那么我们如何才能知道它需要改进呢？

A-B 型设计是评估实践方法中特别有效的方法。社会工作专业硕士实习生克里斯塔·巴克（Krista Barker）所研究的 A-B 型设计就是解释其在低端市场的用途，该研究包括评估行为管理问题，减少对带有发育性残疾的客户的侵犯（Barker & Thyer，2000）。护理采用该类设计以评估精神病人侵犯管理项目的结果（Bisconer，Green，Mallon-Czajka，& Johnson，2006）。为了提高母亲对家中早产儿呼吸暂停的护理，医院社会工作者丽莎·贝克（Lisa Baker）对 9 位母亲运用了该设计，评估她的项目是否成功（Baker & Thyer，1999）。而社会工作者威廉·布拉德肖（William Bradshaw）等人运用 A-B 型设计来评估两组不同数量的精神分裂症患者的治疗结果（Bradshaw，1997；Bradshaw & Roseborough，2004）。事实上，任何生理性或心理社会性干预都可以用 A-B 型设计进行评估，而且该设计适用于客户所经历的各种类型的困难和问题。例如，马诺查、塞玛和布莱克

（Manocha，Semmar，& Black，2007）使用了 A-B 型设计来评估更年期女性的静心结果。

A-B 型设计可以帮助减少预处理期间所呈现的威胁，为了进行比较，基线数据可以排除可能性。它也可以帮助排除相反的假设，评估的每个步骤都会影响环境，因为在收集基线数据的过程中也会出现这种测量结果。A-B 型设计并不排除并发的历史变量在解释任何可观察进步中造成的威胁。因此，它属于评估性设计而不是实践性设计。如果情况允许，可以用 A-B 型设计来代替 B 型设计。文件或回顾性数据对基线的发展及帮助评估项目都很实用。然而，需要记住的是，无论你有多想去解释，随意的解释都应该尽量保守，不要过度。A-B 型设计数据通常并不支持过于放肆的结论。 173

九、总结性实验性设计

为了项目评估的目标，实验性单系统研究设计可以视作允许合理程度的*因果推理*的研究设计。实验性设计允许项目评估员相对自信，因为项目只负责可观察到的进步，而非外部变量。在单系统研究设计中，对内部效度的威胁可以通过重复的示范引言与结果测量相应变化之间的功能性关系来移除。从概念上说，B 型设计并不可行，但有可能在项目 X 实施的同时，事情得到改善。在 A-B 型设计中，在面对事情改善的时候，怀疑论者会马上反驳称：或许项目一执行就马上得到了改善只是一个偶然。在很多情况下，这种批判具有一定合理性。事情发生得很自然，而缺乏控制变量就意味着项目客户会受到影响，只是评估员对此不了解罢了。因此，A-B 型设计允许评估有所变化（发生了改善吗?），但不可以进行随意的推理（是因为新项目才得以改善的吗?）。

因果推理通常要求一些实验性设计类型。当然，实验性单系统研究设计比简单的 A-B 型设计更加严格，但并不是总能满足作为真正实验的重要标准，即对控制或干预情况的随机安排。由于此原因，在一定程度上，布鲁姆、费舍尔和奥玛（Bloom，Fischer，& Orme，2009）把实验性单系统设计称作*实验性排除设计*（因为干预被停止或被排除），这样有助于我们区别实验性单系统设计与实验性小组研究设计——我们将在第 9 章进行讨论。布鲁姆等人表示：单系统设计的任意推理要求：在干预的运用与目标行为产生的变化之间需要存在永久的共变量。例如，对行为变化的观察只能在运用了干预之后，而不能在运用干预之前（这被称为暂时性安排）。

实验性单系统研究设计的最简单设计就是 A-B-A 型设计，干预之后才是设计的基线期，然后将干预故意撤销，但还是继续收集数据。A-B-A 型设计背后的理念是：因为结果 174
测量中能产生两个连续有意义的变化，一个是在项目开始时得到了改善，另一个则是撤销干预后改善现象变糟，所以一些与项目无关的偶然事件对这些变化负责的可能性极小。A-

B-A 型设计也可以看作对客户经历干预之后所做督导的内在努力。它允许实践者评估干预效果能否长期维持。以下是赛义和马萨（Thyer & Massa，1991）所做的简单案例：

一名社会工作者在当地的敬老院开展咨询，该敬老院进行了一项为当地老年人提供免费热午餐的项目。但要注意的是，很多在敬老院吃午餐的老年人，在驾车来回的路上并没有系机动车安全带。该院的主管认为向这些老年人司机宣传安全带的使用十分有用。观察员将车停在街边，记录了中午至下午 1:00 离开养老院的司机使用安全带的情况，该记录持续了 7 天。测量的结果就是每天出现的司机系安全带的比例，观察员得到了连续 7 天的数据。

独立变量则是社会工作专业女硕士生将车停在出口，并把标示牌展示给离开的司机看，上面写明：请系好安全带！如果司机正在系安全带，她应该举起“谢谢你系好安全带”的标牌。这些标牌在 12:00—13:00 期间一直需要展示，同时对安全带使用情况的观察仍和之前一样。这 14 天的周期就组成了 B 设计。最后，不再展示标示牌，而基线期恢复到 6 天，又组成了 A 阶段，同时也完成了 A-B-A 的设计。

为了建立可靠性，在该研究进行一半的时候，观察者（社会工作专业在读硕士）对使用越肩安全带的现象进行了评价。两位观察者之间达到高度一致，这就意味着记录方法十分可靠。图 6 - 8 对数据进行了描述。

175

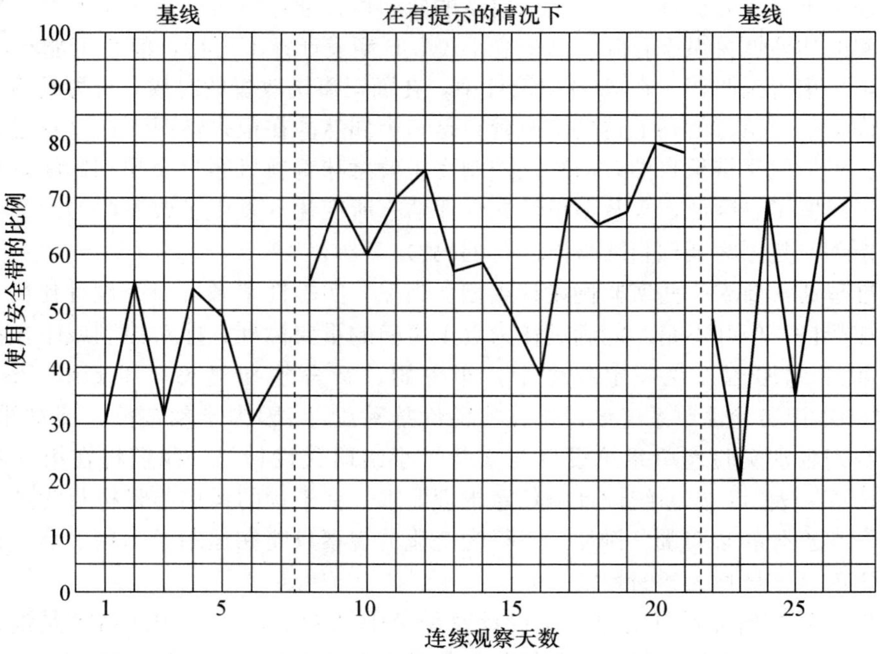

图 6 - 8　观察到的观察者敬老院司机每天使用安全带的比例

资料来源：From Thyer，Thyer，and Massa（1991），Copyright 1991 Walter de Gruyter，Inc.，New York.

在 A 阶段，只有 42%的司机系安全带；在 B 阶段（即展示了标示牌后），安全带的使用率增加到了 60%；而再一次恢复到 A 阶段的时候，安全带的使用率下降到了 48%。很明显：在有提示的情况下，安全带的使用率有所提高（与第一基线相比），而标示牌撤销后，安全带的使用率有所下降。如果硬说这些只是巧合，确实让人难以置信（但也不是不可能），因此在这个简单的设计中内部效度相对较高。

很显然，A-B-A 型设计也存在缺点，但这不能阻止刚进行评估的评估员继续进行评估。该设计也可以产生有效的数据，而且完成这些设计之后，你的评估技巧也会得到提高。不要等到你可以操作一项完美的项目评估时才去做，你要勇敢地去尝试各种项目，如果你永远在等待完美的项目，那你永远无法开始。相反，想得简单一点，再不断地进行较复杂的研究，这样你的评估技巧也会不断提高。在敬老院进行的安全带项目帮助另外一名博士生设计并完成了一项非常复杂的项目评估。

卡伦·索尔思-霍格（Karen Sowers-Hoag，1986）是一名社会工作专业的博士生，她对儿童福利十分感兴趣，尤其是对促进幼儿使用安全带的项目。卡伦计划在当地的私立学校为 4.8～7.1 岁（平均 5 岁）的小孩安排安全带使用的训练课程。她对所有小孩上学放学过程中使用安全带的情况进行督导，发现有 16 个小孩一直不系安全带。她将这些小孩分为两组，每组 6 人，并在她的安全带课程中对第一小组小孩进行训练，但继续收集两个小组所有小孩安全带使用情况的数据。一周之后，再对第二小组小孩进行训练。每组接受的都是 A-B 型设计，但他们的基线期是交错的，而且时间长度也不同。结果测量的是每组小孩每天上学放学时使用安全带的比例。结果测量显示该观察十分可靠，但不突出，所以接下来 34 天对两个小组的教育项目便终止了，接下来几个月也不再继续对这些小孩进行观察。卡伦所获得的数据展示在图 6－9 中。第一小组起初基线比较平稳，水平较低，但项目开始后，小孩们立马一致地开始系安全带。当项目逐渐停止甚至完全终止的时候，经常系安全带的现象还能继续维持。第二小组的基线一开始比较稳定，在第一组接受训练的时候出现小幅增长，但之后发现，这是因为有的同姓但不同名的哥哥和妹妹被随机分配到了不同的小组。第二小组的基线很明显被“污染”了，因为在第一小组的哥哥影响了第二 177
小组的妹妹。然而，在第二小组中，训练对安全带的使用也有很明显的作用。

这样的设计被称为**多基线期设计**，如 A-B-A 型设计，该设计允许随意推测。因为自然环境中存在一些偶然发生的因素，所以对第一小组和第二小组在项目实施后都发生了变化的争论并不合理。当然这种情况也有可能，但可能性并不大。所有已上学的 158 名小孩都接受了关于安全带的培训。有人称：对最开始完全不系安全带的小孩有效的项目，对偶尔系安全带的小孩也可能有效，这样的看法完全合理。也有可能某项目发现以前偶尔系安全带的小孩现在一直系安全带，但这并没有最开始完全不系安全带的小孩的比例高（详见 Sowers-Hoag，Thyer，& Bailey，1987；Sowers-Hoag，1986）。

176

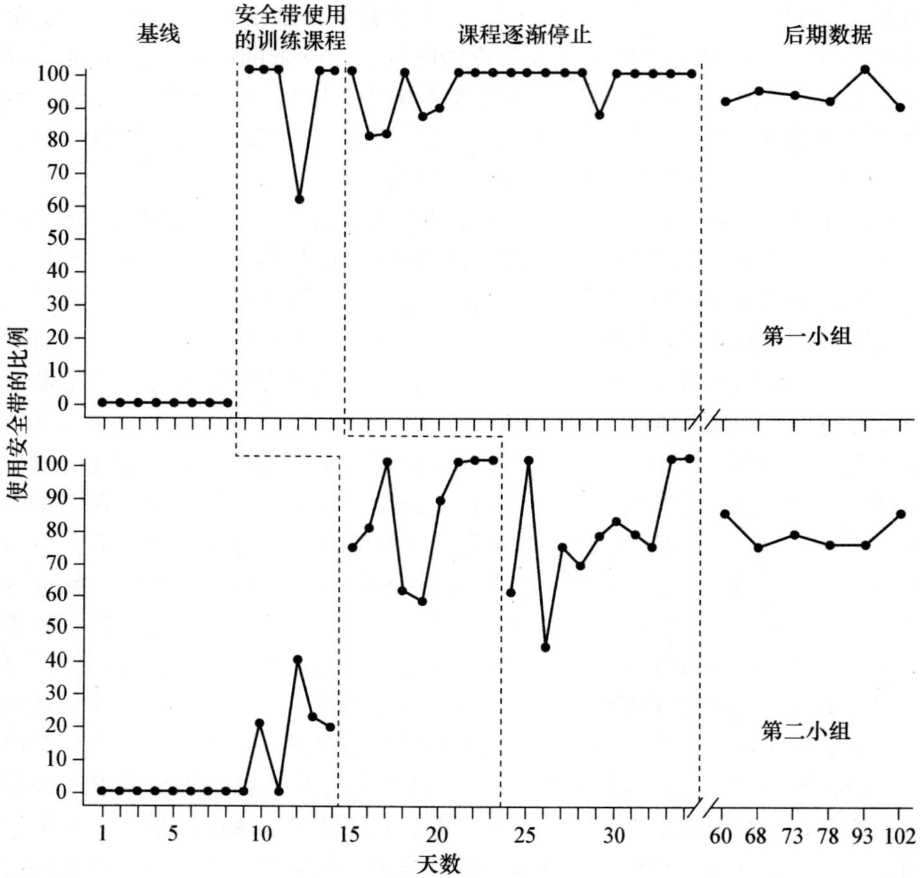

图 6-9　在某私立学校，安全带的使用率不断提高

资料来源：Sowers-Hoag，K. M.，Thyer，B. A.，& Bailey，J. S.（1987）. Promoting safety belt use among young children. *Journal of Applied Behavior Analysis*，20，133-138.

在精神病急诊室工作的琼斯、莫里斯和巴纳德（Jones，Morris，& Barnard，1986）实施了一项干预项目，旨在增加工作人员及时完成项目所需的评估形式。这些研究者也使用了多基线期的设计评估干预的效度。所需的形式一共有三种，结果测量是包含适当完整形式所占的图表比例。基线期由三种不同的形式分别开始，随后也将干预以交错的方式运用到每一种形式之中。在基线期之后，将干预运用到第一种所需的形式之中，而另外两种形式仍然采用基线期（权利通知）。将干预运用到第二种形式之中后，第三种形式还是继续采用基线期（损害应用即将出现）。最后将干预运用到第三种形式之中（证人名单）。在每个例子中，包含了正确、完整形式的图表比例都戏剧化地增加了，但这种情况只有在干预运用之后才会出现。在该研究结束时，研究者进行了六个月的跟踪随访，100%的图表都包含完整的形式。该研究涉及 34 名员工，以及与评估结果测量相关的高评者信度。对于数据的质量，允许进行明确的因果推理，即认为干预项目（包括一些简单的指导和反馈），而不是一些外部的变量对事物改善负有责任。该例子可以看作质量保证研究的一种形式，在此，单系统研究设计就是用来提高急诊室服务质量，而非评估急诊室本身的有效性或结果。

而接下来这个使用实验性单系统研究设计对心理社会学干预进行总结性评估的例子，校园暴力问题为它提供了环境。莫飞、哈赤森和贝利（Murphy，Hutchison，& Bailey，1983）对小学操场上孩子间的侵犯进行了操作性定义。在对孩子们自由活动期间的表现进行了暗中观察后，评估者们对孩子们在此期间的攻击（击打、拍打、绊倒、踢打、推搡他人）、滥用物品（不经他人允许使用他人财物、向机动车辆内乱扔杂物、毁坏文具）以及其他形式的攻击性行为达成了高度一致的评价（一致性平均值达 87%）。

基线期测量采用的暴力行为频率是 12 天，每次测量的无管理自由活动时间为 20 分钟。干预包括：由老师协助进行的组织活动（跳绳、两人三足等），该干预在第 13 天进行。有组织的活动在第 13 天至第 19 天进行，第 20 天取消，第 24 天至第 29 天再次采用。图 6－10 是该 $A_1B_1A_2B_2$ 型设计产生的结果。在第一基线期（即 A_1），攻击事件发生的频率很高，每天高达 212 次，但在采用了干预之后的第一干预期（即 B_1）下降到每天 91 次；在第二基线期（即 A_2），攻击率上升到平均每天 191 次，直到第二干预期（即 B_2）才下降

178

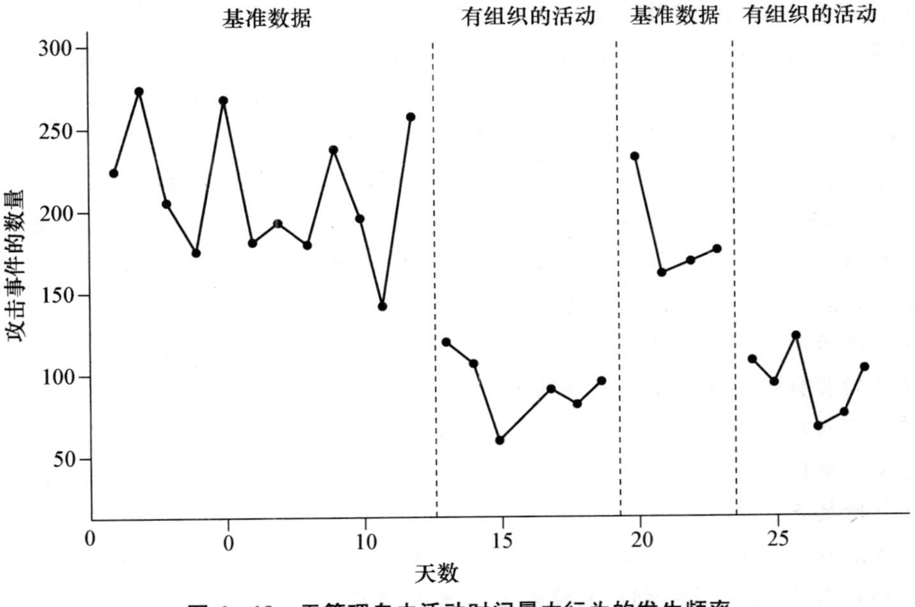

图 6－10　无管理自由活动时间暴力行为的发生频率

注：事件频率的记录时间是上午在操场上的 20 分钟活动观察期。

资料来源：Murphy Hutchison，and Bailey（1983）. Behavioral school psychology goes outdoors：The effect of organized games on playground aggression. *Journal of Applied Behavior Analysis*，16，29－35.

到平均每天 97 次。学校的社会工作者和其他人文类服务专家对减少校园暴力都十分关心，针对该问题，是否也可以采用这种 A-B-A-B 型的实验性单系统研究设计检验任何创新性项目的有效性？这些项目都可以被学校借鉴，控制学生间的侵犯行为（见专栏 6-1）。本书作者相信这是值得推荐的实践项目。此外，我们也要辩证地进行考量，以这样的方式进行非系统化的评估创新性项目是否符合道德规范。

179 **专栏 6-1　　关于 N=1 的随机控制实验的最新文献**

单系统研究设计的另一个有趣的变体融合了各种随机的原则，即 N=1 的随机控制实验，其描述如下：

N=1 实验运用了严苛的诊所治疗方法的原则，为客户决定最好的治疗方法。时间具有随机性，并且在不同的时间安排了积极的疗法和安慰剂，这样客户可以经历实验性及控制治疗，在帮助客户和自己决定最好的治疗方法时会有各种交叉的部分（详见 Straus et al.，2011，p. 131）。

以下是赛义和迈尔斯（Thyer & Myers，2009）提出的假设案例：

一个小孩被确诊患有多动症，医生给他开来药，帮助他安静下来。而他的家长却怀疑这些药是否有用，拒绝其治疗方法。在社会工作人员干预的帮助下，家长答应试一试，服药两个月作为实验的基础。他们分别准备了两个药瓶，一个药瓶即 A 药瓶装有活跃多动成分（但家长和小孩都不知道），而另外一个药瓶即 B 药瓶装有抑制多动的成分（如镇静剂），但是外表看起来和 A 药瓶的药丸一样。社会工作者安排学校老师运用有效的评级，每天评价小孩在学校的行为表现。社会工作者通过投硬币的方法安排小孩在两周内是吃 A 药丸还是吃 B 药丸。社会工作者绘制了简单的曲线图，横轴表示每周的日期，纵轴表示行为评价的分数。如果两组线没有重叠部分，小孩服用活跃多动成分药丸期间的评价很明显得到了提高，就证明了活跃的药物比镇静剂更好。

运用投硬币的方法安排治疗，而且老师、家长和小孩都不知道他们已经接受了治疗，这就加强了对各种偏见的控制。在评估治疗时，偏见存在的可能性很大。这种类型的设计很好地证明了活跃药物对小孩的有效性。此外，这些证明也可以解除家长的疑虑，帮助他们决定是否要继续进行治疗。这也证明药物没有一系列的副作用，使用药物也没有为家庭的宗教信仰所禁止。

就心理治疗研究者而言，N=1 的随机控制实验也被称为可选择的治疗设计。通过在心理学文摘数据库（PsycINFO）上搜索可以发现该实验被广泛用于助人行业中的评估实践。社会工作者史提芬（Stephen Wong）运用这种设计评估了慢性精神病患者生活的环境对其心理行为的影响方式（详见 Wong et al.，1987）。

十、外部效度 180

有时单系统研究设计也饱受批判，言外之意就是外部效度是导致单系统研究设计在项目评估设计中不尽如人意的原因。当然，除了特定研究设计的参与者外，为了让研究结果具有可归纳性，外部效度还是十分可取的。研究结果可归纳化的程度相对于拥有同样问题的更大的个体数来说，通常有代表研究参与者的作用。科学调查取得的成果很多是通过使用完善的数据工具来提高可归纳性的，这些工具关乎参与研究的*代表样本*的选择，个体的特征折射出更大小组（人数）的特点。从代表样本客户（例如，发现X治疗法能够有效地运用于客户的Y问题）身上得出的结论可以推广到更多的人之中。

然而，人文类服务的实践研究，尤其是项目评估，理论上听起来不错，而实际上却受实践的限制，从来不能对大量感兴趣的人使用随机样本。试着想出一些接近男性虐妻者、虐待儿童的女性或所有福利接受者的方法。这些方法容易想到，但是却无法在全国、州以及县城开展。此外，即使理论上可行，你又该如何真的找出这些人的随机样本呢？这具有很大的困难。项目评估研究最常用的方式就是在可获得的基础上选择使用便利性个人样本。这经常与特定的社会服务机构、学校、诊所、非政府组织、医院、诚信项目和其他单位的意愿相关，因为他们是评估研究的主体。通过使用**便利性样本**的实验性研究得出因果推理具有一定的可能性，但是却并不如随机客户样本得出的推论更让人心安。在通常情况下，在团队的实验性项目评估中，最初的结果是暂时的，附属于后续研究的赞同、确认（或反驳），而后续的研究是为了认证最初的影响是否会重复出现。每一个成功的重复过程都会加大外部效度（即确信有关已有项目影响的结论具有合理性），但是新的客户团队、服务提供者以及机构背景经常存在，所以无法推断在新的环境下，能够产生相似的结果。

单系统研究设计如何克服外部效度问题？答案是通过**复制**过程克服。复制的定义是：

> 在研究中，从同样的人口中抽出不同的样本重复一项实验的过程就是复制。在该过程中，使用同样的假设、变量、抽样程序、实验仪器以及分析技巧（Barker，2014，p. 364）。

正常的逻辑应该是这样：如果林姆和他的同事（Lynam et al.，1999）对DARE的效果已经有了一定的研究发现，而其他的研究者在完全不同的情况下也得出了相同的结果，接着在每一次最初的研究发现被复制的时候，对该研究发现的信心就增强一次，那么这些结果就逐渐变得具有归纳性。正如托马斯（Thomas，1975）所表示的：

181 复制的结果基本上具有积极性，对程序可靠性的信心也大大增强。事实上，每一次连续积极的复制都大大增加了真实性，因为导致这些结果的偶发事件在再一次的复制中未必会发生，当然，同样也可以说是出现了复制错误（p. 278）。

尽管托马斯一直明确强调要复制单系统研究设计，但相同原则却认同小组设计所得出的研究结果的概括性。换言之，实践研究的大多数形式是尝试通过复制机制，而非随机样本来建立外部效度或可概括性。这是评估研究（该研究试图形成关于特定项目的有效知识）和常规行为及社会科学研究（该研究致力于产生可概括的知识来促进理论的发展）的主要区别。

简而言之，在使用了单系统研究设计的情况下，研究的单一样本的外部效度可能还很低，但有时这种情况无法预测。评估抗生素对细菌感染的效果的最初单一课题研究发现：抗生素治愈了病人。这是基于 N=1 的可归纳的结果吗？答案当然是否定的。但它的结论确实有效。

在项目评估中，对外部效度的担忧极为合理。但是，项目评估涉及使用了便利性样本的小组研究设计同样具有这一担忧。克服这个困难以及建立结果可归纳化的机制对于单系统和小组研究设计来说都是一样的，即通过复制来解决。事实上，复制研究结果的需求并不是为此辩解："同样的实验出现结果重复是知识体的创新的基础。"（Ziman，1978，p. 56）

十一、推论统计

有时关于研究的教科书也倡导使用各种推论统计测验来对单系统研究设计的数据进行进一步推理。但我们并不推荐这样的做法，原因如下：首先，如果将使用推论统计的维度视为单系统研究设计数据分析的基础，那么就可以从使用单系统研究设计的尝试评估研究中，区别出那些对专业统计知识不了解的人；其次，很多推荐的统计测验是以参数分析的经常性假设（如变异同质性、常态的分散数据以及独立的数据）为基础的。使用单系统研究设计（通常是其数据点）决定了参数分析自由的程度，尤其当设计有几个不同的基线期时。数据点的数量（如自由的程度）很少，会导致数据推论出现问题，因为数据点对问题发现的敏感度太低。想象一下，A-B 型单系统研究设计在 A 基线期和 B 基线期分别有 5 个数据点。假设这些数据就是每个基线水平，而你若要测出 B 基线期的数据与 A 基线期的数据相比意义更小（可靠性好），那么就采用 t 检验对这两个基线数的均值加以验证（我们将假设这些数据并不具有严格的独立性，这会是另一个复杂的话题）。就统计功效而言，
182 在两个时间点测试一组中的 5 个主题，测试前和测试后的小组设计（如 O-X-O）是对等

的。没有哪一个统计学家会表示这种 t 测试的使用具有合理性，而是你需要 15～20 个主题来确认统计数据，以拥有足够的能力来发现各种方法的差异。

再次，在单系统研究设计的本质矛盾中，测验参数的最主要的假设就是数据的独立性。例如，在小组设计中，将迈阿密未成年人药物滥用的发生率与阿拉斯加州安克雷奇的发生率进行对比，这些数据完全独立。一个小组的数据与另外一个小组的数据绝不会相连，也不会受到影响。单系统研究设计只能从单一的系统中获得数据（单个客户、小的团体、一对夫妻、家庭、组织、社区、州甚至一个国家），而该系统会被重复评估。因此，从统计的角度，数据并不具有"独立性"，而是连续地相互依赖（如自相关作用）。这就意味着通过一个数据点可以预测到其他数据点的位置。如果自相关作用大量存在，那么参数推理数据测试就是退而求其次。

仅依赖于单系统研究设计中格式化的视觉检测数据的第四个原因是，实践使得检测到细微但在统计上可信的差异的可能性降低，这被称为第二类型的错误，当某事物存在时，该错误缺乏"真正的"差异；反之就是第一类型的错误，当某事物不存在时，这种错误强调区别的存在。在评估干预的实践研究中，研究员和诊所专家并不总对统计的可靠变化感兴趣，因为该变化实际上并不重要。而项目评估员通常想要找到具有实践性的且可以产生重大变化的干预。视觉检测法*增加*了第二类型错误的可能性（缺乏一些有效但细微的影响），但减少了第一类型错误的可能性（对影响的作用过于夸大）。实质上，仅使用视觉检测会导致对某些数据进行更保守的分析。就过于强调统计意义的评估研究来说，这是正确的选择，但就数据而言，实际上对变化并没有太大意义。

你可能经常会采用视觉分析来处理图表呈现的数据，并且坚信这是呈现时间序列数据的一种实用又实际的方法。例如：你正在观察一张绘制了股市涨跌情况的图表；在辩论期间，政治候选人会通过某张展现犯罪及财富数据的图表来阐明其观点。你轻而易举就看出了这种趋势。事实上，当你开始分析评估数据，谈论 t 检验和卡方分布检验的时候，很多机构主管和董事会顾问团的目光会变得很呆滞；但是，当他们看到直接、干净，并且清晰地展现了事情的升降情况的图表时，他们会马上精神起来。

一些统计分析的特别方法可能会有效地被运用到单系统研究设计数据中。例如，约翰·谢尔兹（John Shields）在乔治大学获得了其社会工作博士学位，他的博士论文分析了州际法的潜在作用，该立法是为了减少公共机构使用精神病院住院床位。在立法之前的几年间，他就在国内掌握精神病院住院床位的每月使用情况，于立法之后继续研究。结果，他很自然地得出了 A-B 型单系统研究设计。如果有大量数据点，谢尔兹就可以通过名 *183*
叫**时间序列分析**的分析统计来提高他对数据的视觉演绎（即从视觉上能清楚、明显地展示：在立法之后精神病院住院床位使用率有所下降）。时间序列分析提供了更为详细的定量分析，从统计上不仅展示了立法之后，精神病院住院床位使用率大幅下降，也展示了这种下降情况是从基线期的第 1 天开始加速，一直延续到立法实施后每月的第 22 天。谢尔兹的论文展现了单系统研究设计和推论统计的良性合成，时间序列分析就是其成果之一。

时间序列分析被广泛地运用于社会政策分析。正如近期的一项案例：博兹瓦纳更改了一些与饮酒驾车罚款相关的政策，这些数据都是从政策实施之前的总事故率和这些年的意外死亡案例，以及政策实施多年后的总事故率和意外死亡案例中获取的。这些数据以图表的形式呈现，同时使用时间序列分析来进行数据分析。分析发现事故中意外死亡率减少了 12%，因此数据分析的作用已经重要到能够拯救生命（Sebego，Naumann，Rudd，Voetsch，Dellinger，& Ndlovu，2014）。在其他国家，类似的研究也产生了这样的结果。

时间序列分析的缺点就是该方法在每个基线期都需要大量的数据点（大概 50 个左右）来良好地运转测验，而评估研究者很少有机会接触到数据，因为对这些数据需要重复测验，而且要由电脑和统计专家来进行这些测验。就数据点数量决定某个测验的自由程度和相关的统计力度而言，无参数推论统计检验和有参数推论统计检验都具有这样的缺点。

权衡之下，我们推荐项目评估员主要依据单系统研究设计的视觉检测，并且 30 年来一直推荐这个方法：

> 变化的主要标准是*实践性*差异是否因为干预而产生。没有统计测验数据的检测足够帮助你判断真正有用的变化是否产生。毕竟，就实践而言毫无意义但就统计而言意义重大的结果并没有什么关系（Thomas，1975，p. 279，斜体标注部分）。

一些非参数性的统计测验需要时刻运用分析单系统的数据，但是很多已完成的项目对该技巧没有任何指导。在单系统研究中，布鲁姆、费舍尔和奥玛（Bloom，Fischer，& Orme，2009）对使用推论统计测验进行了很好的综述。

十二、如何准备曲线图？

就评价自己的实践活动而言，准备曲线图最简单的方法就是使用现成的方格纸和铅笔或钢笔；但就课程项目而言，教师可能需要更齐全并且更好的工具。如果你在为某机构准
184 备一份报告，在会议上展示一篇论文，或者在学术期刊上发表文章，那么你肯定需要从外观上看起来更专业的曲线图。

准备外观上更专业的曲线图的另一种方法是使用笔记本电脑和适合该任务的软件。例如，许多统计分析程序［如社会科学统计软件（the Statistical Package for the Social Sciences，SPSS）］就可以用来准备曲线图。《评估实践：专业人士的指南》这本教科书是伴随布鲁姆及其同事（Bloom et al.，2009）开发的专业计算机软件而生的，其目标是帮助

你准备由电脑生成的单系统研究设计曲线图；奥赫巴尔和叙蒂瑞希（Auerbach & Schudrich，2013）描述了如何使用名叫 *R* 的公用开放源数据项目来设计单系统研究设计图表，同时运用推理数据进行分析。使用术语*图表*和*表格*的一项视频网站（YouTube. com）研究通过一些指示性的短小视频对如何准备单系统研究设计图表做出指导。

以下是在准备单系统研究设计曲线图时的一些一般性的指导方针。

可以做的事情：

（1）用较粗的线条代表横轴和纵轴，而不是那些用于连接数据点的线条。

（2）仅使用黑色墨水。

（3）使用实际数据点（如实心或非实心黑圈），不要使用不平稳的线条连接数据点。

（4）使用单独的垂直线将每一基线期分开。

（5）使用可识别的标题（如基线期、干预等）。

（6）尽量少用或者不用缩写，如果空间允许，可将单词拼写出来。

（7）如果纵轴有零点，将之略微提高超过横轴，这样数据点就不会重合（或出现模糊现象）。

（8）尽量将图画得足够大，方便读者阅读。

不能做的事情：

（1）不要使用彩色墨水，不要尝试使用灰色阴影，复印时颜色和阴影部分效果不佳。

（2）不要使用电脑的三维特性来设计图形版式，虽然看起来很完美，但是不能清晰地说明数据沿着轴线下降的方式。

（3）如果提交报告是为了在期刊上发表，不要给数据写标题。使用单独的页面，根据《美国心理协会出版手册》的要求来设计版式（如 APA 版式）。

（4）图标上不需要页眉和右边线。

（5）不要将横轴和纵轴交叉。

（6）基线期之间不要连接数据点，中间要有间隔。

你可以通过运用简单的步骤，形象地表现数据的视觉检测，以增强结论的信度（例如，Fisher，Kelly，& Lomas，2003）。事实上，关于该话题的参考文献有很多，社会工作者马可·马泰尼（Mark Mattaini，1993）的《超过千字：临床实践的图表》一书也是很好 *185*
的参考，同时纽金特（Nugent，2009）为该主题提供了更数据化的途径。

十三、单系统研究设计的伦理道德

人文类服务的专业人士当然要接受道德纪律准则的指导，这样在与客户的交流中可以约束自己的行为。例如，当准备单系统研究设计使用的研究，或是你的研究方法涉及制定法律的小组设计或是定性案例研究时，与客户保密有关的问题需要着重考虑（正如弗洛伊德所说）。我们的道德标准也可能包含强调在客户参与实践研究时有效的知情同意权。然而，对自己实践活动的评估目前仍处于灰色地带，例如，关于纪律的道德规范，我们得知：

> 社会工作者应该对与实践、研究和道德相关的知识有所贡献；社会工作者应该力图对专业文献有所贡献……［准则 5.01（d）］……社会工作者应该督导并评估政策、项目实施及实践干预［准则 5.02（a）］……社会工作者应该促进并推动评估和研究，以对知识的发展有所贡献［准则 5.02（b）］……从事评估和研究的社会工作者应该获得参与者的自愿和书面知情同意［准则 5.02（e）］……（National Association of Social，1999）。

很多国家在对社会工作实践的法律定义中将开展评估研究包含在内，所以使用单系统研究设计可以说是良好的实践。实现道德要求以系统地评估我们所进行服务项目的结果，但这不应该被视作“研究”。《美国社会工作者协会标准的临床社会工作实践》（1989）明确指出：“社会工作者应该拥有使用研究来评估服务有效性的知识和技能。”（p. 7）这也再次表明评估是良性事务的一部分。尽管书面的知情同意似乎只为了表明客户参与了具有新干预的实验性调查，但其中可能涉及有关延迟治疗或不进行治疗的潜在安排，例如：使用 B 单系统设计（评估和干预同时产生），以及以贝克抑郁量表作为测量结果的医生每天如何评估其与压抑的客户工作后所产生的结果？对服务前和服务后进行回顾性图表总结的实践者已使用图表中的方法了吗？这是实践、评估还是研究？这些问题并不十分清楚。

但是，研究通常可以通过研究者对传播结果及该领域知识增长的兴趣来得到认同；研究者通常都想要发表他们的研究结果，但评估者可能会也可能不会发表他们的研究发现。
186 二者的不同之处是提高*特定项目*实践者反馈信息的潜在动机，评估者通常对他们研究发现的推广并不关注。

人文类服务的专家经常通过病例记录、观察法、标准化措施、对项目的快速评估工具以及与客户交流来采集数据。有时，这些措施在个人治疗、家庭治疗或者小组工作的项目开始和结束时不断重复进行。这是常规练习的一部分，也是将这一信息与监管者和同事分享的一部分。我们并不相信依照自身常规的服务所进行的项目评估研究获得的成果会因为所谓的专业道德规定下的研究设计而有所减少。我们只相信，致力于这些评估研究的实践者应该遵循一般道德指导的纪律，这些指导通常与知情同意书，或者与处理治疗关系、保密问题和客户保护有关。当然，学生在完成课程（如论文）或进行评估项目时，应该始终遵循他们大学的伦理审查委员会的指导。布鲁姆和奥玛（Bloom & Orme，1993）对该话题的讨论更广泛。一般而言，由机构聘用的项目评估人员，必须获得机构审查委员会的批准，以便在任何研究中收集数据，以及发表或公开传播这些数据（如在一个专业会议上）。只用于内部管理的研究，或者是在资金来源的要求下，不需要获得必要的伦理审查委员会批准。没有在大学或医院工作的项目评估人员，在他们自己的组织中没有获得伦理审查委员会批准的机会，可能会发现他们当地的大学或医院伦理审查委员会将会为他们提供这样的审查，作为他们社区服务职责的一部分。因为这一部分的缺失，有一些私人的伦理审查委员会将以审查（并可能批准）作为回报。

十四、如何批判性地审查单系统研究设计？

近年来，有关准备研究报告和期刊手稿的国际指南，确保所有基本信息都包含在一份报告中的指南，确保能够准确地理解研究行为和研究发现的信息的指南，均已出版。《美国心理协会出版手册》（American Psychological Association，2010，pp. 245－253）中的期刊文章报告标准就是一个很好的信息来源。这类指南可用于一般研究，也可用于准实验和随机实验组研究、荟萃分析、药理学和非药理学干预，以及系统综述。仔细思考这些指南，就像飞行员在起飞前使用检查表，或者外科医生在手术前使用检查表。这些检查表是负责任和道德专业的一部分。

专栏6－2包含一些建议，这些建议特别适用于为项目评估目标而编写的单系统研究设计。

专栏6－2　单系统研究报告的书写指南 187

● 提供组织背景和关于目标的足够背景信息。如果相关理论真有涉及，就提及一下相关的理论。如果没有，就避免引入不必要的理论。

● 回顾以前的相关经验性的文献，着重于过去的项目评估。

● 描述项目评估的目的（例如，对单个个体的结果进行评估，基于县市级的需求评估，机构范围内的客户满意度研究，福利政策变化的全州评估，等等）。

● 描述项目评估中的参与者，包括适当个别客户的相关细节或分组数据（如在城市范围内的评估中城市人口的人口特征）。

● 描述所选择的结果措施，如果这些措施涉及先前公布的措施或规模，就应有适当的引用。描述关于结果度量的可靠性和有效性信息，包括谁获得了结果措施的信息（如提供服务的治疗师和独立的评估员等等）。

- 描述使用的单系统设计类型（如 A-B-A-B 型、跨项目多基线、中断时间序列设计、中断时间序列设计与无处理比较条件等等）。
- 如果使用了基线阶段，描述收集数据时所呈现的通常情况。
- 如果引入了干预，请详细描述，以便获得消息的读者能够在其他项目中复制它的基本特性。
- 描述有哪些信息可以证明干预实施的正确性。
- 描述如何从数据中得出推论（如线图的视觉检查、统计测试）。
- 描述从这些结果中可以得出什么实际的教训，包括对项目有效性或者缺陷的详尽陈述。
- 描述研究中的任何限制或弱点，未来的项目评估可能会有所改进。
- 描述结果对相关理论的影响。如果没有真正的相关性，就应该避免类似这样的讨论。

十五、本章小结

单系统研究设计是项目评估员的十分有用的一项工具，如我们在第 9 章中提到的小组研究设计。单系统研究设计可以视为较简单的层次结构，有对评估变化发生频率十分有帮助的简单设计，也有用于评估特定的项目是否产生明显的效果的复杂设计。单系统研究设计分析的单位被称为“系统”。在*临床实践*中，系统可以是一位客户、一个家庭，也可以
188 是一对夫妻或一个小组。在*项目评估*中，系统可以概念化为单个项目、一家机构、一家机构的网络、一种组织、一座城市、一个州甚至一个国家。使用单系统研究设计的关键是有可靠的、有效的、可以用来反复评估的测量结果，用简单的线条图将这些数据绘制出来，并运用目测法解释这些结果。在有些情况下，推论统计学可以用于单系统研究设计数据，但通常没有这个必要。

从概念上来说，虽然平时那些心怀不轨的服务人员在设置领域做研究时，常常把简单的方法复杂化，但单系统研究设计背后的推理并不难。使用单系统研究设计的项目评估所得出的结论通常拥有使用便利性样本（但并不是随机选择）的评估。然而，这种限制需要在项目评估中得到肯定，小组设计以及其他的研究方法也可能以这种方式获得妥协，因此，这种限制实际上并不突出。大多数项目评估者所关心的是了解某个特定的项目，而不是概括所有的项目，单系统研究设计就是实现这一目标的实用工具。

本章说明了单系统研究设计在各个项目评估活动中的有效性，这些活动包括需求评估、形成性评估、质量保证以及总结性评估；也说明了许多不同的研究设计，包括 A 型设计（即没有任何干预的纯评估）、B 型设计（即评估和干预同时发生）、A-B-A 型、B-A-B 型、A-B-A-B 型以及多个基线的设计。每一个参与设计、执行以及报告项目评估研究的人文类服务的工作者都应该对单系统研究设计的规则烂熟于心，因为评估人文类服务实践的工具现在都得到了认可而且十分必要。

一、课堂讨论

1. 列出你所在的社区或大学的问题。单系统研究设计该如何用于其中某个问题的需求评估？需要收集哪些数据？基线需要多长时间？单系统研究设计所得出的证据令人信服的程度如何？

2. 针对你所在社区学生所知道的社会服务机构进行头脑风暴，讨论单系统研究设计该如何用于形成性评估或质量保证。首先找出某个问题，然后讨论可能进行的干预，测量结果会如何，以及该研究所花费的时间。

3. 单系统研究设计可以用于消费者满意度调查吗？如何使用？

4. 找出近五年发表在专业期刊上的单系统研究设计的某个案例，确定设计类型、测量结果，以及对干预的描述。自己判断作者是否通过数据证明得到了正确结论。

5. 区分需求评估、形成性评估、质量保证和总结性评估的功能。

6. 在什么样的情况下，单系统研究设计才能被视为实验性设计的代表？

二、微型项目：亲身体验评估

1. 对于你服务过或者正在为其服务的客户人数（或是虚构的人数），选择一个代表共同问题的测量结果。制作图表来督导他们的进展。在相应的论文中，一定要强调目标行为、你所采用的设计类型以及为改善或检测数据的可靠性所做出的努力。

2. 如果你对单系统研究设计不太熟悉，请翻阅《应用行为分析杂志》中的话题，直到你找到一篇令你感兴趣，并且描述了单系统研究设计的运用的文章。根据采用单系统研究设计的优点和局限，总结该文章的研究发现，该研究该如何提高？

3. 回顾期刊《社会工作实践研究》（2008 年 9 月）中致力于儿童福利的特别案例。很多采用了单系统研究设计的文章都评估了服务的有效性。选择这样的一篇文章，看看你能否找出作者采用的单系统研究设计的类型，以及作者为何要选择这样的设计。

三、参考文献

American Psychological Association. (2010). *Publication manual of the American Psychological Association* (6th ed.). Washington, DC: APA Press.

Auerbach, C. & Schudrich, W. Z. (2013). SSD for R: A comprehensive statistical package to analyze single-system data. *Research on Social Work Practice*, *23*, 346–353.

Austin, M. J., Cox, G., Gottlieb, N., Hawkins, J. D., Kruzich, J. M., & Rauch, R. (1982). *Evaluating your agency's programs*. Newbury Park, CA: Sage.

Baker, L. R., & Thyer, B. A. (2000). Promoting parental compliance with home infant apnea monitor use. *Behaviour Research and Therapy*, *38*, 285–296.

Barker, K., & Thyer, B. A. (2000). Differential reinforcement of other behavior in the treatment of inappropriate behavior and aggression in an adult with mental retardation at a vocational center. *Scandinavian Journal of Behaviour Therapy*, *29*, 37–42.

Barker, R. (2014). *The social work dictionary* (6th ed.). Washington, DC: NASW Press.

Bisconer, S. W., Green, M., Mallon-Czajka, J., & Johnson, J. S. (2006). Managing aggression in a psychiatric hospital using a behaviour plan: A case study. *Journal of Psychiatric and Mental Health Nursing*, *13*, 515–521.

Bloom, M., Fischer, J., & Orme, J. G. (2009). *Evaluating practice: Guidelines for the accountable professional* (6th ed.). Boston: Allyn & Bacon.

Bloom, M., & Orme, J. (1993). Ethics and single-system design. *Journal of Social Service Research*, *18*(1–2), 301–310.

Bradshaw, W. (1997). Evaluating cognitive-behavioral treatment of schizophrenia: Four single-case studies. *Research on Social Work Practice*, *7*, 419–445.

Bradshaw, W., & Roseborough, D. (2004). Evaluating the effectiveness of cognitive-behavioral treatment of residual symptoms and impairment in schizophrenia. *Research on Social Work Practice*, *14*, 112–120.

Briggs, H. E. (1994). Promoting adoptions by foster-parents through an inner city organization. *Research on Social Work Practice*, *4*, 497–509.

Conboy, A., Auerbach, C., Beckerman, A., Schnall, D., & LaPorte, H. H. (2000). M.S.W. student satisfaction with using single system designs computer software to evaluate social work practice. *Research on Social Work Practice*, *10*, 127–138.

Corcoran, K., & Fischer, J. (2013). *Measures for clinical practice and research: A sourcebook* (2 vols., 5th ed.). New York: Oxford University Press.

Cournoyer, B. R. (2004). *The evidence-based social work skills book*. New York: Allyn & Bacon.

Dalton, J. (1831). A series of experiments on the quantity of food taken by a person in health, compared with the quantity of the different secretions during the same period. *Memoris of the Literary and Philosophical Society of Manchester, Series 2, 5*, 303–317.

Daniels, A. C. (1989). *Performance management: Improving quality productivity through positive reinforcement*. Tucker, GA: Performance Management Publications.

Dukes, W. F. (1965). *N* = 1. *Psychological Bulletin*, *64*, 74–79.

Engelman, K. K., Altus, D. E., Mosier, M. C., & Mathews, R. M. (2003). Brief training to promote the use of less intrusive prompts by nursing assistants in a dementia care unit. *Journal of Applied Behavior Analysis*, *36*, 129–132.

Fisher, W. W., Kelley, M. D., & Lomas, J. E. (2003). Visual aids and structured criteria for improving visual inspection and interpretation of single-case designs. *Journal of Applied Behavior Analysis*, *36*, 387–406.

Geller, E. S., Bruff, C. D., & Nimmor, J. G. (1985). "Flash for life": Community-based prompting for safety belt promotion. *Journal of Applied Behavior Analysis*, *18*, 309–314.

Greene, B. F., Winett, R. A., Van Houten, R., Geller, E. S., & Iwata, B. A. (Eds.). (1987). *Behavior analysis in the community*. Lawrence, KS: Society for the Experimental Analysis of Behavior.

Guyatt, G., Sackett, D., Adachi, J., Roberts, R., Chong, J., Rosenbloom, D., et al. (1998). A clinician's guide for conducting randomized trials in individual patients. *Canadian Medical Association Journal*, *139*, 497–503.

Hudson, W. W., & Thyer, B. A. (1986). Research measures and indices in direct practice. In A. Minahan (Ed.), *Encyclopedia of Social Work* (pp. 487–498). Washington, DC: National Association of Social Workers.

Johnson, M. D., & Fawcett, S. B. (1994). Courteous service: Its assessment and modification in a human service organization. *Journal of Applied Behavior Analysis*, *27*, 145–152.

Jones, H. H., Morris, E. K., & Barnard, J. D. (1986). Increasing staff completion of civil commitment forms through instructions and graphed group performance feedback. *Journal of Organizational Behavior Management*, 7(3–4), 29–43.

Kazi, M. A. F., & Wilson, J. (1996). Applying single-case evaluation methodology in a British social service agency. *Research on Social Work Practice*, *6*, 5–26.

Kelley, P. L., Jacobs, R. R., & Farr, J. L. (1994). Effects of multiple administrations of the MMPI for employee screening. *Personnel Psychology*, *47*, 575–591.

Lilienfeld, S. O., Ritschel, L. A., Lynn, S. J., Cautin, R. L., & Latzman, R. D. (2014). Why ineffective psychotherapies appear to work: A taxonomy of causes of spurious therapeutic effectiveness. *Perspectives on Psychological Science*, *9*, 355–387.

Lynam, D. R., Milich, R., Zimmerman, R., Novak, S. P., Logan, T. K., Martin, C., et al. (1999). Project DARE: No effects at 10-year follow-up. *Journal of Consulting and Clinical Psychology*, *67*, 590–593.

Manocha, R., Semmar, B., & Black, D. (2007). A pilot study of a mental silence form of meditation for women in perimenopause. *Journal of Clinical Psychology in Medical Settings*, *14*, 266–273.

Mattaini, M. A. (1993). *More than a thousand words: Graphics for clinical practice*. Washington, DC: NASW Press.

Murphy, H. A., Hutchison, J. M., & Bailey, J. S. (1983). Behavioral school psychology goes outdoors: The effect of organized games on playground aggression. *Journal of Applied Behavior Analysis*, *16*, 29–35.

Mutschler, E. (1979). Using single-case evaluation procedures in a family and children's service agency: Integration of research and practice. *Journal of Social Service Research*,

2, 115–134.
National Association of Social Workers. (1989). *NASW standards for the practice of clinical social work*. Silver Spring, MD: Author.
National Association of Social Workers. (1999). *Code of ethics*. Washington, DC: Author.
Neuhring, E. M., & Pascone, A. B. (1986). Single-subject evaluation: A tool for quality assurance. *Social Work*, *31*, 359–365.
Nugent, W. R. (2009). *Analyzing single system design data*. New York: Oxford University Press.
Nugent, W. R., Bruley, C., & Allen, P. (1999). The effects of aggression replacement training on male and female antisocial behavior in a runaway shelter. *Research on Social Work Practice*, *9*, 466–482.
Richmond, M. (1935/1917). *Social diagnosis*. New York: Sage.
Rossi, P. H., & Freeman, H. E. (1985). *Evaluation: A systematic approach*. Thousand Oaks, CA: Sage.
Sebago, M., Naumann, R. B., Rudd, R. A., Voetsch, K., Dellinger, A. M., & Ndlovu, C. (2014). The impact of alcohol and road traffic policies on crash rates in Botswana, 2004–2011: A time-series analysis. *Accident Analysis & Prevention*, *70*, 33–39.
Sowers-Hoag, K. M. (1986). *Promoting safety belt use among young children: An experimental analysis*. Ph.D. diss., Florida State University School of Social Work, Tallahassee, Florida.
Sowers-Hoag, K. M., Thyer, B. A., & Bailey, J. S. (1987). Promoting safety belt use among young children: An experimental analysis. *Journal of Applied Behavior Analysis*, *20*, 133–138.
Staats, A. J., & Butterfield, W. (1965). Treatment of non-reading in a culturally deprived juvenile delinquent: An application of reinforcement principles. *Child Development*, *36*, 925–942.
Stocks, J. T., Thyer, B. A., & Kearsley, M. A. (1987). Using a token economy in a community-based residential program for disabled adults: An empirical evaluation leads to program modification. *Behavioral Residential Treatment*, *1*, 173–185.
Straus, S. E., Glasziou, P., Richardson, W. S., & Haynes, R. B. (2011). *Evidence-based medicine: How to practice and teach it* (4th ed.). New York: Elsevier.
Stuart, R. B. (1971). Research in social work: Social casework and social groupwork. In R. Morris (Ed.), *Encyclopedia of social work* (Vol. 2, pp. 1106–1122). Washington, DC: National Association of Social Workers.
Thomas, E. J. (1975). Research methods in interpersonal practice. In N. A. Polansky (Ed.), *Social work research* (pp. 254–283). Chicago: University of Chicago Press.
Thomas, E. J., Abrams, K. S., & Johnson, J. B. (1971). Self-monitoring and reciprocal inhibition in the modification of multiple tics of *Gilles de la Tourette's* syndrome. *Journal of Behavior Therapy and Experimental Psychiatry*, *2*, 159–171.
Thomas, E. J., & Carter, R. D. (1971). Instigative modification with a multiproblem family. *Social Casework*, *52*, 444–455.
Thyer, B. A. (1998). Promoting research on community practice: Using single system

research designs. In R. H. MacNair (Ed.), *Research strategies for community practice* (pp. 47–61). Binghamton, NY: Haworth.

Thyer, B. A. (2008). Evidence-based macro-practice: Addressing the challenges and opportunities. *Journal of Evidence-based Social Work*, *5*(3–4), 1–20.

Thyer, B. A., Artelt, T., & Shek, D. (2003). Using single system research designs to evaluate practice: Potential applications for social work in Chinese contexts. *International Social Work*, *46*, 163–176.

Thyer, B. A., & Myers, L. L. (2009). N = 1 experiments: Their role in evidence-based practice. In A. R. Roberts (Ed.), *Social worker's desk reference* (2nd ed., pp. 1176–1182). New York: Oxford University Press.

Thyer, B. A., & Robertson, M. (1993). An initial evaluation of the Georgia safety belt use law: A null MUL? *Environment and Behavior*, *25*, 506–513.

Thyer, B. A., & Thyer, K. E. (1992). Single-system research designs in social work practice: A bibliography from 1965 to 1990. *Research on Social Work Practice*, *2*, 99–116.

Thyer, B. A., Thyer, K. E., & Massa, S. (1991). Behavioral analysis and therapy in the field of gerontology. In Paul K. H. Kim (Ed.), *Serving the elderly: Skills for practice* (pp. 117–135). New York: Aldine.

Whipple, J. L., & Lambert, M. J. (2011). Outcome measures for practice. *Annual Review of Clinical Psychology*, *7*, 87–111.

Wodarski, J. S., & Feldman, R. (1974). Practical aspects of field research. *Clinical Social Work Journal*, *2*, 182–193.

Wodarski, J. S., & Lindsey, E. W. (1987). Training social work administrators to use evaluation in daily practice. In N. Gottlieb (Ed.), *Perspectives on direct practice evaluation* (pp. 123–133). Seattle: University of Washington School of Social Work.

Wong, S. E., Terranova, M. D., Bowen, L., Zarate, R., Massel, H. K., & Liberman, R. P. (1987). Providing independent recreational activities to reduce stereotypic vocalizations in chronic schizophrenics. *Journal of Applied Behavior Analysis*, *20*, 77–81.

Ziman, J. (1978). *Reliable knowledge: An exploration of the grounds for belief in science.* Cambridge: Cambridge University Press.

第 7 章

客户满意度

什么是客户满意度研究?

客户满意度尝试理解客户看待机构项目的方式。客户拥有好的体验吗?他们是向朋友推荐这个机构还是向其他的机构寻求帮助?一些出现在需求评估中的问题同样也适用于此。(例如,对客户的服务容易评估吗?他们是否有能力支付或者可接受?)

我需要什么技能?

你需要对创建样本的方式进行理解,能够识别并协助你公平评估客户体验的潜在调查对象,同时能够有效地处理团队研究设计,以及因为偏见、外来变量或者研究内部效度的威胁而妥协的干预,了解你对此的总结能力。

一、监控客户满意度的重要性

随着西方社会开始痴迷于消费者的权利和责任,客户满意度研究这个概念可以追溯到20世纪60年代至70年代(Williams,1994)。事实上,基于此主题去观察有关文章的发展是一件令人惊讶的事情。有时,很容易就会想到做事情的某一特定行为或者方式已经具有了较长的历史。

当我们观察表7-1时,我们可以发现20世纪60年代只存在三篇以“客户满意度”“消费者满意度”为题的文章(仅限题目搜索,*Web of Science* database 5/1/14)。每十年都会增长一次,而且从2010年开始,它的增长甚至有望超过前十年,“客户满意度”“消费者反馈”方面的文章数量也在不断增加。需要注意的是,“消费者”这个词往往比“客户”更受欢迎。

表 7-1　　科学数据库研究网站文章数　　194

时间跨度	客户满意度	消费者满意度	客户反馈	消费者反馈	合计
1960—1969	1	2	0	0	3
1970—1979	12	22	1	5	40
1980—1989	20	40	1	4	65
1990—1999	49	62	0	0	111
2000—2009	61	76	5	4	146
2010—2014*	30	25	6	6	67
合计	173	227	13	19	432

* 2014 年的数据只展示了前四个月。2014 年 5 月 1 日之后没有此类研究。

客户满意度调查的基本原理或逻辑是什么？作为接受服务的消费者，我们都不希望被人贬低或受到不尊重的待遇，如果可能的话，我们想要得到愉快、友善的服务，同时我们的问题也能够尽快得到解决。如果我们不喜欢我们所受到的待遇或我们所得到的产品，我们完全可以选择离开。不仅如此，我们也很可能会向其他的潜在消费者抱怨，从而使他们不去那个机构接受服务。同时，消费者想要获得信息。一项对一家大型医院急诊室研究人员的研究发现，受访者希望得到更多关于“等待时间”的信息（Kington & Short，2010）。如果消费者认为在合理的时间内自己不能得到好的优质服务，那么下次他们就可能选择其他的地方进行消费。

大部分消费者不仅觉得自己的货币价值要最大化，他们在对于那些被判定为超出质量接受范围，需要更换物品或服务的问题时，也是满满的不平。随着互联网时代的到来，客户与别人的这种关联性，以及储备常识、文学、统计学等知识的能力，让他们更加明辨是非和强势（详见 http://walmartsucksorg.blogspot.com）。他们可以联系他人分享他们对某些方面的不满意。

不管你喜欢与否，我们就是生活在充满竞争的时代。无论是和我们息息相关的家庭护理业务、心理健康服务，还是简单的街摊小吃贩卖，如果我们的客户并不喜欢我们提供服务的方式，他们也许就不会再光顾。假设已有 25%到 30%的客户表示了不满，那么在别的地方消费过的一两个客户又怎能算是客源流失呢？哪一类严重问题可以察觉出来？它可能对未来的转介、资金，或是一家机构在商圈的信誉，带来哪些影响？在市场秩序中，客户的不满意味着客源的流失或市场份额的减少。大规模的消费者流失，很可能转化为职员的锐减，或者直接导致该项目结束。例行客户满意度调查使得管理者得以把握机构命脉， 195
并在失控前发现问题。只有问题区域被界定，才会提出并执行解决项目。

单靠客户满意度不足以作为衡量服务质量的标准，但它被广泛视作一个重要指标。当我们从网站上购买了一些产品时，我们大多数人会被要求提供反馈。对于向我们接受的服务或者购买的商品提供反馈意见的概念，我们都非常熟悉。甚至在每个学期结束时学生填写的教师评估表格，也可能被一些人视为客户满意度研究的一种类型。

消费者反馈是许多监管机构和认证机构的要求，比如认证委员会。认证委员会最初是一家为家庭和儿童机构提供认证的机构，它为公共和私人机构以及超过 75 个不同的服务领域提供服务，包括在学校项目、成人护理、住房护理、暂住护理、寄养和跨国收养等方面。他们的管理和管理认证标准（详见 www. coastandards. org/）要求该机构处理其项目结果，并能够提供有关质量护理指标和客户满意度的例子。在阅读他们的各种标准时，很明显，认证委员会认为只有当消费者的数据收集和分析与项目结果相关时才会出现质量改进。

二、客户满意度调查中存在的争议

首先，我们并不总能得到我们所期望的质量或服务。当客户感到失望时，专业的管理者会想要知道其中的缘由。作为人文类服务领域的专家，我们需要关注的是，我们是否提供了客户需要或期望的东西。有时，客户真正需要的与他们想要或期望的不同，但这是一个非常复杂的问题，我们无法解决，所以让我们假设的案例简单一点。假设这是一个炎热的日子，你会感到喝一杯巧克力奶昔非常惬意：在拐角处有一家商店，你点单并付了钱，店员把奶昔拿出来，用塑料盖盖住，和吸管一并给你。接着你走出门，把吸管插进盖子上的洞里，开始把冷饮吸进嘴里。

什么？它尝起来并不像巧克力。你又尝了一口，并确定你收到的是南瓜味奶昔。这时你会有多失望？假设你不能忍受南瓜的味道，于是你把它拿回商店，对店员说："这不是巧克力奶昔！"

假设店员说："你已经离开商店了。我不知道这期间你对它做了什么，所以我们不会给你退钱。"

如果你是商店的经理或老板，你会不想知道店员是如何对待你的客户的吗？他赶走了多少客户，而且他们再也不光顾了？但是除了这个问题，我们还需要明确一个不公平的问题，那就是我们必须为我们不想要的东西付钱。在这种情况下，我们想要正义，我们想要回我们的钱，我们想要和经理交谈。

同样，服务提供者需要理解客户的想法——当客户要求以及受到服务时，如何对待客
196 户。如果客户受到粗鲁对待、休息室太脏、电话总是占线，那么他们应等待多久？即便服务提供者不添乱，客户已然在生活中承受了足够压力，也面临很多问题。客户反馈经验的要求给了专业管理者扫除障碍的机会，以免客户遭遇项目满意度问题。

将客户满意度作为一种评估方式是值得推崇的。这种方式价格相对低廉，易于理解和向客户传达其体验和观察的重要性。无论是咨询其服务的便利性还是可接受性，这些方法都是"客户至上"的民主评估（例如，每个人都有机会表达自己的观点）。客户是传递服

务质量最好的信息源，客户满意度研究源于这一假设和信念。机构执行者、项目管理者和工作人员都期待较高的客户满意度，他们发现这一评估信息的实用性不仅在管理角度有所体现，在公共关系和营销力量上也有一定分量——特别是在大多数客户都很满意的情况下。

好消息就是很多组织不是常规性地或者偶尔地（如一年一次）进行客户满意度研究，而是经常开展研究，以便更好地感知客户的体验并提早发现问题。切记，此类研究仅为评估手段之一。它们并不能回答人力服务中产生的问题，即其并不能说明客户接受服务后是否有所改善。它们只能告诉我们客户是否感觉良好，这通常和项目、工作人员或者机构有关。

客户满意度研究很重要也很流行，对此现在也有很多好的研究结果，我们会在下个部分进一步解释。

三、客户满意度研究中存在的问题

客户满意度只存在一个问题。实际上，每个案例中大部分调查对象都对其受到的服务表示满意。例如，勒博（Lebow，1983）查看了 50 多份研究报告，发现平均 78%的患者表示满意。英格拉姆和钟（Ingram & Chung，1997）发现在一家大型国家心理健康管理组织中，一项拥有 8 522 名患者数据源的研究的平均满意度为 77%，运用了客户满意度调查 4 号问卷（CSQ-4）中的 4 项条款，即“广泛使用和备受推崇的客户满意度调查 8 号问卷（CSQ-8）的有效简化版”（p. 42）。鉴于客户满意度研究问题具有可预测的正偏性，英格拉姆和钟分享了他们的见解：

> 在所有商业领域中，该项调查积极回应所占的数量优势在健康保健受访者中表现更为明显，无论这一结果是出自其对服务提供者的感激还是害怕疏远。这一积极结果给希望其计划基于无偏见数据的决策者增添了障碍（p. 43）。

客户满意度高，这个现象不止出现在美国。在孟加拉国，仅仅 8%的调查对象对咨询 197
时间不满意；然而，其平均咨询时间仅为 2.33 分钟！服务提供者的礼貌程度是客户满意度调查中最有效的预测因素（Aldana，Piechulek，& Al-Sabir，2001）。

患者满意度调查问卷（标准 8 项条款客户满意度），由恩格、艾特吉森和斯特格纳（Nguyen，Attkisson，& Stegner，1983）发明（见图 7－1）。加斯顿和萨布林（Gaston & Sabourin，1992）发现，加拿大人在接受动态、兼收并蓄以及认知行为治疗的私人心理疗法时在客户满意度上并没有任何差异。他们报道的客户满意度问卷调查的平均值是 28.7。与此相比，派诺兹和雷希勒（Perreault & Leichner，1993）所进行的对蒙特利尔法语精神病门诊病人的研究客户满意度问卷调查平均值是 28.4。在魁北克，萨瓦尔德、勒杜克、勒贝拉、贝兰德和伯格曼（Savard，Leduc，Lebel，Beland，& Bergman，2006）报道的对病弱老年人的私人看护满意度问卷调查的平均值是 26.1。

198 请回答服务相关问题以帮助我们改进项目，我们对你真诚的回答十分感谢。无论满意与否，请回答下列所有问题。期待你的评论和建议，非常感谢你的帮忙。

请圈出答案

1. 如何评价服务质量？

4	3	2	1
优秀	好	一般	差

2. 是否得到了想要的服务？

1	2	3	4
绝对没有	没有	差不多	当然

3. 该项目多大程度上满足了你的需要？

4	3	2	1
满足了所有需要	满足了大部分需要	满足了一点点需要	完全没有满足需要

4. 若有朋友需要类似服务，你会推荐给他（她）吗？

1	2	3	4
肯定不会	不会	会	肯定会

5. 你对服务的满意程度是？

1	2	3	4
毫不满意	无所谓或轻度不满	大部分满意	很满意

6. 该项服务能否帮助你更有效地解决问题？

4	3	2	1
帮助很大	有所帮助	毫无帮助	使事情更糟

7. 总体评价你对该项服务的满意程度？

4	3	2	1
很满意	大部分满意	无所谓或轻度满意	非常不满

8. 若再需要帮助，你会继续选择这一项目吗？

1	2	3	4
肯定不会	不会	会	肯定会

图 7-1　患者满意度调查问卷

资料来源：Reprinted from Pascoe，G. C.，& Attkisson，C. C.（1983）. The Evaluation Ranking Scale：A new methodology for assessing satisfaction. *Evaluation and Program Planning*，6，335-347. Used with permission from Elsevier Science.

在美国，洛克和麦科勒姆（Locke & McCollum，2001）对大学诊所的婚姻及家庭治疗师训练的客户评估进行了报道。督导运用单向镜来观察实习生的治疗表现，打电话向他们咨询，有时甚至直接走进病房接受治疗。所有这些都被录像记录下来。尽管这可能会被视作督导对治疗过程的入侵，但 108 位客户的客户满意度调查 8 号问卷的平均值是 28.4。德尔曼和拜内克（Delman & Beinecke，2005）的报道称马萨诸塞州有 92％的白天治疗的患者、93％的门诊患者以及 79％的住院病人，他们对保健的满意度都是优秀或良好。

即使可供客户选择的设施、治疗类型或医生太少，客户往往仍会给出高满意度。一组研究人员指出，客户对服务的满意度很高的同时也指出还存在未得到满足的需求。陈及其同事（Chen et al.，2006）发现，91％的接受精神健康服务的老年人对服务质量的评价都是优秀，但只有 73％的得到增强专业推荐模型的病人认为服务真正地满足了他们的需求。

一项针对护理人员和青少年参与儿童性虐待调查的评估发现，总体满意度评分较高，在调查人员的反应次量表中，4 分制中获得 3.2 分，在访谈体验次量表中，4 分制中获得 3.4 分。然而，在开放式的问题上，81％的护理人员关于调查的回答比预期更糟（Jones et al.，2010，p. 300）。

最近的几项研究中都存在高满意度现象。例如，萨瓦尔德及其同事（Savard et al.，2006）报道的对病弱老年人的私人看护满意度调查 8 号问卷的最高平均值出现在“可能会推荐给朋友”的选项，而最低平均值出现在“该项目满足了我的需求”的选项。霍顿和萨克森（Houghton & Saxon，2007）在英国对焦虑症患者进行了认知行为疗法精神教育培训，并有相同的研究发现。有关母亲评价儿童门诊精神卫生服务，考普兰德、考斯克和格林诺（Copeland，Koeske，& Greeno，2004）也得出了相同的模式。然而，对儿童的评价并不适合这种模式。

因为知道客户满意度研究几乎都会产生积极的评价，所以尽管问“为什么要对消费者反馈进行研究”合乎逻辑，但答案很大程度上取决于特定的项目、机构以及社区环境。但也可以进行一些概括。首先，如果没有进行消费者反馈研究，就不会有有组织地、系统地学习客户体验项目的方法。其次，即使评价往往相对较高，这也是好现象——再次确认每个人（客户、员工以及管理者）都不存在隐藏的或是晦涩的问题尚未表达。如果评价报告满意度低于 75％，那么至少有一个人建议需要进一步探讨不满意的原因。 199

在审视这些方式时，客户满意度研究就像风向标一样，指示当前客户的情绪。如果客户有更好或是更差的经历，他们的意见也会改变，这可能是相关政策或人员的变动所造成的结果。虽然这些研究无法证明程序有益于修复或协助受众，但是没有资金或控制研究结果专长的管理人员，经常把查看高评级作为替代措施的效果。他们应该做这样的假设吗？不，他们不应该这样做，但是他们仍然在做，并且很可能一直这样做。

尽管大多数客户满意度调查仅关注个别的干涉或治疗过程，但多诺万等人（Donovan et al.，2002）针对治疗酒精依赖的三种方法（感知行为法、激励法、12 步渐进法）进行了客户满意度调查。他们发现，通过激励法被治愈的人群的满意度明显低于感知行为法。而接受12步渐进法的一组与其他两组并无二致。此次精心设计的研究表明，客户满意度区别在于方法的使用、操作的努力程度（通过出勤率和饮酒习惯的变化得以体现）和临床状态。所以，仅仅与是否得到受众喜爱相比，多诺万等人的研究结果显示客户满意度可以衍生更多的信息。依照相同的方法，米切尔（Mitchell，1998）发现在所有患有心理疾病的受众中，参与限时性标准小组治疗的受众和接受单独治疗的受众有着同样的满意度。贾亚德瓦帕、约翰逊、沙特、维恩和马尔科维奇（Jayadevappa，Johnson，Chhatre，Wein，& Malkowicz，2007）运用8号问卷来进行试验，测试患有前列腺癌的白种人和非洲裔美国人对受照顾的满意度是否有所不同。由此可见，客户满意度调查可以被用于研究各种不同的受众人群和项目。

四、近期客户满意度的一次抽样调查

表7－2提供了对最近文献中客户满意度研究的一个小样本的快速总结。这张表显示了广泛使用客户满意度调查8号问卷的研究，这些研究近些年来一直很受欢迎。表格7－2再次确认了客户满意度研究的趋势，从而得到了积极的评价。此外，我们还可以看到使用客户满意度调查8号问卷（或其他标准化工具）的优势，因为我们可以在不同的研究中进行比较。

200 **表7－2　　使用8号问卷的客户满意度研究**

作者	项目	研究发现
Matsubara，Green，et al.，2013	菲律宾两所医院提供分娩相关的护理	为家庭分娩母亲进行的8号问卷中值为20.0（宿务语）和22.0（瓦雷语）。对于满意度分值来说，在医院分娩第二胎母亲的满意度比在医院分娩第一胎和最后一胎的母亲以及分别在家中和医院分娩最后一胎的母亲要高得多。
Donker，Bennett，et al.，2013	对患有抑郁症的成年人进行网络方式的人际治疗与网络认知行为疗法	8号问卷对人际关系治疗均值为20.55，认知行为治疗组均值为23.26，接受情绪变化控制组均值为22.81。
Grabowski，Smelson，et al.，2011	使用单位包装来提高患有严重精神疾病的退伍军人在服药时的依从性，并通过邮寄补充处方对其加以提醒	采用8号问卷的为期6个月的后登记控制组均值为27.1，干预组均值为27.3；为期12个月的控制组均值为27.0，干预组均值为26.4。两组均值并没有太明显的区别。

续前表

作者	项目	研究发现
Tempier，Hepp，et al.，2011	精神病患者急性保健精神卫生服务评估（加拿大）	8 号问卷中值为 27，显示对治疗的高度满意。
Gates，Copeland，et al.，2011	有关大麻的信息和帮助热线（澳大利亚）	8 号问卷的理论分数范围是 8～32。受访者平均分值为 28.2，这样就表示对信息和热线服务的满意度较高。
Linon & Thyer，2000	城市环境下的精神健康变化危机和药物滥用服务	受访者的总平均值为 27.6，相比其他门诊服务，结果较好。

五、如何解释高回应率？

客户满意度调查越来越受到好评的原因有很多。在近期的客户满意度文献中，以下是有关方法论和其他因素的取样。在阅读或者策划客户满意度研究时应时刻铭记：

- 满意度并非测量受众需求是否得到满足的标尺。与此相反，积极的回应率似乎与受众的处理前期望是否得到满足相关，例如，客户是否获得比他们预期更好的体验，或者如果他们没有对机构或者疗法做出批判，他们又是怎样关注服务的。受众可能满足于无效的项目，无效的项目包括未能达到他们的目标（Sanders et al.，1998）和没能提供高质量的护理（Aldana，Piechulek，& Al-Sabir，2001）。
- 对于客户服务体验的评估可能会受到服务提供者事前所建立的信誉度的影响：客户会将一个信誉高的服务者的失败视作失误，而对一个信誉低的服务者的小过错抓住不放（Fisk et al.，1990）。客户会为了与治疗相关的事物而满意，比如成本或者地域，但却不会对治疗所提供的环境满意。 201
- 取得更好效果和更满意的客户可能倾向于参与到客户满意度研究中。被调查人的治疗时间比无回音的被调查人要长。那些接受最少服务的人往往不能代表无回音小组。有不良体验的客户退出了治疗，留下那些有更好体验的人来评估项目。低回应率或不科学的取样项目可能会带来不具代表性的样本。
- 客户可能不知道应该期待什么，也不知道什么是“质量”服务，因此，在识别较差服务行为或服务不足时处于不利地位。客户可能会因为他们的问题得到了一定程度的解决而十分感激。
- 对满意度研究的信度和效度的威胁包括回忆偏倚（特别是时间过去很久之后）、面试官的偏见、非中性设定偏差（如当客户在治疗办公室里被要求填写满意度问卷）、社会期望值、客户的回答是否匿名。

● 客户满意度调查运用不同的定义和手段导致很难对结论进行对比。经常会使用到不为人所知的心理测试手段（如具有不详细的信任度和有效性的自制手段）。

● 克拉克等人（Clark et al.，1999）表示，相对于员工审核，精神科门诊病人更不喜欢受众访问。如果将长期性作为协同变量置于分析中，结果不会有变化。

● 受众所选择的项目或治疗者会形成选择性偏差。

● 那些投入大量时间、精力和希望参与人文类服务项目的客户可能更倾向于把客户满意度作为一种减少认知不平衡的手段。低满意度的评价的提供，实际上是承认在治疗或服务项目中，参与者是在浪费时间。高于合理性的满意度是一种心理机制，客户可以通过这种心理机制使自己相信自己接受的服务都值得。

● 开放式问题可以提供客户角度的"启发性信息"，而这些却无法通过目标性工具发现。

202 ● 应该考虑到较低的回应率。这取决于受访者退出项目时间的长短、形式的复杂性以及相关信息等。有时可能会达到20%左右。

● 相较不回复邮寄问卷的受访者而言，回复邮寄问卷的受访者有着较高的教育水平。

六、对客户满意度研究的建议

很多机构都已经发现通过使用调查来督导客户满意度具有极大的便利性，因为既可以在治疗期结束的时候直接呈现给客户，也可以在某一时刻直接发邮件给他们。当然，消费者也可以通过电话或者邮件取得联系。当你对客户满意度研究进行调查的时候，会得到一些相应的指导建议。然而，还应指出的是，焦点小组也是一个不错的选择，尤其是当该机构或评估员想要调查比通常的客户满意度形式更加深刻的问题时（例如，你会如何评价你所接受的服务质量）。正如专栏7-1中所示，无论是在单个的还是混合的方法中进行评估，焦点小组都可以提供有用的信息（有关焦点小组的信息可见第3、4、5章）。

203 **专栏7-1　　文献中评估运用的焦点小组法**

作者设置了4个焦点小组分别代表4个不同的治疗社区，探讨这些社区如何帮助患有严重精神疾病的人恢复健康。作者想从客户的角度理解治疗社区帮助的方法。由此出现了三个主题：社区作为替代的家庭、社区作为安全所、社区作为小型社会［Whitley，R.，Harris，M.，Fallot，R.，& Berley，R. W.（2008）. *Journal of Mental Health*，17（2），173－182］。

混合的评估方法包含对6个焦点小组（55个客户）的电话调查以及资料采访，这些都为用来评估ACORN的自由税务准备服务。在客户满意度部分的研究上，客户对自己所接受的服务十分满意，他们认为与商业税务准备服务的员工相比，自由税务准备服务的员工毫不逊色。客户对ACORN的地址以及营业时间也都很满意。参加该焦点小组支付了50美元的酬金［Brooks，F.，Russell，D.，& Fisher，R.（2006）. ACORN's accelerated income redistribution project：A program evaluation. *Research on Social Work Practice*，16，369－381］。

雷尼对焦点小组的使用进行了报道，评估佛罗里达州的肝炎预防及控制方案。该研究致力于客户对所接受服务的满意度，以及对提高县级和州级肝炎相关服务的建议。所有焦点小组提出的共同话题是众媒体加强教育的需要。参与者对健康部门提供的服务很满意，发现他们在健康部门比在其他部门能够更容易获得治疗服务。［Rainey，J.（2007）. An evaluation of a state hepatitis prevention and control program：Focus group interviews with clients. *Health Promotion Practice*，8，266－272］。

网上包含焦点小组的另一资源是堪萨斯社区大学对焦点小组进行了大致的描述，详见http：//ctb. ku. edu/tools/en/sub_section_examples_1018. htm。

（1）如果可能，采用可靠度高、在其他研究中被成功运用的比例高的评估方法，在文献中找出类似的项目是如何进行评估的。无论如何要避免使用没有任何心理测量的初始问卷调查，自制的问卷调查也应该是最后的选择，而非首选。

你在哪里可以找到好的工具？一些拥有25个项目规模的客户满意度库存就可以直接购买（参见www. walmyr. com/samples）。其他的工具都运用在公共领域，而且可以免费使用。例如，华盛顿社会和卫生服务部就拥有门诊精神健康消费者的客户满意度调查项目，设置一套问题直接询问对所接受服务的满意度。2013年的数据参见http：//depts. washington. edu/pbhjp/sites/default/files/ACS%20Toolkit%202013. pdf。

类似地，有关孩子、家庭以及青年人的邮件调查表格同样来自2013年的数据，参见http：//depts. washington. edu/pbhjp/sites/default/files/CFCS%20Toolkit%202013. pdf。

（2）在相同的场合多次使用相同的工具，并建立当地基线数据，这样就可以发现偏离常态的情况。定期进行客户满意度研究，并将你的研究发现与之前的进行对比。有计划并且定期的消费者反馈的优势显示在图7－2中。在这个例子中可以发现，消费者对服务的满意度水平呈下降趋势，而这种趋势至少需要两个及以上的研究才能发现。如果评估员在3月或6月只做了一项研究，那么对服务满意度水平的下降就很难发现了。如果客户满意度评价没有大幅度的变化，那么会给某个项目增强信心吗？

204 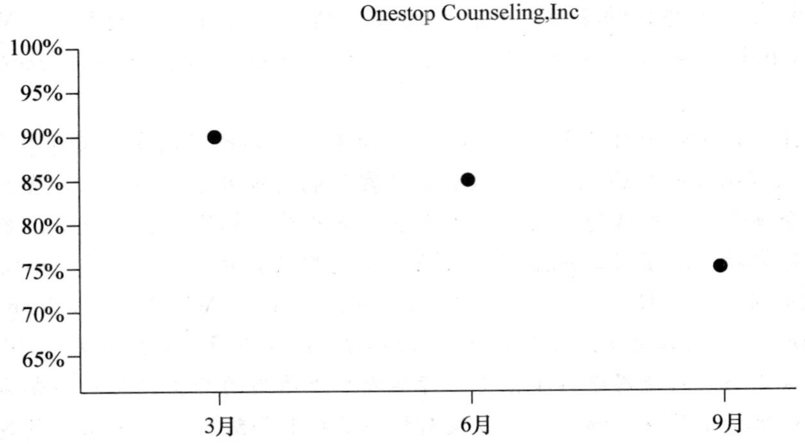

图 7-2　客户满意度水平

（3）至少采用一个或两个开放式的问题，这样你服务的客户可以提醒一些你没有怀疑过或是不在你预期范围内的任何问题（见图 7-3）。例如，你可能想问：“如果对于该项目你可以做些改进，你想改变的是什么？”或者：“该项目你最喜欢的是什么？最不喜欢的又是什么？”设置开放式的问题十分重要，因为我们没有办法知道客户经历的所有可怕的或是让人感到不舒服的情况。一名学生曾经告诉我们社会服务为离开监护人的儿童和青少年准备了标准化的退出评估形式：一名 16 岁的女孩儿填写了表格，吃的食物很好，和养父母相处得不错，他们从来没有伤害过她，也没有出现过重大的事故，她可能会评价这个家非常好。但是，在形式的背后，有一个问题：“如果对于这个寄养家庭你可以做出任何改变，你想改变什么？”这个时候这个女孩儿开始详细说明，晚上当她正在换睡衣的时候，养父走进她的房间坐在她的床上，那个时候她感到特别不舒服。很显然，工作人员没有必要那样做，但如果没有开放式的问题，寄养中心的工作人员就无法知道她养父的品行不端。

205 我们很重视你对格林小镇启蒙方案的意见，请你分享一下你的感受：

我们的服务：

让你满意，因为：________________________

____

让你感觉一般，因为：________________________

____

让你不满意，因为：________________________

____

图 7-3　采用开放式问题调查客户满意度的样本

我们很重视你对格林小镇服装店的意见，请你分享一下你的感受：
我们的服务：
让你满意，因为：________________________________
____
让你不满意，因为：________________________________
____

我们很重视你对项目成功与否的看法，请你分享一下你的感受：
我们的服务：
让你满意，因为：________________________________
____
让你感觉一般，因为：________________________________
____
让你不满意，因为：________________________________
____

我们很重视你对专门就业服务部门的意见，你认为：
该服务部门好，因为：________________________________
____
该服务部门不好，因为：________________________________
____

图 7-3 采用开放式问题调查客户满意度的样本（续）

（4）为了避免只对留在一个项目中的客户进行测量的问题，可以留出一个星期，采用“投票”的方式，在客户走进该机构等待的时候，给他们做一个简短的问卷调查。为了提升项目，有必要知道客户在每一个阶段（开始—持续—结束）的经历。机构内的投票解决了对经常出差、没有固定的地址并且回应率相当高的客户进行定位的问题。

该方法的另一个优点就是可以对非治疗人员（如候诊室接待员或者其他指定人员）进行训练，当客户阅读问卷调查或写反馈需要帮助的时候，非治疗人员可以及时察觉并帮助客户。同时，不要让人认为客户是被迫或被威胁参与消费者反馈研究的。如果一名员工在

客户填写表格的时候盯着看，客户就会觉得受到侵犯。虽然鼓励客户参与调查是允许的，
206 但是必须向各方明确表示这是自愿活动，客户报告自己的经历不能也不会受到任何形式的任何影响。焦点小组的客户满意度研究中可能会用到的程序，可以为付出的呈现方式及解释提供有帮助的建议。

投票方法的另一个变化就是在一个空房间里安装一台电脑，这样客户可以对服务的满意度进行登记。另外，可以在某些地方（如大学校园）创建网站，给客户一张网站反馈中心的 URL 表格。

（5）不要只关注解决不满意客户的问题，除非你能够将他们改变为满意的客户。英格拉姆和钟（Ingram & Chung，1997）建议朝着一个目标努力，如 90%的最大满意度。他们引用的一些研究表示，有些与客户相关的专家赞同大多数特别不满意的客户从来不正视自己的缺点，无视他人为了让他们满意所付出的努力（p. 44）。

（6）如果你在进行一项邮件调查，就要尽一切努力使回应率超过 50%。因为社会服务机构的客户在他们的生活中有很多混乱的事情（如沉迷于毒品、家庭暴力、疾病晚期、无家可归、精神疾病等），每天都在为了生存而权衡，完成问卷调查可能没有很高的优先权。为了提高回应率，你可能需要提供小的优惠，如快餐店的优惠券。

（7）目标范围明确。不要将客户满意度想成要么全部，要么什么也没有的现象，试着找出你认为有问题的地方。例如，你可能想要提高客户满意度，和你的员工谈一谈，获得一些会给客户带来难题的客户轶事信息。起初的文件工作是不是太多了？服务前的等待时间是不是太长了？服务的花费如何？运用这些信息来收集客户反馈，这样可以延长你的基线期。

（8）期望要符合现实。不要对小的样本客户过于概括，好的数据并不意味着你的项目实现了预期的效果——需要不同的评估结果。

（9）寻找行为或其他指标（如出勤率）以补充客户满意度数据。比如，如果客户的出勤率很低，那么高满意度可能会被怀疑。一位长期在心理健康中心工作的主任报告说，他对客户满意度的失望始于该机构对他们的数据收集工具进行了修改。他发现尽管获得了很高的满意度，然而，还未过去多久，大多数客户已不记得他们的治疗师了。

最后，你可能注意到了在评估客户满意度时，关于定性研究的内容较少。这是因为大量关于客户满意度的文献本质上都是定量研究，焦点小组对人口数量需求特别大，以获得客户反馈和项目的提升（见专栏 7-2）。

207 **专栏 7-2　　定性的客户满意度调查**

尽管在对社会和人文类服务项目的评估中，定性法（如对少数参与者采用焦点小组法或者深度访谈法）可能会在全美范围内频繁地进行，但是近期在社会科学文献中很少有这

类研究的报告。可能许多研究成果都被分享给了当地机构的关键工作人员，接着就被锁在档案柜里，再也没有被拿出来过。无论如何，它们都是非常有用的信息，并且能够向那些对项目或更大的机构内部变化感兴趣的人提供重要的信息。再次简要介绍两种定性研究。

例如，为了了解双性恋者在加拿大安大略省参与有关的精神卫生服务的体验，伊迪、多宾逊和罗斯（Eady，Dobinson，& Ross，2011）使用了焦点小组和深度个人访谈。消极的遭遇有时会导致双性恋者终止与服务提供者的关系。客户个体所经历的消极体验包括：1）服务提供者表示双性恋是一个过渡阶段，而非一个有效的最终性取向；2）临床学认为排除双性恋身份的问题会让参与者寻求护理；3）利用机会告诉病人/客户有关双性恋的代价。相反地，服务提供者提供的积极体验是：1）在治疗疗程外寻求关于双性恋的教育；2）询问开放性的问题；3）以中立或支持的方式公开双性恋者的身份。

资料来源：Eady，A.，Dobinson，& Ross，L. E.（2011）. Bisexual people's experiences with mental health services：A qualitative investigation. *Community Mental Health Journal*，47，378-389.

虽然我们中很少有人愿意去医院，但当我们病得很严重的时候，除了医院，我们没地方可去。假设随后你接到医院的电话，对方问道："如果我们可以做一件事来改善你在医院的体验，你觉得会是什么事呢?"对此你认为医院管理人员会学到些什么？作者随机选取了针对这个开放式问题获得的 9 764 个回答中 10%的样本，并分析了 439 位病人的建议，这些建议可以根据不满意的程度将其分为六组：

A. 不称职（例如，护士试图将错误的药物注射给病人）

B. 不尊重（工作人员不为病人提供完备的服务，因为他/她没有购买保险），缺乏隐私

C. 等待时间过长（早上八点到第二天凌晨两点，病人一直坐在急诊室等待）

D. 无效的沟通（医生内部有矛盾，不提供相关服务的推荐）

E. 缺乏环境控制（噪声、温度、气味、疼痛、员工干扰）

F. 不合格的设施（关于食物、床上用品、病号服以及电视的投诉）

资料来源：Lee，A. V.，Moriarty，J. P.，Borgstrom，C.，& Horwitz，L. I.（2010）. What can we learn from patient dissatisfaction? An analysis of dissatisfying events at an academic medical center. *Journal of Hospital Medicine*，5，514-520.

在研究之前，浏览可获得的文献是一个不错的主意。想要获得对儿童福利的客户反馈的客户也希望回顾一下丽莎·贝克（Baker，2007）最近的文章，以了解更多收集信息的方法中存在的困难。她研究的一些困难包括：保持机密性的问题、家长被邮件调查打扰、找出家长的住址的困难、客户并未在约会中出现、社会工作者成交额。评估员需要提前准备这些问题（更多影响评估的问题详见第 13 章），并参与到其中，这样才能获得最有力、最准确的数据。 208

一、课堂讨论

1. 对客户满意度研究的积极偏见问题是固定的吗？在客户反馈研究中，如何将这种偏见减到最少？

2. 在同一家机构中，你该如何解决回应率多变的问题？

3. 除了调查管理程序之外，还有哪些其他变量会影响客户满意度研究的回应率？

4. 大家都知道客户满意度研究通常有积极的偏见，讨论一下为什么这种评估形式大多被用来评价大学教师。

5. 根据你对客户满意度研究的了解情况，讨论在一个全面的项目评估中你持支持还是反对态度。

6. 对于参加社区精神卫生客户满意度研究心理教育干预的客户，你会对他们提出哪些开放性问题？你认为邮寄问卷调查和电话访问哪一种形式更好？

7. 对于使用标准化的工具来衡量客户满意度，有哪些支持和反对的理由？

8. 对项目评估活动使用便利性样本客户有哪些优点和缺点？

二、微型项目：亲身体验评估

1. 从学校、公司、快餐店或其他资源收集尽可能多的客户满意度调查问卷的形式。检查并决定有多少调查问卷有相同的或相似的项目。在浏览了几个调查问卷之后，构建你自己的调查问卷形式。确定预期的项目和观众。

2. 询问你所工作的、实习的或提供志愿服务的机构，在近七年中有没有进行过任何客户满意度的研究。如果有，检查他们所使用的工具、数据收集程序以及研究成果。你所做的有何改变或不同吗？大致阐明你对于未来客户满意度研究的观点和建议。

3. 设计你选择的客户满意度研究的程序。确定并创建合适的工具、数据收集程序，
209 并制定预算和预计时间表。确定你将绘制数据的项目和小组形式。

4. 阅读洛佩兹、怀特和卡德尔（Lopez，White，& Carder，2012）的文章，其收集了护理日常生活的直接护理人员的定性数据。扮演后勤经理或首席执行官的角色，并以这份手稿作为对新工作培训的评估。还会有让你感兴趣的其他问题吗？评估细节是否足够让你相信所获得的这些发现？对此你又会有什么不同的做法？

5. 阅读马丁、奈特、赖德、卢、瑞德和麦克纳尔蒂（Martin，Knight，Ryder，Lu，Read，& McNulty，2013）的文章《在市中心的性传播疾病中心客户对性传播疾病检测服务的反馈和满意度调查》[*Sexually Transmitted Diseases*，40，(1)，70－74]。具体地看，如何衡量客户对服务的满意度？你对可以改进的方法有什么建议吗？

三、参考文献

Aldana, J. M., Piechulek, H., & Al-Sabir, A. (2001). Client satisfaction and quality of health care in rural Bangladesh. *Bulletin of the World Health Organization*, *79*, 512–517.

Attkisson, C. C., & Greenfield, T. K. (1994). Client Satisfaction Questionnaire-8 and Service Satisfaction Scale-30. In M. E. Maruish (Ed.), *The use of psychological testing for treatment planning and outcome assessment* (pp. 813–837). Hillsdale, NJ: Erlbaum.

Baker, A. J. (2007). Client feedback in child welfare programs: Current trends and future directions. *Children and Youth Services Review*, *29*, 1189–1200.

Chen, H., Coakley, E., Cheal, K., Maxwell, J., Costantino, G., & Krahn, D. (2006). Satisfaction with mental health services in older primary care patients. *American Journal of Geriatric Psychiatry*, *14*, 371–379.

Clark, C. C., Scott, E. A., Boydell, K. M., & Goering, P. (1999). Effects of client interviewers on client-reported satisfaction with mental health services. *Psychiatric Services*, *50*, 961–963.

Copeland, V. C., Koeske, G., & Greeno, C. G. (2004). Child and mother client satisfaction scores regarding mental health services: Race, age, and gender correlates. *Research on Social Work Practice*, *14*, 434–442.

Delman, J., & Beinecke, R. H. (2005). Assessing consumer satisfaction in the Massachusetts behavioral health partnership. *Administration and Policy in Mental Health*, *32*, 373–386.

Donker, T., Bennett, K., Bennett, A., Mackinnon, A., van Straten, A., Cuijpers, P., et al. (2013). Internet-delivered interpersonal psychotherapy versus internet-delivered cognitive behavioral therapy for adults with depressive symptoms: A randomized controlled noninferiority trial. *Journal of Medical Internet Research*, *15*(5), e. 82.

Donovan, D. M., Kadden, R. M., DiClemente, C. C., & Carroll, K. M. (2002). Client satisfaction with three therapies in the treatment of alcohol dependence: Results from Project MATCH. *American Journal on Addictions*, *11*, 291–307.

Fisk, T. A., Brown, C. J., Cannizzaro, C., & Naftal, B. (1990). Creating patient satisfaction and loyalty. *Journal of Health Care Marketing*, *10*(2), 5–15.

Gaston, L., & Sabourin, S. (1992). Client satisfaction and social desirability in psychotherapy. *Evaluation and Program Planning*, *15*, 227–231.

Gates, P., Copeland, J., Norberg, M., & Digiusto, E. (2010). Caller satisfaction with the Cannabis Information and Helpline. *Journal of Telemedicine and Telecare*, *17*, 93–98.

Houghton, S., & Saxon, D. (2007). An evaluation of large group CBT psycho-education for anxiety disorders delivered in routine practice. *Patient Education and Counseling*, *68*, 107–110.

Ingram, B. L., & Chung, R. S. (1997). Client satisfaction data and quality improvement in managed mental health care organizations. *Health Care Management Review*, *22*, 40–52.

Jayadevappa, R., Johnson, J. C., Chhatre, S., Wein, A. J., & Malkowicz, S. B. (2007). Ethnic variation in return to baseline values of patient-reported outcomes in older prostate cancer patients. *Cancer*, *109*, 2229–2238.

Jones, L. M., Atoro, K. E., Walsh, W. A., Cross, T. D., Shadoin, A. L., & Magnuson, S. (2010). Nonoffending caregiver and youth experiences with child sexual abuse investigations. *Journal of Interpersonal Violence*, *25*, 291–314.

Kington, M., & Short, A. (2010). What do consumers want to know in the emergency department? *International Journal of Nursing Practice*, *16*, 406–411.

Lebow, J. L. (1982). Consumer satisfaction with mental health treatment. *Psychological Bulletin*, *91*, 244–259.

Lebow, J. L. (1983). Research assessing consumer satisfaction with mental health treatment: A review of findings. *Evaluation and Program Planning*, *6*, 211–236.

Ligon, J., & Thyer, B. A. (2000). Client and family satisfaction with brief community mental health, substance abuse, and mobile crisis services in an urban setting. *Crisis Intervention*, *6*(2), 93–99.

Locke, L. D., & McCollum, E. E. (2001). Clients' views of live supervision and satisfaction with therapy. *Journal of Marital and Family Therapy*, *27*, 129–133.

Lopez, C., White, D. L., & Carder, P. C. (2012). Direct care worker's perceptions of job satisfaction following implementation of work-based learning. *Journal of Applied Gerontology*, *33*, 97–120.

Matsubara, C., Green, J., Astorga, L. T., Kaya, E. L., Jervoso, H. C., Gonzaga, E. M., et al. (2013). Reliability tests and validation tests of the client satisfaction questionnaire (CSQ-8) as an index of satisfaction with childbirth-related care among Filipino women. *BMC Pregnancy and Childbirth*, *13*, 235.

Mitchell, C. G. (1998). Perceptions of empathy and client satisfaction with managed behavioral health care. *Social Work*, *43*, 404–411.

Nguyen, T. D., Attkisson, C. C., & Stegner, B. L. (1983). Assessment of patient satisfaction: Development and refinement of a service evaluation questionnaire. *Evaluation and Program Planning*, *6*, 299–314.

Perreault, M., & Leichner, P. (1993). Patient satisfaction with outpatient psychiatric services. Qualitative and quantitative assessments. *Evaluation and Program Planning*, *16*, 109–118.

Sanders, L. M., Trinh, C., Sherman, B. R., & Banks, S. M. (1998). Assessment of client satisfaction in a peer counseling substance abuse treatment program for pregnant and postpartum women. *Evaluation and Program Planning*, *21*, 287–296.

Savard, J., Leduc, N., Lebel, P., Beland, F., & Bergman, H. (2006). Caregiver satisfaction with support services. *Journal of Aging and Health*, *18*, 3–27.

Tempier, R., Hepp, S., Duncan, C. R., Rohr, B., Hachey, K., & Mosier, K. (2010). Patient-centered care in affective, non-affective, and schizoaffective groups: Patients' opinions and attitudes. *Community Mental Health*, *46*, 452–460.

Valenstein, M., Kavanagh, J., Lee, T., Reilly, P., Dalack, G. W., Grabowski, J., et al. (2011).

Using a pharmacy-based intervention to improve antipsychotic adherence among patients with serious mental illness. *Schizophrenia Bulletin*, *37*, 727–736.

Williams, B. (1994). Patient satisfaction: A valid concept? *Social Science and Medicine*, *38*, 509–516.

第 8 章

211

抽　样

我应该抽取多少人作为样本?

无法立即回答这个问题。样本的多少取决于你的目标、资源及希望通过评估达到的可信度。本章将对你要做出的重大决定加以阐释。

我需要掌握什么样的技能?

客观地权衡不同方法的利弊并选出恰当的抽样方法就是一种重要技能。选择一种抽样法并不是一个简单的决定,评估者必须同时考虑这样一些问题,如找出一个能够平衡机构或项目的特点、客户和可用资源的“理想”方法,以便制订出最可行、最现实的计划。虽然很多人一想到抽取一个随机样本就感到无从下手,但事实上并没那么难。该主题将与偶遇抽样一起讨论。

对大多数的项目进行评估和研究设计时,都会面临抽样的问题。通常在早期策划阶段都会遇到一个问题:“我们应该调查多少个案主呢?”或者:“怎样才算一个‘好’的样本量呢?”其答案在很大程度上取决于这样一些考虑,如评估的目的、评估设计时采用的类型、你想达到的信度水平,也可能是那些读你评估报告的人。本章的主题就是让你在搜集数据、确定足够的样本量时做出明智的决策。我们首先来看看样本量的大小是不是评估研究的关键所在。

212

一、什么是非概率抽样设计?

非概率抽样设计有很多不同的名称,如**方便抽样、可及性抽样、偶遇抽样、定额抽**

样、判断抽样等等。主要记住它们可以为你提供一些概念、线索，或者洞悉一个群体的所想、所感或所为，但无法确定所选样本是否科学。这就意味着在大量人口中抽样所反映出来的所思、所感或所为，其代表性可能很差。换句话说，有可能你抽取出其他样本会获得完全不同的结果。非概率抽样的结果有可能会显得“精当”和准确（尤其是当那些被调查者已经达成强烈共识的时候）。然而，非概率抽样的结果也可能会歪打正着，或发生一些奇怪的偏差，但这并不能代表“现实”。

一方面，非概率抽样的优势在于它更容易构建，涉及面小，需要的人力不多，通常花费也更少。还有一点，你可能都没有必要编制**抽样框**（把从群体中抽取的每一个样本或个体做成一份真实或虚拟列表）。非概率抽样提供的是一种快速评估，以快速读懂一个群体。另一方面，它的准确性和精准度不足——你无法确定调查的广度，不知道是否错过了目标人群，甚至不清楚自己是否达到了真正的目标。当我们继续讨论特定类型的非概率抽样时，你将会看到它是如何“误导”你的评估的。

1. 什么是方便抽样?

正如听上去的那样，准确说来，方便抽样就像是一群触手可及的人，因为他们就在你周围，而且易于接近。评估者认为，得到数据的简单方法就是把调查问卷分发给这群人。让学统计的大学生到一个购物中心去给人们发放调查问卷就属于方便抽样。还有如下这些也是方便抽样：

- 1 月份期间，没有预约就来门诊治疗的前 10 位病人。
- 出席 7 月主教协会会议的主教们。
- 参观艾德异国兰花温室的一群老年中心的游客。

让我们好好想想，为什么这些群体中的个体代表不了更多的人。与那些打电话前来预约（看心理医生）的病人相比，找上门来的病人可能病情更紧急、更严重。尽管我们不能确定，后者是不是比前者情绪更低落或者更焦虑。也许是因为他们吃完了药，需要得到及时的帮助。因此，这些病人要冒更大风险，比预约的病人面临的问题更棘手。如果你问问上门就医的病人就会知道，当晚要去做婚姻咨询的夫妇与一个有自尊问题的年轻人，其需求是不同的，治疗机构是公立的还是私立的也会有所不同吗？ 213

如果你 7 月去主教协会的会议，了解主教们对精神健康中心的服务有什么意见，你可能会问：“谁没等开完会就溜了？”因为 7 月是在暑假期间，可能缺席的三位主教都来自最大的教会。但你也可以认为这三位主教并不是该协会的成员。他们能代表所有的宗教信仰，还是只能代表几个主流教派呢？你（调查时）会遗漏掉那些除了周日传道之外，还在工作日工作的小教堂的主教吗？那么这群人能代表社区里所有的主教吗？

来自老年中心的这群少数老人能代表社区里所有的老人吗？或者，他们能代表比较健康的、更能运动的、更有钱的老人吗？又或者，他们可能是老年痴呆症患者，安排了一天的活动，为的是让他们的照料者得到一次喘息的机会？又或者，这个群体是由那些付得起出城旅游费用的老人组成的？谁有可能不在样本中呢？这种方便抽样不会把体弱的老人、出不了门的老人、养老院的老人、使用辅具的老人等纳入其中，也不会把那些可能还在工作的老人（因为他们的养老金或社会保险金不足以维生）纳入进去。

方便抽样不能作为心理诊所患者、教区的主教、老人群体等的典型代表，也可以认为有其他原因；举这些例子，目的在于说明方便抽样并不能给你提供自认为可以得到的观点。

因为遇到的患者样本并不是随机从一大群人中选出来的，所以无法知道这些样本是否“真正”代表总体。因此，方便抽样作为我们所知道的非概率抽样，通常被认为并不科学。这就意味着你一无所获了吗？不是，但结果可能是，方便抽样被视为基础的或探索性的抽样方式，而不具有权威性。尽管如此，这一方法也可以是非常有用的。

来看一个例子，用方便抽样法来评估澳大利亚百岁老人的身体、心理和认知功能（Richmond，Law，Kay-Lambkin，2011）。也许你并不认为他们所用的方法确实“方便”，例如，为了找到 100 岁及 100 岁以上的老人，他们致电悉尼地区所有的老年院舍机构，寻访了当地和全国新闻报道过的百岁老人，与全科医生、诸如提供上门送餐服务的支持组织及百岁俱乐部等取得了联系。作者并没有说他们的样本代表整个澳大利亚的百岁老人，他们可以把这一方法说成是判断抽样吗？可能如此。无论如何，可以采取多种方式进行非概率抽样，接下来我们将讨论其中几种方法。

2. 什么是典型抽样？

在典型抽样中，评估者的想法就是得到一组案例或者个体，这些患者能够代表“均
214 值”。一种方法就是调查 30 个病人，让精神卫生机构的临床医师们“提名”2～3 个他们认
为是一般的或典型的患者。这种方法也许能提供关于“均值”患者的相当不错的信息，但实际上还是不知道这样的患者看起来是不是典型。如果所有这些临床医生在提名“均值”患者时观点都很相近，那么用这种方法抽取的样本量也许就能代表中等水平，而不是比较极端或与众不同的样本。它不是要给评估者提供具有代表性的案例——不是告知该机构有多大比例的样本量能达到“均值”，有百分之多少的达不到。

3. 什么是判断抽样？

有时评估者会对一个特定人群感兴趣。你想接触 20 个使用机构热线最多的用户，或者想接触 20 个有两次以上酒驾定罪的人。所谓判断抽样，就是通过定义抽取具有一定特征的人群。个体之所以被纳入样本是因为他们太普通或太独特。也许他们是某个州最长寿的老人、当选的最年轻的政治家，或者刚刚入籍的公民。在过了退伍军人或越战退伍老兵的时代后，某些人也许只关注在伊拉克服过役的退伍军人。

选用判断抽样方法是有争议的，评估者只对某个特定的人群感兴趣。例如，你也许想接触一下那些打机构热线最多的人，以便更好地把握其需求并进行诊断，做一个更好的方案去帮助他们，使他们不再占用电话资源，让更多打算自杀的人能打进电话来。也许特别支持小组或其他服务可以帮到这个群体。这样你就明白为什么机构在确定电话热线用户的调查方案时，会认为判断抽样要比偶遇抽样更好了吧。然而，按判断抽样的定义选出的群体，可能看起来并不像普通的消费者或公民。

4. 什么是滚雪球抽样？

滚雪球抽样可以看作是判断抽样。研究者认识一些信息提供者，与他们取得联系，问及与他们有相似特征的人的姓名和/或地址。“雪球”的增大仰赖信息提供者的建议或推荐。当被纳入研究范围的人不在抽样名单上时，你就可以使用这种方法。例如，钟和苏（Chung & Seo，2007）已经报道了社会调整时期朝鲜人叛逃到韩国出现的创伤后压力综合征。滚雪球抽样设计就很适用于这一研究，因为对于大多数研究者而言，找到脱北者是很难的。然而，人们倾向于跟自己喜欢的人或者可能喜欢自己的人组成社交网络。另一个例子是霍达、克尔、李、蒙塔纳和伍德（Hoda，Kerr，Li，Montaner，& Wood，2008）的研究，他们运用滚雪球抽样，在注射毒品的人中了解哪些人会采用颈静脉注射法。波尔塔与布伦尼特（Baltar & Brunet，2012）说到，他们就是使用 Facebook 以及传统的滚雪球抽样来识别特定的个体的。 215

5. 什么是最大变异、偏差和异常个案抽样？

最大变异抽样就是评估者去寻找两个极端样本的体验。比如，评估者可能会寻找最成功的个体，或者是虽败犹荣的个体。他们对“均值”样本的体验不感兴趣，重点是了解体验的范围。回到前文中心理健康诊所病人的例子，评估者也许想要接触那些遇到治疗事故（被剔除出去）以及来参加咨询会最多的病人。这样做的目的是寻找其与众不同之处——看看不同人有哪些不同观点。他们有不同的经历吗？例如，一个粗鲁的接待员，又缺乏夜间服务的经验，会过早地把患者打发走。

同样，在偏差或异常个案抽样中，评估者故意选择不合规范的个案。他也许会选择几个在机构中被成功治愈的患者，也会选几个非常失败的患者，目的是看看到底是什么因素让患者被成功治愈，又是什么因素导致治疗失败。

用这些判断抽样的方法，可以让评估者搞清楚，到底各机构站点存在的问题相同还是不同。通常，在总体特征不明确时可能会采用这些抽样方法；而当只有很小的样本量（如 30 或 40 个样本）时，还去制订一个随机抽样方案就没有意义了。

6. 什么是定额抽样？

除了随机抽样之外，定额抽样是一种被采用较多的方法，或者说是一种明智之选。定额抽样可以取决于某一配比，样本都是按配比从各组中抽取的。例如，评估者想给 50 个非洲裔、50 个亚裔、50 个拉美裔、50 个印第安人和 50 个白人发送客户反馈表，这看上去似乎是一个不错的方法，大多数机构不会像这样按同样的比例抽取调查对象。定额抽样的方法导致一些小组抽样过多，而另一些小组却抽样不足。

如表 8－1 所示，把被调查者分为 4 组，从每组中定额抽取 50 人，这能代表 83%左右的亚裔、36%左右的拉美裔（140 人）、约 13%的非洲裔、不到 4%的白人。

正如本章稍后我们将讨论的，在概率抽样的概念中，样本的关键特征应该与总体成比
216 例。如果总体中 70%是白人，那随机样本中就应该有 70%的白人，这种假设在定额抽样或偶遇抽样的方法中是看不到的。

表 8－1　某机构在 2 000 人的定额抽样中实际抽样比例表

在研究总体中所占比例	研究总数	定额抽样后实际比例
70%的白人	1 400	3.6%
20%的非洲裔	400	12.5%
7%的拉美裔	140	35.7%
3%的亚裔	60	83.3%
100%的美国人	2 000	

定额抽样就像偶遇抽样一样，操作起来又快又好。然而，这一方法的最大缺点就是很难知道结果是不是真能代表总体中的大多数。评估者可能偶尔会遇到一些没能透彻把握随机抽样或代表性含义的利益相关者，坚持某种比例并试图去影响样本量（如“研究必须至少包括 100 个左撇子”）。遗憾的是，对某一类被调查者设定了配额，就无法使样本代表研究总体的大多数了。

二、什么是概率（科学的）抽样？

概率抽样的概念是，如果样本是按照一定规则精心挑选的，那么就可以抽取较少的样本代表较大的人口镜像。概率抽样总是希望样本能代表总体。如果按照概率抽样的程序，从较大的总体中抽 1 个还是 15 个样本都无关紧要，因为抽到的每个样本都会有一个已知的误差和精度；每个样本都应该与其他样本及总体相近。

那么其中的规则是什么？第一个规则是，有一份潜在被调查者或总体的名单，你记不住他们的名字和地址，但你必须记住他们的号码，并想好如何访问或找到他们。概率抽样

的第二个规则就是，抽样框中的每个人都有平等的机会，都有可能被抽中。

这样就有了第三个规则：在选择潜在被调查者的时候必须是一个随机（抽奖式）选择的过程。只有随机选择才能使选择性误差最小化。只有达到这些规则，样本才能成为总体的缩影，具有相同的特点。例如，当你想把你们社区那些无家可归者作为调查总体的时候，就很容易明白，为什么那么多研究者会选择非概率抽样的方法了（试想，在一个大城市中识别出每一个无家可归者，几乎是不可能的）。由于无法掌握无家可归者的名 217
单，采用偶遇抽样法或非概率抽样法就更容易了解他们的需要和问题。但是如果需要更加精确的话（例如，多 4 个百分点或少 4 个百分点都堪称重大发现），就需要采用概率抽样了。

概率抽样允许你对每个结果设置误差范围（通常是 3%、4%或 5%，尽管它可以更高）。同时，它可以让你知道结果有多大的置信水平。也就是说，样本中有多少可能不具备总体的“真正”特征。置信水平是用百分比表示的，如 90%、95%或 99%。

1. 什么是简单随机抽样？

简单随机抽样就是一种无偏见的选择过程，每个个体或个案都有同等机会被选中。简而言之，决定了样本量的大小（如 200 个——稍后还有更多“正确”规模的样本）之后，就可以随机选择人名或病例了。

试想这种情况，机构有 2 000 个活动期的病例。随机选择的过程就要求把这些病例从 1 到 2000 任意排序，然后使用一个随机数字发生器或随机数字表选择 50 例，而不带任何偏见（随机数字发生器可查阅网站 http://www. graphpad. com/quickcalcs/randomN1. cfm 和 http://www. randomizer. org/form. htm）。

如果没有随机选择，偏见是如何进入这一过程的？假如在评估者不知情的情况下，从第一个来机构就医的病人（如 2005 年 9 月）开始排序，再选择随后的 49 个，那所选样本可能就有十多年前的病人。这样的样本是不是就不能很好地代表当前正在接受治疗的患者呢？同样，如果将患者按姓氏排序，从名单开头选出 50 个样本，就有可能选出很多以 A、B、C 打头的意大利裔美国人（注意，由于使用的是非随机抽样方法，因此无法覆盖到所有字母）。

2. 什么是系统随机抽样？

系统随机抽样取决于两个方面：样本规模以及其在总体中所占比例。如果你想从 2 000 人中抽取 200 个样本，样本在总体中的比例为 1/10，这就意味着一旦评估者随机确 218
定一个起点，就可以每隔 10 个抽取一个样本。因此，如果从 1 到 2000 中随机抽样，第一次随机选出 1008 这个数字，那就很容易抽出后续的号码作为样本：1008，1018，1028，1038，1048，1058，1068，1078，1088，1098，等等（见表 8-2）。

表 8-2　系统随机抽样示例

示例：从 2 000 人中随机生成 50 个样本
1879，1510，144，615，1065，731，480，850，1566，1468，600，1168，557，147，441，1917，1707，1444，425，591，1583，1544，954，1383，1708，410，1127，1487，546，1714，591，1422，645，340，11，1138，745，364，1235，1375，797，892，1477，1015，1930，1232，1430，42，1165，1387

3. 什么是分层随机抽样？

分层就是把人口分成次级群体。例如，假设你的机构要为 4 个县的区域提供临终关怀服务，在社区需求评估中，你希望每个县都有一定比例的代表性，这样在反馈时，人口最多的县就不会淡化其他县的需求，或与之混为一谈了。一旦知道每个县成年人口数（人口普查数据可以提供这一信息），就可以随机抽取样本作为其代表了。这种方法能保证人们在样本中的比例与他们在总体中所占的比例相同。使用分层随机抽样，生成的样本应该始终与总体中的层次保持高度的相似性。这是怎么可能的呢？

在分层随机抽样中，要为每一层创建抽样框，再按在总体中的确切比例对每一层进行随机抽样。一位评估者对上一年某农村地区的一个门诊接诊项目进行了审查，并按照族群对患者进行划分，如表 8-3 中前两列所示。

表 8-3　分层抽样示例

族群	上一年的有效患者	分层样本
白人	1 500（75%）	244（75%）
非洲裔	240（12%）	39（12%）
拉美裔	160（8%）	26（8%）
亚裔	100（5%）	16（5%）
	2 000（100%）	325（100%）

219 她想抽出 325 个比较积极的患者作为样本，想知道他们的感受，对改善项目有何建议。由于患者中白人和其他族群的人很少，她担心用简单随机抽样有可能无法很好地代表少数族裔患者的经验。然而，分层随机抽样（第三列）就能保证每个组都会按确切比例抽样，放入创建的数据库中。

4. 什么是整群随机抽样？

建立抽样框会比较难，因为要调查的样本分布很广（如全美 50 个州）——尤其是当你没有掌握你想调查的个体名单时，就更难了。还可以采用另一种概率抽样程序，包括确定群体中的个体，对所有群体进行随机抽样，然后调查所选群体中的每一个成员。这一方法是基于这样一种理念，我们人类经常会组成自己的社团、组织、公民俱乐部、工会或其他次级群体。

例如，如果你想在美国获得一个在家对孩子进行自主教育的家长名单，而50个州中每个州都有一个或若干个家庭学校协会，由此联系到这些实行自主教育的家长。因此，可以对这些协会进而对相关成员进行随机抽样，一个州有多个学区，每一个都可以是一个集群。为你的研究随机选出学区后，你可以要求所在学区提供帮助，这些学区应该有实行自主教育的家长的名单。虽然各学区所在机构不会向你提供这类家长的姓名和地址，但你可以要求他们代表你联系一些随机抽样出的家长。

世界卫生组织采用了一种快速的两阶段集群技术，用于在发展中国家评估诸如免疫覆盖率等方面。用这种方法，一个国家将被分为30个左右的地理群体或政治群体。在第二阶段，再从群体内随机抽取一个家庭，并评估所有儿童的免疫状况。然后抽取离这家距离最近的6户家庭进行评估。如果你想阅读更多有关这项技术的资料，请参见相关研究成果（Bennett，Woods，Liyanage，& Smith，1991；Burham，Lafta，Doocy，& Roberts，2006），或者这一方法被用于人道主义紧急援助的简史（Morris & Nguyen，2008）。

三、抽样的考量

到底样本量多大才合适，这不可能马上得到答案。在讨论样本规模之前，让我们先来关注有关确定样本的问题吧。

我们需要随机抽样吗？在最简单的评估研究中，通常随机抽样并不总是有必要的，或者说并不总是最好的选择。例如，如果在某个专项中你们机构只有25个病人，那么所有的病人都要调查到。或者，再举另一个例子：试想一下这里是不是存在这样一个潜在问题，在25名机构员工中抽出20人询问他们的工作满意度，那么剩下的5位是不是会有一种被忽视的感觉呢？

在一个较新的项目中（即有100位或不到100位患者已经参与完成了项目），要从这些患者那里搜集评估数据。你永远得不到100%的回应率。患者搬家了，并没有留下联系地址；他们也许会选择不回应；他们可能住院了、不能动了，甚至有些人已经死了。即便你得到了这100位患者的地址或电话号码，而且跟他们都取得了联系，回应你的人也极有可能不到一半。如果你给随机抽取的50人邮寄了一份问卷，可能不到10个人会回应你，这还要看问卷的长度和外形，还有你问的问题他们是否感兴趣。

怎样才是可行的？假设你在一家规模较大的机构中工作，希望从过去5年中完成某项 220

目的所有人员名单中抽样。那么就可以考虑使用随机抽样法，这可以缩小调查范围，使样本规模更合理，这可能是最有意义的。

你所确定的数据搜集策略主要考虑其可行性。被调查者参与项目的时间离现在越近，他们的经验越有用，他们做出回应的可能性越大。无论数据收集的策略如何，得到尽可能高的回应率都是至关重要的。如果一项试点研究显示，有人不愿意参与，那就简化你的数据，并使其更有趣。如果你还有资金，就给愿意参与的人一点小奖励，这就更有利于回应率的提高了。

如何防止结果出现偏误呢？参与者的招募方式极有可能影响到你的调查结果。假设某项目的工作人员想要调查最令人难忘的参与者，他会把自己记得的参与者先列一个名单，再设法把一份满意度量表寄给他们。这样，抽样计划可能有什么问题呢？被记住的更有可能是工作人员最喜欢的（合规、成功的）参与者，还是比较棘手的参与者，抑或是因为颈椎痛而取消约会，或者每逢假日都扬言自杀的参与者？无论以哪种方式，他们能代表均值样本或典型样本吗？怎样使研究结论有所不同呢？调查对象是员工记得住的，还是记不住的，就会得出不同结论。

同样，如果评估者只接触那些积极的参与者，那么对该项目不满意的人就会被遗漏，因而错过。这可能会导致结果有偏误吗？如果你的公司开发了一项新实验去干预某特定问题，登报征集志愿者，想想可能会出现什么结果。与那些有同样问题，但不主动联系你的人相比，你更有可能接触到受该问题困扰，而且迫切想获得帮助的人。为什么这可能是一个问题呢？即使对那些积极主动的参与者进行干预，也无法证明，这是不是比干预那些不主动的更有成效。即使不考虑参与意愿强烈与否，对那些非自愿的参与者可能依然是有利的，如果他们的问题比较轻，或者不太紧迫的话。如果那些样本已经被随机抽出来，你本来明白的东西就会受到强大的选择性偏差（因为受访者的自我选择）的影响而无法搞清楚了。

当一个特殊诊所或项目需要募集患者时，评估者需要注意潜在的种族偏见和抽样偏差，因为这些患者的问题可能比社区其他人更严重，相关案例请参见格里洛等（Grilo，Lozano，& Masheb，2004）对黑人女性进行过胖暴食症的研究。

*你要花多少时间呢？*假如选择跟过去 30 天中没参与过项目的研究对象接触，或者对
221 去年没选中的样本进行随机抽样，你从后一组随机抽样中获得的评估会更有说服力。如果你的时间很紧，而且项目近期要做一次调整，你也许想从那个点开始研究。有时，可能获得信息、接触项目较多的并不是那些主动上门的患者，而是那些没被抽中的——尤其是有人认为最近这些人的数量在增加。不过，如果你的时间比较多，就可以做一个前瞻性（对未来发展）评估，这可是大有裨益的：可以看看以往项目为何中途结束、结果怎样，可以将新老项目加以对比，或者重新设计项目模型。

建构最好的样本框，关键是对其进行批判性思考：拟议的策略有什么不足？可以把谁

排除在外？最好代表谁？会抽出公平而公正的样本吗？你能建一个“智囊团”或咨询委员会来帮你想想可能遇到的潜在问题吗？那些使用类似数据搜集策略的人已经在文献中提过自己存在的局限和问题了吗？

四、样本规模应该有多大？

当我们要决定对多少人进行抽样时，一个普遍的假设是，抽取总体中的 10%即可得到足够的样本。然而这一经验法则（在调查小群体时）可以提供的样本太少，而当总体太大时又太麻烦（想想要获得洛杉矶 10%的居民样本你得做些什么）。要了解什么样本规模才符合概率样本，我们需要考虑两点：误差范围和置信水平。

我们前面学过，误差范围是指研究结果的精度。5%的误差意味着实际结果可能在正负 5 个百分点之间变化。一个客户满意度调查，当误差为 5%时，65%的人“满意度很高”、对服务评价好，这就意味着实际数值可能低于 60%（65－5＝60）或高于 70%（65＋5＝70）。5%的误差范围是合理的、可接受的，然而，在极少的场合下如果要求更精确（例如，上下两个百分点），那么你就必须增加样本量。在概率抽样中，误差是要考虑的一个关键问题。

另一个考虑就是置信水平了。所谓置信水平是指，如果重复调查，多久你能得到类似的结果。每个调查多少都有所不同（取决于抽到的样本），置信水平是说，经过多长时间结果才能落在误差范围之内。例如，在一个样本设计中置信水平为 95%，误差为 5%，结 222
果 5%以上不在实际值的人口只有 1 次 20 个样本、5 次 100 个样本。换句话说，100 个样本中，有 95 个落在 5%的误差范围内。

一旦你大致了解了误差范围和置信水平，并认为是评估所需的，我们在确定样本大小时就大有进步了。想达到所需的样本规模有两条不同的途径。

（1）上一个互动网页。

一种方法就是登录一个互动网页，当总体的特质、特征、数量或态度的绝对比例还不清楚时，也许它会依据置信水平（如 90%～99%）和误差范围（如 1%～5%）来帮你确定样本大小。（在不清楚态度、特质或特征的预期水平时，就用 50%的保守估计。当有些样本在总体中所占比例低于 50%时，还可以开发更小的样本。可以不超过。这可以通过试点或探索性研究来确定。）当你给出受访的实际样本量时，一些互动网页上的计算器也会告诉你误差范围（见专栏 8－1）。这些互动网页快速、准确、易于使用，但请注意，有时会用“置信区间”代替误差范围，两个术语是同义的。

在表 8－4 中，你可以看到不同大小的总体所需的样本规模，当置信水平为 95%、误差范围为 5%时，总体的特质、特征和态度的绝对比例是未知的，假定为 50%。记住，这些参数是准确的，为确保达到适当的样本量，你需要找到更多的受访者——很有可能你需要招募或联系更多人。

阅读表 8-4 时，你会注意到，小总体要远远比大总体的规模抽样比例大。例如，当总体为 25 人（所占比例为 96%）时，必须对 24 人进行抽样，而当总体为 5 000 人（所占比例为 7%）时，只需要抽 357 人。随着总体规模的增加，样本规模的增速放缓或减小。样本规模在接近 380 时保持相对的稳定，无论总量是 100 000 还是 1 000 000（限定误差范围为 5%，置信水平为 95%），都只需要 384 个样本。

223 **表 8-4　人口比未知时在 5%的误差范围和 95%的置信水平内简单随机抽样的最佳样本规模**

人口规模	样本规模
25	24
50	44
75	63
100	80
150	108
200	132
250	152
300	169
400	196
500	217
750	254
1 000	278
2 000	322
4 000	351
5 000	357
10 000	370
15 000	375
20 000	377
25 000	378
50 000	381
100 000	384
1 000 000	384

专栏 8-1 计算样本规模、误差和置信水平的互动网页

http://www.raosoft.com/samplesize.html
http://www.surveysystem.com/sscalc.htm
https://www.checkmarket.com/market-research-resources/sample-size-calculator/

（2）手动计算样本规模。

你可以用下列公式计算样本规模，并根据所需的误差范围、置信水平和总体比例进行调整。而且在互联网上可以看到相关信息和许多示例，甚至在 YouTube 上可能还有一段视频，说明如何手动计算样本规模。

为了说明目的，如果你想手动计算样本量大小，可用以下公式（详见 Krejcie & Morgan，1970）：

$$\text{样本量}=X^2NP(1-P)+d^2(N-1)+X^2P(1-P)$$

其中：

$X^2=3.841$（在95%的置信水平卡方1自由度表的价值）；

N＝人口规模；

P＝人口百分比（如果没有其他证据，假设为0.50）；

d＝误差或所需的精确度（如0.05）。

用这个公式就能计算出表8-4所示的样本规模了。

在社会科学中，大多数研究和评估为达到所需精确度，都要求把误差控制在5%，置 224
信水平控制在95%。然而，也有可能要求的精确度有高有低。比如说，有人认为置信水平达到90%、误差为5%就可以了，过去这可以用于样本规模较小的时候。3.841的卡方值为2.71，你可以决定抽取500人。90%的置信水平要求176的小样本规模，从1 000人中抽取213个样本即可。样本规模大小可以对照表8-4。

尽管很少要求置信水平超过95%，或者误差低于5%，但是对精确度和置信水平要求更高时，公式相应地也要调整。要计算一个置信水平达99%、误差为3%的样本规模时，你就要用6.64替换掉3.841，用0.03替换到d（指误差）来计算卡方值，当总体为500人和1 000人时，样本规模的计算结果分别为394和649。

五、本章小结

如果你想进行概率随机抽样的话，一定要走随机抽样程序，尽管你得到的样本规模如

你所愿，都达到了置信水平和误差范围。

记住，邮寄调查的回收率能达到20%或30%（甚至更低）就已经非常少见了。如果你从1 000人中随机抽取278人，给他们邮寄问卷，你可能只能回收55～83份，甚至你只能回收区区30份。这会给你的数据分析带来困境吗？那还用说，不要假设你有大把的调查对象，他们经历相同或者观点相同，仅仅因为他们没有回音。如果只有不到一半的人回应，你这个自选的样本框都会遭人质疑，质疑它是否有代表性。回收率越低，对数据的质疑越多。

提高调查对象对你评估的可信度，除了设计适当的随机样本外，你能做的最重要的事情，就是使回收率达到50%以上。有这样几种方式：寄明信片提醒、再寄一份、来点小奖励、后续调查问卷等等。

为了说明你的数据符合表8-4所示的置信水平和误差，有必要用回收数量表明是在“样本量”之列的。换句话说，你要在500人中抽出所需的217个样本，你只给这随机抽取的217人寄去了问卷，如果完成问卷的人数少于217个，你就不可能达到5%的误差和95%的置信水平。所以为了得到217份合格问卷，你就不得不从这群人中抽取300～400个样本。如果预先做个小型的试调查（30～50份问卷），你就能知道你所期待的回收率是哪一种类型了。

记住，如果你选用了偶遇抽样，不会有任何统计或逻辑依据帮你推断出样本的代表
225 性，即真正代表所有人对那些特定问题的看法。研究表明，非概率抽样总是因外部效度的限制而使概括能力受影响。为了获得一个真实的有代表性的样本，你必须使用概率抽样法，这样你才可以从样本推及更大的总体并得出结论。只有从利益妥协的总体中进行随机抽样，评估者才能从样本推及被访者或其他总体。

最后，本章没有讨论邮寄问卷、电话或网上联系潜在被访者的优势，它们不同于个别访谈。通常，所有这些数据搜集方法都各有利弊，这是显而易见的。如果你对这些不熟悉，可以参考本书中论及的研究方法的利弊与收集数据的各种方法。许多项目的主要考虑是花费，个别访谈比电话访问花费高，电话访问又比邮寄问卷花费高，毫无疑问，较大的样本肯定比小样本花费高。

一、课堂讨论

1. 列举一些可能适合非概率抽样的评估项目。
2. 至少描述一个最适合用概率抽样进行调查的项目。
3. 在什么情况下，99%的置信水平会比较重要，而不是95%或90%。
4. 请举例说明在什么情况下需要采用目标抽样。
5. 与误差为10%、置信水平为90%的小样本相比，你认为要达到误差为5%、置信

水平为 95%，哪类问题或项目需要用较大样本？

二、微型项目：亲身体验评估

1. 请给你所在的实习机构或工作单位就某个使用非概率抽样的项目提出一些简明的项目评估建议。你会用哪种方法？请说说这种方法的利弊。

2. 在你的实习机构或工作单位撰写一个简要的评估建议，侧重于概率抽样设计。从互联网上找一个样本规模计算器，确定出目标群体所需的样本规模。你会选用哪种方法？从可行性上讨论，你或者其他人是如何看待这个样本规模的。

3. 请查阅一下你所熟悉的一个项目，在过去三年中项目受益者有多少。按概率抽样的需要确定样本规模，其中置信水平为 95%、误差范围是 5%。

4. 从你们学校的学生中抽取便利性样本和随机样本，请描述出两种不同的抽样方法。

三、参考文献 226

Baltar, F., & Brunet, I. (2012). Social research 2.0: Virtual snowball sampling method using Facebook. *Internet Research*, *22*(1), 57–74.

Bennett, S., Woods, T., Liyanage, W. M., & Smith, D. L. (1991). A simplified general method for cluster-sample surveys of health in developing countries. *World Health Statistics Quarterly*, *44*(3), 98–106.

Chung, S., & Seo, J. Y. (2007). A study on posttraumatic stress disorder among North Korean defectors and their social adjustment in South Korea. *Journal of Loss and Trauma*, *12*(4), 365–382.

Dykema, J., Jones, N. R., Piche, T., & Stevenson, J. (2013). Surveying clinicians by web: Current issues in design and administration. *Evaluation and the Health Professions*, *36*(3), 352–381.

Grilo, C. M., Lozano, C., & Mashab, R. M. (2005). Ethnicity and sampling bias in binge eating disorder. Black women who seek treatment have different characteristics than those who do not. *International Journal of Eating Disorders*, *38*(3), 257–262.

Hartford, K., Carey, R., & Mendonca, J. (2007). Sampling bias in an international Internet survey of diversion programs in the criminal justice system. *Evaluation and the Health Professions*, *30*(1), 35–46.

Hoda, Z., Kerr, T., Li, K., Montaner, J. S., & Wood, E. (2008). Prevalence and correlates of jugular injections among injection drug users. *Drug and Alcohol Review*, *27*(4), 442–446.

Klabunde, C. N., Gordon, B., McLeod, C. C., Dilman, D. A., Johnson, T. P., Greene, S. M., et al. (2012). Improving the quality of surveys of physicians and medical groups: A research agenda. *Evaluation and the Health Professions*, *35*(4), 477–506.

Krejcie, R. V., & Morgan, D. W. (1970). Determining sample size for research activities. *Educational and Psychological Measurement*, *30*, 607–610.

Messer, B., & Dillman, D. A. (2011). Surveying the general public over the internet using address-based sampling and mail contact procedures. *Public Opinion Quarterly*, *75*(3), 429–457.

Morris, S. K., & Nguyen, C. K. (2008). A review of the cluster survey sampling method in humanitarian emergencies. *Public Health Nursing*, *25*(4), 370–374.

Richmond, R. L., Law, J., & Kay-Lambkin, F. (2011). Physical, mental, and cognitive function in a convenience sample of Centenarians in Australia. *Journal of the American Geriatric Society*, *59*, 1080–1086.

Thompson, S. K. (2012). *Sampling*. New York: Wiley.

第 9 章

小组研究设计

项目评估者是否会使用小组研究设计?

从非常简单到很复杂的系列评估问题，要想得到解决，通常会使用小组研究设计。小组研究设计内部效度较高，实际上有利于评估者对干预的影响进行因果推断。小组研究设计广泛应用于人文类服务行业，被认为是更加强大的研究方法之一，适用于项目评估。

需要具备哪些技能呢?

你有必要懂得我们需要进行比较，确定什么地方有待改变，要具备设计评估和识别实际限制的能力（例如，是否可以将参与者分组，采用不同的干预措施）。再者，你应该能找到当代项目评估和批判性评估，好好向它们学习，用以指导最新开发的报告单。

一、什么是小组研究设计?

评估者严格检测项目结果的最强大的研究工具之一，统称为小组研究设计。正如第 6 章单系统研究设计提到的案例，小组研究设计的恰当设计和实施，需要把基本原理与可信而有效的测量、引入的干预、结果的系统评价结合在一起。小组研究设计对一种干预措施的效果评价更复杂，它是通过比较得到结果的，即把一组接受了特定治疗的患者与没有接受特定治疗的患者相比，或者把一组接受了特定治疗的患者与一组接受了另一种干预治疗的患者进行比较。

228 由于小组研究设计，单系统研究设计可以安排在一个复杂的*层级结构*中，连续变化的设计旨在回答越来越精确的问题。在层级的较下端，前实验小组研究设计也许能回答简单的评估问题，如："这组患者好些没有?"或者："消费者对提供的社会服务满意吗?"为了得到可信的答案，还可以提出更复杂的问题："接受了干预治疗后，患者好转了吗?""X 干预法是不是比 Y 干预法更胜一筹?"或者："X 干预法的明显效果能单纯地归因于时间的流逝吗?"项目评估者要想提出更好的答案，必须用更复杂的方案。较复杂的小组研究设计被称为准实验设计和实验研究设计。小组研究设计分为三类：前实验研究设计、准实验研究设计和实验研究设计。下面将对每类加以描述，然后说明。不过，在讨论小组研究设计不同类型的特征之前，我们首先从基本原则开始谈起。

二、从结果评估开始

你的机构负责人想让你为机构做一次评估。按照督导在上一年度的评价，机构目前要进行项目跟踪。然而，现在机构负责人想做一个结果评估，让你来协调这项工作。你该从何入手呢? 尽管负责人强烈建议你为整个机构做一次评估（或者同时检查所有的机构计划)，但我们不建议让新手尝试多项目评估，而是建议选择一个项目作为对象或靶子去评估。如果注意到项目中包含一个中型精神卫生中心的"黄页"电话簿（见图 9－1)，就知道上述建议是多么的明智了。

显而易见，这个机构提供的程序可谓五花八门，丰富多彩。这各种各样的程序可以防止评估者在测量每个项目时使用任一工具或仪器得出相同的结果。因此，评估者也许希望先选择某个项目进行焦点评估。当对评估了解更多之后，你就会发现同样的评估程序或者不同的工具可以同时用于不同的项目中，不过现在要记住，我们一次只评估一个项目。

一旦选中一个项目，就有可能考虑制定一个标准以区分项目的好坏。首先要考虑单一的指标。例如，可以用百分比评估一个帮助空旷症患者的项目设计，就是在治疗后，有多少患者能够去购物、工作、做志愿者或者玩耍而不再出现病症。悲伤辅导项目应该帮助参与者变得不那么沮丧。应该确定酗酒干预项目在实施后，还有百分之多少的人依然在喝酒。

229

总公司：W 波顿街 234 号	885-4000
成人咨询诊所	885-4001
药物依赖服务项目	885-4911
戒毒中心	885-4999
住院治疗中心	885-4949
门诊咨询中心	885-4989
儿童指导计划	885-4363
社区支持服务项目	885-4888
西区个人护理院	885-4212
坎贝尔之家	885-4175
员工援助计划	885-4222
司法鉴定服务项目	885-4333
生活方式	885-4545
父母所在地	885-4721
部分住院服务	885-4110
我们的地方	885-4166
日间治疗单位	885-4699
走廊	885-4677
青少年援助	885-4444

图 9-1　综合心理健康服务机构的"黄页"电话簿

上述例子提及的，都是结果评估所需的指标。不一定非要评估者自己制定出这些指标。如果该机构已经为该项目开发制定了目标并做好了计划，只要查看这些信息，就能了解到结果指标。

教你一个屡试不爽的方法：去问问公司员工或主管，他们为某项目制定的目标或目的是什么，并就潜在的适合的指标是什么，征询一下他们的意见。在选择应对措施时遵循一个原则，尽可能地接近真正的问题才是干预的焦点。试想把随机尿检作为衡量药物滥用治疗方案是否成功的指标，让客户用纸笔填写一份问卷，看看他们对毒品的态度，或者问问他们最近是否吸食过毒品，哪种方法能够对"真正"的服务提供强有力的证据呢？再试想一个高中项目，它旨在提高辍学高危青少年的学业成绩。很明显，与用纸笔测量青年的自尊或教师印象里的孩子该怎么做相比，有效反映项目是否成功的指标应该是毕业率和获得文凭的情况。很显然，上例在某些情况下，找的都是检测结果最佳的可用的指标，但只要有可能，就应该更直接地补充指标，而不是替换掉现有指标。

一旦评估者选中了一个有效的结果指标（有时称之为因变量），他就可以提出研究问 230
题或研究假设，进一步集中地进行项目评估。一个评估者也许会就一个就业训练计划发问：

“在完成了培训项目毕业后的六个月内，有百分之多少的人找到了全职工作?”有时，项目督导或评估者可能会提出假设而不是一个研究问题。例如，假设也许是：“与生命冒险计划相比，在抗击青少年药物依赖方面，青少年帮扶门诊咨询项目似乎更有效。”另一个例子是：“与那些完整的住宅试点治疗相比，蛹之家的青少年一年内不复吸的比例更高。”

研究问题通常比研究假设更为中立，项目评估问题和假设可以通过检查以下示例进行区分：

- 参与就业咨询项目的毕业生能找到工作吗?（一个问题）
- 在项目结束后三个月，参与就业咨询项目的毕业生将有 70%找到全职工作。（一个假设）
- 在三年级中，早先参加过我市启蒙计划的孩子学习成绩怎样?（一个问题）
- 在三年级中，早先参加过我市启蒙计划的孩子，学习成绩明显要好于没有参加过该计划的孩子。（一个假设）
- 参加临终关怀项目对已故患者家庭有何影响?（一个问题）
- 与那些没有接受过临终关怀服务的逝者亲属相比，接受过该服务的家庭成员悲痛程度会明显缓解。（一个假设）
- 哥伦比亚大学临床 MSW（社会工作专业硕士）毕业生，首次参加职业资格考试的通过率怎么样?（一个问题）
- 来自哥伦比亚大学临床 MSW 的毕业生中，首次参加职业资格考试的通过率至少为 90%。（一个假设）

研究问题较广泛，开放式地探索一切可能的结果。研究假设较为狭窄，其基本特征是能预测指定的结果。给定的假设越具体，如指定推断的结果、预期变化或差异大小以及对照组或条件，假设是越危险的，这就意味着更容易伪造，即确定是对是错。科学倾向于风险较大而不是较小的假设，以下对两种假设进行对比：

- 服务对象喜欢参加社交技巧小组（风险小）。
- 正如服务对象满意度调查 8 号问卷评估的那样，参加过社交技巧小组的服务对象中，至少有 90%的人会推荐给别人（风险更高，预测能力更强，但相对更难）。
- 参与过自信的社区干预项目的服务对象，将会发挥更好的作用（风险小）。

231 **专栏 9-1　　深思熟虑的问题**

作为循证实践的前辈之一，伦纳德·吉布斯（Leonard Gibbs）建议，要围绕研究和评估设计从四个方面（如下所述）挖掘出一个深思熟虑的问题：

指定客户群体及其特定问题。

拟定干预措施。

指定替代干预措施（例如，正常或常规干预，或不干预对照组）。

指定所需结果或成果。

资料来源：Gibbs L. （2007）. Applying research to making life-affecting judgments and decisions. *Research on Social Work Practice*，17 （1），143-150.

● 一批患者在注册 ACT 后的一年内，住院天数将减少 30%（具体结果为风险更高，预测变化幅度较大）。

假设越宽松，越容易认为一个项目是有效的。如果一种结果测量方法没有改进，你可以试用其他方法，也许你就能优中选优。牢牢抓住这个“证据”，说明项目是有益的，评估者会把它作为项目重点向机构或出资者汇报，而忽略了其他并没有得到改善的措施。显然，这种做法不科学，需要避免。在可能的情况下，确定方向、预测假设，并预测一个或几个结果是如何发生变化的，或者引发了多大的变化。

无论你倾向于提出假设还是提出问题，都有必要提供一个焦点开始评估规划。

一旦选定一个问题或提出一个假设去指导结果研究，下一步就是选择一个恰当的方案。如果问题简单，如“服务对象有所改善吗?”，评估者就不需要关心对照组，而是随机分配。随机分配就难了，很有可能会强加给某个社会服务机构。通常，完整的组织已经存在，这些人参与评估并为之付出，意义非同寻常。选定某一个设计是经过深思熟虑的，包括你需要回答的问题类型、数据的可得性、同员工合作的期待、控制变量的重要性、潜在污染的调查结果的有效性、你的时间、你的技术分析能力等。

三、结果评估设计

菲茨-吉本和莫里斯（Fitz-Gibben & Morris，1987）给评估设计下过一个定义：“就是在评估过程中制订的一项计划，旨在决定何时、如何搜集测量数据。”（p. 9）评估设计大致类似于一个规划，提出了一个准备遵循的计划或模型。尽管你可能对建房一无所知， 232
但是如果只跟木匠说“要建一座新房”的话，你就会看到木匠的挫败感。没有详细的说明，木匠就不知道是建有六间还是八间卧室的房子、是修一个浴室还是每个卧室都有一个相连的浴室、是砖房还是框架结构。就算不谈这些基本特点，还有重要的细节需要解决，如要开几扇窗户，都开在哪里。去指导那些正在施工的木匠，还是要用到详细的草图或者图纸。这些图纸为木匠施工提供了指导和方向。

评估设计把关键功能和程序都描述出来了，依此进行评估——很可能会让你预估一下评估费用、所需时间以及评估的严谨性。就像一个木匠刚建好一座房子，又把图纸拿到另一个工地，建一座一模一样的房子一样，评估设计中的必要信息允许其他评估者复制，也允许复制原始评价。

有大量的设计和评估标准可供选择。30 年前，萨奇曼（Suchman，1967）讨论了评估的重点，认为是努力程度、评估的性能、恰当性、效能和过程。艾提森和布鲁斯可夫斯基（Attkisson & Broskowski，1978）把项目评估界定为：特别关注项目的可及性、可接受性、综合性、一体化服务、意识、可用性、持续性和服务成本。希普曼（Shipman，1989）是一位美国总会计署的职员，为了公平地比较和综合评价联邦儿童计划，他研发出了一套通用指标。他根据项目需要设计了三个评估指标：问题的规模、问题的严重性、服务的重复性。又设计了有关程序的三个指标：项目的保真度、行政效率、各程序之间的相互关系。还设计了有关项目效果的最后一组指标：成功达到预期目标的客户、成本效益及其他效果（如不可预见的或意想不到的效果）。

迈克尔・Q. 巴顿（Michael Q. Patton ）已撰写了好几本评估方面的专著。他在 1987 年出版的一本书中展示了自己的创造力，列出了一份清单，包括 100 多种不同类型的评估设计。然而，除非你对可以做的小部分评估设计变化的绝对数特别感兴趣，否则没有什么必要去琢磨、去命名，甚至给我们列出所有的评估设计。你将发现学会用概念化的方法去评估似乎更实用。任何项目都可以从许多角度来看，可以根据不同的目的进行评估。

你是怎么挑选项目评估设计的？这个问题是随着研究问题或假设，以及评估目的而产生的。只有知道项目需要什么样的信息，才能选择评估设计。对项目你想了解些什么？通常把所有相关问题列个清单很有用（如果这份清单太长，那就要缩减，列出那些至关重要、可以切实解决的问题来）。

233 以下问题可能是评估人员在各种设置中感兴趣的问题，在我们要对更复杂的问题进行更完美的设计前，对简单问题进行研究往往是最有用的。

（1）当接受一个项目的服务后，服务对象的情况怎么样？

（2）与那些没有接受过该项目服务的人相比，项目服务的受益者情况又是怎么样的？

（3）与那些没有接受过该项目服务的人相比，再与那些接受其他干预服务（标准治疗、局部治疗、安慰剂类型干预等）的人相比，接受该项目服务后的人情况如何？

（4）如果与该项目服务的受益者相比，那些没有接受任何服务的人情况更好，而且比那些接受了其他干预的人更好，那么随着时间的推移（如 3 个月、6 个月、1 年等等），这种差异会持续下去。

（5）如果随着时间的推移，与那些没有接受过干预的人或其病情相比，服务对象是越来越好，那么每个服务对象的治疗费用应该是多少？（例如，成本效益研究。）

（6）如果随着时间的推移，与那些没有接受过干预的人或其病情相比，服务对象是越来越好，那么每次改进的成果，需要多少治疗费用？（例如，进行一项成本效益的研究。）

上述问题中较为简单的是前几个问题。别小看这些问题，实际上，只有很少的机构能拿出可靠数据来回答问题（1）和问题（2）。许多机构在完成了一个项目后，会结案或不再满足服务对象的要求，仅根据服务对象本身、照顾者或重要他人的临床访谈，来判断服务对象是否有所改善（如果有的话）。没有多少机构在项目完成后还采用标准化方法应对服务对象的问题、功能或福祉，甚至在项目开始时就很少采取措施进行管理。因此，通常情况下，卓有成效的项目评估，首先要准确定位，事后采取措施跟进，或在某一指定时间进行随访。例如，佛罗里达州塔拉哈西州为无家可归者提供了 6 个月的住宿计划，旨在为他们提供工作技能、生活技能、稳定的居住地和体面的工作。这都很好。但是，该项目在 6 个月后就没有下文了，不再关注该项目的参与者是否仍然在工作并居有定所。因此上述问题（1）就无法答复了。要想开展项目评估工作，这就是最好的切入点。简单吗？是的，在理论上简单。但对所有的利益相关者来说，都是有价值的。

你可能很熟悉这个受欢迎的项目——“仁人家园”，这是个以信仰为基础的项目，旨在为穷人提供保障性住房。每年有数百人能得到这样一个家，主要由当地社区的志愿者修建，另外还有一个选择，那些要搬进这些住房的家庭可以选择“财产增值劳动”。看看你是否能找到 3 到 5 年左右才安置的新家，当地的“仁人家园”项目还在跟进这些家庭吗？他们还住在家里吗？还是因为某些原因要离开？房子都修好了吗？所选家庭的整体财务状况是否有所改善？为了进一步帮助这些家庭，了解这些事情有什么好处？

一旦明确需要评估的信息有哪些，评估者就必须考虑现有的可利用资源以及该机构的 234
局限性。以我们的经验，如果受到条件限制，评估者必须慎重考虑所选的评估设计是否更便于操作。学生和机构同事经常抱怨：“我们无法评估自己的服务，我们没钱。”有时也可以用另一种方式表达：“主管非常支持，但我们请不起一个顾问。”除了评估的成本问题外，偶尔，评估者也会受到数据类型的限制（无法得到相应数据）：“我不知道要做什么样的评估，主管说，我们不能与以前任何一个客户接触。”

在限定时间内完成某个评估，可以算是另一个限制。例如，由于其他问题的压力，在 3～4 周内必须完成评估并提交最后的报告。这一约束方式就把大量的评估设计排除在外了。

另一个需要考虑的是大众评价。在某些场合，评估者预计评估结果将受到热烈欢迎，评估方法不太可能受到质疑或攻击。而在另一种场合，评估者却预计人们对评估结果的反应可能是充满敌意的。预计这个评估受到猛烈抨击，评估者就会选用适用于该情境的最严格的方法，以便提供更好的信息。菲茨-吉本和莫里斯（Fitz-Gibben & Morris，1987）指出：“作为评估者的任务就是找到一个设计，能提供最可靠的信息，反映你身边的情况。”（p. 10）

当这样或那样的限制一旦确定，评估者就可以有效地提出一些评估设计，并开始制订计划挑选样本，选择评估时机和数据收集程序。评估设计就是要决定何时召集哪些人一起来评估。你作为一个评估者，任务就是找到这个设计，在特定情境中能提供最客观、最有说服力的信息。

本章接下来先介绍评估设计中最简单的前实验研究设计，紧随其后的是准实验研究设计，最后是更为严格的实验研究设计。总之，比较简单的设计需要花费的努力就比较小，因此也是成本最低的。虽然这不是一个完美的分类方案，但以这种方式思考设计可能会对起始评估有好处。这些设计通常在研究方法课程里有所介绍，这里就不再赘述了。

四、小组研究设计的一般原则

你也许还记得前一章中单系统研究设计的特点：A 代表基线期，B 代表干预期，等等。
235 小组研究设计有与众不同的术语和缩写。小组研究设计中，字母 O 是指观察或评估期，而字母 X 是指运用干预或开始干预，像 Y 或 Z 表示其他条件或治疗方式（如安慰剂治疗、常规治疗等等）。在所有的科学研究中，实施研究变量需要加倍小心。在项目评估中，因变量被解释为研究结果的措施，而自变量则被视为对人文类服务的干预。

选什么方法来测量结果，对于单系统研究设计与小组研究设计而言都很重要，若非如此，就没法做需求评估、服务对象的满意度研究以及其他形式的评估研究了。理想的结果测量是可靠的、有效的、易于执行的、成本低廉的、浅显易懂的，其服务对象能够代表不同的群体。当你想为小组研究设计选择一个潜在的结果测量时，那就请你看看本书的第 12 章。任何一个指定的小组研究设计，其可信度都完全取决于研究者使用的结果测量法是否可靠而有效。如果你选择了一个很糟的结果测量法，即使是最严格的设计也回天乏力，所以选择一个好的结果测量法很重要。

总的来说，小组研究设计要考虑以下三点：

（1）在干预之前是否要预测评估结果？

（2）是否要用到不同类别的对照组？

（3）是否使用随机分配的方法组成小组？

较弱的设计就缺乏这些特征（没有前测，没有随机分组，没有对照组），而较好的设计却不同程度地具备这些特征。我们开始审查这些设计时，就要看看小组研究设计是否缺乏对照组或随机分组。这些被统称为前实验小组设计。

五、前实验研究设计

不要被这个术语蒙蔽——前实验研究设计在解答重要问题时是非常有用的，如果问题本身很简单的话。例如，评估机构工作人员和管理人员关注的问题，诸如“案主对你们的服务满意吗?”或者“在参加了我们的项目后，这些参与者的状态怎么样?”就比较适合前实验研究设计，因为问题简单而常见，可能要求的科学严谨性也不是太高。前实验研究设计针对这类问题可以提供非常理想的答案，并且能对重要问题予以解答。

尽管用理想的科学标准衡量时，人们并不认为这种设计严谨，但是它很适合许多机构，能满足他们想利用很少的资源，每年或每半年就要向资助者（如当地的联合之路）展示某类有效性评估的需要。根据我们的经验，人们往往会低估这些设计，相应地也没有充分利用。再现结果是从调查结果获得更多自信的一种方式。我们再来看看运用这些设计的 236
几个案例，说明这一工具在项目评估中的效用。

1. 单组仅后测设计

尽管听上去令人印象深刻，但这种评估设计是一种最基本的设计。这种设计包括提供一组受干预的案主或参与项目的案主，然后确定案主在干预后的状态。例如，假设你正在运作一个戒烟项目。项目的目标是参与者通过干预完全戒烟。进行这一干预需要几个星期，评估者可以确定到最后一次活动为止参加工作坊的人里多少人已经停止吸烟。如果你开始小组的时候有 18 人参与，到最后一次活动时有 9 人戒烟，那么你这个项目就有 50%的成功率。我们可以用以下图示说明这一设计：

X　　O

其中，X 是对那些吸烟者的干预，O 代表干预后对研究对象状况的观察和测量。

这一设计非常适合用于这种情况：在没有正式评估的情况下，确定案主预先设定的状态。需要注意的是成本、工作人员的支持、研究所需的专业知识，完成评估所需的时间可能是最少的。由于这里涉及的太少，评估者甚至能从上一次工作坊中得到结果，或者把去年的（甚至是前三年的）成功率用计算机平均一下得出结果。该评估数据可以轻松地用一个表格显示出来，如表 9－1 所示。

表 9－1　　活动截止时戒烟的人数

	2008 年				平均成功率
	2 月	4 月	7 月	10 月	
参与人数	24	21	25	18	
戒烟人数	9	9	12	9	
成功率	38%	43%	48%	50%	44%

当然，如果干预后半年或一年再访一下参与者，就能更好地确定“成功率”，这就是 237
该设计（正如你所知道的烟民）的问题所在。通常，吸烟者短时间内能戒掉，但很快又开

始吸上了。然而，跟踪调查以前的参与者就会知道他们是否戒了烟，但这就需要花费，而我们又缺乏资金支持。邮寄调查不是太花钱，除非有几百份问卷要寄。电话访问通常也不太贵（除非要打长途），但需要在上班时间拨打（然而，这可能是在文职人员之间分配的其他任务）。

这种设计的另一个问题就是不太严谨。对干预的不同效果，它能告诉我们的太少。我们不知道成功戒烟的人中有多少是他们自行戒掉的，或者有多少人只是在项目期间戒了烟。这也是一种比较弱的评估计划，因为参加工作坊的人不是随便选出来接受治疗的。既然不是从所有候选者中随机挑选出来提供服务的（如所有想戒烟的吸烟者），在自行挑选样本时就存在一种潜在的偏见（例如，那些没来的人可能不会像来治疗或自愿治疗的人一样有机会）。也许参加项目的人是受到内科医生的鼓励而参加的，因为他们出现了与吸烟有关的健康问题。这些吸烟者也许比其他（健康点的）烟民更愿意戒烟，因为继续吸烟就会伤害到他们自己了。你的项目显示的结果也许比较好，诸如有这样的“动机”的吸烟者与那些目前没有此类问题的吸烟者相比。同样，与那些从来无法自己戒烟的人相比，以前戒过烟的人在你的项目中也许更容易改变。由于这里没有对照组，几乎无法找到有力证据说明是参加了你的项目，而不是受到其他影响，使参与者成功戒烟（也许是因为内科医生的严厉警告起了很大作用，或者是因为一个名人最近死于肺癌，而不是因为参加了你的戒烟项目）。当你面对非常不稳定的问题时，这些限制与单组仅前测设计一样都很明显，随着时间的推移，这些内容会发生很大的改变，即使你能够进行结果测量也是没有说服力的。另外，如果你对一个为有棘手问题的人提供服务的项目进行评估，这个设计就显得不堪一击，会引发很多批评。例如，一个心理社会学干预，目的是提高一群艾滋病患者的功能，而单组仅前测设计要求，在干预后了解病人 10 年的健康状况。试想 10 年后他们验血都是正常的，没有人感染艾滋病病毒，没有人死亡，那么 100%的病人都恢复了健康！这样的研究，尽管有局限，但理所当然地引起了你的注意，那就是值得一做的。

单组仅前测设计——这种设计也被称为“单次个案研究设计”，这不如我们选用的术语贴切——在客户满意度研究中尤其管用。按照定义，只有当客户接受机构的服务之后，才能对其进行满意度的评估。因此，任何一种预评估本质上都是不可能的。利根和赛义（Ligon & Thyer，2000）把这种设计用于迪卡尔布社区服务委员会（the DeKalb Community Service Board）的客户满意度评估上，这是一个位于亚特兰大郊区的公共机构，提供精神健康和药物滥用服务。请所有在该机构获得服务的案主完成客户满意度调查问卷（Larsen et al.，1979）——一种标准化的、被广泛使用的快速评估工具——成为人文类服务领域测量消费者满意度的得力方法。接受服务的机构客户应邀完成客户满意度调查问卷，这种快速的标准化评估工具，被广泛应用于人文类服务领域，主要测量案主的满意度。共有 54 个客户及其中的 29 个家庭成员完成了客户满意度调查问卷，就意味着可以对不同服务类型的得分情况进行比较（如移动危机服务、物质滥用服务或单独的精神卫生服务）。

也可以比较这些客户（M＝27.6，SD＝3.9）的打分情况来规范客户满意度调查问卷数据。 238
总之，与以往的研究相比，使用这种方法能很顺利地对服务评分评级，评估其满意度。因此，这种“简单的”前实验研究使用了所谓不雅的X-O设计（单组仅前测设计），能够有效地回答“接受我们的服务后，客户满意吗?”等问题。关于将这种方法用于客户满意度研究，利根（Ligon，1995）在员工援助服务部分还有另一番阐述。

单组仅前测设计在各种类型的后续研究中也很有用，这是在正式的预评估中无法或很难获得的，如采用热线电话报告家庭暴力、强奸或虐待儿童情况。在初次听取客户意见后的一两个月再次跟他们接触，评估热线电话对解决他们的问题有多大帮助时，这种方法可能就非常实用。

格利森、赛义和费舍尔（Glisson，Thyer，& Fischer，2001）就用这种X-O设计（单组仅前测设计）去评估佐治亚州雅典市的一个无家可归者庇护所的效能。除了提供一张暂时的床位和饭菜外，庇护所还聘请了一位社会工作者，他的工作就是把无家可归者居住的庇护所改造成一个安全、实惠、有望长住的地方。住在这里的所有人都可以接受为期4个月的服务，早在一年前就被分为两组——显然是暂时居住的一组（N＝24户）和长期生活在雅典市的一组（100户）。后一组包括因个人不幸、家庭暴力、刑满释放、失业、精神疾病或药物滥用等问题而无家可归的个人或家庭。

好容易与生活在雅典市的这100户家庭的一个代表取得了联系，已确定他们的家庭生活情况，大约10个月后给他们一个稳定的住处。100户中成功地联系到71户（即跟踪调查率达71％）。其中41户（占58％）是以自己的名字租住的，表明他们已经有了相对稳定的住所，而且已经在现住房平均住了4个月以上。同时还获得了一些额外信息，即前租户的收入和租金，以及他们对现住所安全度的看法。

这个“简单的”X-O设计（单组仅前测设计）是评估无家可归者庇护所成效的一种有效途径。尽管得不到合法的因果推论，但它依然是一种很好的、实用的项目评估方法，可以回答“在住房方面发生了什么?”“谁在雅典市无家可归者庇护所接受服务?”等问题。我们的经验是，很少有一个无家可归者庇护所能以任何形式的可信数据回答这些问题。我们相信，需要在一个更广泛的基础上进行这类基本的项目评估。

社会工作专业的学生温迪·帕边（Wendy Pabian）在一个中心完成了社会工作专业硕士实习，为护理可能有发育障碍的儿童提供诊断评估和建议。该中心的主要目的就是帮助
父母和照顾者链接社区保健医生来满足孩子的需要。中心日复一日地开展的业务，就是为 239
所服务的家庭进行专业诊断并推荐一套（机构能为他们提供的）方案。不过奇怪的是，从来没有人跟进过之前所提供服务的家庭，看他们所做的决定在多大程度上采纳了中心推荐的方案。帕边选择用单组仅前测设计来调查这个问题。在获得所在大学和该中心的机构审查委员会的同意之后，在51个符合条件的家庭中，她能联系到36家，这都是在半年中接受过机构服务的家庭。她并不能接触到所有家庭，也不是所有能联系到的家庭都同

意参与调查（当然，要澄清一点，因为实际上只有70%的潜在样本能提供跟踪信息！那丢掉的30%的样本是不是在某种意义上不同于参与者呢?）。简言之，结果发现参与调查的家庭中有84%获得了教育服务，89%获得了医疗服务，但中心团队推荐的社会服务只有49%获得。总的来说，这些家庭获得的服务中有79%来自推荐服务。推荐的4类11种社会服务，成功率为0。为中心人员提供的这些后续信息非常有用。这有利于他们改变自己推荐的服务模式，采取措施，逐步增加社会服务，尤其是增加获得服务的可能性。有关这个项目评估的细节可查阅帕边等人的论文（Pabian et al.，2000）。

社会工作者劳拉·梅耶斯（Laura Myers）在孤儿照顾的创新研究中也用到了这种前实验设计。在20世纪90年代中期，福利改革提案引起了广泛讨论，有人问一个政治家，当孩子所在家庭得到的福利能满足孩子一生的需要时结果会怎样，他是这么说的："嗯，总是要有孤儿院的。"这引发了抗议风潮，因为儿童福利社区的一个信条，就是机构或院舍照顾本质上是不如社区内家庭安置的。梅耶斯查阅大量的科学文献，看看在孤儿院长大的人受到哪些传统影响。结果她惊奇地发现，关于这个话题的实证文献非常少。她有幸到佛罗里达州中部一所传统的教会孤儿院工作，并得到了他们的"校友"名单，不少在孤儿院里度过青春时光的人已经"毕业"，现在是独立生活的成年人。"校友"中的一部分于30年代在孤儿院生活过，现在已80岁高龄！通过她所在学校伦理审查委员会的同意，梅耶斯得以接触到这些孤儿并进行了一个简单调查，选择了三个先前公布的针对成人调查的方法。以邮寄调查的方式进行，问卷下方签着孤儿院主任的名字，内附一封信，请求对方参与这项研究，填写调查问卷和量表，再寄给主任，由主任把回信转给梅耶斯。量表的结果最有趣。绝大多数的回应者在社会经济、人际关系、家庭生活和事业方面都表现不俗。很多人积极评价了自己在孤儿院的生活及其照顾质量。这表明某些形式的机构照顾并不都
240 "不好"，可能适合那些无法被安置在社区家庭的年轻人。孤儿院本身对这个项目评估非常欢迎，调查花费少，而且特别用了单组仅前测研究设计。更多细节详见梅耶斯和里特纳的论文（Myers & Rittner，1999，2001）。

2. 非等价组仅后测设计

这种设计对现有设计稍加改进，使用了对照组的一些形式。参与者希望让对照组接受治疗，而自己却不接受治疗。以戒烟项目为例，该项目的参与者被称为实验组或治疗组，还有另一个吸烟组与实验组相对比。在理想情况下，这应该是一组与众不同的吸烟者，他们想尝试自行戒烟。评估者要比较参与工作坊后的戒烟成功率与自行戒烟小组的成功率，其设计如下所示：

X　　O

....

　　　O

其中，X 代表干预，O 是观察或测量大约在同一时间点的各组情况，上下组之间的虚线表示非随机分配。

这种设计的缺点比较明显。第一，它可能不容易确认自行戒烟的组员，即使你知道参加戒烟项目后戒烟的成功率要高于对照组，但你不知道与对照组的比较是否公平。两组人可能在每天吸烟的数量上有极大差别。也许参加你这个戒烟项目的大多数人都是某镇一个工厂中的年轻雇员，他们期待自己如果戒烟成功，在年底能得到一笔现金奖励。尽管你并不想让对照组与干预组有什么不同，但你随后发现，对照组老得多，他们一直在吸烟，平均烟龄 37 年。让这个组戒烟会比只有 5 年左右烟龄的年轻人戒烟困难得多。如果对照组与干预组是不一样的，就像拿苹果与橘子进行比较一样。虽然它可能会为你找到一个与对照组更像的干预组，但试图证明两组粗等价的负担仍是你的。

鉴于这些限制，这种设计可以是相当丰富的。假设 6 个月之后随访，发现干预组中 30%的人戒了烟，而对照组戒烟率仅达 10%。这足以证明该项目确实是有帮助的。或者，假设两组的戒烟率均为 30%，那么你认为戒烟项目有什么价值呢？嗯，有足够证据表明该 241
项目没有什么用，知道这点也很好，尽管有些令人失望。或者如果随访后发现干预组的戒烟率为 20%，对照组的戒烟率为 30%呢！这表明戒烟项目实际上降低了戒烟的可能性！这也是很重要的。

运用非等价组仅后测设计的一个真实案例，可以在卡里略和赛义（Carrillo & Thyer，1994）面试社会工作专业硕士（MSW）的技巧中找到。他们要对两组学生进行评价。第一组由 23 个两年制的社工专业硕士组成，他们在第二年开学得到评估，而第二组由 15 位免修的社工专业硕士（指那些已经拿到社工学士学位，免修第一年课程和实习的社工专业硕士）构成。在佐治亚大学的秋天，两组均修同一社会工作方法课程。这一结果测量是可靠的，由学生在采访录像中表演模拟客户端来判断。作者竭尽全力地实施“面试技巧”，并制定出一个非常可靠的方法：使用两个独立的评级机构来进行评估。这个自变量（干预）是由两组学生的学术背景构成的，即两年制的 MSW 学生和 MSW 免修生。其设计可以表示如下：

$$\begin{array}{cc} X & O \\ \hline Y & O \end{array}$$

每组之前缺一个 R，表明两组采用了非随机抽样的方式（分隔线也是表示这个意思）；X 代表完成了 MSW 第一年的基础课程，Y 代表已完成免修基础课的社会工作专业学士学位（BSW）课程。该研究检验了假设，旨在测试免修生相当于完成了 MSW 基础课的面试生的假设。对面试技巧进行前测是不可能的，“获得 BSW 免试组与两年制 MSW 组”也不能随机分配，其选择没有可行性。所以，作者利用 MSW 学生的自然分类，根据受教育背景把他们归为两组。两组在面试技巧上确实是等效的，结果 BSW 学位拥有者更希望成为推免生。

另一个对这一设计的改进是社会工作专业学生艾米丽·格力-麦克考米克（Emily Gary-McCormick）与她的 MSW 导师丝儿玛·帕顿（Thelma Patton）一起做的。艾米丽被安排在一个产前诊所实习，专职在佐治亚州的农村社区提供产前保健服务，主要服务对象是低收入、有妊娠高风险问题的女性。简言之，产前保健小组乘坐一辆面包车下乡巡回检查，发挥乡村卫生部门的产前护理诊所的作用。随着时间的推移，很多女性从中受益。自然也会出现一些问题，诸如："花费这么大的项目其结果怎样?""在多大程度上能避免妊娠问题?"

242 显然，把女性随机分配到妊娠高风险又不接受产前护理的问题人群，这既不道德，也不实用。在该项目实施期间，自然有些女性多次预约了产前保健门诊，而另一些女性却错过了这些机会。假设妊娠的数据是可靠的，我们可能会发现，那些产前护理做得比较勤与不怎么做的女性，生产的结果会相差很大。当然，该项目假设，那些经常来访的女性比很少来的女性妊娠的结果更好。大约有 119 位患者参与了这一项目，根据病历（再次获得大学的伦理审查委员会的批准后）记录，我们选择了（在坚持看诊方面）两头各 25%的患者进行分析，其中预约就诊超过 13 次的女性有 27 位，低于 4 次的有 28 位。

分析后可见，与看诊率低的女性相比，那些看诊次数多的女性生的孩子都比较重，怀孕年龄也更大（这些都是很好的观察）。这表明，但不能证明，这些产前检查确实有利于妊娠结果，可以证明有必要继续提供这种昂贵的护理模式。这是一个有力的证据，项目本身并没有"发挥作用"，但在这场特殊的考验中却幸运过关。

我们可以明确说该项目是有效的吗？不能，因为存在各方面的因素。也许是某些变量导致女性尤其是有妊娠高风险的女性容易错过约诊（例如，尤其是贫困，又没有可靠交通工具的女性）。在更大的设计没有可操作性的情况下，尽管虚拟假设相互矛盾，难以控制，致使项目评估不太理想，但这个设计依然是非常有用的。更多细节请见格力-麦克考米克等（Gary-McCormick et al.，2000）的研究。

3. 单组前后测设计

很明显，并不总是能招募到某种形式的对照组或控制组，你可能只有一组客户接受机构的服务。如果你能在干预前就测出（这被称为前测）客户的问题（或优势，或二者），在干预后也可以测出这些（称之为后测），你就可以认为这已经被贴上了单组前测后测设计的标签。该设计可以用以下图示表达：

$$O_1 \qquad X \qquad O_2$$

其中，O_1代表干预（X）前的第一次观察期（前测），O_2是指干预后的第二次观察期。

不要将这些称为预评估的“基线”。为单系统研究保留基线，实际绘制一个折线图来显示预处理数据。

比方说，你要为近期离婚的女性开办一个支持小组。假设这些女性常常感到沮丧，为了减少她们的抑郁，你决定进行干预。理论上讲，与刚开始相比，参加了 10 周的支持小组后，这些女性就没有那么抑郁了。查阅了图书资料后，你决定选用由国家精神卫生中心流行病所（Radloff，1977）研究开发的抑郁症前后测的 20 项抑郁量表。 243

当小组举行第一次聚会时，你可以对前测的目的做出解释，回答各种问题，然后分发道具。在最后一次小组活动中，你要第二次让大家填写相同的抑郁量表。得到前后测数据之后，就能确定支持小组在第 10 周结束时改善的百分比是多少。依据标准化的量表获得的测量结果，可以成功衡量两个方面：（1）支持小组的成员抑郁比例降低的情况；（2）前测后测组平均分的改善情况。这一研究是有价值的，它能帮助未来的消费者或政策制定者确定支持小组是否有效。

然而，当确定介入很重要，而且只有介入才能改善时，这一设计又略显不足。例如，也许你会看到，无论是否获得专业帮助，离婚之后大多数人都会立即陷入抑郁中，过一段时间又会有所好转。换句话说，这一设计无法排除关于实际上改善情绪的真正原因的其他解释。某临床医师可能会说：“如果真的是时间的流逝，而不是干预的结果呢？我的绝大多数患者在过去 10 周内都得到了改善，毕竟，他们就是为此而来的！”

由于这一评估项目不是很严谨，因此无法排除其他解释，如由于更加成熟而有所改善（一个可能的解释是特别考虑到孩子），或仪器重复使用的结果（测试），或更多其他解释。在这些场合需要排除对评估设计的多种解释（例如，你可能想要干预的市场），你还可以采用更为严谨的（实验性的）评估设计。维斯（Weiss，1972）就提倡在以下情景下采用实验评估设计：

> 要达到直接项目之外的目的，实验评估是最适合的了。决定继续还是放弃设计顺序，决定是否在全国范围内广泛使用这一设计模式，因此，实验设计需要对研究效度有极大的信心。其他类型的决定可能不需要这么严谨，至少在初期阶段（pp. 66－67）。

卡帕、赛义和波的尼克（Capp，Thyer，& Bordnick，1997）就真的使用了单组前测后测设计，郝雷·卡帕（Holly Capp）当时是佐治亚大学社工专业硕士研二的学生，在亚特兰大的佐治亚浸会医院精神科完成了实习。卡帕可以安排所有新入住的患者填写症状自评量表－90（修订版）（SCL-90），这是精神病学中一个应用广泛而可靠的有效测量工具。除了几个全球指数外，SCL-90 还能通过分量表提供一些分数，包括抑郁症、焦虑症和精神病等。然后，在患者出院前的一两天，卡帕要求他们再做一遍 SCL-90。如果精神科的住院服务真的有效，就像 SCL-90 评估的那样，我们就可以预测出，患者的分数会有所提 244

高。在四个半月的时间内，卡帕对新入院的患者进行招募，105 位患者中有 78 位（占 71%，在这段时间内治疗的患者中占相当大的比例）同意参与项目。入院时根据 SCL-90 进行评分，构成小组的预处理数据，接受电疗后再次进行评估，这个过程完全符合单组前测后测设计。

平均住院时间为 17 天，卡帕为患者建立了比较完整的统计信息。结果发现，与 SCL-90 评分相同，患者的精神病症状大幅下降。卡帕提供的这个简单的单组前测后测设计，加上一个有效的测量结果和一个大客户样本（大概有代表性，但我们不敢确定），让她的上司和医院的工作人员回答“患者在我们的精神病病房接受治疗后情况有所改善吗?”的问题，（通常）回答为：“是的!”现在就这一点，细心的读者无疑会敲着桌子大叫道：“但也许病情好转只是因为时间的原因!”或者：“也许病情好转只是因为再次得到了休息!”或者：“他们违心地回答只是为了取悦卡帕这个令人愉快的社工硕士实习生!”

编写本教科书的作者头脑清醒，我们不得不同意你的观点。提出这些观点是绝对正确的。但我们要指出，这基本上是更为复杂而深入的问题，并不是卡帕等人（Capp et al.，1997）提出的。作者通过卡帕的研究，只是想让精神科工作人员来解答这个问题，即：“我们的患者病情好转了吗?”他们不必回答你的如下问题：

“与那些靠时间恢复的病人相比，在佐治亚浸会医院精神科住院治疗的患者的病情是不是更大程度地得到改善了呢?”

“在我们精神科治疗确实比第二次完成 SCL-90 量表的患者改善明显吗?”

“与为了取悦社工硕士实习生而回答更为正向的患者相比，在我们精神科接受治疗的患者是不是好转得更快呢?”

这些问题是有价值的、重要的，虽然在一般情况下，它们可能源自不同的情境。原初问题的答案是令人满意的。回答你的问题需要很多严谨的方法。在本章末尾列出的实验设
245 计可能为你提供严谨的方法。事实上，你身上发生这些问题是个好事，表明你具有批判性、科学性和控制性思维，而且能深谋远虑，毕竟与竞争对手解释需要有控制力，并且深思熟虑。如何控制这些不同的解释呢? 一种方法是找到一种更严格的测试方法，如下节描述的研究类型，即更为复杂的小组准实验设计和小组实验设计。但首先，这里还有几个单组前测后测设计的例子。

社工专业硕士温迪·施瓦茨（Wendy Schwartz）在亚特兰大一所大医院的精神科实习。她负责一个半住院项目，就是为被确诊为精神病的患者提供医疗和娱乐服务。这是一个上下协调、多学科合作的综合性项目，比通常的门诊治疗提供的服务更密集。该项目的时间是周一到周五的上午 9 点到下午 3 点，比住院治疗便宜些，但比门诊贵些。这个半住院项目有明确的目标，就是减轻患者的症状，真的能做到吗? 谁知道呢。

经过查询半住院治疗项目的评估文献（几乎不存在）后，施瓦茨决定看看她的项目

该怎么做。在获得大学的伦理审查委员会的批准和与医院的其他工作人员合作后，施瓦茨安排愿意参与项目的患者在两个月内完成抑郁症的标准化测量，并计划在他们出院时再次测量。20 位患者完成了前测，但只有 9 位完成了随后的后测（即她的样本中有 55%的潜在样本没有用）。平均入院时间为 8 天。根据 9 位患者的前后测统计数据，抑郁评分明显改善，有一个非常大的影响效果。然而，尽管有一定局限，施瓦茨还是能够公开发表她的成果（Schwartz & Thyer，2000），把半住院治疗的效果添加到现有文献中。

社会工作者为受创的孩子提供的不同心理社会干预是否有效，人们几乎不知道。艾莉森·萨卢姆（Alison Salloum，2008）为谋杀案（如父母被杀）幸存者或看到严重暴力事件的年轻人，以精神创伤为重点进行了集体治疗，并测试了最终效果。在新奥尔良和洛杉矶的 10 所公立小学，她为 102 个非洲裔美国孩子开办了 21 场小组活动，并在开始前和群体治疗结束后都用了先前公布的创伤应激方法。结果表明，创伤后应激障碍显著降低，其样本大小还足以进行小群体分析。她对结果的措辞非常谨慎："本实验研究的结果表明，参与这个以学校为单位的悲伤与创伤应激干预的都是来自城市低收入家庭的非洲裔美国孩子……"（Salloum，2008，p. 206）这一结论真实，而且无可争辩。如果萨卢姆博士这么草率地断言："尤里卡！我们可以用这个非常有效的治疗方法，为所有孩子提供创伤后应激障碍的治疗！"她就会因如此宏大而不合理的断言受到批评。 246

请不要搞错了，尽管单组前测后测设计的结果有着很明显的局限性，无论如何不能用来证明因果关系，但依然是一个很有用的设计，并被定期发表在世界一流的期刊上。它所提供的结论是保守的，其调查结果居然被放在待开发的文献中。例如，斯皮内利（Spinelli，1997）发表了一篇文章（《美国心理治疗》期刊，一个很不错的期刊）。他在 13 个怀孕妇女的产前检查中，把单组前测后测设计应用到一种新的治疗形式中，称之为人际心理治疗抑郁症。要采取的措施是与早前公布的抑郁症自我评估量表做对比。结果不错，抑郁的分值有明显改善。这最初的实证研究涉及的样本量很小，反过来，可以跟斯皮内利花费较大的人际心理治疗评估进行随机对照实验。单组前测后测设计常常受到不公正的贬低，通常被认为不值得去做。然而，在对持续发展的新的治疗方法进行初步研究时，它可以是非常有用的。

六、准实验研究设计

到现在所描述的评估设计都是基本的或最开始的设计，坎贝尔和斯坦利（Campbell & Stanley，1963）称之为前实验设计。对于任何可以观察到的变化，人们给出各种解释，它都无法否认。虽然前实验设计提供的支持信息可以很好地满足项目需要，但它们无法提供确凿的证据，表明改变是由干预引发的。幸运的是，还有其他更严格的评估设计可供选择。因为下一组设计往往需要更好的规划，并使对照组有更广泛的参与，分析的数据也更多；但与前实验相比，可能价格更昂贵，所需资源也更多。

可以把项目评估方法当成一系列步骤，从最简单的开始：形成、过程和项目监控。我们刚讨论的前实验设计使我们向最强的定量方法又迈进了一步。准实验设计要优于前实验设计，但又不如实验设计那样能提供“确凿证据”，认为我们可以观察到的变化是干预的结果。因为它们没有使用随机方式，也不可能总是包含一个对照组，准实验设计的得名并非来自实验（在医学界，这类研究就是众所周知的“观察研究”）。

1. 不对等对照组设计

不对等对照组设计是评估设计中最常见的一种方式。在这一设计中，一群相似的人被
247 当作对照组接受干预；是同样接受前测、后测、测后观察的一组人，但*不加干预*。该设计表达如下：

$$\frac{O_1 \qquad\quad X \qquad\quad O_2}{O_1 \qquad\qquad\qquad\quad O_2}$$

其中，O_1 表示对每组做出的第一次评估，O_2 表示对每组做出的第二次评估，组与组之间的分隔线表示非随机分配。

假如你是一个评估督导，校长打算在七年级、八年级和九年级学生中实施一项禁止药物滥用的计划，如果校长、家长或学校董事会已经确定，所有的学生都要接受干预，在同一所学校内就不可能发展出一个对照组。有必要在不同的学校或社区设置一个对照组。

在这个设计中，对照组有助于化解多种解释。例如，很有可能随着干预组对药物认知的增加，在后测时，只需要通过与学长互动或介绍自己对药物的第一手经验就可以了。也许像七年级、八年级和九年级这样的学生，可以在很大程度上通过读报了解药物的危害，以进行自我“教育”。通过与对照组进行比较就可以了解这些解释和干预的效果了。如果在后测时，这些接受干预的人比对照组掌握了更多的知识，那就表明干预是成功的。然而，如果对照组与干预组掌握的知识是一样的，那么你就会知道这不是干预的结果，而是其他相关因素作用的结果。

该设计的问题在于，尽管你可以把七年级、八年级、九年级学生当作干预组，在前测时相当于在药物认识方面进行了干预，但学生可能同时受到其他影响，或者通过访问资源获得对药物的认识，因此学校间的比较不可行。例如，假设干预的学校一直特别积极地让企业给学校捐赠电脑；进一步假设，这所学校的电脑并没有直接提供药物知识，而是提高了大部分使用电脑的学生的阅读能力；甚至尽管你们测量他们对毒品的认知时，仪器上只有成

绩，但干预学校的孩子们学会了更好地阅读，也了解了更多关于毒品对自己的危害。所以，这个干预项目不仅有助于提高其他课的成绩，增加学生对药物的认知，还兼具学电脑的双重功效。相反，如果对照组改善程度更大，那可能是受到了一些评估者（如给每个学 248
生配一个志愿者，指导其阅读）不知道的因素的影响（如作为学生，靠更多的自主阅读，意识到服用违禁药物的危险）。

显而易见，获得组织的相似性非常重要，不仅在可以看到的技能、行为或特征方面，而且在其他主要变量上。什么样的变量重要呢？（如果我们到另一个学校获得一个对照组的话，这个问题就变得尤为关键了。）把一个郊区学校与一个市中心的学校进行比较公平吗？如果一个学校在低收入、高失业区，是不是与它相比较的学校也需要如此呢？教师的相似性，如致力于教学，或者有多年的教学经验，有多重要呢？

我们尽可能找到比较相像的两组——对照组和干预组，有时是一个问题；而在另一种情况下，也许根本就不是个问题。例如，军方试图打造的连队，其士兵之间非常相像。假设一个公司与另一个公司的士兵是一样的（对等的），对两个公司进行比较。马吉科扎克（Majchrzak，1986）就报告了这样的一个例子。有一个旨在减少海军陆战队擅自缺勤情况的项目，她用不对等对照组设计进行评估，由于该项目完全是随机分配的，因而这种方法无法评估。马吉科扎克先对步兵和炮兵营的变量进行匹配，如部署时间表、任务、团长和军长的任期，然后要么通过控制条件，要么通过参与未经批准的缺勤项目进行随机分营。要求所有下属公司都参与实验。她在这个过程中把海军陆战队分为 20 个处理公司和 20 个控制公司。

贝丝特·冯克（Besty Vonk，详见 Vonk & Thyer，1999）使用准实验评估设计来测试一个假设，即假设某所大学的学生到辅导中心接受咨询服务，这对他们是有所帮助的。她也试图表明，学生的改进要归功于这个咨询中心，而非其他因素，如时间的流逝或重启某类评估程序。

学生咨询中心设立在亚特兰大的埃默里大学（Emory University），作为一个持有证照的临床社会工作者，贝丝特被聘为督导。她安排所有来此接受咨询服务的新案主都填写 SCL-90 量表，这是前面讲过的一种可靠而有效的方法。作为咨询中心常规操作的一部分，一些学生立即报名接受了心理咨询，而另一些人不得不被列入等候名单，因为没有咨询师排得出时间。那些被列入等候名单的人先填完了 SCL-90，等轮到他们时（大约一个月之后），咨询师要求他们再填一遍才能接受咨询服务。这个准实验设计如下图所示：

立即接受治疗组（N=41）	O_1	X	O_2	
等待治疗组（N=14）	O_1		O_2	XO_3

你应该能解释这一设计：两组学生都接受了同一个评估，有些马上开始治疗，而另一些不得不等待一段时间（平均要等一个月左右）。当立即获得治疗的小组完成咨询后 249

（不少于 4 次，也不超过 20 次），他们要再次填写 SCL-90。等候的学生在开始咨询之前就要完成 SCL-90 的第二次填写，等他们完成咨询之后（不少于 4 次，也不超过 20 次之后）要填写第三遍。

在第一次评估时，两组的干扰报告是同等水平的。咨询后立即进行治疗，第二次评估报告显示，精神症状大幅度减少（是啊!），这正是人们所希望的。当等候的学生进行第二次评估时（还未接受咨询），他们最初接受的强力干预并没有带来明显改善。但接受咨询之后，他们表现出的实质性改善，比那些立即得到治疗的学生要明显。这一设计为三个问题提供了初步答案：

（1）在这个机构接受咨询服务，学生有所改善吗?（是的!）

（2）能理直气壮地把这些改进都归功于时间的流逝吗?（不能!）

（3）能理直气壮地把这些改进都归功于第二次填写了 SCL-90 量表吗?（不能!）

因此，这个特殊的准实验设计使我们向前迈进了一步，让我们更加自信地断言，辅导中心提供的服务真的有用。当然，重要的问题还没有解决，例如安慰剂可能发挥的作用（简单地用于任何类型的治疗）或社会期许性因素（治疗后为了取悦治疗师，回答问题时更积极，或者他们甚至要自己相信，整个体验都没有浪费时间）。

弗格森和谢（Ferguson & Xie，2008）也采用了一个不对等对照组设计，用于评估一项专门为洛杉矶街头青年提供的社会心理服务。干预组由 16 个青少年组成，对照组为 12 人。他们设计了一种定性和定量相结合的混合法，但现在要说明设计的目的，只需要报告定量的部分。前测和后测为测量生活满意度、同辈支持、抑郁和自尊等提供了标准化的方法。该项目持续了 9 个月。在治疗前，两组青年非常相像。治疗后，干预组对生活的满意度及其他方面都有了积极的、显著的改进。结论是相当适度的："尽管我们不能得出这样的结论，说我们的研究结果是普适性的，但研究结果也已表明，与对照组青年相比，那些参与 SEI 干预项目的青年人在未来生活满意度、家庭成员互动、同辈社会支持和抑郁症状等方面都有了显著的改善。"（Ferguson & Xie，2008，p. 14）在帮助街头青少年的研究中，在控制上相当严格，这样的准实验研究自然是非常有价值的。

2. 时间序列设计

另一个准实验设计被称为时间序列设计，或简单中断的时间序列设计。这种设计的
250 过人之处在于它允许评估者检测趋势。如果在数据中呈现出一个趋势（也许孩子们在数学辅导课上做得比以前好，仅仅是因为年龄的增长），这种渐进的过程就会变得显而易见。他可以观察到干预开始之前和监测之后的情况。我们可以用以下符号来呈现这一设计：

$$O_1 \quad O_2 \quad O_3 \quad O_n \quad X \quad O_{n+1} \quad O_{n+2} \quad O_{n+k}$$

其中，$O_1 \sim O_n$ 表示预处理测量，X 代表干预，而 $O_{n+1} \sim O_{n+k}$ 表示干预后的测量。

通常，这种设计被描述为干预前后各有三个观察时间。然而，与其他的设计一样，可以根据评估需要进行调整。在干预前后有同样四次或更多次的观察，这是没有错的。测量的时间间隔可以是几天、几周或几个月。由评估者决定时间间隔的长度和次数。这种设计依靠的是**纵向数据**。在学习期间，要在几个不同的时间点搜集纵向数据。

当发现不对等对照组设计是个问题时，时间序列设计就特别有用。在评估一项新的立法或新政的冲击时，这些设计常常是一种选择。例如，萧和麻衮（Shore & Maguin，1988）就是用时间序列设计来确定堪萨斯州刚通过的一项新法案，即禁止因酒后驾车被捕后进行辩诉交易，在该法案实施后的 18 个月中，每月减少 8 场致命车祸。换算成百分比就是减少了 20%的车祸致死率。当然，仅仅是修订法律不足以降低这一比例，随之发生变化的还有广泛的宣传、媒体的报道、酒驾被捕率的提高。尽管如此，作者总结道：

> 堪萨斯州的经验支持了威慑理论，饮酒驾车与事故发生率紧密相关，DUI 在该州的推行下加大了对酒后驾车的惩罚力度，与致死率紧密相关的酒驾也随着这一法令的实施而有所下降（p. 253）。

另一个对时间序列设计有兴趣的是露丝与怀特（Ross & White，1987）。看到某人的名字被刊登在报纸上，说他入店行窃、酒后驾驶或不愿做酒精测试，二人探讨了这些对人们的影响。他们得出结论，把法院逮捕的行窃者名单公之于报端能使偷窃案发率降低。然而，公布酒驾者或不愿做酒精测试者的名单，却没有降低酒驾的发生率。

赛义和罗伯森（Thyer & Robertson，1993）也用了时间序列设计去检测 1988 年佐治亚州新引入的《强制使用安全带法》所产生的影响。从该州提供的数据档案中，可以得知佐治亚州在该法律实施前的 12 个月，以及实施后的 12 个月中每月车祸*丧生人数*、*受伤人数*、*每行驶 1 亿英里的死亡率*。因此，在该*独立变量*（治疗，或在该案例中指新法律）*引入* 251
*前*有 12 个数据点，*引入后*有 12 个数据点。令人遗憾的是，无论是绘制成检验数据图还是结果统计分析都表明，两种方法都没有使上述比例显著下降。作者推测，这是执法不严及很少执法导致的。另一个较严厉的强制使用安全带法被引入佐治亚州，但还没有对其做潜在影响分析。

3. 多重时间序列设计

尽管时间序列设计在追踪堪萨斯州立法所带来的好处时，看起来十分奏效，但至少有另一种解释无法排除。因酒驾而被逮捕的人数在全美范围内都在下降，可能不是地方立法的结果，而是美国人的健康风险意识增强、饮酒率下降的结果。有人也许会争辩说，时间序列设计视野有限，其视野范围不能覆盖到更大的世界。如果在该设计中加入一个对照组，就能解决这一问题：

$$\frac{O_1}{O_1}-\frac{O_2}{O_2}-\frac{O_3}{O_3}-X-\frac{O_4}{O_4}-\frac{O_5}{O_5}-\frac{O_6}{O_6}$$

其中：O_1、O_2 和 O_3 是指实验组在干预前的测量，X 是指对上面这个组给予干预，O_4、O_5 和 O_6 是指对实验组干预后的测量；而且 $O_1 \sim O_6$ 处于基线组，作为未加干预的对照组去测量；在两组中不连续的线条表示非随机分配。

有了这个设计，评估者可以识别控制状态（不分城乡的话，酒驾率是指 10 万人中酒驾的比例），或者使用多个组进行对照。如果符合一国发展趋势（例如，因酒驾而被捕的人数下降），这应该是回升到控制状态，评估者不会这么快就得出结论说，就是因为立法，酒驾率得以降低。

时间序列设计和多重时间序列设计被广泛应用于社会政策和以社区为基础的项目评估中。稍微查一下文献就会发现很多这样的例子，如贝根（Begun，1981），博文、法卡斯和尼楠（Bowen，Farkas，& Neenan，1991），迪尼托、麦克丹尼尔、卢浮利和托马斯（DiNitto，McDaniel，Ruefli，& Thomas，1986），马祖尔-哈特和伯曼（Mazur-Hart & Berman，1977），纽瑞斯（Nurius，1983），以及仔哥、利萨里和彭（Zeger，Irizarry，& Peng，2006）。这些设计的内在效度非常强大，在我们的另类解释中，一些权威机构将多重时间序列归为实验类。这些设计的结构和逻辑与第 6 章提到的单系统研究设计非常相似，所以你要清楚两者之间的区别，才不会感到困惑。一个显著的区别是：单系统研究设计用 A 和 B 代表基线和干预情况，而时间序列设计则用 X 和 O 这样与其他类型的小组研
252 究设计相关的符号系统。也许更重要的是，单系统研究设计是为特定目的而开发的，即为直接评估某一患者（或一个客户系统）的疗效而设立。另一个可能混淆的地方是时间序列*设计*与时间序列*分析*的区别。前者是一个研究设计，而后者是推理统计分析的一种特殊形式，已发展到可以分析从时间序列设计中获得的数据。时间序列设计中的许多形式利用了时间序列分析，就像可以利用其他的小组评估设计一样，如 t 检验用于测量组内变化。但要清楚二者的区别，时间序列设计是一个设计，而时间序列分析则是一个统计工具，它们是不同的。

4. 排除其他解释

提到这一点的设计都存在内在效度的问题。即评估者用这些设计无法得出结论说，可以看到的变化就是由于干预带来的。前实验设计和准实验设计都无法排除那些对项目成功持怀疑态度的人提出的多种（或大多数）另类解释。对干预效果最强有力、最可信的信息来自实验设计。试图排除其他的解释，会导致最严格地进行设计，但同时也会增加评估的成本。

在我们开始讨论实验设计之前，让我们来看看各种另类解释，它有时会令研究人员质疑评估结果。利林费尔德、里切尔、林恩、考廷和拉特曼（Lilienfeld，Ritschel，Lynn，Cautin，& Latzman，2014）撰写了一篇综合论文，题为《为什么无效的心理治疗还在使用：对伪造疗效的原因进行分类》。该文提供了一份措辞文雅的论述，即所有人文类服务在竞争中，都在合谋混淆项目评估者的努力，只找出治疗效果，而忽略那些对服务对象的生活产生的影响。他们给出了一个很好的解释，说明为什么仅仅有积极的结果不足以证明一个项目是真正有益的。

七、对内在效度的一些威胁

1. 历史

如果我们想想在某地、州或国家层面发生的重大事件，就能理解历史的作用了。例如，1987 年 8 月在辛辛那提，一个醉鬼驾车撞上了一辆公交车，周末郊游归来的 27 个孩子死于非命。假设在此之前，让你评估一个旨在减少因酒驾而被捕的人数的公共教育项目，你计划使用相对较弱的评估设计，对因酒驾被捕者的数量进行监测。该事故发生几个月之后，你得出结论：干预之后酒驾被捕率降低，可能就是因为这个悲剧导致醉酒驾车的人数减少了。

没有对照组，你就不会发现这个悲剧对司机们的态度和行为产生的影响。这样的事件 253
也可能是公众越来越无法容忍的结果，人们经常向执法人员举报酒驾者，大批酒驾的司机被捕。执法人员可能会提高警惕，决定逮捕更多的酒驾者。比较干预组和对照组将有助于评估者理解所有的国内趋势。

同样，你能想象卡特里娜飓风对各种研究项目和方案评价的影响。发生这种社会和基础设施的巨大破坏，可能使研究大大复杂化，大大干扰到人们的生活。在其他国家或地区发生的事件可能也会威胁到你项目评估的内在效度——如“9·11”恐怖袭击、俄罗斯入侵乌克兰、世界杯、重大节日等。

在机构和组织内部，政策（如资格水平）和程序上的变化可能表现为历史的威胁，服务对象可能会随着时间而改变。由于资源稀缺，门诊咨询项目可能有所限制，只为那些自杀的或至少住过一次医院的人服务。这是如何削弱干预的力量来显示改善的呢？

2. 成熟

有时，在人类成长和发展的正常过程中，问题会得到改善。一个评估者可能会得出这样的结论：实际上被试接受干预时恰逢时机成熟，因此干预是有效的。当你在评估那些相当年轻或非常年长的样本时，时机更容易成熟，但在一个相当可观的时间内开展研究，更不能打折扣。

3. 测试

如果你正在实施一项设计，在同样的测试或评估中，每次的顺序都是相同的，那么接受干预的人可能会找出"正确的"反应以提高分数，表明自己有所改善。当然，他们的成绩也有可能降低，因为反复用同一种方法测试，他们就会变得漫不经心，感到枯燥乏味。没有对照组，很难排除可能的测试效度。通常情况下，人们在标准化测试中，第二次会比第一次表现更佳，如 SAT、GRE 及智商测试。一些消息灵通、家底殷实的家长就利用这一点，让自己的孩子初中时就开始考 SAT，比要求的高二考提前了很多年。某类测试是测反应的，在某种意义上，一个特定动作会引起连锁反应。某人扮演一个自信的角色或者测试一个人的社会技能，第一次测试对第二次的表现有所影响，这取决于在第一次角色扮演练习中取得的成果。与前测的性能相比，精明的项目评估者会期待在后测中有一定的改
254 善，并且意识到这些改善不全是（或根本不是）干预的结果。这就是为什么要对对照组进行前测后测，而不加干预，由此才可能梳理出干预真正起到的作用。也可以这样去实现：用干预组可能发生的巨大变化减去对照组发生的微小变化，剩下的（干预组的改善减去非干预组的改善）就是干预的真正影响（忽略安慰剂等其他因素的影响）。

4. 工具

正如那些项目参加者因为无数次进行同样的测试会感到单调乏味一样，评估者或其他人在观察时也可能巧妙地或无意识地修改了程序。一个疲惫的观察者可能没有把多动症儿童在教室中离开座位的次数全部记录下来，而只记录了孩子离开座位后被老师纠正的次数。在评估过程中，应该以同样的方式进行观测，每次测试也应该用同样的方法（例如，同样的场景，一天中同样的时间，用同样的规则或一系列指令）。人们很快就能理解这种影响，即一项研究的内在效度降低了。例如，一个老师允许一个班超出规定时间去完成后测，而留给对照组的时间却很少。仅仅是因为用时更多，干预组就可能比对照组的得分要高。如果作为项目评估的一部分，一位临床医生对大量被试独立进行诊断性访谈（比如在前测和后测中，确定是否符合精神病标准），那么他们的临床技能可能会随着这种反复练习而得到提高，或者判断更准确。或者，如果向几十个人问这些小问题感觉厌倦了，他们可能会变得更糟糕。在这种情况下，诊断面试官是"工具"，随着技能的变化，显而易见，结果也可能会因为程序的不同而发生变化。

5. 选择偏误

当对照组没有被随机分配时，另一种解释就发挥了潜在的作用。假设你邀请以前的患

者（他可能仍然有问题）参加一个新的干预项目。如果他们的病情有所改善，那这些改善是因为最近的干预，还是由于上一次的干预所致？再举一个例子，假设你想新开办一个支持小组，想对社区内所有人开放。为了宣布这个支持小组开始，你在当地报纸上刊登了一份邀请信。如果这个小组事后有进步，可能是因为参加者与社区中有类似问题的人不一样。那些对报纸上的文章有反馈的人也许都比较有文化，受过很好的教育，更自信或更聪明。也许有人会固执地认为，有效的干预只针对那些回应广告的人。也许这个小组无法代 255
表社区中其他有相同问题的人，因为他们对邀请没有回应。或者假设你想评估一些学校性教育项目的效果，对某所学校青少年在听了新课程前后性行为的变化加以比较，或者与另一所学校那些接受标准化性教育或根本没接受过性教育的学生加以对比。这样的比较在学校里很有用，如果你能证明这两所学校的学生在人口统计、社会经济等方面是非常相似的，那就更有用了。但是假如两所学校位于小镇的两侧，在完全不同的街区，那么两组学生继续教育的差异可能早已形成，而不是新颖的性教育课程导致的。再举一个例子，某个人为患者分诊。他或她也许会不自觉地将病情较重的少数患者分配给新的治疗组，而让更多的患者接受标准化治疗、不治疗，或安慰治疗。这样一个分配系统可能有利于检测新的干预，而导致研究出现偏差——实际上把它归因于选择偏误可能更合适。

6. 流失率

流失率是指被试在评估中的流失。对于那些耗时较长的评估而言，其特有的问题是内在效度受到威胁，尽管这也有可能在短期项目中发生。服务于人的专业人士经常发现，他们的服务对象（有时没有留地址）在流失，有的退出，有的被关起来，有的生病，有的又再次入院。由于种种原因，一个项目结束时被试人数要比项目开始时少，这已是司空见惯的了。问题在于太多的被试会中途退出。退出研究的人都有一个共性，那就是对研究可能存有偏见。例如，假设你在对青春期孩子的父母开展一个项目。在九个星期的时间里没有家长退出，但这与你无关，因为你会发现，客观上是该计划在起作用——那些留下来的家长之间沟通有所改善。然而，当你开始检查你的数据时，你发现留在该计划中的家长都是大学毕业，中途退出的家长则是高中毕业。尽管干预奏效了，但只是对受过大学教育的家长而言的。各种原因的退出也许是一个问题，其中一个治疗条件令被试非常反感——它花了更多的时间、精力，带来了更多的副作用，传递了更多的耻辱感，等等。更多的人也许因此而退出（流失），在评估继续教育期间，留下来的家长人数就不平衡了。例如，假设一些不良的家长从积极干预的环境中退出，继续教育评估似乎表明，与他们预处置的条件相比，该小组作为一个整体，功能要好得多。尽管在后测中人们的功能有所改善，但你做的评估越少，把改善归功于干预就越不合适。要评估一项复杂的项目，评估者就要研究那些中途退出者的特征，把他们与最终留下的“坚守者”加以对比。如果两组大致相同，除 256
非你能清楚地表明中途退出者所受的伤害更大，那么流失对内在效度的威胁就比较小。当然，反过来才可能是真相。那些厌倦研究并退出的家长可能很少受到伤害，而剩下那一组人更容易受伤害。这也会使项目评估的“真实”影响变得更为复杂。

7. 安慰剂因素

安慰剂因素通常指的是人们在无害的干预中所受到的温和而积极的影响。一个有爱心而敏感的服务者所提供的任何一种卫生保健或心理保健都能给人以广义上的幸福感，而且在某种情况下，症状会得到相当大的——尽管是暂时的——改善。创新治疗就是在一个治疗方案上花时间、投入精力、看到希望和具有想法，这往往会产生预期，在不稳定的条件下（如痛苦、沮丧、紧张、焦虑、流动性等），心理上出现一种自然而积极的波动。如果服务提供者有更高的可信度、拥有较高的学历、服务更专业、社区声誉更好等，那么其安慰剂因素就更强了。如果干预被视为“科学的”“整体的”“精神上的”，人们的回应就会更积极。理想情况下，在项目评估中，我们希望干预效果能够超过或优于安慰剂效应。人性化的服务不仅提供基于安慰剂的服务，还必须努力提供更多的干预服务。如果我们只能提供一些秘方和小玩意儿的话，我们的专业地位，我们自主决定的需要，如毕业生培训、从业资格、继续教育等，我们的学科乃至整个专业大厦，都将崩溃。项目评估者总指望安慰剂效应并加以有效控制；对照组中服务对象接受优质可靠的干预服务，只有剔除那些合法的实验治疗效果，才能得到最终结果。为了对两种实验——“真正的”治疗和“安慰剂”治疗——的条件加以对比，去评估服务对象期待的程度（好到什么程度）以及接受服务的可信度，这一研究就显得非常重要，这两种干预的效果大致与服务对象的期待相吻合。否则你在比较时就会认为，“真正的”治疗可信度很高，而“安慰剂”治疗却不可信，这样控制条件就不公平了。有一些安慰剂心理治疗的例子，可信度高而且没有害处，包括放松训练、听潜意识录音带、支持、非指导性咨询和催眠。

以前被证实不适合某特定疾病或问题的患者的一些疗法，如今也可作为安慰剂型疗法，来评估一种新的或实验性治疗的效果。对于此类项目评估，必须有适当的保障措施，以确保患者知情，知道可能将其分配到安慰剂治疗状态。作为一个实际问题，对现实生活中人文类服务项目进行评估研究，普遍采用等待列表比较法或标准治疗条件，而不是安慰
257 剂治疗组。后者更容易被用于药理学研究，因为提供无毒的药片或注射相对容易些。早在 1962 年，布林纳（Blenkner）就论述了安慰剂对照组在评估研究中可以发挥的重要作用。

八、防止其他解释

要想在一个评估中排除对结果的其他解释，最好的办法就是事先去控制它们。控制是

通过预测可能遇到的各种问题而实现的。例如，如果你认为自己可能有死亡率的问题，那就设置激励措施来帮你保留项目。对孩子，就开办各种聚会，在最后一次活动或后测之后得到数据。对于成年人，用金钱去刺激是相当奏效的。但是如果没有那么多资金，评估者会开发出另一些方式，可能会给干预组发放“合格证书”，给对照组发放“感谢状”。如果你想在重复实验中发现一些问题，那么就探讨相同的实验会不会出现不同的形式，或者出现可替代的方式。

对评估的批评你表示怀疑，也许会这么说：“好了！也难怪！甚至对照组都不一样！”那么你需要确保组与组在研究中尽可能的相似。其中，随机分配是不可能的，要想达到信度，你就要把小组参与者与所控制的重要变量（如教育、收入和性别）进行配对，然后通过统计检验来确定两组是否具有可比性。例如，t 检验会告诉你，在统计学上两组之间的差异是否显著。如果对照组和实验组在重要变量上没有明显差异，那就说明两组的变量是相似的。然而，变量依然会有所不同，这是无法测量的。这表明采取某些措施使两组在统计学上相似，有助于增加可比性，却不能肯定地说两组是相同的。只需要关心那些对手提出的合理假设，而不必担心那些可能发挥作用的潜在变量。你必须尽可能地控制对手提出的那些合理假设——不是每一个有丰富想象力的人都有创造力。

要想有一个令人信服的评估，还有一种方法就是使用一种严谨的评估设计，如一个众所周知的实验设计。这些设计试图通过随机分配到不同的条件来消除不同的解释，即不带任何形式的偏见，把被试分配到实验组或对照组。采用随机分配的方式组成对照组，会给你带来意想不到的改进，让你不再相信那些另类解释（如历史、成熟或测试）还会有什么影响力。

在我们结束关于另类解释的讨论之前，除了这个简单的解释之外，还有很多对内在效度威胁的研究。作为一个评估者，你需要开发一些灵敏度高或增值的因子去影响结果评估。例如，那些参与评估者可能敏锐地意识到自己正在接受测试，为了留下一个好印象，可能会比平时表现要好。任何的“过度合作”都将影响评估数据，了解干预的真正影响就更难。如果你还想阅读更多其他关于内在效度威胁的研究，请参阅坎贝尔和斯坦利 *258*
（Campbell & Stanley，1963），库克和坎贝尔（Cook & Campbell，1979），或坎贝尔、莎德士和库克（Campbell，Shadish，& Cook，2001）等的论文。

九、实验研究设计

1. “古典”实验设计

“古典”实验设计是在比较了其他设计后采用的一种标准（合适的方法）。实验研究设计最为严谨，代表一种理想的推断，其干预可能有影响也可能没有影响。在实验设计中，被试被随机分到干预组或对照组。在社会与行为科学中，“古典”实验的记录方式如下：

R	O_1	X	O_2
R	O_1		O_2

其中，R 代表被分配到干预组或对照组的被试，O_1 代表前测或第一次小组评估，O_2 指后测或第二次评估，X 指干预。

实验设计允许评估者假设，在研究之初两组就是对等的，这种保护措施可以适用于各种对内在效度有威胁的研究中。如果选择的偏见或影响是成熟的或历史造成的，你能明白评估者是如何确定这种设计的吗？然而，应当指出的是，无法保证两组是对等的。如果人数很多，每组的规模达到 25 人或 30 人，就很有可能出现相同或相似的小组。如果人数或样本量太小，即使是随机分配也不可能出现对等。可能会出现许多不同的分布，如离群分布。这种设计最大的优势就是它在前测时为评估者提供了检查的机会，用以确定两组是否大致相当。

举一个该设计的例子。考虑为一个 40 个床位的住院治疗方案提供环境治疗（一个结构化治疗社区）方案评估。维拉斯克斯和麦卡宾（Velasquez & McCubbin，1980）就用实验设计评估了这样一个项目，申请者被随机分配到两个小组，一个是住院项目组，另一个组被告知要等 6 个月之后才能进入该项目。后面这个组可以使用其他形式的医疗卫生服务（住院治疗也有不同的方案，如日间治疗或不提供环境治疗的另一种住院治疗）。

潜在申请人的资料可以用九种不同的工具去搜集。项目督导将它们分为精神障碍和社
259 会适应度等维度进行评级。申请人完成了其他测量（田纳西自我概念量表和问题解决量表）。分析发现，有充分的证据表明住院治疗项目增加了参与者的自我责任、社会参与度、继续就业的责任，提高了他们的自我意识，6 个月之后住院的概率也大为降低。作者总结道：“该实验研究的结果高度一致，为我们呈现出了一幅清晰而令人信服的画面，即该住院项目效果非常明显。”（p. 357）

学校社会工作者鲁弗斯·拉金（Rufus Larkin，详见 Larkin & Thyer，1999）对为那些有破坏性行为的小学生举办的小组活动做了一次真实验评估。共有来自两所小学的 52 个学生参加。他亲自提供小组工作服务，但无法同时看到那么多孩子的表现，于是把孩子们随机地分为两个组，一半立即接受干预，另一半等待。他用了四种成效评量方法进行前测和后测：信度和效度都较好的自我评价法，信度和效度都较好的自我控制方法，并让教师及教师助理分别评出“行为等级”。他的研究设计可以用下列符号表示：

立即接受治疗组(N=31)	R	O_1	X	O_2	O_3

等待治疗组(N=21)　　R　　O_1　　O_2　　X　　O_3

以这种样本规模真正进行随机分配，就可以预期，在干预前两组在人数和成效评量方面都大致相当。实施 8 周标准化小组的干预之后，立即干预的小组在统计上和临床上都有所改善，而等待干预的小组（在同一时间他们没有接受小组工作的服务）却没有改善。等候干预的小组在完成了同样的项目之后，证明他们有相当大的改善。另外，在后续评估中，直接接受干预的小学生完成小组活动 5 个月后，他们的状况保持完好。该研究具备一个真实验所需的特性：在随机分配的条件下，使用了可靠而有效的效果评量方法、前测、后测，有相当长时间的随访。这为下列问题提供了可靠的答案：

（1）参加小组工作的孩子在自我评价、自我控制和行为上有所改善吗？（是的！）

（2）能把这些改善简单地归于评估吗？（不行！）

（3）这些改善都是小组工作带来的吗？（是的！）

（4）在干预结束后相当长的一段时间内，这些改变还能保持吗？（是的！）

如今，这依然不算一个完美的研究（一个完美的研究可能永远无法实现）。例如，无法排除安慰剂效应的作用，也无法排除孩子们仅仅是希望取悦社会工作者而如此表现。理想情况是，可以从*父母的*角度采取一些措施，这样可能改善孩子的行为，评估学生的学术
成果。拉金在获得博士学位后，结束了学生生活，在大学任教，而他的博士学位部分是通 260
过这项研究而获得的。这种设计有时也被称为“交叉实验设计”，因为被试都要在研究中途转换条件。对不同待遇的两组进行比较时就非常有用了。如果实验中接受干预的被试情况有所改善，而替代治疗小组的被试却没有改善，随后对第二组进行真正的干预，你会发现有同样的改善，实际上你的发现就得到了再次证明，大大增强了该研究的可信度。

社会工作博士帕特里克·波德尼克（Patrick Bordnick）用随机控制研究去检测几种厌恶疗法的不同效果。在吸食可卡因的随机样本中，对放松对照组减少了主观渴求毒品的报道，然后将各组进行对比。荣军医院的 69 位住院病人自愿参加这项研究，这获得了某大学社团的批准——对 16 人运用化学厌恶疗法（N=16），对 17 人采用电击厌恶疗法（N=17），对 16 人用了所谓的内隐致敏法（N=16），对 20 人用了放松控制法（N=20）。最后发现，一般的厌恶疗法都会减少主观上对毒品的渴求，化学厌恶疗法比电击或内隐致敏法更有效，同时，放松控制法在这点上变化不大。

有趣的是，各组之间的前测渴求评级在统计上并不对等，这表明随机分配过程不能使该变量同等有效，尽管与人口统计变量的测试结果相对等。这说明了前测的重要性。事实上，决定是否用随机分配的方式组成小组是相当重要的，而不是简单假设。同样，尤其重要的是小组参与者不能超过 25 人。考虑到干预初期各组的渴求维度存在差异，波德尼克采用了不同的统计程序，这个程序可以接受，但仍然没有合法地获得以随机分配为基础的对照组。更多细节请参见波德尼克等的论文（Bordnick et al.，2004）。

你还能回想起斯皮内利（Spinelli，1997）采用单组前后测（O-X-O）设计对抑郁症孕妇所做的人际心理治疗评估吗？将人际心理治疗法用于那些情绪低落的孕妇非常重要，因为让她们服用强效抗抑郁药物会引发问题，即影响到胎儿。在试点研究取得可喜成果之后，她继续设计了一个控制研究（详见 Spinelli & Endicott，2003），把 38 位沮丧的孕妇分为两组，接受人际心理治疗小组 21 人（N=21），家长教育小组 17 人（N=17）。一个社工和一个精神科医师为两组提供了长达 16 周的干预治疗。接受人际心理治疗的小组比家长教育小组有明显改善。事实上，在学习结束后，按照临床抑郁症的诊断标准，接受人际心理治疗的小组中 60%的孕妇已痊愈！这一研究可以用如下符号来表达：

R	O_1	X	O_2
R	O_1	Y	O_2

261 如果 X 表示以人际心理治疗法干预 16 周，Y 表示 16 周的家长教育，你能很有把握地把其他符号代表的意思描述出来吗？

项目评估者们致力于研究一些真正重要的东西。举个例子，科恩和弗里德（Cohen & Fried，2007）提交了一份随机实验报告，评估了心理治疗法的相对有效性，把患乳腺癌的女患者分为不加治疗组与（运用心理治疗法）干预组，将二者加以对比。100 名女性志愿者被随机分到三个小组中，运用大量信度和效度都较好的评估方法进行了前测，干预后立即进行了后测，治疗结束的 4 个月之后又进行了第三次测量。在研究即将结束时，本来分到对照组的女性，最后也跟其他参与者一样，得到了同样的小组治疗。该设计可用符号表示如下：

认知行为小组治疗(N=38)	R	O_1	X	O_2	O_3
放松与意向小组疗(N=39)	R	O_1	Y	O_2	O_3
对照组(N=37)	R	O_1		O_2	O_3

请仔细查看上图，看看你能否理解这一切。如果不能理解，就请你的老师在课堂上再复习一遍，或者私下里再跟他讨论。人们发现与没有得到治疗的小组相比，两种小组的治疗都能较好地减轻心理压力，降低压力水平，缓解疲劳和促进睡眠。这对活跃在肿瘤领域的社会工作者而言，是一项重要的研究。

2. 仅后测对照组设计

还有一个实验设计是仅后测对照组设计，这是对“古典”实验设计的一个精妙的修补。即使没有前测，这也是一种有用的实验设计。在没有做前测、不可能做前测，或者前测可能会影响测量结果时，用这种设计就比较理想。当前后测无法匹配或无须做前测时，该设计也有其优势。

把被试随机分配到对照组和实验组，各占一半。把对照组的前测（O_2）与实验组的后测（O_1）加以对比。可以用下列符号表示：

R　　X　　O

R　　　　　O

其中，R 表示参与者被随机分配到对照组或实验组，O 表示对该组的评估，X 通常代表受到某种干预。

举一个这种设计的例子，假设你在一个司法项目中服务，你的老板是该县的一个检察官，让你为那些因入店偷窃而被捕的人员启动一项干预计划。经过精心挑选，剔除过去曾 262
被捕过的惯犯，只留下初犯。如果在每周六上午这些初犯能完成干预项目，并且连续完成 4 周，就可以将他们的被捕记录删掉。假设这个检察官参加竞选谋求 2 年的连任，她让你设计一套合理的评估指标，并指出该计划的成功将有助于她的竞选。

假定有更多的初犯参与该项目，而不是最初服务的这点人。鉴于这种情况，唯一公正的程序就是进行随机选择，选择一些初犯参与该计划，其他人中，有些没有受到邀请，有些被告知在稍后的时间再参加进来。

在这个例子中，不需要做前测，因为所有参与者都是因入店行窃而被捕的，而且都是初犯，符合项目要求。至关重要的是衡量干预计划成功与否的方法。比方说，你和检察官一致认为，衡量成功的最好指标是初犯不会因为入店行窃而再次被捕。为简单起见，我们假设后测的数据有两部分，一个是对那些被捕 1 个月后的犯人开始干预得到的数据，另一个是在干预结束 6 个月后得到的数据。干预小组最长的等待时间为 1 个月。这就意味着如果干预有效果，那么项目参与者在干预后的 5 个月里就不会再次因入店行窃而被捕。同样要审查对照组的数据，被捕 1 个月开始是第一次，6 个月后是第二次。在此期间，他们将不会得到任何干预。

如果入店行窃者不是被随机分入干预组和对照组的，或者如果不能对对照组推迟干预，评估者就不能采用这种设计。评估者只能采用一个不太严格的设计，如不对等对照组设计。与准实验设计相比，这种设计就有更大的灵活性，也有更多的选择来展示自己。

由于不是所有的入店行窃者都愿意参与到一个干预计划中（有些人拒绝参加，有些人只参加一次就不再来了，有些人宁愿缴罚金），在不对等对照组设计中，那些选择不参与的人就“自然”构成了对照组。如果干预成功，接受干预的小组中再次被捕的人就比对照组要少。

还有一个选择就是把历史数据与档案数据进行比较。在这个例子中，对照组将是那些初次行窃犯，他们没有接受干预（只是因为没有得到）。隔一段时间再次被捕的扒手，可以作为评估者的一个样本，隔一段时间检查一下每个初犯的被捕数据，然后与干预组进行 263
对比。如果干预有效，在 12 个月（或左右）的时间间隔中，干预组中再犯的人会更少。

在现实生活中使用仅后测对照组设计的例子是坎纳迪和赛义（Canady & Thyer，1990）。这一问题是选民参与选举的比例相对较低，尤其是中低收入者和少数族裔。1988年秋天，总统选举全面展开，坎纳迪获得了一份打印好的选民名单，上面是居住在佐治亚州都柏林最穷的选区里所有选民的名字和地址。上面列出了 2 500 个选民，大多数（90%）是住在公共住房里的低收入的非洲裔。坎纳迪从名单上随机选出 400 人，把他们随机分到 4 个组中。组 1 收到了民主党和共和党主席联合签名、代表两党派的一封信，敦促他们在即将到来的选举中投票。这些信是选举前几天寄到的。组 2 在选举前一个星期收到第一封同样的信，在选举前几天又收到了第二封信。组 3 分别于选举前两周、前一周和前几天收到了同样的信。组 4 没有收到信。仅后测对照组设计可以描述如下：

组 1(1 封信)	R	W	O
组 2(2 封信)	R	X	O
组 3(3 封信)	R	Y	O
组 4(没有信)	R		O

用登记的选民在选举中是否投票来衡量结果。这些信息是一个公开记录，等选举后，坎纳迪去了选民注册办公室，去看看选民是否投票（不是他们如何投票，而只是他们是否投票）。其虚拟假设是，与那些没有收到信的选民相比，收到 1 封提示信的选民更有可能投票，收到 1 封以上提示信的要比只收到 1 封信的选民更有可能去投票。

可悲的是，这些信似乎都没有效果。不能拒绝零假设，因为四个实验条件下同样可能投票。对这种与直觉不符的结果，坎纳迪感到既惊讶又失望，但这确实说明了一个事实：在做实验的时候，你无法预测结果。作为一个诚实的评估者，坎纳迪把这一发现写成了报告，这一结果并不是他所希望的。

3. 所罗门四组设计

所罗门四组设计是基础实验设计中另一种精心的设计，就像我们在下图中所看到的一样，这个设计要求两组接受干预，而另外两组则不用。只需要两组做前测，但所有四个组
264 都要做后测。这种设计非常严格，因为要求评估者大量地控制实验和历史，从而增加了对实验结果的信心。然而，该设计还需要更多的规划和协调，结果，没有多少评估者有机会用到它。

R	O_1	X	O_2
R	O_1		O_2
R		X	O_2
R			O_2

其中，R 代表随机分配到四个组中的任意一组（两组要受到干预）；O_1 代表在同一时

间点上，对组 1 和组 2 的评估；O_2代表在同一时间点上，对所有小组的评估。

作为该设计的一个案例，假设你是一个儿童夏令营的负责人，孩子们都来自一些贫困家庭。其中许多孩子都是家暴的受害者或疏于照料的对象。你觉得夏令营的体验会让他们的自尊明显提升，还能改善他们的人生观。要知道，如果你用这种表述去争取资金的话，对方会有兴趣为你的夏令营提供资助。你急于进行评估，那就要尽量有力而严谨。在该例中，按照设计要求，你把这些孩子随机分到四组中的任何一组：其中两组参加夏令营，另外两组则不参加。

虽然也可以用一些简单的实验设计测出你所关心的内容，即孩子们会不会迫不及待地表示夏令营对他们多么有意义，可以用仪器检查并对自尊做出推论，也可以通过他们的反应说明自尊有所提高，但这也许并不能反映现实。对一组测试的次数越多，被试对测试目的理解或预测的可能性就越大。所罗门四组设计的一个优点就是测试中的任何影响都能被识别出来，因为只对四组中的两组测试一遍。

事实上，你也许不相信，合乎条件的孩子会否认夏令营的体验，这就是该设计中的一个主要问题。根据夏令营体验的时间与后测时间的长短，可能对照组的儿童也会参加夏令营——在完成了对照组的任务之后。在这种情况下，可能每组营员参加夏令营的时间只有 1 周或 2 周时间。这里的问题在于 1 周或 2 周的夏令营体验是否能够提升自尊，而不在于这种提升能保持一个夏天还是一年。如果你关心的是能够维持自尊，那你就要计划在接受干预后 6 个月或 1 年再进行后测——这样就不能让对照组在同一个夏天参加夏令营了。

尽管所罗门四组设计由于其复杂度而很少用于项目评估，但还是能找出一些不错的例子，如师辛克、布莱斯和克里斯特（Schinke，Blythe，& Gilchrist，1981）的报告。问题是高中的青少年意外怀孕。如前所述，按照所罗门四组设计，把 36 个高中生（19 个女生和 17 个男生）随机分到四个组。干预是一项很好的程序化认知行为训练项目，分小组进行。主题包括生殖生物学、避孕、问题解决、自信训练等等。结果他们采取了规范的角色扮演方法，要求通过一系列小品开展异性互动，还采用了行之有效的笔试，了解相关的避孕知识和解决问题的技巧。 265

后测发现，接受干预的青少年在知识、态度、避孕和解决问题的社会技能方面都有所提高，但是未接受干预的小组却没有变化——很明显，这就是研究者想要的结果。这一干预成效保持了 6 个月。该设计控制了时间段和测试效果。但同样它也有不完美之处。如果调查者能表明与对照组相比，干预组的学生实际怀孕率比较低的话就更好了。但这就要求更大的样本量和更长的随访期，而这是不可行的。有些学生完全否认干预的效果，为了让实验更为严谨，反而提高了意外怀孕的比例！当代伦理审查委员会很难批准这样的设计，他们可能会坚持某种形式的“另类干预”，而不是“不加干预”。

随机对照实验在社会工作中越来越常用。最近有研究对 2000—2005 年期间《社会工作实务研究》与《社会工作研究》发表的社会工作介入调查研究所用的设计进行了分类（Rubin & Parrish，2007）。他们发现仅这两家期刊发表的随机对照实验就有 20 篇！当心有人告诉你，不能用随机对照实验去检验社会工作的好坏——他们一直在这么做，这能有效地防止得出相反的结论。这两家期刊还刊载了 34 篇准实验研究和 23 篇前实验研究，这提示我们，成果研究和项目评估就是这门学科蓬勃发展的一个领域。

赛义和马西（Thyer & Massie，2014）最近完成了一项真正意义上的小组设计实验研究，被收入社会工作领域的参考书目。所有这类研究的作者中至少有一个是社会工作者，或者参与过社会工作者的服务评估。所有研究均以英文发表，可以是期刊论文、某一章节或书籍。这些研究人员在社会工作领域发现了 620 多个这样的真实实验，最早出现于 1949 年，其中许多是项目评估研究方面的。这是一组相当庞大的文献，很大程度上是隐形的，因为它多年来分布在数百种期刊上，其中大部分是跨学科的，或与其他领域，如医学、心理学或教育学有关。

专栏 9－2 是一个项目评估报告，描述了 2008 年在俄勒冈州进行的大规模实验。请阅读研究简述，对所发现的内容进行自己的预测，然后阅读研究论文，以了解实际结果。

266 专栏 9－2　获得健康保险是否会减少看急诊？

2008 年，俄勒冈州获得了足够的联邦资金，可以让大约 3 万人登记接受医疗补助（这是一项针对穷人的联邦医疗保险计划）。登记名单上有大约 9 万人。这是很公平的。俄勒冈州从 2007—2009 年波特兰市的医院急诊室提供的名单中，采用随机的方法来挑选那些获得医疗补助的人。与 2008 年接受医疗补助计划的 3 万人相比，挂过急诊的名单上还有 6 万人（并没有得到医疗补助）。据推测，相对于那些没有得到健康保险的人而言，获得健康保险的人（通过获得医疗补助福利）将减少看急诊的次数。有了保险，那么患者的日常非急救医疗需求（如感冒、耳朵痛、喉咙痛等）就更有可能咨询基层医疗工作者，而不太可能使用那么昂贵的急诊室了。

考虑这个项目，选择一个你认为最有可能正确的假设。

- 医疗补助项目减少了看急诊的次数。
- 医疗补助项目对挂急诊没有影响吗？
- 医疗补助项目是否增加了看急诊的次数？

把你期望发生的事情记下来，同样重要的是，你为什么要做出预测。

完成此操作后，找一下相关的研究论文。

陶布曼、艾伦、赖特、拜克尔与芬克尔斯坦（Taubman，S. L.，Allen，H. L.，Wright，B. J.，Baicker，K.，& Finkelstein，A. N.，2014）在《科学》（总第 343 期，第

263～268页）杂志上发表了论文《医疗补助……急诊科的使用：来自俄勒冈州健康保险实验的证据》。仔细阅读这篇文章。医疗补助对看急诊有哪些影响？你猜对了吗？或者你的假设不正确？

这项研究被认为是关于卫生保健政策的一个强有力的实验案例。各州的政治家们将如何利用这些结果来影响辩论，以增加获得医疗补助的机会呢？

你认为这个研究的局限性是什么？它得出了一个无效的结论吗？为什么？

十、效能与有效性研究

近年来，由于不能反映现实生活变迁的实际情况，小组实验设计遭到了批评。例如，一些严格控制的研究是在大学研究中心进行的，研究人员非常训练有素，又有治疗师的督 267
导，精心挑选被试，比如为了排除多重问题或并行诊断，还进行了广泛的预选，然后才提供服务。有人辩称，这样的实验结果无法被推广应用到现实生活，因为在实际环境中雇不到那么多训练有素的治疗师，提供的监管也很糟，想帮客户却有无数困难。我们相信这些批评是错误的，因为他们没有意识到，干预研究具有发展性和渐进性。最初测试一个项目的效度时，最好的一个方法就是使研究尽可能“干净”，减少“噪声”和“混乱”，在那些被特定问题困扰的人群中选择理想的被试，围绕这些问题进行干预设计。例如，对精神分裂症的干预就是一个非常公平的测试，如果它最初只用于精神分裂症的患者，而不是有其他问题（如药物滥用、躁郁症、癫痫、家暴等等）的人。这种方式将很有可能是精神分裂症最有用的干预方式。如果开始证明它是有助益的，由另一个研究者重复实验得到相同结果，那么，也只有这样，开始把变量引入干预方式才有用，可以这么说，这样才能更好地让现实生活中的被试贴近实际生活。用这种系列研究可以证明干预对精神分裂症患者有帮助，同样对达到精神分裂症、躁郁症、药物滥用等标准的患者也有帮助。或者，如果让具有博士学位的治疗师提供干预比较有用，那么再让硕士毕业的治疗师进行干预，看是否同样有用。

这种严格控制的研究被称为效能研究，而在更接近于现实生活的环境中不断重复干预，并证明其有用性（经过初步的效能研究），则被称为有效性研究。科研人员敏锐地意识到，效能研究的结果可能不会被推广到现实生活实践中，最初前景看好的效能研究需要在真实的现实生活环境下得到复制，在大规模推广应用之前，要通过有效性研究调查。事实上，这正是科学运作的方式（Clarke，1995；Nathan，Stuart，& Dolan，2000）。盖尔·斯泰吉蒂（Gail Steketee）一直站在暴露疗法与反应预防测试的前沿，而为失能的案主进行心理治疗。在一系列控制严格的效能研究中，已经证明暴露疗法与反应预防的方法用于强迫症案主是非常有用的（Cohen & Steketee，1998）。在暴露疗法与反应预防原理的基础上，斯泰吉蒂继而开发了一本自助手册。在一个真正的精神健康诊所进行测试后发现，她的自助手册对于缓解强迫症的症状十分有效（详见 Fritzler，Hecker，& Losee，1997）。再次说明，这正是科学通常的运作方式——循序渐进，比以往任何时候都更接近于现实生活实践。文献中屡屡出现实际有效性的研究案例，这些案例表明选定社会心理疗法最初在
268 效能研究中是非常有用的，其影响还延伸到混乱现世的日常活动中（Friedman et al.，2003；Hickling & Blanchard，1997；Johnson & Remien，2003；Kirk，1983；Krone，Himle，& Nesse，1991；Lincoln et al.，2003；McClellan & Werry，2003；Shadish et al.，1997；Vinokur，Price，& Caplan，1991）。

十一、什么是负面结果的研究？

生活中一个可悲的事实就是，并非所有的结果研究都能得到积极的结果。事实上，许多项目评估发现，所测得的结果表明社会服务的介入没有作用，甚至在某种程度上对案主还是有害的。导致负面结果的原因可能有很多。如果你发现你的案主没有改进，或者并不比那些接受非专业服务的人改善得更多，无害化干预或比较可靠的安慰剂式治疗将不会起到积极的作用。对这一发现可能有多种解释。也许最明显的，就是要认真对待这个可能性：你的干预是实际的、真正的、真实的、无效的。尤其是如果你个性很强，或者你在疗效评估方面进行了专业投资，或者你想给他们带来好消息的话，这就可能是一个难以接受的结论。也许你觉得你应该做这个前景看好的事情，在整个研究中，你还回顾了你选择的结果测量方法（因变量）。也许你好不容易才意识到干预对你的改变，正是由于这种不敏感，你无法发现干预有任何积极的影响。检查一下干预的效果是否能保持下去。换句话说，被指定接受某一干预的案主必定没有接触过其他干预。如果这些干预任务模糊不清，你就不要指望能发现干预方法之间的差异。如果你的样本规模太小（也许你在项目之初招募被试并不像预期的那样成功，或者你有很多案主在研究期间放弃，最后只留下几个人接受评估），你研究中用的统计数据的解释力度将大打折扣，因为统计能检测干预效果的差异。这就会在一些统计咨询中派上用场。你还可以看看干预依从性——案主是否错过了会谈，布置的家庭作业无法完成，在干预中参与不足。如果案主并没有真正接触到指定服务，那么你的研究评估就不公平。

检查并确认你的服务提供者（心理治疗师、教师、护士等）真正能把指定的服务做到位。这是在精神分析有效性的早期研究中未能发现任何改进的一个常见理由——借口是治

疗师没有受过足够的训练，或没有得到充分的督导，所以治疗明显失败。许多心理疗法及其他形式的社会心理干预是相当复杂的，如果人文类服务提供者只具备一般技能，那是无法胜任的。行为分析与治疗、自信社区治疗、人际心理治疗、认知疗法、药物滥用的社区强化疗法、求职俱乐部等等，都是合理有效的心理干预的范例，但是只能交由那些有能力 269
的专业人士，才能提供相应的服务。

对你的数据进行可靠性检查，查找异常值。在你的数据库中过高或过低的分值，或许已经超过了指标允许的范围。如果某个衡量指标是平均每天的饮酒量，你发现某人的得分为 100，例如，认为他每天消耗的酒精饮料值为 100，那么这可能是数据输入的错误、在打分时出的错，或伪造的结果。如果某个案主运用贝克抑郁量表测得－56 分，而你知道，贝克抑郁量表没有负分，那么就得对它加以纠正。这种异常值检查真的可以纠正你的描述性统计和推论统计。另外，你可以重新测得一个百分比，如 10%，看看结果是否与数据库中的结果相匹配。如果其一致性为 100%，那么状况良好。但是如果你发现了一些错误，就要考虑请人重新计算所有数据，重新录入一遍，然后将第二数据库与原始数据进行比较，以发现并协调所有差异。请确保你所做的统计检验恰当。统计检验选用不当，得到的结果肯定就有问题!

假设上述所有的工作你都做了，仍然发现你所评估的项目似乎依然没有积极的效果，这是世界末日吗？绝对不是。记住，科学的调查功能就是要寻求真实的答案，数据准确地对应于自然的现实状况。项目评估不需要你努力去证明它是真是假，或是好是坏，甚或是有效还是无效。你要发现是什么，而不是简单地证明你那些先入为主的概念。后者的活动更像是准备宣传，而不是合法的科学调查。正如我们报告正面结果一样，我们也有一个道德义务，那就是报告负面结果，这一样会令人信服。而且我们还有例子，为影响人们献血，罗伊斯（Royse，1996）曾做过一次大规模的随机对照试验。把 1 000 名首次献血者（这是一个很大的样本规模，因为这在社会工作中都是要判断的）随机分到 4 组中的 1 组中，然后进行献血。组 1 收到一封表扬信，还有一张承诺卡，要求签名并邮寄到献血中心，承诺再次献血。组 2 收到一封稍短一点的表扬信，还有一张承诺卡，答应花点时间去征募新的捐赠者。组 3 得到了 2 张免费电影票和一封信，请他们鼓励他人献血。而组 4 得到了献血中心的一封标准化感谢信和一张卡片，表明他们是初次献血者。所有的献血者都收到了一件献血银行的 T 恤。对结果的测量包括在第一次献血之后，被分配到不同条件下的人们，在多大程度上会再次捐血。与通常促进后续捐血的方法相比，罗伊斯显然希望看到像信一样简单的小回报会更有效。然而这并没有发生，所有 4 组的后续献血者的数量都差不多。用罗伊斯的话说就是“从三种干预中我们了解到，这些方法都不管用”（Royse，1996，p. 82）。许多社会照顾项目都使用这些策略（提示信、预约卡等），而了解哪些方法 270
奏效、哪些不奏效是非常管用的。人们难以置信地发现，一封简单的信能大大改变献血者再次捐血的概率，罗伊斯还公布了更多激动人心的结果，但他也把这些被调查者带给他的思考以及负面的结果真实地反映在了研究报告中。

这里还有一些关于负面结果的更有说服力的例子。社会工作学院的老师保罗·蒙哥马利（Paul Montgomery）与他的同事们承担了一项高品质研究成果的审查任务，对只提供禁欲方法的性教育项目的有效性进行全面系统的评估。这不仅是一个重要课题，而且是一个富有政治敏感度的课题。他们的审查结论来自 13 个随机对照实验，涉及 15 000 多名美国青少年。在高收入国家，专门鼓励禁欲的项目似乎对艾滋病病毒感染的风险并没有太大影响，如自我报告的生物测量结果和行为测量结果表明，禁欲项目不能有效地鼓励人们采取禁欲行为，无论是主动地还是被动地节欲（Underhill，Montgomery，& Operario，2007，pp. 248，251）。你相信这是一个重要发现吗？我们相信。

最近发表了一系列论文，对各类抗抑郁药物的疗效进行了大规模的系统评价。其中一篇是社会工作者罗伯特·特尔（Robert Tell）与人联合发表的论文（Turner，Matthews，Linardatos，Tell，& Rosenthal，2008）。从本质上看，相对于在不知情的情况下服用安慰剂，这些化合物的功效似乎被夸大了。见于科适等（Kirsch et al.，2008）的论文。你相信这是个重要发现吗？我们相信。

在荷兰，社会工作者为患有轻微精神障碍休病假的案主提供了一套问题解决式治疗方案，有人检验了这一方案的有用性，经过相对标准的医师常规护理，案主恢复工作，表现为在临床上有所改善。近 200 位患者被随机分为两组，在第 3 个月、第 6 个月和第 18 个月之后进行评估。结果呢？“在减少患者离职休养时间、临床症状得到改善和降低医疗费用方面，积极的社工干预并不比常规护理效果好多少。与全科医生常规护理相比，治疗轻微的精神障碍也不符合成本效益原则。因此，进一步实施干预是没有道理的。”（Brouwers et al.，2006，p. 214）啊哟！现在这一削减更接近家庭开支了！不过，知道这些还是不错的，要是结果可能令人不快呢？我们也这么认为。否则，我们怎么知道该如何改进呢？

30 多年前，对社会工作的成效进行过几次大规模的调查，调查发现，几乎看不出社会工作者真的帮到了人们，在一些案例中甚至发现社会工作服务是积极而有害的（Fischer，1976；Segal，1972）。对这些负面结果的研究促使人们密切关注评估的必要性，即对社会工作者所做的进行评估，同时为行业内更多地采用以经验为基础的心理干预提供了动力。这的确是件好事，因为它关系到这门学科的长期健康发展。与此相比，埃森克（Ey-
271 senck，1966）对心理治疗效果的批评在心理学领域很有影响，甚至在更早的时候，基于对现状的不满，弗莱克斯纳（Flexner，1910）就撰文猛烈抨击过美国和加拿大的医学教育和实践，这可是在 100 年前提出的。在每一个实例中，对负面结果的综合研究证明，这对激励专业变革起到了积极的作用。还有另一个原因，项目评估报告中的负面结果对这门学科的健康发展至关重要。

十二、对“实验”一词的注解

在社会科学和行为科学中，“实验”一词几乎已经等同于对所谓随机对照实验的特点进行研究——在干预前后获得有效措施；大量被试被随机分配到干预组、不加干预组，或某种形式的对照组中；进行后测；自变量可以放心地引入、留下或删除；以及使用（也许）复杂的推论统计。重要的是要记住，这种形式的实验在许多项目评估环境中是有必要的：由于有大量“噪声”（干扰）数据的影响，所用的结果指标不完美；干预方法与实际模型的忠实程度不一；被试报告的准确度不高；存在文字错误、不稳定的问题、外在影响等等。由于我们的主体——人类行为——具有很大的可变性和复杂性，这就需要在方法论上做出相当大的努力，以从其他变化的数据中厘清合理干预的影响，许多正统的科学研究领域很少使用这种类型的实验，而是使用非实验法，依然十分确定能够有所发现（暂时地，当然——总是要进一步收集数据）。天文学和气象学主要用观察方法，几乎可以不用操纵自变量。其他科学需要操纵自变量，但发现没有必要控制那么多竞争对手的影响。一个化学家搅拌烧杯中的蒸馏水化合物，不需要费尽心力地确保其化合物能“代表”地球上现有的所有材料，或者说，水是同样的代表。但一种新的化学反应，如果可重复演示的话，即使没有一个随机对照实验，其成果也能达到科学公认的地位。一架新飞机能飞吗？航空工程师和试飞员实际上会试飞，看它能不能飞。行为科学或社会科学意识的经典实验都不必证明这一点。在科学发展早期，证明一项新成果被称为“精确的演示”，而这感觉就像是沃尔特·惠特曼（Walt Whitman）写的诗歌《草叶》：“为实证科学欢呼！精确的演示万岁！”所以，尽管我们只关注非实验研究，但要记住，你只需要尽可能地寻找到更多严谨的方法，去证明需要回答的问题即可，有时并不需要搜集足以令人信服的证据来证明 272
这一点。科学研究相当肯定，吸烟大大增加了患肺癌的可能性，尽管从来没人对此进行过随机对照实验（RCT 检测）研究，但证据是令人信服的：早期是个别病例，然后是流行病学资料（吸烟率高的国家肺癌患病率较高）、剂量-效应的关系（一个人吸烟越多，风险越大）、动物研究（强迫动物吸烟，与对照组相比看看它们的肺部变化）、队列研究（跟踪观察一组少年，直至其成年，看看吸烟和不吸烟的人各有多大风险会患肺癌），等等。

作者是真实验的超级迷恋者，我们赞同杰出的社会工作教育者伊迪丝·雅培（Edith Abbott，1931，p. 55，斜体标注部分）对早期情绪表述的观点。

> 社会工作专业学院的师生应该共同参与这个*伟大的应用实验研究*，这是在我们专业教育项目中才开发出来的，应该把实验研究与其社会福利密切结合进行研究。这一

研究已经被列入一个优秀的医学院项目中。

十三、实验项目评估的一些新进展

1. 研究报告清单

现在有一个模板或一套准则，可供评估人员在撰写实验结果和研究结果时使用，被称为“报告随机实验的综合标准”（参见 http://www. consort-statement. org/）。这份文件将一个真正实验研究报告的每个元素分解出来，从标题开始，到编写摘要、文献综述、结果测量、干预、统计分析、结果、限制和讨论，并提供了一个清单，以确保作者提供了所有必要的信息。想一下“报告随机实验的综合标准”就像飞行员在起飞前所用的清单一样，不管你的经验如何，每个人都可以从清单的提醒中受益。“报告随机实验的综合标准”的长度是可控的，只有 25 条。最初是为药物实验开发的，如今已经为社会和心理干预开发了一份类似的核对表（Grant，Montgomery，Hopewell，Macdonald Moher，& Mayo-Wilson，2013）。一些期刊也在采用“报告随机实验的综合标准”或与其相关的心理社会干预准则，并要求论文的作者遵循这些清单来准备手稿。准实验研究也有自己的一套报告指南，即众所周知的“对非随机设计的评估进行公开报告的标准”。其 22 项清单可参见 http://www. cdc. gov/trendstatement/，这得到了美国疾病控制和预防中心的支持。

《美国心理协会出版手册》（American Psychological Association，2010）的最新版本
273 现在包含了一个附录，名为“期刊文章报告标准”。与“报告随机实验的综合标准”的目的相似，这个“期刊文章报告标准”为所有的实证研究论文提供了一个基本核对表，也为结果研究的报告附设了一套标准，还另附了一个关于实验操作的报告标准，如干预和项目评估。这三个标准有重叠之处，这是意料之中的。这些核对表使用得越来越广泛，将大大有助于读者确定他可以参考的已发表成果的可信度，对其所需的关键信息进行充分评估。

2. 临床实验注册

另一项最新进展是，过去在期刊发表论文需要提交的随机实验研究报告，现在要交给临床实验注册处了。这一报告是对预期实验进行事前描述，说明设计、结果测量、统计分析将如何进行，谁来提供治疗，预计样本量的大小，等等（详见 Harrison & Mayo-Wilson，2014）。这样做可以让读者了解已发表的成果，并将实际报告的内容与计划进行的内

容加以比较。这有助于研究人员遵守诚信。比如说，一个项目评估者对抑郁症的治疗进行了研究，使用了 6 种不同的结果测量方法。在研究结束时，只有 1 项功能指标得到了显著改善，但其余 5 项根本没变。项目评估者可以编写一份报告，其中只提到了 1 项积极成果的结果测量方法，而绝口不提另外 5 个结果没有任何变化的测量方法。你不要感到震惊。像这样的事情已经发生过了！然而，如果这项研究的研究方案事先在临床实验注册表上发布，你就可以将实际报告与研究设计进行比较。任何差异都会对作者披露其研究结果的充分程度提出质疑。一份最常见的注册表可以在网站 ClinicalTrials. gov. 中查到。这是一个可搜索的数据库，向公众和专业项目评估人员免费开放。人们可以找到计划的评估、正在进行的评估以及已完成和公布的评估。欧洲议会和美国国家心理健康研究所现在要求研究人员寻求资金，将他们的研究方案提交给这些临床实验注册处。采取这些举措的部分原因是，一些制药公司没有报告结果研究，因为这些研究未能支持他们研制的新药，或者发现这些药对病人有不良影响（Whitaker，2010）。请参阅赛义的论文（Thyer，2014），以进一步查看更新的评估报告指南中的一些最新进展。

3. 评估咨询组

评估咨询组是由各利益相关者和专家（由个人经验或专业背景而定）组成的董事会、委员会、团体或小组。要想通过项目评估，就需要有问题要处理的当事人提供亲身经验，如精神疾病、残疾、成瘾、虐待等问题，换句话说，这些将是当前被试或过去的被试在类似项目中的出色代表，可能包括神职人员、律师，也可能是在该项目中接受服务的各少数
族裔的成员等等。把这些声音纳入项目评估的设计中，就可以获得有益的见解，避免可能 274
出现的缺陷，并获得更有效的测量和处理方法。有两篇有用的文献（Baizerman，Roholt，& Fink，2014；Roholt & Baizerman，2012）可供参考，它们全面地论述了在项目评估的早期阶段就组成评估咨询组的价值所在。

十四、本章小结

本章的目的是从不太严格的实验开始，呈现一系列实验设计。尽管“标准”可能针对实验设计，但并非总是可实现的。评估设计的选择常常只取决于评估者本身。设计应该遵循逻辑，即所要探索的问题或假设、可以利用的资源、机构内部的制约，以及什么是务实的。

评估设计要针对特定情况或项目量身定做。为方便教学起见，在此呈现出来的设计是评估问题确定之后所做的选择。但是，设计和评估问题的选择可能是分不开的，也不是不

同的步骤。克伦巴赫等人（Cronbach et al.，1980）认为："我们不赞成这个观点，即'设计'始于调查问题确定之后，是作为一个纯粹的技术过程来提高调查品质的。问题的选择和调查策略的选择是不能割裂的。"（pp. 213-214）克伦巴赫也把设计的选择称为"一个螺旋式上升的过程"，评估者勾画出一个粗略的计划，看什么问题难以解决。这个过程并不是一帆风顺的，因为要考虑并平衡信息收益率、花费和政治意义（p. 261）。

一开始禁止使用实验设计，评估者也会进行自我批评。他们也许会认为任何缺乏"理想"实验的设计都会产生没有价值的数据。事实根本不是这样的。从任何一个评估中我们都能学到东西。即使是非常能干的评估者也往往不得不接受比所罗门四组设计还要宽松的设计。这就取决于你的读者了，在某些情况下，可能非实验设计比较理想，因为它们更简单，更容易理解。

例如，我们知道一个县法官使用了单组仅后测设计，对评估结果非常满意。他结合系统尿液采样和一个结构化的咨询计划，为重刑犯开启了戒毒治疗项目。在 9 个月结束的时候，在 176 个重刑犯的 4 500 份尿样中，只有 12%的尿样表明该犯人有酒精滥用和毒品问题。在尿样"干净"的人中，只有 22%的人再次被捕；而 2～3 次被检出尿样"不干净"的人中再次被捕率为 66%。尽管 48%参与项目的人因某些罪行再次被捕，而且没有随机抽样或设立对照组，但县法官正在计划向州议会申请额外的资金，以便在本州的其他社区开展同样的项目。在这个例子中，人们认为这项研究成果非常有影响力，即使评估设计相对较弱似乎也无关紧要。

275 一个设计的选择会有所不同吗？是的，会有所不同。通常，人们并不会期待获得与上述案例一样的成功。我们经常会从项目评估中看到挫折与失望，当该领域的从业者或学生发现，干预前后案主的变化是由于其他原因造成时，已经为时晚矣。

我们急于评估某一项目时，一定要牢牢记住，在有些情况下是不值得去做评估的。卡罗尔·韦斯（Carol Weiss，1972，pp. 10-11）在她的经典著作中指出，在四种情况下不必去做评估：

（1）当该项目没有问题时，对它的未来走向要么无法做出决定，要么早就已经定好了。

（2）当项目没有明确方向时，该方案就会不断变化或变动，在原地徘徊，寻求方向。

（3）当人们对项目试图实现的目标意见不一时，如果对目标感知有巨大差异，评估根本就站不住脚。

（4）当资金不足或评估人员的评估资质不够时，也不能做评估。评估是一个要求很高的业务，要求有时间、金钱、想象力、坚韧度和技能。

评估应该谨慎地使用，不要简单地援引上述任何一个因素作为不进行评估的借口，在实际情况下，评估是必要的、可行的。还有一点需要注意，任何评估都需要制订一种以上的设计方案。你可以使用多种方法，可以使用几种不同的工具，甚至可以为每一个工具使用一套不同的设计。

萨奇曼（Suchman，1967）对评估设计的选择做了一些很有意义的观察。他认为最终最好的设计是最适合研究目的的设计，因为设计往往反映的是出于实际考虑之后妥协的结果。从来都没有唯一正确的设计。探讨某个问题或假设可以用不同的方式方法。

为了帮助你对本章概述的主要研究设计有一个全面的理解，我们已经准备了一份汇总表（见表 9-2），列出了这些研究设计的名字，并对其加以说明。请记住，这些常见的设计可以变为不同的方式，只受你自己的创造力的限制。没有任何一个研究堪称“完美”——每种方法都有自己的优势和局限。如果断言某一特定的设计要比其他设计好，那肯定是不妥当的。每个特定的设计是否适用，都要根据潜在研究对象人数是否可用、进行前测和后续评估是否可行、随机分配是否合乎伦理等进行评估。有时在特定环境下最好的设计也许是仅后测设计，或者单组仅前测设计。如果其中一个是最佳选择，那么肯定要比根本不做任何结果评估要强得多。如果你正在一个相对较新的实务领域开展项目评估工作，或者它是你致力于研究的一项成果，那么这些控制较多的设计可能是比较好的选择。

表 9-2　　项目评估研究中常用的小组研究设计种类 *276*

设计名称	符号
前实验研究设计	
1. 单组仅后测设计	X O
2. 单组前后测设计	O X O
准实验研究设计	
3. 不对等对照组设计	O X O O O
4. 中断时间序列设计	O O O O X O O O O
5. 多重时间序列设计	O O O O X O O O O O O O O O O O O
实验研究设计	
6. 前后测对照组设计	R O X O R O O
7. 仅后测对照组设计	R X O R O
8. 所罗门四组设计	R O X O R O O R X O R O

注：O＝观察或评估时间，X＝干预，R＝随机分配。

一、课堂讨论

1. 请讨论在不同的社区机构开展项目评估，本章中的某些设计要比其他设计看上去更加“适合”某种项目吗？为什么？

2. 假设一个评估者在不同机构督导同一项目，对以下四个问题进行讨论：

a. 一个项目的目标是根据该项目的目的制定的吗？

是的________ 不是________ 不确定________

b. 这项计划是为许多案主服务的吗？

是的________ 不是________ 不确定________

c. 机构在为这个项目进行结果评估吗？

是的________ 不是________ 不确定________

d. 该机构的工作人员似乎在致力于评估其项目的结果吗？

是的________ 不是________ 不确定________

277 3. 讨论一下某戒烟诊所让吸烟者自填问卷的问题。百分之多少的动机表明他们已经戒了但是事实上他们仍在吸烟？“确凿证据”有哪些？

4. 让一个班确定一个当地项目，用本章中的一种设计进行评估。用到的评估设计是什么？主要结果变量有哪些？对内在效度有什么威胁？你们将如何控制？数据的搜集程序有哪些？谁将会对评估有所帮助？谁将成为被试？

5. 讨论一下在某个特定项目的评估中可能会选择的各种具体的结果指标。这比其他什么事都有价值，因为它显示了该项目对被试的影响。

6. 讨论一下本章中科恩和弗里德（Cohen & Fried，2007）所描述的研究伦理，牵涉到把乳腺癌患者幸存者随机分到不干预小组，而不是立即给她们提供小组治疗。几个月之后，在研究结束时，她们的确接受了小组治疗。为什么作者认为需要这样一个对照组？在未经系统评估的情况下，将这些不明疗效的小组治疗服务提供给被试，这符合伦理吗？

7. 想象一下，你已经接受了一种新式个别治疗的训练，这点令人兴奋不已，据报道，案主的创伤将迅速得到明显的改善。讨论一下你将如何设计并实施一套更加复杂的评估研究，并回答下列问题：

a. 接受这种治疗的被试得到改善了吗？

b. 与简单的时间推移相比，接受这种治疗的被试改善更明显吗？

c. 与接受安慰剂治疗相比，接受这种治疗的被试改善更明显吗？

d. 与接受标准治疗相比，接受这种治疗的被试改善更明显吗？

e. 这种干预的疗效会一直持续下去吗？

二、微型项目：亲身体验评估

1. 浏览一些某领域的专业期刊，找一篇用非对等对照组设计进行评估后撰写的报告，通读后进行评议。

2. 选择一篇已发表的随机对照实验论文，通读一下。评估一下你对文中使用的术语和方法的理解能力。

3. 列出一个微型项目研究，并将它提供的信息与“报告随机实验的综合标准”应该包含的信息加以比较，看它是否遗漏了重要信息。如果是，是什么信息？对作者来说，为 278
什么这些内容很重要呢？

4. 比较和对照“报告随机实验的综合标准”与“期刊文章报告标准”（涉及随机分配和实验干预），这两份清单有什么相似之处？又有什么不同呢？

5. 假设最近要资助一个项目，为无家可归者提供密集服务。该项目的任务是确定哪些人可以通过获得必要的服务，在 3 年内实现就业和自立。请为该项目设计一个评估计划。务必确定你的评估设计及其他必要细节。

三、参考文献

American Psychological Association. (2010). *Publication manual of the American Psychological Association* (6th ed.). Washington, DC: Author.

Attkisson, C. C., & Broskowski, A. (1978). Evaluation and the emerging human service concept. In C. C. Attkisson, W. A. Hargreaves, M. J. Horowitz, & J. E. Sorensen (Eds.), *Evaluation of human service programs*. New York: Academic Press.

Baizerman, M., Roholt, R. V., & Fink, A. (2014). Evaluation advisory groups. *Research on Social Work Practice*, *24*, 186–187.

Begun, A. L. (1981). Social policy evaluation: An example from drinking age legislation. *Evaluation and Program Planning*, *3*, 165–170.

Blenkner, M. (1962). Control groups and the placebo effect in evaluation research. *Social Work*, *7*, 52–58.

Bordnick, P. S., Elkins, R. L., Orr, T. E., Walters, P., & Thyer, B. A. (2004). Evaluating the relative effectiveness of three aversion therapies designed to reduce craving among cocaine abusers. *Behavioral Interventions*, *19*, 1–24.

Bowen, G. L., Farkas, F., & Neenan, P. A. (1991). Application of time-series designs to the evaluation of social services program initiatives. *Social Work Research and Abstracts*, *27*(3), 9–15.

Brouwers, E. P. M., Bruijne, M. C., Terluin, B., Tiemens, B. G., & Verhaak, P. F. M. (2006). Cost-effectiveness of an activating intervention by social workers for patients with minor mental disorders on sick leave: A randomized controlled trial. *European Journal of Public Health*, *17*, 214–220.

Campbell, D. T., Shadish, W. R., & Cook, T. D. (2001). *Experimental and quasi-experimental designs for generalized causal inference*. New York: Houghton Mifflin.

Campbell, D. T., & Stanley, J. C. (1963). *Experimental and quasi-experimental designs for research*. Chicago: Rand McNally.

Canady, W. K., & Thyer, B. A. (1990). Promoting voting behavior among low income black voters using reminder letters: An experimental investigation. *Journal of Sociology and Social Welfare*, *17*(4), 109–116.

Capp, H. B., Thyer, B. A., & Bordnick, P. S. (1997). Evaluating improvement over the course of adult psychiatric hospitalization. *Social Work in Health Care*, *25*(4), 55–66.

Carrillo, D. F., & Thyer, B. A. (1994). Advanced standing and two-year program students: An empirical investigation of foundation interviewing skills. *Journal of Social Work Education*, *30*, 377–387.

Clarke, G. N. (1995). Improving the transition from basic efficacy research to effectiveness studies: Methodological issues and procedures. *Journal of Consulting and Clinical Psychology*, *63*, 718–725.

Cohen, I., & Steketee, G. S. (1998). Obsessive-compulsive disorder. In B. A. Thyer & J. S. Wodarski (Eds.), *Handbook of empirical social work practice* (Vol. *1*, pp. 343–363). New York: Wiley.

Cohen, M., & Fried, G. (2007). Comparing relaxation training and cognitive-behavioral group therapy for women with breast cancer. *Research on Social Work Practice*, *17*, 313–323.

Cook, T. D., & Campbell, D. T. (1979). *Quasi-experimentation: Design and analysis issues for field settings*. Chicago: Rand McNally.

Cronbach, L. J., Ambron, S. R., Dornbusch, S. M., Hess, R. D., Hornik, R. C., Phillips, D. C., et al. (1980). *Toward reform of program evaluation*. San Francisco: Jossey-Bass.

DiNitto, D. (1983). Time-series analysis: An application to social welfare policy. *Journal of Applied Behavioral Science*, *19*, 507–518.

DiNitto, D., McDaniel, R. R., Ruefli, T. W., & Thomas, J. B. (1986). Methodological observations in applied behavioral science: The use of ordinal time series analysis in assessing policy inputs and impacts. *Journal of Applied Behavioral Science*, *22*, 77–93.

Eysenck, H. (1966). *The effects of psychotherapy*. New York: International Science Press.

Ferguson, K., & Xie, B. (2008). Feasibility study of the Social Enterprise Intervention with homeless youth. *Research on Social Work Practice*, *18*, 5–19.

Fisher, J. (1976). *The effectiveness of social casework*. Springfield, MO: Charles C Thomas.

Fitz-Gibbon, C. T., & Morris, L. L. (1987). *How to design a program evaluation*. Beverly Hills, CA: Sage.

Flexner, A. (1910). *Medical education in the United States and Canada*. New York: Carnegie Foundation for the Advancement of Teaching.

Friedman, S., Smith, L. C., Halpern, B., & Levine, C. (2003). Obsessive-compulsive disorder in a multi-ethnic urban outpatient clinic: Initial presentation and treatment outcome with exposure and ritual prevention. *Behavior Therapy*, *34*, 397–410.

Fritzler, B. K., Hecker, J. E., & Losee, M. C. (1997). Self-directed treatment with minimal therapist contact: Preliminary findings for obsessive-compulsive disorder. *Behaviour Research and Therapy*, *35*, 627–631.

Gary-McCormick, E., Thyer, B. A., Panton, T. M., & Myers, L. L. (2000). The association between appointment-keeping and birth outcome in a prenatal care program for high-risk women. *Journal of Family Social Work*, *4*(1), 47–58.

Glisson, G., Thyer, B. A., & Fischer, R. (2001). Serving the homeless: Evaluating the effectiveness of homeless shelter services. *Journal of Sociology and Social Welfare*, *28*(4), 89–97.

Grant, S., Montgomery, P., Hopewell, S., Macdonald, G., Moher, D., Mayo-Wilson, E. (2013). Developing a reporting guideline for social and psychological intervention trials. *Research on Social Work Practice*, *23*, 595–601.

Harrison, B. A. & Mayo-Wilson, E. (2014). Trial registration: Understanding and preventing reporting bias in social work research. *Research on Social Work Practice*, *24*, 372–376.

Hickling, E. J., & Blanchard, E. (1997). The private practice psychologist and manual-based treatments: Post-traumatic stress disorder secondary to motor vehicle accidents. *Behaviour Research and Therapy*, *35*, 191–203.

Johnson, M. O., & Remien, R. H. (2003). Adherence to research protocols in a clinical context: Challenges and recommendations from behavioral intervention trials. *American Journal of Psychotherapy*, *57*(3), 348–360.

Kirk, J. W. (1983). Behavioural treatment of obsessive-compulsive patients in routine clinical practice. *Behaviour Research and Therapy*, *21*, 57–62.

Kirsch, I., Deacon, B. J., Huedo-Medina, T. B., Scoboria, A., Moore, T. J., & Johnson, B. T. (2008). Initial severity and antidepressant benefits: A meta-analysis of data submitted to the Food and Drug Administration. *PLoS Medicine*, *5*, e45.

Krone, K. P., Himle, J. A., & Nesse, R. M. (1991). A standardized behavioral group treatment program for obsessive-compulsive disorder: Preliminary outcomes. *Behaviour Research and Therapy*, *29*(6), 627–631.

Larkin, R., & Thyer, B. A. (1999). Evaluating cognitive-behavioral group counseling to improve elementary school students' self-esteem, self-control, and classroom behavior. *Behavioral Interventions*, *14*, 147–161.

Larsen, D. L., Attkisson, C. C., Hargreaves, W. A., & Nguyen, T. D. (1979). Assessment of client/patient satisfaction: Development of a general scale. *Evaluation and Program Planning*, *2*, 197–207.

Ligon, J. (1995). Client satisfaction with brief therapy. *EAP Digest*, *16*, 30–31.

Ligon, J., & Thyer, B. A. (2000). Client and family satisfaction with brief community mental health, substance abuse, and mobile crisis services in an urban setting. *Crisis Intervention*, *6*, 93–99.

Lilienfeld, S. O., Ritschel, L. A., Lynn, S. J., Cautin, R. L., & Latzman, R. D. (2014). Why ineffective psychotherapies appear to work: A taxonomy of causes of spurious therapeutic effectiveness. *Perspectives on Psychological Science*, *9*, 355–387.

Lincoln, T., Rief, W., Hahlweg, K., & Frank, M. (2003). Effectiveness of an empirically

McClellan, J. M., & Werry, J. S. (2003). Evidence-based treatments in child and adolescent psychiatry: An inventory. *Journal of the American Academy of Child and Adolescent Psychiatry*, *42*, 1388–1400.

Myers, L. L., & Rittner, B. (1999). Family function and satisfaction of former residents of a non-therapeutic residential care facility. *Journal of Family Social Work*, *3*(3), 53–68.

Myers, L. L., & Rittner, B. (2001). Adult psychosocial functioning of children raised in an orphanage. *Residential Treatment for Children and Youth*, *18*(4), 3–21.

Nathan, P. E., Stuart, S. P., & Dolan, S. L. (2000). Research on psychotherapy efficacy and effectiveness: Between Scylla and Charybdis? *Psychological Bulletin*, *126*, 964–981.

Nurius, P. S. (1983). Use of time-series analysis in the evaluation of change due to intervention. *Journal of Applied Behavioral Sciences*, *19*, 215–228.

Pabian, W. E., Thyer, B. A., Straka, E., & Boyle, D. P. (2000). Do the families of children with developmental disabilities obtain recommended services? A follow-up study. *Journal of Human Behavior in the Social Environment*, *3*, 45–58.

Patton, M. Q. (1987). *Creative evaluation*. Beverly Hills, CA: Sage.

Radloff, L. S. (1977). The CES-D Scale: A self-report depression scale for research in the general population. *Applied Psychological Measurement*, *3*(1), 385–401.

Roholt, R. V., & Baizerman, M. (2012). Evaluation advisory groups. *New Directions for Evaluation*, *136*, 5–29.

Ross, A. S., & White, S. (1987). Shoplifting, impaired driving, and refusing the Breathalyzer. *Evaluation Review*, *11*(2), 254–269.

Royse, D. (1996). Exploring ways to retain first-time volunteer blood donors. *Research on Social Work Practice*, *9*, 76–85.

Rubin, A., & Parrish, D. (2007). Problematic phrases in the conclusions of published outcome studies: Implications for evidence-based practice. *Research on Social Work Practice*, *17*, 334–347.

Salloum, A. (2008). Group therapy for children after homicide and violence: A pilot study. *Research on Social Work Practice*, *18*, 198–211.

Schinke, S. P., Blythe, B. J., & Gilchrist, L. D. (1981). Cognitive-behavioral prevention of adolescent pregnancy. *Journal of Counseling Psychology*, *28*, 451–454.

Schwartz, W. L., & Thyer, B. A. (2000). Partial hospitalization treatment for clinical depression: A pilot evaluation. *Journal of Human Behavior in the Social Environment*, *3*(2), 13–21.

Segal, S. P. (1972). Research on the outcome of social work intervention. *Journal of Health and Social Behavior*, *13*, 3–17.

Shadish, W. R., Matt, G. E., Navarro, A. M., Siegle, G., Crits-Christoph, P., Hazelrigg, M. D., et al. (1997). Evidence that therapy works in clinically representative conditions. *Journal of Consulting and Clinical Psychology*, *65*, 355–365.

Shipman, S. (1989). General criteria for evaluating social programs. *Evaluation Practice*, *10* (1), 20–26.

Shore, E. R., & Maguin, E. (1988). Deterrence of drinking-driving: The effect of changes in the Kansas driving under the influence law. *Evaluation and Program Planning*, *11*(3),

245–254.
Spinelli, M. G. (1997). Interpersonal psychotherapy for depressed antepartum women: A pilot study. *American Journal of Psychiatry, 154*, 1028–1030.
Spinelli, M. G., & Endicott, J. (2003). Controlled clinical trial of interpersonal psychotherapy versus parenting education program for depressed pregnant women. *American Journal of Psychiatry, 160, 555–562.*
Suchman, E. A. (1967). *Evaluating research: Principles and practice in public service and social action programs.* New York: Russell Sage Foundation.
Thyer, B. A. (2014). Evolving reporting guidelines for social work research. *Nordic Social Work Research, 4*, 1–4.
Thyer, B. A., & Massie, K. (2014). *A bibliography of randomized controlled experiments in social work (1949–2013): Solvitur Ambulando.* Unpublished manuscript.
Thyer, B. A., & Robertson, M. (1993). An initial evaluation of the Georgia safety belt use law: A null MUL? *Environment and Behavior, 25*, 506–513.
Turner, E. H., Matthews, A. M., Linardatos, E., Tell, R. A., & Rosenthal, R. (2008). Selective publication of antidepressant trials and its influence on apparent efficacy. *New England Journal of Medicine, 358*, 252–260.
Underhill, K., Montgomery, P., & Operario, D. (2007). Sexual abstinence-only programmes to prevent HIV infection in high-income families: Systematic review. *BMJ, 335*, 248–252.
Velasquez, J. S., & McCubbin, H. I. (1980). Toward establishing the effectiveness of community-based residential treatment: Program evaluation by experimental research. *Journal of Social Service Research, 3*(4), 337–359.
Vinokur, A. D., Price, R. D., & Caplan, R. D. (1991). From field experiments to program implementation: Assessing the potential outcomes of an experimental intervention program for unemployed persons. *American Journal of Community Psychology, 19*, 543–562.
Vonk, E. M., & Thyer, B. A. (1999). Evaluating the effectiveness of short-term treatment at a university counseling center. *Journal of Clinical Psychology, 55*, 1095–1106.
Weiss, C. H. (1972). *Evaluation research: Methods of assessing program effectiveness.* Englewood Cliffs, NJ: Prentice Hall.
Whitaker, R. (2010). *Anatomy of an epidemic. Magic bullets, psychiatric drugs and the astonishing rise of mental illness in America.* New York: Crowne.
Zeger, S. L., Irizarry, R., & Peng, R. D. (2006). On time series analysis of public health and biomedical data. *Annual Review of Public Health, 27*, 57–79.

第 10 章

283 # 成本效益和成本分析

如果我不是一个注册会计师或者一个经济学家，可以对一个项目的成本和/或收益进行评估吗?

好消息是，你从事成本效益研究或成本收益研究，不必拥有注册会计师资格证或修完会计或微观经济学的系列课程。但是，你最好与机构直接负责预算的人一起合作。

我需要掌握什么技能呢?

你必须能够识别与项目有关的所有可能的成本，在必要情况下进行评估，并识别和操作那些标志项目成功的结果变量。同样重要的是，你必须获得关于项目参与、成果和代理费用的所有必要数据。如果开展成本-收益的研究，在考虑项目的所有收益时，可能有必要考虑“跳出框框”。

一、为什么要把成本作为一个评估标准?

在前一章中，我们更关心的是检查一个项目的有效性，而不是它的成本。然而在现实中，我们知道，大多数社会服务机构和公共机构都有严格的预算限制，不能在不考虑成本的情况下，讨论实施一个全新、高效的项目。在项目开发、实施和推广方面，成本始终是重要的考虑因素，无论是否会出现经济下滑或严重的经济紧缩事件。

机构董事长和经理，要想成为优秀的资金管理者，必须同时权衡提供哪种干预措施最实惠*并且*最有利。在一份理想的项目规划方案中，在为项目采纳开绿灯之前，*都*要评估成
284 本和项目成效。比如，推出一个成本低廉而毫无成效的项目，是毫无意义的。（有句古老

的格言："种瓜得瓜，种豆得豆。"你知道吗?）

有关干预成本的数据可以为决策者、政治家、公众和服务提供者提供信息，从而有助于他们做出更好的决策。有关成本信息的一个最佳案例，可查阅 1994 年第一次实施的全国儿童疫苗接种项目。根据疾病控制和预防中心最近的一份报告，在 1994—2013 年期间出生的儿童中，接种疫苗为 3.22 亿人预防了 9 种疾病（麻疹、腮腺炎、风疹、脊髓灰质炎、破伤风、白喉、百日咳、乙型流感嗜血杆菌和乙型肝炎）。在他们的有生之年，直接净成本将节省2 950 亿美元，社会总成本将节省 1.38 万亿美元，防止 2 100 万人住院，73.2 万人死亡。2009 年的一份经济分析指出，投资于疫苗及其管理的每 1 美元，都会产生 3 美元的直接收益，并且在考虑社会成本时，获得 10 美元的收益（Morbidity and Mortality Weekly Report，April 25，2014）。

还有一个很好的例子，是那些具有严重的精神疾病和物质滥用问题的无家可归者。这一弱势群体通常只在服务网络的边缘，而这些服务可以帮助他们解决问题。当他们接受服务时，可能是因为紧急就医的需要，或者因为他们已经被捕。然而对于那些患有精神疾病的无家可归者来说，与监禁相比，以社区为基础的精神健康治疗为个人所花费的成本更低廉。

随着时间的推移，针对无家可归者的问题发展出来两种主要方法。传统的方法是"治疗优先"（treatment first，TF），通常要进行戒毒，通过咨询来保持清醒，并在短期内集中居住。如果一个成员能够达到所有的要求，那么他/她将会被安置到独立公寓中。

另一个方法是"住房优先"（housing first，HF），提供的住房通常是单间或者一居室公寓，而且不要求保持清醒或坚持治疗。麦克劳克林（McLaughlin，2011）对缅因州 268 名曾经的无家可归者和精神疾病患者进行了调查，发现尽管提供了住房费用，但是 12 个月之后，该项研究共节省了 584 907 美元，即每个参与者节省了 2 182 美元。有了稳定的住房，这些人在 11 类服务中只使用了较少的 8 个服务。

在纽约，帕吉特、斯坦霍普、亨伍德和斯特凡契奇（Padgett，Stanhope，Henwood，& Stefancic，2011）进行的一项调查也显示，住房优先（住房途径）比治疗优先更具优势。作者们报告说，住房优先项目的参与者显然很少无故离开这个项目，几乎没有或很少出现物质滥用，更不太可能使用戒毒或康复服务。在进入该项目后一年内，治疗优先的参与者使用药物和/或酗酒的概率是住房优先参与者的 3.4 倍。节约的成本主要来自较少与警察打交道、夜间监禁、进收容所、叫救护车和看急诊。

尽管研究干预结果的文献相对较少，但重点在于比较干预措施的成本，管理式医疗的
出现，使大多数专业助人者敏锐地意识到，在不同的干预方案中做决策时要考虑成本。里 285
佐和福琼（Rizzo & Fortune，2006）指出："需要拿出社会工作干预成本效益的证据，去说服政府官员、决策者和卫生管理人员，让他们认识到这些服务是至关重要的。"（p.5）

心理学家布莱恩·耶茨（Brian Yates，2011）曾写道："我们需要研究低成本高效率的方法进行干预，所以我们可以利用循证交付系统为大多数人提供循证服务，以减少每人最不必要的资源支出。"（p. 498）

经济决策无处不在。无论我们是计划为有危机的幼儿园购买一种新型混纺床单，还是为住宅区的家庭购买食物，我们都应该尽可能地精打细算。私人融资集团、联邦政府、州政府和地方机构、消费者都希望得到尽可能多的支出和投资。为了弄清楚项目成果和潜在收益与花费之间的关系，项目管理者可能会决定进行成本收益和成本效益的分析——这就是有些人所说的测量效率。

这个概念很简单："能够以最低成本取得最佳成效的项目才是最有效的"。但是，有效项目的确定过程可能是技术性的。这并不是说不鼓励人们去尝试这样的决定，然而，这些研究在文献中仍然是相当罕见的。例如，马希尔、科文、霍内特和富尔茨（Maher，Corwin，Hodnett，& Faulk，2012）指出，在儿童福利领域，研究通常是检查项目成本，而不是在不赚钱的情况下，讨论项目的收益或好处。

请注意，当我们进一步介绍本章时，几乎没有使用标准化的词汇；本章中提到的研究的作者可能将其描述为成本效益、成本收益，甚至是收益成本分析。稍后会有更多关于此的介绍。

一些作者为了避免术语的问题，将"成本"这一术语放在标题中，然而在摘要中却不提它的类型。例如，摩根、格雷恩、摩尔和艾培山（Morgan，Crane，Moore，& Eggett，2013）在一篇名为《治疗药物使用障碍的成本：个人与家庭治疗》的文章中提出，根据信诺保险公司提供的大量数据，关于药物使用障碍，治疗类型不同，其成本差异很大。每个疗程的家庭治疗（124.55 美元）要比个人治疗（170.22 美元）花费更低，最昂贵的是混合治疗（319.55 美元）。家庭治疗与成员间很少交流有关。更重要的是，他们的研究显示，只有 8.9%的人在接受家庭治疗后出现了反复，而接受混合治疗的人有 9.5%、接受个人治疗的人有 12%出现了反复。

同样，吉尔默、曼宁和埃特内（Gilmer，Manning，& Ettner，2009）的研究报告《对圣地亚哥无家可归者项目的成本分析》报道了加利福尼亚州的"住房优先"的方法。他们发现，虽然门诊服务大幅度增加，但这种增加由于住院和紧急服务的支出减少，以及由刑事司法系统提供的精神卫生服务费的减少而被抵消了。

一般来说，成本效益研究的目的是回答一个问题：权衡一系列可能的干预措施，应该提供哪一个给病人？最简单的决定是，当干预产生最大的变化或最多的帮助时，患者成本是最低的。

286 有时，可以估算出对患者或社区的实际货币价值。稍后我们将把成本-收益研究作为一种经济评估，但是现在让我们试着通过一个简单的例子，来理解成本效益。

二、成本效益评估实例

假设你想把两个有共同任务的项目加以比较——帮助“铁杆”失业者获得就业机会。第一个项目叫作“就业准备”（JOB PREP），第二个叫作“现在就业”（WORK NOW）。这两个项目都位于大都市地区，是为了帮助那些从未经历过全日制工作的成年人而开发的。这些服务对象是由辍学者和功能性文盲组成的。其中许多人有犯罪记录，还有些正在戒毒。这两个项目都是从培训工作所需技能（守时、正确的态度、适当的着装）和适销对路的工作技能开始的。作为最后一步，“实习生”被安排在可能的雇主那里进行实实在在的在职培训。表 10－1 列举了两个项目的评估信息。我们一眼就能看出，“就业准备”的花费要比“现在就业”的花费昂贵得多。事实上，前者比后者的预算要多出 20%。但是我们也注意到，成本较低的“现在就业”，其毕业率要比“就业准备”更高。这在一定程度上就解释了这样一个事实，即“现在就业”项目强度不太大，要比“就业准备”项目提前一个月完成。

如果我们只是在这一点上比较这两个项目，那么“现在就业”项目就显得更好些。然而，如果我们考虑到这两个项目的任务是帮助“铁杆”失业者重新就业，那么我们就需要看得更远一点。联系那些接受过这两个项目的“实习生”的雇主们，再找到曾受雇于这些雇主的前学员，看看项目完成一年以后，有多少人还在做全日制工作。

用项目的总成本除以这个项目的*毕业生*人数，我们就可以进行一个成本效益比较。我们了解到，“现在就业”项目培养一个毕业生平均花费 5 729 美元，而“就业准备”项目却只花了 4 726 美元。尽管在总体上“就业准备”是一个成本较高的项目，但在设计实施上，它比低成本的项目更成功。准确全面的比较不仅要看预算和毕业率，也要看与支出紧密相关的结果。

表 10－1　两个项目的成本效益比较

	“现在就业”	“就业准备”
项目总成本	275 000 美元	345 000 美元
毕业率	64%	40%
全日制工作一年的人数	48	73
每个人的就业成本	5 729 美元	4 726 美元

287

三、如何开始一项成本效益研究？

成本效益研究需要 7 个步骤。

步骤 1：界定项目和结果指标。

对一个评估员而言，最重要的是，要全面了解项目的组成部分及特点、设计目的和目标人群，因此，评估者应该了解这个项目的历史——它是什么时候开始实施的？随着时间的推移，是如何历经修改的？多年来服务对象有何变化？他们的哪些数据是可用的？目前正使用哪些指标来衡量它的成败？这些是最好的指标吗？

在对项目进行比较时，判定成功的结果，关键是要运用相同的可操作性定义——一个统一的、可量化的且易于测量的定义。例如，在评估一个因家暴而被判刑的男性项目时，看家暴者随后再次被捕的次数也许更合乎逻辑。然而，评估员需要定义未来哪些被捕可以"算数"。如果说有人与他人斗殴，出现行为失控，是不是就证明干预失败了呢？那么因偷窃而被捕呢？此外，评估员必须警惕另一种可能性，即因辩诉交易而没有指控其严重罪行。把"累犯"作为结果指标，还需要在机构或项目中有可比较的时间段才行。

步骤 2：重点关注具体的评估问题。

一旦你对这个项目有了一个很好的理解，并且已经确定了一个衡量有效性的指标，那么你就可以提交一个评估问题了。这些应该针对定义的人群或具有明确特征的群体。弗兰奇等人（French et al.，2008）研究了青少年药物滥用干预措施的评估，提出了三个问题：(1) 每项干预平均每周的花费和偶发费用是多少？(2) 与基线相比，干预四个月、七个月之后，在研究条件下，吸食大麻的天数和犯罪百分比有显著差异吗？(3) 在比较干预措施的治疗成本和有效性措施时，哪种干预的成本效益最好？

步骤 3：核算成本。

评估员必须计算项目运行的总成本。我们需要做一个决定，即从谁的角度出发。比如，从保险公司的角度来看，是否会把成本考虑在内？会从政府、机构和社会的角度来看吗？评估员希望确定以下几类成本：

(1) 人员薪酬。这个类别包括所有项目成员的工资和福利，也应包括志愿者贡献的价值。这可以根据工作时数和提供的援助类型来计算（一个志愿帮助邮寄新闻快讯的人一小时的工资要低于一个提供免费体检的医生）。

专栏 10-1　对滥用药物青少年四项干预措施的成本效益分析 288

概述：这项研究比较了四种不同的干预措施，即认知行为治疗、功能性家庭治疗、个体与家庭联合治疗、以提高技能为焦点的心理教育小组。评估人员在治疗开始后的四个月和七个月时，探索出两个有效措施：一是吸食大麻的天数［来自“时间轴跟踪访谈”（the Timeline Follow-Back Interview）］，二是儿童行为检查表中犯罪行为量表和青少年自评量表的得分。根据设计，所有的干预措施都要在连续十六周完成。

算一下学习期间所有服务的经济成本，最昂贵的干预措施是个体与家庭联合治疗，其次是功能性家庭治疗和认知行为治疗，最后是心理教育小组。成本的幅度相差很大。平均而言，最昂贵的（平均每年花费 25 743 美元）是个体与家庭联合治疗；而最低的一端，心理教育小组成本最低，为 9 471 美元。

干预四个月时的有效性，根据青少年自评量表，心理教育小组吸食大麻的天数最多（55%），而功能性家庭治疗最低（25%）。七个月后，不同治疗组之间吸食大麻的情况没有差异。四个月时的犯罪得分没有显著差异，但在七个月时，认知行为治疗的青少年得分最高，个人与家庭联合治疗的得分最低。作者总结说……在四个月干预评估时，尽管功能性家庭治疗中大麻的吸食量比心理教育小组明显降低，但在七个月的评估中，从大麻的吸食量或犯罪结果来看，高成本的干预措施中没有一个比心理教育小组更有效。

作者指出的要点：

- 成本效益分析最有用的地方在于，能显示出哪些项目（如禁欲）能够最有效地达成目标，但可能会忽略其他重要问题，如完成学业或参与犯罪活动。
- 采用短期有效措施（如在干预结束和三个月后），在干预的预期效果显现时，问题也来了。
- 与效益成本分析不同，成本效益分析包括选择一个精确的有效性测量方法。效益成本分析包括评估货币单位的所有可能的结果。

资料来源：French，M. T.，Zavala，S. K.，McCollister，K. E.，Waldon，H. B.，Turner，C. W.，& Ozechowski，T. J.（2008）. Cost-effectiveness analysis of four interventions for adolescents with a substance use disorder. *Journal of Substance Abuse Treatment*，34，272-281.

（2）设施费用。这一类包括项目的场地租金及其在该机构的保险，以及日常用电、供暖和空调产生的相关费用等。当项目无法获得这些费用时，可以通过将项目的人事预算与该机构的所有人员的薪酬预算比例相结合进行粗略估算。比如，如果毒品教育项目工作人员的薪酬占机构人员的 10%，那么机构的公用事业成本、租金等的百分比也可以参照进行估算。 289

如果某建筑物是属于某个机构的，那么可以联系一位知识渊博的房地产经纪人，估算出类似空间的租金。经济学家的做法可能是确定设施的重置价值、设施的寿命、折旧成本及其折旧价值的利息。

（3）设备花销。这类费用包括新计算机和打印机、软件、办公用品、任何音像磁带、小册子和任何商业测试或节目所使用的特殊教学材料或书籍的费用。

（4）其他费用。这一类包括不适合归入任何其他类别的费用，如旅游、在职培训和研讨会，以及与该机构的行政结构相关的间接成本。例如，如果该机构的主管负责机构 16 个项目中的 4 个，那么运营成本占机构的 1/4（如董事长、副董事长、执行秘书和业务经理的薪酬和福利待遇）也应包括在成本中。

步骤 4：收集项目成果数据。

在实际收集数据之前，必须考虑许多实际问题，比如要收集多长时间的数据，或者需要获取多少被试的数据。当项目相对较新时，联系每一个毕业生和退出者都是有意义的。另外，拥有大量被试的知名项目，可能需要在过去一两年内对被试进行抽样调查。

步骤 5：确定项目的成果。

在这一步骤里，评估员必须记录下项目的成功之处。例如，成功指标可能包括过去 12 个月里没有再次入院（接受治疗）的患者人数、找到全职工作的再就业人数、新招募的寄养家庭数、达到普通教育水平的被试人数、首次酒驾被捕后 24 个月内没有再犯的人数。请记住，一个项目可能不止一个成果指标。

步骤 6：计算成本效益比。

成本效益比，就是将项目的总成本除以有效性结果指标（如成功的数量）的结果。这能够让决策者看清成本和结果之间的关系，并选择那些有最佳性价比的方案。成本高但积极成果很少的项目就可以中止了，由此节省出来的成本可用于更有效的干预措施中。

290 **步骤 7：进行敏感性分析。**

成本效益研究的最后一步是进行敏感性分析，这意味着要检验成本效益数据给出的建议。把估算技术广泛用于成本效益比的研究中，这要比所有成本和效果都更易于计算。这一步就更为重要了。当估计被广泛使用时，评估员应该回到高估和低估，看看对项目的不同决定是否合理。如果最终的决定没有受到稍有不同的假设的影响，那么评估员就会对决策更有信心。敏感性分析是允许变化的。尽管项目或被试的预期结果和成本可能是相对一致的，但实际上，它们可能因最初没有考虑到假设和影响因素而有所不同。例如，一个项目期待被试每天都参加（如为期 16 周的药物滥用门诊治疗项目），但可能意外和突然增加的天然气成本使开车成本增加，进而导致被试出勤率下降。由于出勤率较低（一个剂量的问题），所以结果成功率会下降。因此，评估员可能想看看，不同场景下的成本效益比是否会发生显著变化（例如，天然气价格下降 10%时和天然气价格上涨 10%时）。萨利赫等人（Saleh et al.，2006）采用了另一种方法，研究了四种条件下，在居住环境中为物质滥用者提供个案管理的稳健性，计算了在 95%的置信区间内没有物质滥用的天数，并寻找重叠区间的估计值。

有关敏感性分析的范例，参见马赫、科温、霍内特和福克（Maher，Corwin，Hodnett，& Faulk，2012）的文章《一项关于儿童福利的全州育儿教育项目的成本节约分析》，其中他们的折扣率（discount rates）为 2%和 5%。

四、谁的观点？

无论进行何种形式的经济分析，重要的是要记住，从一些不同的角度进行核算可以看出一个项目的价值。例如，可以从以下角度来评估项目：

- 整个社会、地方政府或州政府。
- 服务机构或服务人员。
- 接受服务的消费者。
- 纳税人（如第三方保险公司）。

有时，不同的视角可能会发生冲突。对这个群体而言，需要干预的成本可能非常重要，但对另一个群体而言却显得无足轻重；这群利益相关者可能认为某个成功率是可以接受的，但另一群人可能会对同样的结果感到震惊。因为一个研究和另一个研究的视角不同，成本效益分析可能无法对不同的干预措施进行比较；从社会角度来看，成本效益分析就是提供了比较基础的一种方法。社会角度解释了所有的成本和影响，并确保成本效益分析代表的不仅仅是一个集团的利益（参见专栏 10-2，看看如何从机构的视角来看成本与效益的核算）。

专栏 10-2　　路易斯安那州育儿教育项目的收益成本核算的步骤

步骤 1：确定视角。从儿童福利机构的角度选择一个短期项目（相对于社会视角）。

步骤 2：界定研究总体和样本。在路易斯安那州，所有的儿童照料者包括一些儿童都要接受育儿教育，并于 2005 年 10 月至 2008 年 4 月间，在 10 个家庭资源中心的其中一个参加育儿教育项目。528 个样本是由首次参加该项目的护理人员组成的。 291

步骤 3：描述干预情况。育儿教育项目是基于巴布勒克（Bavolek，2000）的模式，强调在育儿过程中要有同理心，并要求在为期 16 周的项目中，每周开一个持续 2.5 小时的小组会议。

步骤 4：确定用于估算节余的结果测量标准。在这项研究中，减少儿童虐待事件将有助于机构节省开支。这还不包括间接节省的开支——较少的刑事司法介入或较高的受教育程度。

步骤 5：建立分析的数据源。确定项目交付成本的必要数据（如员工的工作时间、培训材料的购买、家访、食品、交通运输）、提供服务的必要数据（如参与项目的资料、照料寄养儿童的时间长短、每日支出，以及有据可查的事件）和劳动力数据（如寄养服务、居家服务，以及成本和生产率研究调查的日人均费用）。

步骤 6：项目成本核算。从 5 个资源中心获得了工作人员时间、费用和参与人数等数据。这就提供了每个照顾者的平均成本，并用来核算全州的项目成本。

步骤 7：核算成果成本。对 2006 年至 2010 年期间护理人员的总服务成本和人事成本进行了核算。然而，政府机构的治理、管理和非人事成本（如租金、用品和设备）就无法计算了。

步骤 8：核算成本节约。根据这一发现，在干预治疗后的两年内，护理人员参加 18 个疗程的概率比只参加 3 次的人减少了 35%，节省了 580 027 美元。

步骤 9：计算效益成本比。将总计费用节余 580 027 美元除以总计费用 664 161 美元，获得 0.87 的比例。这意味着在研究育儿教育项目参与者的观察期内，路易斯安那州儿童福利机构将至少收回项目成本的 87%（如果效益成本比达到 1.0，该方案将完全是成本中立的）。

步骤 10：进行敏感性分析。这里的问题是效益成本比例的准确性——它可能受到影响的程度。例如，根据资源中心的数据，每位护理人员的费用从 1 072 美元到 1 597 美元不等。使用成本最高的中心的数据，效益成本比下降到了 0.68；使用成本最低的中心的数据，这一比值上升到了 1.01。因此，原来的估计值准确地记录了该项目的效益估计的中间值，这被认为是节约服务和人事成本的一个很保守的预算。

资料来源：Maher，E. J.，Corwin，T. W.，Hodnett，R. & Faulk，K.（2012）. A cost-savings analysis of a statewide parenting education program in child welfare. *Research on Social Work Practice*，22（6），615-625.

292 例如，在计算医疗保健费用的同时，也可以考虑护理费（有偿和无偿的）、儿童保育费、差旅费以及因缺勤和离职使雇主必须承担的费用，还有员工承担的费用以及整个社会要承担的费用。

五、成本效益分析

成本效益分析，也被称为效益成本分析，过去只用于评估大型企业的大型建筑项目，包括新建高速公路或水坝。没有水坝，数千英亩土地可能会被淹没，即使不对整个社区带来毁灭，也会造成家破人亡。和众多政府机构一样，田纳西流域管理局和陆军工程兵团两个机构进行成本效益分析，有助于证明高成本项目的合理性。今天，这种方法的传播已经大大超出其发源地。例如，普拉尼克和德普曼（Plotnick & Deppman，1999）在一篇经典文章中，就把预防和治疗虐待儿童资助项目可能产生的*货币收益*列了出来：

- 减少卫生和精神卫生服务支出；
- 减少儿童福利服务支出；
- 减少寄养及其他家庭服务的支出；
- 减少其他社会服务支出（如预防吸毒和酗酒）；
- 减少刑事司法系统的支出；
- 减少犯罪受害人的医疗支出；
- 减少收入支持计划的行政成本。

在成本效益分析中，要努力计量货币单位的成本和收益。尽管从理论上，可以把指定的社会服务项目有哪些好处一一列举出来，但是用货币价值去衡量那些重要却无形的效益是相当有挑战性的。例如，普拉尼克和德普曼（Plotnick & Deppman，1999）就列出了预防和治疗虐待儿童资助项目的*非货币收益*：

- 减轻个人和家庭压力；
- 带来更好的家庭教育和家庭经营；
- 减少家庭冲突；
- 改善儿童的社会功能；
- 减少认知和语言障碍；
- 改善心理健康，减少适应方面的问题；
- 减少对犯罪的恐惧；
- 促进身体健康，减少受伤概率；
- 改善教育成果。

虽然可以确定某干预组是否比一些对照组受到的伤害更小，或所花医疗费更少，但估算如减轻压力或改善家庭管理这类无形效益的货币价值很有难度。这也是一个问题。

药物滥用治疗在减少吸毒者药物滥用次数的直接成本方面有如下好处： 293

- 减少诉讼费用；
- 降低监禁成本；
- 节约假释和缓刑成本；
- 减少吸毒者在犯罪过程中受到的身体伤害；

- 减少与犯罪相关的财产损失；
- 减少隐私保护（如安全系统）成本；
- 减少治疗与毒品相关的疾病；
- 减少福利负担。

在一个社会中，减少吸毒者和药物滥用者的人数，就会降低以下*间接成本*：

- 因犯罪或受伤而影响到工作；
- 受害者的恐惧和压力；
- 因为监禁而失业。

另外还有一个例子。假设你为一个机构工作，这个机构为老年痴呆症患者提供了一个项目。该项目是为60岁及以上的老年市民提供服务的，他们出不了门，需要不间断的照顾。临时护理项目（the respite care program）为家庭成员提供了从日常护理中解脱的机会。志愿者是从社区中招募而来，让主要的照顾者腾出时间去打理个人事务、去购物，或者只是抽出一个下午去看场电影或者和朋友们一起去看场电影。

这个项目的成本核算起来很容易（与志愿协调员的职位有关的薪金和附带福利、按比例分配为前台志愿者分摊的费用，以及按比例分摊的设施费用——租金、保险费和水电费）。然而，我们怎样衡量这个项目的好处呢？照顾者在欣赏电影或拜访朋友中获得的快乐，我们能用金钱来衡量其价值吗？咨询或处方药的花销减少了，我们就可以说抑郁症减轻了吗？成本效益研究要求评估或衡量这些收益的货币价值。由于无形收益的价值难以估算，进行成本效益分析可能并不都是有意义的。还可以提供更多的例子。我们该如何评价一个新建的儿童游乐场的价值呢？一个55岁的农民工，怎样通过学习阅读去提高他的自尊呢？测量收益最常用的概念就是用“支付意愿”来衡量结果或行动（Plotnick & Deppman，1999）。

关于如何界定“收益”一词，文献中几乎无法达成共识。一些进行成本效益分析的学者，将收益定义为成本节约或投资回报，而其他人则使用更抽象的概念，如“增值”
294 或二次收益，又如制度更新。同样，单位成本表达方式也各不相同，如总成本除以参与者的数量或总成本除以成功完成项目的毕业生人数，或总的费用除以联系时长。此外，经济学家还在使用影子价格和折扣等概念，这些概念对大多数社会工作者来说有些陌生。影子价格是反映商品和服务实际成本的一种尝试。例如，一个有5英亩土地的邻居可以把它租给邻近的学校，用作足球场，每年收取1美元的费用。然而，那块土地的真正价值远不止1美元，假如邻居不高兴，把这块地卖给了开发商，可用影子价格来说明这块地的一个可比价格。折扣包含减少成本和效益，或者至少调整它们，从而反映若干年后产生的逐渐减弱的效果。因此，毒品法庭的治疗干预可能会在第一年最大限度地节省监禁的开支，可是在第二年和第三年，随着服务对象逐渐康复，节省的开支大大减少。

由于许多收益转换为美元不那么容易，对研究成本效益关系感兴趣的评估者可能会对这些结果变量，如对生活的满意度或所提供服务的满意度采用标准化的前测和后测。然后，相对于满意度的增加，就比较容易理解计划或项目的成本了。例如，要在两块地上建造一座小型城市公园，那里曾经有破败不堪的危楼，这可能会让邻居们的自豪感和满足感从 60％提升到 80％。如果公园是由志愿者帮助建造的，大约耗资 25 万美元，那么一个成本效益分析报告可以说，这个项目的满意度每增加 1 个百分点，就需要 12 500 美元（250 000 美元/20＝12 500 美元）。当收益是非货币的时候，成本效益分析与成本效益研究将几乎无法区分。

因为对一个特定项目收益的评估可能比较随意，所以成本效益分析是从不同的视角来估计其收益的（见表 10 - 2）。在一项研究中存在一个很好的例证，不幸的是，它似乎并没有被复制。麦凯琳等人（McCaughrin et al.，1993）利用得到支持的雇员、纳税人和社会的观点，研究了为发展中的残障人士提供支持性就业的成本和效益。他们从得到支持的员工角度发现，中重度智障者第一年的收入增加了 1 027 美元，而轻度智障者则增加了4 607 美元。从纳税人的角度来看，第五年收支有望达到平衡。从纳税人和社会的角度来看，四年后，消除了保护性就业成本，这都是一种成本节约。

在传统的成本效益分析中，这个比例是通过将总收益除以总成本来计算的。如果这个比例大于 1，那么收益就超过了成本；如果这个比例小于 1，那么成本就会超过收益。一项非常早期的研究（Buescher，Larson，Nelson，& Lenihan，1993）显示，妇女、婴幼儿食品补贴计划每花费 1 美元，其收益（节省医疗补助金）就是 2.91 美元。好处是显而易见的。我们大多数人都希望每花 1 美元就能得到 3 美元的回报。事实上，只要社会收益超过了成本，就有理由对一个项目进行成本效益评估。

表 10 - 2　　**文献中出现的成本分析示例** 295

Griffith & Scheier，2013	以学校为基础的药物预防项目	这是计算成本效率的原理、方法和价值的入门书/概论。
Johnson-Montoyama，Brook，Yan，& McDonald，2013	受物质影响家庭的家庭重聚	“平均而言，典型的 SFP 参与者比他或她的非 SFP 同行减少户外护理 190 天。在平均每个儿童日均 86 美元的家庭护理费率上，SFP 在州和联邦的户外护理中节省了约 16 340 美元。”（p. 249）
Basu，Kee，Buchanan，& Sadowski，2012	比较患慢性病无家可归者的住房和病例管理项目	参与者被随机分配到常规护理组或干预组。尽管增加了住房成本，但干预组通过节省住院费、急诊费等，为每位无家可归者节省了 6 307 美元。

Alexandre，Beulaygue，French，McCollister，Popovici，& Sayed，2011	佛罗里达州提供药物滥用治疗的经济成本	对所有公共资助机构进行了调查，71%做出了回应；估算每年、每周和每一阶段的门诊、住院、排毒等费用。
Schori，2011	在美国药物滥用的成本	显示的费用包括：住院和门诊护理、特殊疾病成本（如肝炎和艾滋病病毒/艾滋病）、警察保护、州和联邦矫治、州和联邦社区预防治疗等。作者得出结论："尽管与非法药物滥用相关的重大费用以及充分证据表明治疗是有效的，对个人和社会都有利，但在治疗上的花费仍然相对较低。"
McCollister，French，& Fang，2010	犯罪使社会付出的代价	作者估算了13种犯罪类型的有形和无形成本（按2008年的美元价格）。
Henry，Bales，& Graves，2007	对涉及儿童心理健康服务的家庭成本和收益进行了定性调查	虽然有些过时，但这是很少的定性文章之一，探讨个人成本和接受健康服务的"隐性"好处，如"我（现在）不用关门就能安然入睡"。

296

专栏10-3　药物滥用治疗：全州报告和成本效益研究

2010年7月至2011年6月间，有研究者对肯塔基州1 277名患者的社区治疗结果进行了研究。这些患者还同意参加12个月后的后续研究。其中52%是男性，48%是女性。52%的人接受了刑事司法系统的干预。并没有要求治疗者使用特定的干预或临床方法去服务，包括门诊、密集门诊和住院治疗。

据美国国家药物控制政策办公室提供的更新数据，以2011年的美元计算，并将这一估计应用到500名符合药物依赖标准的患者身上，这个州的药物依赖者每年的花费是25 338 500美元。根据对摄入酒精依赖标准的317名患者的估算，社会平均每年花费5 004 162美元。再加上，这个样本很可能会让社会付出其他代价。

治疗是否有差异？在随访中，只有168位客户符合药物依赖标准，175人符合酒精依赖标准。因此，在后续的跟踪调查中，这两类药物滥用者，每年都要花费11 276 286美元。

实施药物滥用治疗措施后，社会总费用减少了19 066 376美元。使用行为健康部、发展和智力障碍部以及医疗补助部门的单位数据，并将这一成本应用于客户获得的服务总单位，每个客户的行为健康治疗服务的平均成本为2 831美元。用治疗服务成本（3 662 446美元）除以节余与社会的成本19 066 376美元，结果为5.21美元。这个数值表明，在与酒精和药物成瘾相关的干预服务上，每花 1 美元，就节省了 5.26 美元的社会费用。

也有关于客户满意度的报告。90%的受访者表示，他们会得到更好的服务，91%的受访者表示，他们会因为自己的经历而感觉良好。在 10 分的评分中，患者对治疗方案的满意度为 7.8 分。这份报告可以在以下网站上找到：http://cdar.uky.edu/KTOS/KTOS_2013_Report.pdf。

六、本章小结

对一些从业者来说，成本效益分析的概念有点麻烦。也就是说，专业助人者希望为其服务对象提供最好的治疗，他们不想为成本操心或去讨价还价，在直接服务水平方面缺乏对成本分析的强大传统，甚至连兴趣都没有。这就意味着很多专业服务人员对这些方法仍然不信任，持怀疑态度。许多棘手的问题仍有待解决。例如，被试的每一次成功都能以金钱的形式来表现吗？对于如何界定效益和单位成本，专业文献中还没有达成共识，这就导致了许多领域对成本分析研究的热情不足。与此同时，医学等专业在这一领域也取得了长足的进步。

普鲁格和米勒（Pruger & Miller，1991）在多年前写的《社会服务效率》一文中就注 297
意到：“我们从未把效率看作社会服务中的最重要的概念，但它本来应该是。无论是摆在桌面上还是降到地平线上，什么想法都不会直接削减企业的成本。没有任何人有同样的潜力可以振兴该领域，因其进入并将贯穿整个 21 世纪。”（p. 6）他们的话今天依然适用。

政策制定者、机构主管和管理者都想要“高效”的项目。然而，通常情况下，效率意味着以最少的成本服务最多的客户。这样的决定只在项目前期或者对直接成本有用，但不能从整体上减少开支或者改善问题。必须记住，“成本最低”的方法可能并不总是最有效的。值得注意的是，成本更高的疗法不一定能提供更好的效果。

成本效益研究是帮助决策者分配稀缺资源的重要工具。成本核算是私营机构和企业界熟悉的概念，但不常用于评估社会公共事业服务。很明显，评估者有义务审查提供人文类服务的常规和替代方法，并利用这些信息来指导今后的干预措施。研究一个项目的成功或贡献，以改善服务对象的生活，同时考虑成本，这将变得越来越重要。这可不是一种转瞬即逝的潮流。

心理学家布莱恩·伊茨（Brian Yates，2011）打了一个有趣的比方，就是可以用“药”提供服务的方式。想象一下，剂量已经为患者准备好了，你会用什么来喂药呢，一个金勺子、一个筛子还是一个塑料勺子？塑料勺子类似于最有效和最便宜的替代方案，包括基于互联网的干预措施、教糖尿病患者进行自测的自动电话干预，以及基于视频的动机和认知行为干预措施。他写道："交付系统的研究表明，如果使用'塑料勺子'交付系统，在干预效果很小或根本没有减少的情况下，可以节省大量的费用。"（p. 499）

一些医学伦理学家认为，成本效益方法可能会使部分人群面临风险，他们不接受昂贵的干预（这是一个非常古老的医学问题）。有朝一日，一些消费者或消费者群体可能会拒绝某些医疗服务，考虑到他们的预期寿命，治疗费用就显得太高了吗？同样，政府开支对公共利益的作用也可能产生争议。埃蒙、吴和张（Eamon，Wu，& Zhang，2012）撰写了一篇资料翔实的论文，重新讨论关于谁能从帮助穷人的项目中获益。他们表明，那些不参与食品援助、公共医疗保险和公共住房等项目的人能够间接获得各种经济和非经济利益。任何干预都有直接和间接的影响。也就是说，评估人员和服务人员显然需要做更多的工作，来证明我们所运行的项目是具有成本效益的。人们也想知道，如果我们系统地核算每
298 个项目的成本和效益，然后决定要继续做哪些项目，那么可以节省多少钱。与此同时，我们也不应该羞于展示我们的项目如何使参与者受益，以及社会上的其他人如何也会从中受益。

一定要在有数据指导的情况下，才能做出重要决定。当我们选择一个治疗方案的时候，我们必须具备一种能力，去证明其收益及成本节约。在某种程度上，如果我们能够识别并采纳最有效的项目，我们在公共服务和公共卫生领域所做的努力，就一定会被一个懂得感恩和欣赏的社会认可。

一、课堂讨论

1. 确定你想进行成本效益评估的项目在哪个地方、哪个州或哪个国家，并讨论这些方案的结果，看看是否每个项目有一个以上的结果指标，列出所有相关指标。做一个成本效益研究会更容易一些吗？为什么是或为什么不是呢？

2. 讨论以下预期结果可能是货币的还是非货币的。你的评估是成本效益分析还是成本效益研究？

a. 在社会服务机构中提高员工士气。

b. 在课后辅导项目中，提高学生成绩。

c. 在工厂减少酒精和药物滥用。

d. 改善国家机构员工的健康状况。

e. 降低儿童保护工作人员的压力。

3. 在一个门诊咨询项目中，等候服务的患者被列在一个长长的名单中，作为一个新任主管，你可以采取哪些行动来减少等候时间？把它们列出来并就成本效益分析进行讨论。

4. 展开辩论：项目成本和有效性，哪一个更重要？

5. 在大流量时期，当通货膨胀急剧增加时，敏感性分析是很重要的。什么情况或因素是评估者控制不了，且会在 2～3 年内发生变化并显著影响这个项目的“收益”价值的？

6. 讨论向国会提出一项假设性提案，允许收养残疾或大龄儿童的父母减免 10 000 美元税收。你将如何使用成本效益或成本收益的方法来评估这种立法？

二、微型项目：亲身体验评估

1. 对于你选择的一个项目，概述成本效益分析。确定方案、主要目标、货币利益、它们的计算方法以及相关的数据收集程序。

2. 对于一个你选择的方案，概述其成本效益研究。确定方案、主要目标、结果指标 299
及相关的数据收集程序。

3. 运用相对成本和成本分析方法，在该项目首次实施 5 年之后，证明你的计划是正确的。

4. 仔细阅读埃蒙、吴和张（Eamon，Wu，& Zhang，2012）的文章。你有没有可能错过什么好处？有什么是你很难接受的吗？写一个 500～750 字的分析报告，为帮助低收入者，请重新规划公共项目的效益和受益人。

三、参考文献

Alexandre, P. K., Beulaygue, I. C., French, M. T., McCollister, K. E., Popovici, I., & Sayed, B. A. (2012). The economic costs of substance abuse treatment in the state of Florida. *Evaluation Review*, *36*, 167–185.

Basu, A., Kee, R., Buchanan, D., & Sadowski, L. S. (2012). Comparative cost analysis of housing and case management programs for chronically ill homeless adults compared to usual care. *Health Services Research*, *47*(1, Pt. II), 523–542.

Bavolek, S. J. (2000, November). *The Nurturing Parenting Programs*. Washington, DC: U.S. Department of Justice, Office of Justice Programs, Office of Juvenile Justice and Delinquency Prevention.

Buescher, P. A., Larson, L. C., Nelson, M. D., & Lenihan, A. J. (1993). Prenatal WIC participation can reduce low birth weight and newborn medical costs: A cost-benefit analysis of WIC participation in North Carolina. *Journal of the American Dietetic Association*, *93*, 163–166.

Dennis, M. L., French, M. T., McCollister, K. E., & Scott, C. K. (2011). The economic costs of quarterly monitoring and recovery management checkups for adults with chronic substance use disorders. *Journal of Substance Abuse Treatment*, *41*, 201–207.

Eamon, M. K., Wu, C.-F., & Zhang, S. (2012). Reframing the benefits and beneficiaries

of public benefits programs. *Children and Youth Services Review*, *34*, 15–26.
French, M. T., Zavala, S. K., McCollister, K. E., Waldron, H. B., Turner, C. W., & Ozechowski, T. J. (2008). Cost-effectiveness analysis of four interventions for adolescents with a substance use disorder. *Journal of Substance Abuse Treatment*, *34*, 272–281.
Gilmer, T. P., Manning, W. G., & Ettner, S. L. (2009). A cost analysis of San Diego County's Reach Program for homeless persons. *Psychiatric Services*, *60*, 445–450.
Griffith, K. N., & Scheier, L. M. (2013). Did we get our money's worth? Bridging economic and behavioral measures of program success in adolescent drug prevention. *International Journal of Environmental Research and Public Health*, *10*, 5908–5935.
Henry, D., Bales, R., & Graves, E. (2007). Ethnography in evaluation: Uncovering hidden costs and benefits in child mental health. *Human Organization*, *66*, 315–326.
Johnson-Motoyama, M., Brook, J., Yan, Y., & McDonald, T. P. (2013). Cost analysis of the strengthening families program in reducing time to family reunification among substance-affected families. *Children and Youth Services Review*, *35*, 244–252.
Maher, E. J., Corwin, T. W., Hodnett, R., & Faulk, K. (2012). A cost-savings analysis of a statewide parenting education program in child welfare. *Research on Social Work Practice*, *22*, 615–625.
McCaughrin, W. B., Ellis, W. K., Rusch, F. R., & Heal, L. W. (1993). Cost-effectiveness of supported employment. *Mental Retardation*, *31*, 41–48.
McCollister, K. E., French, M. T., & Fang, H. (2010). The cost of crime to society: New crime-specific estimates for policy and program evaluation. *Drug and Alcohol Dependence*, *108*, 98–109.
McLaughlin, T. C. (2011). Using common themes: Cost-effectiveness of permanent supported housing for people with mental illness. *Research on Social Work Practice*, *21*, 404–411.
Morgan, T. B., Crane, D. R., Moore, A. M., & Eggett, D. L. (2013). The cost of treating substance use disorders: Individual versus family therapy. *Journal of Family Therapy*, *35*, 2–23.
Padgett, D. K., Stanhope, V., Henwood, B. F., & Stefancic, A. (2011). Substance use outcomes among homeless clients with serious mental illness: Comparing Housing First with Treatment First Programs. *Community Mental Health Journal*, *47*, 227–232.
Plotnick, R. D., & Deppman, L. (1999). Using benefit-cost analysis to assess child abuse prevention and intervention programs. *Child Welfare*, *78*, 381–407.
Pruger, R., & Miller, L. (1991). Efficiency and the social services. *Administration in Social Work*, *15*, 5–23.
Rizzo, V. M., & Fortune, A. E. (2006). Cost outcomes and social work practice. *Research on Social Work Practice*, *16*, 5–8.
Saleh, S. S., Vaughn, T., Levey, S., Fuortes, L., Uden-Holmen, T., & Hall, J. A. (2006). Cost-effectiveness of case management in substance abuse treatment. *Research on Social Work Practice*, *16*, 38–47.
Schori, M. (2011). Valuation of drug abuse: A review of current methodologies and implications for policy making. *Research on Social Work Practice*, *21*, 421–431.

Whitney, C. G., Zhou, F., Singleton, J., Schuchat, A. (2014, April 25). Benefits from immunization during the Vaccines for Children program era–United States, 1994–2013. *Morbidity and Mortality Weekly Report*, *63*(16), 352–355.

Williams, A. (1992). Cost-effectiveness analysis: Is it ethical? *Journal of Medical Ethics*, *18*, 7–11.

Yates, B. T. (2011). Delivery systems can determine therapy cost, and effectiveness, more than type of therapy. *Perspectives on Psychological Science*, 6, 498–502.

第 11 章

301 测量工具及策略

我需要知道的是，怎样评估已备好的测量工具，并创建自己的一套强大工具。

一旦你决定了想要测量什么，你想要使用的任何尺度的强度都必须接受评估。本章概述了信度和效度的概念，以帮助你了解这些重要的注意事项。

我需要用什么技能来评估或创建自己的测量工具呢？

你必须能读懂文献中提到的、有可能采用的测量工具，并且能够识别要达到最好的信度和效度需要多大的尺度。当不能真正接受可用的尺度时，你就需要为自己的特有项目开发一套信度较高的测量工具，同时能得到验证。你必须能够客观地评估测量工具——包括你自创的工具。

一、为什么准确的测量对评估如此重要？

曾经有这样一种原始的文化，计数遵循的方式是：1、2、很多。如果你有 2 个以上的东西，就代表你有很多了。

很明显，我们的社会更关注对某事进行计数和测量。如果人们接受一个年薪 4 万美元的新职位，当然不稀罕只有 1.9 万甚至 2.9 万美元的年薪了。如果我们到超市买 3 磅（约 1.4 千克）牛排，我们肯定不想付 5 磅（约 2.3 千克）的钱。测量是我们社会的一个基本方面，要不就没有问责制了。

302 几乎每件事情我们都要测量：计算机的速度、汽车的马力、我们慢跑燃烧的热量、银行的利率或者信用卡公司的收费。我们测量每个现象，实质上是因为我们想知道，事情是否发生了变化或者有所改善。我们渴望知道这个世界的所有信息。进度、我们的展现能力与量化能力变得日益重要——不管我们是消费者、服务提供者，还是项目评估者。

为了承担责任并显示进度，必须进行精确的测量，评估者已迫不及待地开始去搜集数据了。正如我们前面学到的，结果变量必须具有可操作性。在许多场合，评估者用纸笔等工具就能为测量打下基础。

我们有时可以把这些工具称为问卷，尽管评估者不是总问被试问题。有些工具是由一整套语句（选项）构成的，就是让被试说明，他在多大程度上同意或不同意。问卷工具可以由许多复杂的问题构成，也可以是简单的三四道题。比较成熟的问卷可以帮助我们理解，为什么有些被试能从干预中受益，而有些却不能。它们还让我们更仔细地审查，这些被试的改善是微弱的，还是比较明显的——干预并不是对每个人都会有同样的效果。

测量工具允许我们用量化的方法超越主观意识（“我认为这些被试有所改善”），进入一个我们可以讨论的领域，讨论它的变化或改进（“这组被试中有 37%的人比前测时更加自信了”或者“在后测中，干预组中 55%的人在临床上已经没有显著症状了”）。

客观的工具为评估者提供了一定的精准度，以了解服务对象面临问题的大小或严重程度，并确定这些问题随后会发生什么改变。我们之所以能够获得这样的精确性，是因为有严格的程序，这是构建有用工具的基础，从而使我们能够量化抽象或无形的概念，如自尊或自信。这些工具允许我们把主观感知的问题和概念转化为数值。

优质的评估工具并不是某个晚上或周末随意拼凑出来的。然而我们很容易发现，互联网或文献中通过量表或问卷提供的信息都不可靠，或者没有价值。那么我们该如何从一堆测量工具中分辨出最好的呢？这就是本章的目的。选好测量工具十分重要，因为：(1) 好的指标就是项目要达到的目标；(2) 心理测量的能力很强——这将在后面的章节中讲到。

试想下列场景：

> 研究生吉姆应邀为一个青少年居住治疗中心进行评估，这些居住者由于惹过一些麻烦而被纳入青少年司法体系中。他注意到，那些在羁押期间被改造最成功的少年犯似乎自尊有所提高。一天下午，在浏览互联网的时候，他发现一份自尊量表，似乎可以用于评估该项目。他决定使用单组前后测设计，然后把自尊量表复印了很多份，也征得了机构主管的同意，开始执行新任务。11 个月之后，他从干预中心羁押者中搜集到 42 份前后测量表。他惊异地了解到，前后测的分值几乎没有差别。这就意味着 303
> 对他们的干预不成功了吗？

想想在这个场景中，缺乏哪些方面的信息会引发你的疑问。在这个居住治疗中心，提高少年犯的自尊是一个明确的目标吗？如果不是，那么用自尊量表去评估整个项目合理吗？如果这是该计划的一个重要目标，那么通过干预，在实际经验中提高青少年自尊水平，可能性又有多大呢？有没有文献表明，干预中心能普遍提高该群体的自尊？能用其他变量去衡量这个项目成功与否吗?

如果你碰巧想去考量治疗中心是否成功，认为会不会再犯（即再次被捕或违法）可能才是更好的测量方法，那你就可能是正确的，因为这些青少年已经受到青少年司法体系的注意了。没有必要总是用纸笔这样的工具去测量项目结果。此外，应该避免使用一个未知的心理素质测量工具。评估者应该知道，测量工具“好”在哪里。由于我们对吉姆所选测量工具的信度和效度一无所知，即使有所变化，可能也无法测出自尊的变化。后面还有更多的内容。首先，让我们来看看，我们可能有哪些选择。

二、我们应该测量什么?

当我们问及最好怎样去描述一个项目的“成功”时，我们就开始决定采用什么方法测量了。一个项目到底要达到什么目的呢？如果达不到，我们怎么能知道这一项目失败了呢？如表 11－1 所示，有些项目的标准是显而易见的。

表 11－1　　项目行为结果的案例

项目	成功	失败
酒精与毒品干预项目	清醒的天数	喝酒、吸毒、酒驾的天数
对重症精神疾病的日间干预	在社区里独立生活的天数	再次入院、住院的天数
对青少年犯罪的司法分流项目	就业或入学	暂时停学或休学
就业培训项目	薪酬与工作小时数	收到的津贴有多少
收养项目	永久安置的儿童数量	仍在寄养中的可收养儿童数量
儿童保护项目	没有虐待或忽视的进一步报告或迹象	提供虐待或忽视的确凿证据的报告

304 可以用平时搜集的数据去评估项目。这是很有可能的，例如，一个精神健康中心会知道，在日间治疗项目中，一年中有多少病人或者百分之多少的病人入院治疗。再举一个例子，请收养人员去确认，有多少孩子或百分之多少的孩子获得了永久安置，其实这并不是很难。司法项目应该能确定，所涉及的案犯中到底有多少人是累犯。

学校知道哪些学生辍学，又有哪些学生毕业。在某种程度上，就像物质滥用会产生的逻辑后果（如被捕或酒驾）一样，中途辍学也可以被视为特定行为的反映。官方记录可以用来衡量面谈的影响；即使没有访谈、观察或向项目受益人发放问卷，也可以对项目的行为后果进行评估。

许多服务机构被要求每年都把自己的服务人数公之于众。通常这些数据以县为单位才有用；当评估者在确定重点项目的影响范围时，这些数据也很有用。

用官方数据去衡量进展并不是什么新鲜事。据说弗洛伦斯·南丁格尔（Florence Nightingale）就一直保留有英国士兵的死亡统计资料。为了证明改善医疗条件能降低死亡率，她一直按照诊断类型追踪住院死亡情况。由于她的努力，在 6 个月内死亡率从 32%降低到 2%（Nutting & Dock，1907，引自 Meisenheimer，1985）。

行为数据可以包括那些特殊的生理测量法，例如，从肌肉测试、身高、胖瘦测量中获得，或者采用生化指标，如分析尿液来检测哪些人保持“洁净”。对暴饮暴食、清空肠胃、失眠天数的追踪也属于行为数据。

行为数据也可以运用被调查者自我监控法或日历回顾法等获得。吉浜、吉莱斯皮、贝利和杜尔曼（Yoshihama，Gillespie，Belli，& Tolman，2005）发现，与采用结构化访谈法的小组相比，采用生活史的小组报告的结果是，一生中遭遇的人际暴力会显著提高。

通过视频和录音，让被试与其他人进行互动，这成为行为数据的另一个来源。例如，在一个哺育节目之后，要确定父母与孩子之间的互动是否改善，就安排父母与孩子们在用餐期间进行录像。进行录像的一个好处是，可以观察面部表情和一般举止。可以开发一个评定量表，以便对期待的教化行为（存在或缺乏）进行计量或评分。录像也可以让他们在自我观察中学习，同时可以展示其进步。

然而，评估者不能总是使用行为结果测量。例如，假设你是一个项目主管，为小学生提供药物预防的项目。该项目的目标是防止这些孩子到青春期或成年后滥用药物。大多数 305
该类项目都无法在随后的 3 年、5 年或 10 年内做任何跟进研究，即与对照组相比，去看看参与这个预防项目的人是不是更少出现药物依赖问题。结果，这些项目及其他一些无法测量行为结果的项目必须考虑，增加被试对某一问题的了解，或成功地改变他们的态度。

有时，预防项目要测量被试是否对特定问题了解更多。例如，一个艾滋病预防项目，目的是为了解艾滋病/艾滋病病毒的传染途径提供充足的信息，以便让项目参与者增加相关传染知识。你可以想象一下，面对 20 项前测，典型的被试（在干预前）只能答对 4～5 项。干预之后（假设教育培训是有效的），具有代表性的被试也许在后测中能答对 18～19 项。这就表明被试关于艾滋病的知识有所增加。

在其他项目中，主要目标也许是改变被试对某些行为或做法的态度。例如，如果你是一个项目负责人，负责对施暴男性制订干预计划，评估者可能使用一个行为指标（逮捕、殴打事件）去测量结果，但也有可能将项目参与者对家庭暴力的态度变化确定为一个指标。该项目的目的也许是帮助施暴者变得更加富有同理心——把他们自己置于受害者的位置——并认为施暴是不能接受的行为。在这个例子中，评估者也许不想测量施暴者对家庭暴力的了解情况，但要改变其对可接受性的态度。此处的理论是，只有改变态度，才能改变行为。

通常，与行为测量相比，对态度和知识的测量要容易得多。要确定青少年关于毒品的知识是否有所增加或他们对使用违禁药物的态度相对容易，而要想确定项目参与者在离开学校后是否会买卖或使用违禁药物，就要难多了。以施暴男性为例，尽管干预项目完成以后，仍有可能发生家暴，但是不再会被报道。评估者也许试图得出结论，干预项目十分成功，因为项目参与者中没有人再次被捕，而事实上家暴还在发生，只是次数减少了或者不太严重。

用纸笔测量法对知识和态度进行测量，其主要优势在于，可以很轻松地控制在一个教室、候车室或办公室里，从而可以更快地获得结果数据。相比之下，测量一些未来可能发生的行为（如被试再次被捕或入院），往往需要花上数周甚至数月时间。

专注于知识或态度的主要缺陷在于，它们并不直接与行为相关。例如，被试也许知道吸毒对他们有害，但却会继续吸食。尽管被试也会增加自己对酒精（或许多其他问题）的认识（考虑一下那些吸烟的人，即使每包烟上都印有外科医生的警告），但他们的行为还是不会改变。

306

专栏 11-1　量表、指数、检验

通常认为，**量表**就是一个项目，一个孤立的概念（如敌意或焦虑），通常是用来评估强度或数量的东西。例如，一个量表可能只包括一个单项（如“你今天感到的焦虑程度是多少，以 1 到 10 来衡量”）。

指数包含创设一个新的变量，人们认为这是一个单一结构的项目或变量的总和。因此，研究者也许需要 25 项测量维度，以精确地测量被试的焦虑情况。我们的想法是，衡量一个既光滑又往往是无形的结构，要用一个更强大、更可靠的方法算出综合得分。请不要感到困惑，当你开始寻找测量工具，并发现大多数研究人员使用的术语“量表”和“指数”可以互换时，其中很多项目都是用来为个体创建一个分值的（只要看看下一章中的临床焦虑量表，你就会明白我所说的意思）。

检验是一个俚语，意思是，几乎所有的纸笔工具都试图创建一些可量化的评分。

一种测量工具也许包括几种**分量表**——每一个都是专门用来评估不同结构的。例如，参见惠特和霍华德（Whitt & Howard，2012）发表的论文《简明症状量表》（Brief Symptom Inventory，BSI），他们能把测量维度从 53 项 9 个症状减少到 25 项 6 个症状，这一分量表可用于评估与青少年司法系统有关的反社会行为。

态度、知识和行为之间最好是弱相关。在任何情况下，“最佳”测量方法可能都与项目干预的目的最为接近。当不可能观察到行为的改变，或对某一特定行为找不到可靠

的测量方法时，评估者通常会采用纸笔工具去测量态度和知识的变化，或自我报告的行为。

我们可以讨论研究工具，评估两个主要的心理测量维度：信度和效度。

三、信度

信度，即认为一种测量工具或问卷是可靠的，它能持续、可靠、准确地测量一些概念或现象。如果某个工具可信，那么用它去测量类似的小组就会得到同样的结果。一个信度好的工具就像一块让人信得过的手表——它不容易受到外界因素的影响，如气温、湿度、一周的一天、月亮的周期等。

通常在某种程度上，一个测量工具的所谓信度类似于相关系数——其数值介于 0 和 1 之间。娜娜莉和伯恩斯坦（Nunnally & Bernstein，1994）认为，在研究早期，一个人可以用适当信度的（他的意思是达到 0.70 或更高）工具来测量，基础性研究要求信度在 0.80 左右，信度最小值是 0.90，重要的决策要依据具体的测量成绩来做。

一个测量工具达不到适当的信度意味着什么呢？这意味着不能指望这个测量工具始终 307
保持一致。换句话说，其精确度各不相同。也许这不是很好理解。在一种情况下，它可能会为一些概念提供不错的测量，而在另一种情况下就不准确了。怎么会发生这种事呢？一方面是因为这些问题比较含混，对于不同的人不能用同样的方式去解释。例如，假设我喜欢测量艾滋病方面的知识，随后开发出下列项目：“有可能从在餐厅或酒吧工作的同性恋员工那里染上艾滋病”。当问到餐饮从业者是否会通过案板、餐具或对着食物呼吸染上艾滋病时，10 人中有 6 人会认同这一观点。然而，如果 10 人中有 4 人读透了该问题，理解为“与餐厅或酒吧的同性恋员工发生性行为，是否会染上艾滋病”，那么这一选项只会有损，而不会提升测量工具的信度。

可靠的项目提供的参考框架往往前后一致。如果一个问题可以用几个不同的方式表述，就应该弃之不用。运用问卷和数据搜集工具进行小规模试点调查，常常可以识别那些让被调查者混淆的问题。尽管单个模糊的问题很少让整个量表失信，但几个模糊的问题就会影响到信度。评估者总喜欢采用那些最可靠的量表。

当一篇专业期刊论文中要用到或提到一个量表或测量工具时，作者就应该提供所有相关信息。如果没有该测量工具的相关信息，就无法推测其信度或效度。当作者的测量工具或问卷是“自创的”时，都会提出这类问题。不管是你还是一个委员会设计了一份问卷，只要未经检验，就不能认为它可靠。

四、关于信度我们有必要知道些什么？

尽管证明信度有好几种方法，但是**内部一致性**依然是大多数研究者的首选。通过这种方法，可以检查构成一定规模的单个问题项与整体规模之间有多大关联。IBM SPSS 是多种计算机统计软件中的一款，可以用来确定规模的信度。信度测量程序提供的项目分析有助于研究者明确哪些条目是可以剔除的。

我们用从一个量表中得出的数据来衡量青少年对工作的态度，以此给你展示一下这一过程（见专栏 11－2）。约有 100 名青少年完成了这份“我对工作的态度”量表。把这些数据录入计算机，获得的输出结果见表 11－2。

请看看表头“修正项——全相关”。其中问题 5 和问题 8 与众不同，因为它们作为一个整体，在量表中呈负相关关系。量表中包含这些项目结果只会降低 α（信度系数）值。查看
308 最右边一列就能确定这一结果。剔除问题 5 将会使量表的 α 值提升到 0.82。

表 11－2　第一次信度分析

	删除项的量表均值	删除项的尺度方差	修正项——全相关	多重相关平方	删除项的 α 值
问题 1	36.8	28.3	0.55	0.60	0.72
问题 2	37.4	25.0	0.61	0.50	0.70
问题 3	37.2	26.2	0.54	0.51	0.71
问题 4	37.1	26.2	0.59	0.47	0.71
问题 5	38.3	37.9	−0.71	0.75	0.82
问题 6	37.0	28.2	0.37	0.41	0.73
问题 7	37.1	26.4	0.57	0.50	0.71
问题 8	38.0	35.9	−0.46	0.29	0.81
问题 9	37.1	25.8	0.64	0.56	0.70
问题 10	37.2	25.5	0.61	0.50	0.70
问题 11	36.8	30.3	0.24	0.42	0.74
问题 12	36.9	28.4	0.47	0.42	0.73
问题 13	36.9	28.6	0.41	0.50	0.73
问题 14	37.1	26.3	0.55	0.68	0.71
问题 15	37.2	25.3	0.64	0.59	0.70
问题 16	37.3	27.2	0.42	0.36	0.73

注：α=0.77。

专栏 11 - 2　我对工作的态度

指导语：以下每句话，你认为是对（T）还是错（F），如果你无法判断，请在后面做一个记号（如"?"）。

______ 1. 我希望有朝一日有一份全日制工作。
______ 2. 工作是为谋生，这一想法让我异常兴奋。
______ 3. 要是我有一份工作，可以想象是多么单调乏味。
______ 4. 一份常规工作一周要工作 40 小时，这是浪费时间。
______ 5. 我宁愿有份工作拿最低薪水，也不愿意无所事事。
______ 6. 我感觉挣一份薪水很重要。
______ 7. 工作得心应手让我对自己感觉良好。
______ 8. 不工作也有很多别的办法挣钱。
______ 9. 有一份工作，我觉得自己更加有尊严。
______ 10. 可能任何工作都是付出大于回报。
______ 11. 只有傻瓜才会以工作为生。
______ 12. 我有可能喜欢某个工作。
______ 13. 等我长大了希望找到一份工作。
______ 14. 我宁愿不工作，也不愿意干一份只有最低薪水的工作。
______ 15. 我宁愿失业，也不希望让一个老板对我指手画脚。
______ 16. 劳动人民比不工作的人更有自豪感。

剔除问题 8 效果也一样。把二者都剔除，得到量表的整体 α 值为 0.77。因为我们希望内部 309
一致性尽可能达到最高，所以剔除量表中的这两项，使用较小的修正尺度，才是有意义的。

然而，假设我们回到这个范围，仔细阅读并检查一下各条目是如何编码的。在读到表 11 - 2 时，你就会注意到 9 个问题项（问题 1、问题 2、问题 5、问题 6、问题 7、问题 9、问题 12、问题 13、问题 16）的编码是正向的，因为其"真正的"反应表明较好的工作观。问题 3、问题 4、问题 8、问题 10、问题 11、问题 14 和问题 15 的反应似乎有所不同（负向编码），因为对这些问题项的"真正的"反应表明不良的工作观。在审查项目编码方式时可以发现，问题 5 和问题 8 与计算机的指令是相反的。一旦编码正确，就能打印输出表 11 - 3 中的结果。

表 11 - 3 中第二次通过软件程序获得的 α 值要比第一次估算的高。这是因为即使问题 5 和问题 8 第一次编码错误，电脑也无法知道这一点，只是按照指令行事——把它们看作我们要开发的项目中的一个重要元素。如果正确编码，这些问题项会给信度加分，而不是减分，会带来更高的 α 值。

表 11-3　　　　第二次信度分析

	删除项的量表均值	删除项的尺度方差	修正项——全相关	多重相关平方	删除项的 α 值
问题 1	38.6	54.1	0.52	0.60	0.89
问题 2	39.2	48.8	0.65	0.50	0.88
问题 3	38.9	50.4	0.60	0.51	0.88
问题 4	38.9	51.1	0.58	0.47	0.89
问题 5	38.9	49.5	0.72	0.75	0.88
问题 6	38.8	53.4	0.41	0.41	0.89
问题 7	38.8	50.8	0.61	0.50	0.88
问题 8	39.2	51.0	0.47	0.29	0.89
问题 9	38.9	50.2	0.66	0.56	0.88
问题 10	39.0	49.9	0.62	0.50	0.88
问题 11	38.6	56.4	0.25	0.42	0.89
问题 12	38.7	53.9	0.48	0.42	0.89
问题 13	38.7	54.0	0.44	0.50	0.89
问题 14	38.8	50.0	0.66	0.68	0.88
问题 15	39.0	49.3	0.68	0.59	0.88
问题 16	39.0	52.0	0.45	0.36	0.89

注：$\alpha=0.89$。

310 一个项目开发人员可能会在很多场合中计算其内部一致性，修改项目，并试图找到最佳的项目组合，用最少的问题项获得最高的 α 值。还可以用其他几种方法来确定某种测量工具是否具有内部一致性。一种是对分法，就是将一个比例一分为二（使用顶部和底部，甚至是偶数项和奇数项），并检查两部分间的相互关联。另一种方法是设计规模的平行或替代版，用表单来管理相似的群体。当两个版本相互关联时，可以证明其信度——相关系数越高，信度越好。借助统计软件能简单地算出内部一致性，相比之下，这两种方法却没那么流行。

在相同的场合管理相同的群体时规模保持不变，就还有另一种形式的信度（测试-再测）。没有从干预中获益，就不应该让任何问题群体（如低自尊群体）经历大起大落。例如，如果一个测量工具在 2～6 周的时间里出现分值波动，那么可能有一种解释就是测量工具的信度不高。当评估者在前测或基线测量之后的一段时间内要用到后测，就应该考虑信度这种重要的形式。

测量工具没有信度或信度非常低，无论出于什么样的实际目的，都是毫无价值的。这并不是说从一份问卷中你不能获得非常有价值的信息，而是说对它的信度你一无所知。问题是，如果没有证据表明这些问题项是可靠的，那么再次实施这些项目，就无法保证会产生同样的结果。调查问卷提出了一个特殊的问题，因为单一项目的信度是无法计算的。然而，你可以做的是查找文献，看看洛普、哈里斯和盖洛普（the Roper，Harris，and Gallup）等民意调查机构使用多年并不断完善的调查。

将问题项增加到一定规模，就会提高问卷的信度。在其他条件相同的情况下，较长的规模而不是两三个问题项，才更有可能达到可接受的置信区间。评估新手往往倾向于开发自己的衡量方法。然而，赛义（Thyer，1992）提出了这样的建议：

> 避免瘟疫一样的诱惑！一个问卷规模或调查设计及其检验本身就是一项重大工程，让项目评估来开发这种测量方法，用得可真“不是地方”。如果你忽略了这个建议，并准备好自己的测量方法，你的整个研究结果可能就会受到质疑，因为读者将无法证明你的新方法是可信的或有效的。作为一个社会工作杂志的编辑，我可以证明投稿被拒的一个主要原因：一个善良的实务工作者用他或她自己创建的特殊测量法，获得了有趣的结果，并试图发表出来。审稿人总是注意到这一事实，拒绝接受这项研究，并遗憾地建议，下次作者应该使用之前公布的规模或结果的度量标准，因其具有良好的信度和效度（详见 Thyer，1992，pp. 139－140）。

毫无疑问，当你不得不开发自己的方法时，就会出现这种情况：可能没有一种工具可用来度量你需要量化的维度。或者，你发现的唯一的工具可能也有点问题，比如对于
注意力不集中的儿童或青少年来说，要求的理解水平太高，或者信度和效度欠缺或不确 311
定。当你必须创造自己的测量方法时，要记住，你有责任证明这种方法是可靠的和有效的。

过程的信度

信度不仅仅是用在你的评估中的一个修改或创设的测量工具，如果你依赖于二次数据，如再次被捕、自杀、虐待和忽视的后续报告。这里关注的不是用来创建量表或问卷的条目，而是数据收集和报告程序的可靠性。这里有一个很好的例子，虽然有些过时，但能说明记录数据的问题可能会导致错误的结论。谢菲特、施瓦茨、奥尔特加（Siefert，Schwartz，& Ortega，1994）调查了在密歇根州的儿童福利系统下的婴儿死亡率问题，发现寄养安置的婴儿死亡率大大高于全州的均值。然而，当作者试图核实密歇根社会服务部门所掌握的信息时，他们发现，在研究期间认定已死亡的 66 名婴儿中，有 5 人实际上还活着。有人发现，该部门所使用的管理信息系统在记录特定类型安置时，录入和退出日期上有 30%的错误率（Lerman，1990，引自 Siefert et al.，1994）。显然，以标准化程序获得准确的数据是很重要的（例如，每个人都使用相同的定义和形式，并以同样的方式及时

报告）。未经适当培训或充分监督的个人，不得以一致和统一的方式提供数据。那些不完整的、不用心填写的表格总是令人担忧，担心所查数据的可靠性。

大多数社会指标——如果不是全部的话——大大低估了美国社会问题的真正发生率。例如，我们知道，家庭暴力、虐待儿童、约会强奸等的发生率大大高于报案和被捕的比例。有时，服务对象跨越了国境线，犯下了官方和评估者可能都不知道的罪行。有迹象表明，一些严重的问题（如企图自杀）从未引起个案管理员或官方的注意。

这并不意味着你不应该使用官方的报告来判断你所评估的项目成功与否。特别是在某些机构、医院和其他医疗机构中，记录可能非常完善，对评估者非常有用。

如果你使用现存记录作为评估的测量策略，你需要熟悉生成数据的步骤。你会发现，过高或过低评价可能都有问题，一个班次的工作人员不是比另一个班次的更认真负责，就是更松散懈怠，或者在研究期间，即使政策或程序发生变化，也没人记得告诉你。要明白，在描述“真正”发生了什么时，任何官方记录都有一定的局限性，但它们往往是在一些情况下可获得的最佳信息。与询问服务对象及其合作伙伴后续发生的暴力行为或非法活动相比，这种官方数据要好得多。你关注的特定领域的文献可能足以表明，服务对象的自我报告数据所提供的行为预测是不是比官方记录更可靠（见专栏 11 - 3）。

312 **专栏 11 - 3　自我报告吸毒、性行为和使用干预服务的信度怎么样？**

有时问题会出现在测试-再测中：研究对象提供的信息是否可靠——尤其是有药物滥用问题、双重诊断等时。然而，许多研究表明，在主要情况下，来自研究对象的自我报告通常都是可靠的。下面是一个小样本的研究：

- 研究对象在回答他们是否曾经滥用酒精、开始饮酒的年龄以及在过去 30 年中饮酒的天数上始终如一。该研究赞成用自我报告的方法调查酗酒问题，认为是可信的（Johnson，Pratt，Neal，& Fisher，2010）。
- 双重诊断样本中的自我报告文件是相当可靠的（Houck，Forcehimes，Gutierrez，& Bogenschutz，2013）。
- 一项针对年轻人的在线调查显示，他们自我报告的吸烟量的信度可与全国家庭调查访谈的信度相提并论（Ramo，Hall，& Prochaska，2011）。
- 用“生命大事记”（the Life Event Calendar）方法收集信息时，有 80%的人同意自我报告服刑时间（Sutton，Bellair，Kowalski，Light，& Hutcherson，2011）。

如果你正在为自己的项目评估收集数据，数据来源于独立评估参与者行为的两人或多人，他们是通过判断、观察或访谈获得数据的，那么，你就必须关注内部信度（评估者间信度）。假设你的一个新项目要选一些患有慢性精神病的人，并为他们提供工作和公寓，这都会有人监督。这个项目需求量很大，有一个长长的候补名单。当你见到吉尔时，你马上注意到她跟你并没有眼神的交流，大部分时间都盯着一个地方发呆。吉尔似乎心不在焉，全神贯注于她自己的内心世界。你认为她不会成为合适的项目候选人。

但是，你的同事坡赛普提博士并没有受到吉尔缺乏眼神交流的困扰，而是把这视作害羞或害怕被拒绝。基于吉尔的反应，坡赛普提博士给她高分，并建议把她选入项目。如果你和坡赛普提博士至少有 70%的时间意见不一，或者你的分数至少 70%与大样本无关，那么，你就没有足够的内部信度。提高内部信度的主要途径是培训和角色扮演，使评估者开始采取更统一的观点，并认同相同的标准。

五、关于效度我应该知道些什么？

评估工具的第二个重要维度就是效度。当一个被设计出来的测量工具与要测量的概念密切相关时，它就是**有效的**。假设你正在开发一份自尊清单，你灵光一闪发现，如果被试能识别出第 27 任美国总统，就会显示出高自尊。如果你把类似的项目都纳入你的自尊清 313
单，你可能设计的不是一份自尊量表，而是一份衡量美国历史知识的量表。这个量表对测量自尊是无效的。

多种方法可以证明一个测量工具的有效性。有时要求专家去审查，看看项目所选样本能否代表概念总体，即所谓的**内容效度**。举例来说，如果你正在开发一个工具，想看看干预暴食症的进展，却不包括饮食失控、暴饮暴食或故意呕吐的行为，那么这个旨在测量暴食症的干预进展的测量工具就是无效的。如果某同事（或其他知识渊博的人）查看某一测量工具，并认为它似乎能够测量概念，就会采用**表面效度**这一术语。无论是内容效度还是表面效度，都不足以证明该量表具有“真实”效度。

一个新工具的开发人员不仅必须关心表面效度或内容效度，而且必须收集证据，证明这个工具确实测到了他或她想要的东西。**标准效度**意味着该测量工具可以用外部标准进行验证。例如，如果你正在研制一种新工具来测量社会支持度，那么一个比较适合的效标也许是某人的密友数。从逻辑上讲，自我报告时，在社会支持率上得高分的人报告的密友数，要比得低分的人更多。如果这个工具是为初中生或高中生准备的，那么学生样本密友数的效标可能是老师估算出来的，也可能来自父母，可以要求他们来提供孩子的密友数量。

这个例子表明，测量工具的开发者并不会“锁定”一个特定的效标去测量该工具的效度。然而，有时可能只有一个合适的效标，例如，学术成就可能比其他任何效标都更能反映出学校的平均水平或毕业率。

最好的外在效标并不总是那么好选择，比如试图选择一个量表来验证自尊度就是这样。有时候，没有哪一种行为能很好地体现这个概念。在这种情况下，研究人员可以使用文献或前人研究中的测量表，其有效的外在效标已得到证明。

通常把效标效度分为**预测效度**（未来的行为或性能）或**共时效度**（这意味着预测当前状态的能力）。共时效度是对同一个概念进行测量的两种量表：一个是新开发的量表，一个是前人研究中已证明有效的量表。如果两个分值关联度很好，就说明新量表具有共时效度。

还有一种效度被称为**建构效度**。建构效度涉及量表与其他变量之间的理论联系。它包
314 括假定关系和假设的检验。有时这包括调查员**已知的小组技术**，调查员运用这种技术去管理两个截然不同的团体，希望找到其反应方式的主要区别。例如，假设你开发了一种工具去测量人们对药物滥用的态度。由你来管理那些最近因持有毒品而被捕入狱的人，或者是那些开始参与门诊戒毒治疗项目的人。对照组可由年龄相仿、没有滥用药物背景的人组成。如果这两组人的预期路线在统计学上有显著差异（例如，与那些没有反毒品意识的人相比，那些承认经常滥用药物的人对大量使用药物更有可能持认同的态度），就有证据证明其具有建构效度。不能对两个截然不同的样本进行区分的测量工具，对评估者而言是没有用处的。

因此，当我们对前文已讨论过的“我对工作的态度”进行测试的时候，让我们非常感兴趣的是，对工作持有“良好”态度的青少年，是不是就比持“不良”态度的青少年得分高呢。幸运的是，我们发现在统计学上有显著差异。通过量表测定的那些对工作持“良好”态度的青少年，得分要高于那些对工作持“不良”态度的青少年。因此，这项实验研究为测量工具的效度找到了一些初步证据。

正如信度一样，建立效度的方法和形式也很多。因素分析可用于理解或确认量表结构的构成。例如，曹和格林（Chao & Green，2011）进行了因素分析，研究了他们数据中的因素（潜在的分量表）。他们设计了一个多元文化的心理健康量表。在因素分析中，在统计过程中产生的因素不同于相关性，它能识别出与主要概念相关的问题项，并把它纳入测量工具中。例如，他们报告说，加载“我容易紧张”问题项，焦虑因素为 0.67，抑郁因素为−0.21。换句话说，这一问题项与其他 4 个测量焦虑的系列问题相关性更好，而不是与抑郁相关的问题项。这似乎是显而易见的，但研究者可以解释，与最初的计划不同有时导致项目被放弃，因为他们没有考虑自己要支持的因素。

理解效度这个概念有一个问题，就是没有一个标准化的术语分类法。正如柯思科（Koeske，1994）所看到的那样：

> 在设置测量验证方法的奖学金，并将这些方法应用于实际研究的近 40 年之后，还没有一个非常全面的语言系统来识别和区分效度类型及其评估程序（p. 45）。

要把构建效度的问题当作在每个研究的基础上建立的一个渐进的、持续的、验证性的过程。然而，如果你正在审查一个项目评估中打算用到的测量工具，你可以稍微再严格一些。选择测量工具就要选效度最好的（有最充分的证据），无论是效标效度、建构效度、聚合效度、预测效度还是共时效度。

虽然信度和效度已经被作为单独的概念提出来了，但它们的关联方式却很复杂。如果从经验上可以证明一个测量工具是有效的（我们不仅仅是在谈论表面效度或内容效度），那么一般可以假定它有足够的信度。然而，一个可靠的工具可能并不适用于我们想要用它的目的。也就是说，一个儿童抑郁症的评估量表可能无法有效地测量成年人的抑郁症。在一种文化中为被调查者创建的一种测量工具可能无法很好地被译成另一种语言，它对任何测量结果的有效性，都会令人担忧。

信度与效度都应该成为一种证据，去证明一个测量工具有着强大的心理测量能力。这不是一个非此即彼的选择。评估者在使用该测量工具之前，应设法获得与之有关的信度和效度信息。如果你对一个测量工具的信度和效度一无所知，那么重要的是要认识到，用它测得的结果毫无意义。要想使测量工具具有信度和效度，就不要使用你设计的新量表；一个显而易见的方法，就是使用已得到证明、在其他研究中具有信度和效度的测量工具。

虽然我们的重点主要集中在信度和效度上，但在选择最佳评价方案时还需要考虑一些其他的特性，这些注意事项已经在专栏 11－4 中总结出来了。

专栏 11－4　　选择结果测量要考虑的事项 315

测量工具应该——

关联并贴合服务群体。测量工具可能在服务对象的主要症状或问题、注意力持续的时间、阅读水平等方面并不合适，可能与干预的目标也不一致。

易于管理。过于复杂的工具或复指令可能无法在不同的测试中进行统一管理，特别是如果你依赖其他人来收集数据的话。这会不会给服务对象带来负担，影响治疗呢？

有用并易于解释。对于大多数服务对象来说，你获得的分数应该是清晰易懂的——评分对诊断或治疗计划有帮助吗？如果只有一个结果得分，并且在类似的治疗组和非客户端有规范可用，那么解释常常是很容易的。

可靠而有效。另外，“伪造”理想分数容易吗？

对变化敏感。如果服务对象的情况变好或变糟，这个测量工具能否显示出改进或恶化的微弱程度？使用的问题项过少，可能很难在小的增量中显出变化。与此同时，你也不希望自己的测量工具如此敏感，以致因为一个服务对象独独遇到“糟糕”的一天而得出错误的结论。

相对便宜。成本方面的考虑包括购买测量工具、评分和训练员工使用这个工具。

六、怎样为我的评估项目找到一个测量工具？

你可能想为自己的图书馆斩获一本非常有用的书，这里推荐乔尔·费舍尔和凯文·科克伦（Joel Fischer & Kevin Corcoran，2013）撰写的《临床实践及其研究方法》一书。
316 该书共有两卷，其中包括近500个快速评估工具的实际尺度和描述性信息。要想寻找一个测量工具，就从这个好地方开始。

另有一本比较老的参考书，拉什、弗斯特和布莱克（Rush，First，& Blacker，2007）撰写的《精神病治疗手册》，为各种诊断措施提供信息（如目标、描述、用药时间、信度、效度、临床效用和购买信息），包括生活质量、精神健康状况、患者满意度、压力和生活事件、家庭风险因素、自杀风险以及儿童和青少年筛查措施等。然而，手册中存在一个问题，即读者并不总能查到实际的测量工具，于是手册附了一个光盘，其中包括约150个症状使用的大约270个测量工具。

西都尔和迪基（Sederer & Dickey，1996）在《临床实践的结果评估》一文中就涉及了18种测量工具的信息，包括简明健康量表（SF-36）、为与症状识别量表（Basis 32）、成瘾严重程度指数、全球功能评估量表（GAF）、生活技能简介、简明症状量表、进食障碍清单、儿童行为检查表、贝克抑郁量表、简明精神病评定量表、家庭负担访谈程序表、生活质量访谈和CSQ-8等等，并为这些工具提供了实际范例。

我们可以从沃尔米尔出版公司（Walmyr Publishing Company，www. walmyr. com）购买各种各样有用的测量工具（通常长度大约是25个问题项）。许多此类量表是由已故的著名社会工作研究员沃尔特·哈德森（Walt Hudson）开发的，可以用25美元从50个板块中购买。以下是沃尔米尔的几个例子：

临床焦虑量表	对同性恋的憎恶指数
全球筛查量表	孩子对母亲的态度
普遍满意度量表	孩子对父亲的态度
自尊指数	兄弟关系指数
同伴关系指数	姐妹关系指数
酒精摄入指数	儿童行为评定量表
婚姻满意指数	客户满意度量表
性生活满意指数	伴侣虐待：非身体的
家庭关系指数	伴侣虐待：身体的
父母态度指数	简明成人评估量表

性骚扰指数　　　　工作满意度指数

在线测试详见 http://buros.unl.edu/buros/jsp/search.jsp。测试点评网上说，有 4 000 个商用测试数据库，布洛斯心理测量研究所（the Buros Institute of Mental Measurements）对其中约近半数的测量工具都进行过审查。花 15 美元就可以对特定工具进行审查。

如果在查找了上述资源后，还没有找到你所需要的测量工具，请不要绝望。下一步是对文献进行全面检索。无论如何，这都是一个好主意，即使你有一个工具，因为你需要知道，别人在评估你想要评估的项目时，到底学到了什么。他们可能发现，这个测量工具没有提供他们所期待的信息，或这一工具的改良版可能已见诸报端，甚至可能已经开发出一 317
个更精悍或更可靠的版本。

通常，使用抽象数据库（如 PsycINFO、MedLine 或 EBSCOhost）开始搜索是很有用的。要为数以千计的引文做好准备。在开始进行文献检索之前，你可能需要咨询参考书管理员。一个办法就是对你感兴趣的概念（如创伤后应激障碍）使用一个搜索框，再用第二个搜索框来说明你想要的一个“测量工具”。与主题搜索相比，在标题中搜索这两个词通常更为准确。如果“测量工具”下面没有出现任何有用的东西，就尝试输入“创伤后应激障碍”和“测量”，或者“创伤后应激障碍”和“测量工具”或“评估”。

由于篇幅有限，很少会把测量工具印在期刊上。最常见的是，可以发现测量工具中一些问题项的范例，以及这种测量工具的信度和效度信息。可以查一下早期的出版物，有时一个工具在几年前被引入，你可能会从文章后面的参考书目中找到。通过输入原作者或科学期刊上第一篇文章的标题，就可以找到关于该工具的最新文章。随后，*科学网*会列出所有文章，包括参考书目中列出的最初研究。熟悉这些文献，能帮助评估者根据理论模型和对项目潜在成功率的期望来评估一下评估工作。在没有事先计划或设计的情况下，这一点尤为重要。

另一个策略是与那些活跃的研究人员取得联系，他们在你要找的测量领域有自己的专长。他们可能有测量工具档案，或者能够给你提供一些资源，或者给你推荐另一个能帮到你的研究人员。

当人们怎么都找不到合适的测量工具时，可能是时候考虑自己开发了。下一部分将阐述问卷设计和访谈时间表。

七、如何构建一个“好的”评估工具？关于问卷设计，我需要知道些什么？

第 1 步——评估者要考虑到底要用什么评估项目。其选项大体包括如下内容：

- 知识（如：“引导愤怒有哪三种建设性的方式？”）

- 行为和症状（如：“你多久狂欢一次?”）
- 态度、信仰、见解（如：“孩子们应该被看到，而不是被听到。”）

最容易创建的数据收集工具是那些焦点单一的主题。例如，给为单亲母亲开办的儿童保育项目设计一个客户满意度量表，这比在一个项目参与率很低的社区行动机构中确定需要改变什么要简单得多。然而，从几个维度去开发评估工具也并不少见。

318 举个例子，有一个社区健康计划，旨在向低收入女性介绍吸烟的风险。你可能想测量一下她们的吸烟常识和态度，但是更重要的是检测在干预前后，她们每天实际抽烟的根数。你可能还想看看她们是否有意向参与到戒烟项目中来，看看她们是否想推荐这个项目，或者看看她们是否只是把项目中的教育信息分享给了其他亲人或家庭成员。你可能还会想到其他一些关键问题，比如“你尝试过多少次戒烟?”和“你以前戒烟都用过什么方法?”。

第 2 步——作为评估者，你对数据收集工具可以有多种选择。也许最常见的就是，我们要设计一份*自填问卷调查表*。在被调查者等待会面或干预结束时，把问卷递给他们。把问卷寄给可能的被调查者，也算是一种自我报告。然而，有时，我们根据目标人群（如儿童）的特征设计调查问卷，让他们接*受访谈或观察*。由于用个别访谈的方式收集数据非常昂贵，评估者也可以选择*电话访问*这种不那么花钱的方式。把*电子调查表和调查问卷*邮寄给潜在的被调查者，逐渐成为评估者的选择。

第 3 步——一旦确定了量表或问卷的内容，评估者就需要创建一个可供使用的问题库。这一步也可以请几位同事或一个小型委员会来助阵。但是，需要事先提醒一下，俗话说得好：“鸡多不下蛋。”也就是说，评估项目可以吸收不同方向、见解独到的有识之士，争取达成共识，但不要用力过猛。最好有一个小型、简洁的数据集，这个数据集对被调查者的生活影响较小，而不能要求太高、负担过重、缺乏内聚力和专注力。一般说来，数据收集的时间越长，回答者就会越疲劳，回收率也就越低。20 个问题的问卷与 200 个问题的问卷相比，被调查者更希望收到前者。但问卷的长度应该为测量目的服务。

除了设计项目外，你还需要考虑答案选择项。例如，你可能决定为每一个问题和答案选项配上简单的预编码（**封闭式**），比如：

- 是的。
- 没有。
- 不知道。

或者，你可能希望使用李克特量表（Likert scale）中平衡的 5 度量表选择项：

- 非常赞同。
- 同意。
- 319 犹豫不决。
- 不同意。
- 非常反对。

提供多种选项（无论你使用 5 度量表还是 7 度量表）有助于减少测量误差和偏差。它们也会使分析数据更加简便快捷。另一个好处是，它们通常更受回答者的青睐，因为封闭式问题似乎要比开放式问题耗时更少（或思考更少）。

开放式问题允许回答者提出自己的观点和解释。当问及“你第一次预约要等多久?”时，回答者可能会写道：“我不得不在 6 个不同的时间打来电话。5 次都说要稍后回复。最后一次我被晾了大约 10 分钟。当接待员终于回到我身边时，她在笑，后台的人正在大声讨论办公室年会的事。”像这样的一些回答是非常有用的。即使你决定使用封闭式问题，你也应该包括 1～2 个开放式问题，让回答者告诉你一些你可能不知道或不确定的事情。（举例来说，参见第 7 章图 7－3 有关客户满意度的问题。）

第 4 步——完善数据采集工具是设计过程中的下一步。在完成该测量工具之前，有许多问题需要考虑。例如，你可能需要检查以下问题：

- 问题排序——在特定问题之前，先问一些常见问题。把问题集中在同一主题上。调查问卷从简单易答的问题开始，较难回答的问题放在末尾。
- 难易程度——避免使用不为人所熟悉的术语、行话和缩写。不要使用只有大学毕业生才知道的词汇。句子要简短，不要把太多的问题塞进同一份问卷中。
- 个人隐私/私人信息——许多人不喜欢提供他们的年龄、收入水平、族群、受教育程度及类似信息。通常情况下，最好在问卷末尾去问。在参与完成问卷调查的过程中（或在访谈中与访谈者建立融洽的关系），一个人更有可能对敏感问题做出回答。
- 记忆——不要问一些回答者很难回想起来的问题。
- 长度和外观——太多的问题会使回答者感到疲劳。不要使问卷看起来像是需要大量工作或努力才能完成的样子。问卷的外观要整洁、专业。
- 文化敏感性——从英语翻译成另一种语言时，需要另有人再将文档译成英文，以确保其准确性。即使这样，想法太复杂也可能会使问题有缺陷。威利斯和赞德（Willis & Zahnd，2007）在研究中发现，只会一种语言的回答者中 100%的人在下面这个问题上遇到了麻烦：“如果你属于一个不同的族群或医疗群体，你是否会得到更好的医疗护理?”一些回答者在美国没有接受过医疗护理，而另一些回答者虽然接受过医疗护理，但却是来自亚 320
洲医疗服务机构或韩国医生的，那里不存在歧视的问题。此外，他们还发现，韩国的翻译似乎很难准确地把“好”和“公平”区分开来。

八、在编制调查问卷时，有哪些常见的错误？

开发一个好用的测量工具需要更多的说明，这不是介绍性的评估教科书所能提供的。

然而在开发工具或设计问卷时，教科书却有可能指出一些常见错误。但是，请注意，下文并不是一份详尽至极的清单，并没有把调查问卷设计中所有的“错误”都列出来。常见错误包括用错的或拼错的单词（如把“piers”写成了“peers”）、漏掉的单词（如把“Listed below are a number *of* activities”写成了“Listed below are a number activities”），以及错误的语法。要校对并修改。要确保封面信、给回答者的指导语——任何你负责的书面交流内容——都尽可能言简意赅。

请看专栏 11－5 中的问题示例。在阅读说明之前，找出这些问题中的错误。

321 **专栏 11－5　　问题结构不良的例子**

1. 请对我们的服务质量进行评价：

a. 优秀　　b. 好　　c. 差

2. 你经常来这里寻求帮助吗？

a. 是　　b. 没有　　c. 不知道

3. 请问你的婚恋状况？

a. 未婚　　b. 已婚　　c. 离异

4. 你和我们合作多久了？

a. 六个月及以下　　b. 不满一年　　c. 一年以上

5. 请问你的收入是多少？

a. 10 000～20 000 美元　　b. 20 000～30 000 美元　　c. 30 000 美元及以上

6. 你不只在周末购物吧？

a. 是的　　b. 没有　　c. 不一定

7. 你家里是不是有一个 55 岁以上的男性亲属和女性亲属跟你在一起？

a. 是的　　b. 没有　　c. 不确定

8. 你每晚大约做梦多长时间？

a. 15 分钟以内　　b. 16～30 分钟　　c. 31 分钟以上

9. 你不认为客户应该使他们的账户与公司保持一致吗？

a. 是的　　b. 不是　　c. 不一定

10. 请问你是酒鬼吗？

a. 是　　b. 不是　　c. 不确定

11. 人们可以通过文字信息和图片取笑别人。

a. 非常赞成　　b. 赞成　　c. 不确定

d. 反对　　e. 非常反对

12. 在一个短信里有人取笑我，或者叫我的名字。

a. 非常赞成　　b. 赞成　　c. 不确定
d. 反对　　e. 非常反对

在第 1 题中，注意有两个积极的评价（“优秀”和“好”），但是消极评价只有一个。给被调查者两个机会为这个项目说好话，但只给一个机会表达不满。这个回答就不平衡，而是侧重于对问题的正面反馈。有一种更好的处理方法，就是提供更多的答案选项，如“优秀”“好”“不确定”“公平”“差”等。

第 2 题的问题是对“经常”一词没有界定清楚。“经常”对你来说意味着什么？一星期一次？每月一次？每天一次？使用常规术语（如“你定期参加 AA 会议吗？”）也会有同样的困难。

第 3 题的问题是提供的选项不能互斥。一个人是单身，可能因为他从未结过婚，可能因为他是鳏夫，也可能因为他虽然结了婚，但正在办理离婚。在某种情况下，将“分居”单独列为一个选项，可能很重要。

在第 4 题中，答案选项有问题。请注意，答案选项之间必须互斥。如果有一个客户正好六个月了，那么“a. 六个月及以下”和“b. 不满一年”两个选项都是正确的。第 5 题中答案重叠，也有问题。一个有 20 000 美元收入的客户可能会选择“a”，因为这是他看到的第一个选项；也可能会选“b”，因为他暗示了自己高收入者的地位。收入问题的另一个麻烦是“收入”这个术语很模糊。提问的主要目的是确定工薪阶层的年薪吗？或者这个问题是想知道所有家庭收入的来源吗？还有，问的是拿回家的（净）收入，还是毛收入呢？

第 6 题出了问题，因为“不”这个词使这个问题变得更复杂了。对这个问题许多人都不得不再读第二遍。不注意的话，有些人就看不到“不”字。另外，请注意这里并没有给“购物”下定义。买的所有必需品和非必需品都能算作购物吗？要是一个人周五晚上在下班回家的路上发现牛奶喝光了，于是停下来买了一盒牛奶，这算购物吗？要是停下来买一份报纸或一本杂志，这也算购物吗？

第 7 题被称为双重问题，即在一个句子中说了两件事。完全有可能的是，有一个 55 岁以上的男性亲属住在家里，却没有一个 55 岁以上女性亲属，反之亦然。如果只有一个 55 岁以上的男性亲属，而没有女性亲属住在家里，你该如何回答这个问题？

第 8 题要求回答者提供的信息不合理，无法达到预期目的。我们大多数人都不知道自己每天晚上做梦做了多长时间。回答这个问题，只能凭猜测。拿荒谬的问题去问被调查者，其数据毫无价值，甚至有可能导致回答者拒绝继续受访或继续填写调查问卷。

第 9 题是一个诱导性提问的例子。对于该问题，很少有人不同意。此外，这里有一个 322
社会赞许性的问题。大多数人不会反对正常的社会习俗（如干净、在工作中保持清醒）。我们都希望被人喜欢，因此往往会给出“可以接受的”回答，即使我们并不真正相信，也不会真的那么做。

至于第 10 题，对于那些行为过分或社会行为超出“正常”范围的回答者来说，承认其问题的真正程度可能并不容易。例如，很少有活跃的酗酒者（active alcoholics）会承认自己是一个酒鬼，但他们可能会承认自己“偶尔饮酒过量”。诸如酗酒、吸毒、瘾君子和少年犯之类的词汇，对回答者来说就是一种侮辱，而且大多数人不会刻意选择将自己的行为定性为有缺陷、不正常或与其他人截然不同的回答。

另外，第 10 题的假设是，回答者可能并没有酗酒的概念。当问及那些可能给回答者贴上负面标签的问题时，最好重新措辞，对行为本身用更中立的字眼提问。在这种情况下，更好的问题可能是：

> 在过去的 30 天里，你喝了多少酒？
>
> 你戒过多少次酒，但没能戒掉？只要开始喝酒，你就发现在完全喝醉之前很难停下来吗？
>
> 在过去的 30 天里，你有多少次早上起来第一件事就是喝一杯？

第 11 题倒没什么，尽管可以认为它是双重问题。这道题的作者是一个学生，项目组要求他设计一系列问题以测量自尊，为了这个项目，我相信他是真的在尝试去测量回答者关于网络暴力的知识，可能是假设这会影响一个人的自尊。对这一个项目，他失去了焦点，把策划项目的目的也弄混了。

同样，在第 12 题中，学生也在测量回答者是否曾通过短信遭受过网络暴力。虽然网络暴力肯定会影响自尊，但这道题却无法测量一个人的自尊。最后两道题说明，在设计问题时专注于一个目标是多么重要。别急于求成、好高骛远，让每道题只测量一个概念。

一旦你（和/或评估委员会）对数据收集工具的设计草案感到满意，那么下一步就是对目标人群进行小样本实验研究。对该工具进行预先测试，你就能了解到回答者在指导或完成数据收集工作的过程中遇到的所有问题了。

323 **案例 11-1**

设计一份问卷很容易吗？

个案工作者苏西是农村社区的一名医院社会工作者。她主要负责病人，是医院两名社工中的一个。虽然苏西喜欢她的工作，但一个令人烦恼的问题是，急诊室的工作人员可能随时会找她，她必须放下她手头上的事情，跑到急诊室去。她不断被打断，被人从病人身边叫走，到急诊室帮忙。在她看来，这种情况经常发生，足以证明医院需要再聘用一名社工，专门在急诊室工作。她与医院的管理人员讨论了这一问题，他说一旦她拿出证据，证明确实需要一名急诊室社工，他就会做出决定。图 11-1 中的五个问题就是苏西为这项工作所做的部分努力。她的目的是对在急诊室工作的每名护士和医生进行调查。

图 11－1 表明，准备一个测量工具是多么不容易。考虑以下五个问题将产生的信息。它们会提供证据来说服医院管理人员急诊室需要新的社会工作者吗？这些问题会如何被解释或被误解呢？

在最符合你想法的答案前打个“×”。

1. 有些时候，急诊室用得上社工。
   （ ）从不 （ ）几乎不 （ ）偶尔 （ ）经常 （ ）总是
2. 当我和一名社工一起工作时，他/她的表现很专业。被用于急诊室的次数是
   （ ）从不 （ ）几乎不 （ ）偶尔 （ ）经常 （ ）总是
3. 当我需要一个社工时，就有一个现成的。
   （ ）从不 （ ）几乎不 （ ）偶尔 （ ）经常 （ ）总是
4. 我看到的情况是，亲人生病或受伤，家庭成员无法应对。
   （ ）从不 （ ）几乎不 （ ）偶尔 （ ）经常 （ ）总是
5. 在急诊室我看到社工能做心理咨询。
   （ ）从不 （ ）几乎不 （ ）偶尔 （ ）经常 （ ）总是

图 11－1 急诊室调查

第 1 题的一个潜在问题是，它假设医生和护士知道多长时间、在哪些场合需要社会工作者。如果医生和护士不知道社会工作者到底是做什么的，那么他们完全有可能高估——或者低估了可以适当雇佣社工的概率。他们认为社会工作者就是用来握住一个人（在病痛中）的手的吗？是不是只有当牧师不在时，他们才提供悲伤辅导的服务呢？在没有其他人监护的时候，社工是否要照看小孩？如果让急诊室工作人员来确定，需要社会工作者做什么，或什么时候用得上社工，就可以获得更有用的信息了。

可以设计出一个相关但缺失的问题，以确定出最需要社会工作者的时间。如果有更多 324
紧急情况需要社工的帮助，可能需要轮班（如周末晚上 11 点到早上 7 点）。在现在的医院，社工白天还可以满足急诊室的需要，但周末和夜间才是最需要社工的时候。

如果社会工作者的服务是有益的，那就请急诊室工作人员列举出他们在一天、周末和晚班中的服务次数，这可能也是有所助益的。在这里，回答选项的设置也很重要。回答者指出平均每班要用到社工 25 次，这一信息要比最常见的回答选项“偶尔”或“总是”提供的信息有用得多。

第 2 题是试图不恰当地去评估现有社会工作者的专业精神。专业化不是问题的关键。这个问题对评估急诊室里是否需要社工没有帮助。

第 3 题的问题是，没有办法知道回答者到底有多少次需要社工。重点似乎是可用性。也许提问者试图探究，请求社工帮忙与社工放下手头的工作出现在急诊室的时间差是多少。如果社工能在 5～10 分钟内做出反应，也许就没有必要再为急诊室另请一名社工了。如果是这样的话，评估者可能会问这样一个问题：“你能等待社工到达急诊室的最长时间

是多久?”这个问题后面可能还有一个问题：“这个问题多长时间会发生一次?”

第 4 题是模糊不清的，可以通过提问加以改进。例如，根据他们的观察，社工为患者家属提供特殊服务，如悲伤辅导或转介到儿童保护服务机构等的次数（如每周或每月的次数）。

325 第 5 题似乎重复了第 1 题。要想有所改善，首先可以让急诊室工作人员列举出来，在哪些情况下他们希望有一名社工来协助。其次，需要社工的时间频率（如每班或每周）将比“偶尔”或“总是”的模糊回答提供更有用的信息。

参见专栏 11－6，在确定要问的问题时，它讨论了措辞的重要性。

专栏 11－6　　措辞的重要性

在一项用自填式问卷对药物滥用、性行为和使用干预等进行的信度研究中，有三个问题高度不一致，因为它们含有一个定义不明确的术语。评估者最好避免类似的措辞。

其中一个问题是：“自你入院后，你是否做过体检？或者，除了我已问过的医疗问题以外，你是否接受过其他个人定制服务?”

第二个问题是：“自你住院以来，你是否参加过其他预约谈话、讲座或电影，以此作为你治疗的一部分?”

在这些提问中，什么是不确定的？你认为每个人都知道什么是“个人定制服务”吗？例如，有实验室测试或血压筛查资格吗？与此相似，一些研究对象可能并不知道参加的是“预约谈话、讲座或电影”。从广义上解释，能把这个项目纳入大学的讲座，还是艺术博物馆的讲解呢?

第三个问题是：“自你住院以来，除酒精之外，有多少药品是用于非医疗用途的?”至少存在两种不一致的可能性。第一种可能性是，提供的信息是毫无用处的（回答者没有真才实学，而是妄加猜测）。这个是可以理解的，因为吸毒者可能会妨碍你进行准确记录。第二种可能性是，吸毒者并不总是买药品，而是分享他人买的药品和/或用服务（如性服务）换药品。什么是非处方药？它们能算入药品费用吗?

资料来源：Adair，E. B. G.，Craddock，S. G.，Miller，H. G.，& Turner，C. F.（1996）. Quality of treatment data：Reliability over time of self-reports given by clients in treatment for substance abuse. *Journal of Substance Abuse Treatment*，13（2），145－149.

这些问题都是从一个较长的测量工具中抽取出来的，简单易懂。它们似乎并不是我们之前讨论过的模糊的、双重的、诱导性的及诸如此类的问题。这一系列提问只有一个主要问题：培训对他们是否有所助益?

如果实务工作者对干预的“效果”真的感兴趣，那么他就错过这个目标了。约翰准备了一份调查问卷，尽管他的出发点是好的，但该问卷基本上只是其他消费者满意度调查的一个翻版。

案例 11-2

在职培训评估

实务工作者约翰负责在一家大型国有机构培训社会工作者。他想对一个重要的导师培训新项目进行评估。他坚信这会使他们成为更有效的管理者。了解到在专业培训课程和工作坊上，参与者通常会给出积极的反馈（还记得我们关于客户满意度研究的讨论吗?），约翰决心不再问："主持人主持得好吗?""演讲清晰、组织有序吗?""你对这个工作坊的总体评价是什么?"相反，约翰想知道一周的培训对学员的影响如何，因为今后是要贯彻在工作中的。他开发了一个测量工具，见图 11-2。这能帮助他了解工作坊对学员的影响吗?

1. 这种培训能帮你减少员工缺勤吗? 326
　（ ）几乎没用　　（ ）一般　　（ ）非常有用
2. 这种培训有助于你了解办公室的运营成本吗?
　（ ）几乎没用　　（ ）一般　　（ ）非常有用
3. 这种培训能帮你处理员工文档记录吗?
　（ ）几乎没用　　（ ）一般　　（ ）非常有用
4. 这种培训能帮你降低员工意外事故发生率吗?
　（ ）几乎没用　　（ ）一般　　（ ）非常有用
5. 这种培训有助于你提高员工的生产效率吗?
　（ ）几乎没用　　（ ）一般　　（ ）非常有用
6. 这种培训能帮你提升到区域经理级别吗?
　（ ）几乎没用　　（ ）一般　　（ ）非常有用

图 11-2　督导工作坊评估

如果这是评估者想要完成的，那并没有什么问题。但是在约翰的案例中，他想测量工作坊的影响和结果，用于提高生产效率和生产力。约翰真正想测量的是：

（1）缺勤率（举办工作坊以后缺勤率比以前低吗?）。

（2）运营成本（成本降低了吗?）。

（3）记录文件（有更大比例的记录符合质量保证标准吗?）。

（4）事故率（事故发生率降低了吗?）。

（5）生产效率（生产效率提高了吗?）。

（6）绩效评估（对管理者的绩效评估是否有所改善?）。

在设计他的工具时，约翰选择了一项快速检测法，以测量参与者对工作坊的看法或态度。考虑到他的关注点和兴趣，约翰希望能从部门经理掌握的一些行为数据中得到更好的建议，如缺勤率、运营成本，以及上一季度或年度的事故、绩效和生产率，并将这些数据与培训后的数据进行比较。

上面提供的两个案例表明，在设计数据收集工具时是多么容易误入歧途。尽管本章为理解什么是“好用的”测量工具打下了基础，但它不能让读者提前预测可能出现的每一个概念性问题，或者向读者介绍有关测量工具设计的一切知识。不可避免地，评估者必须有值得信赖的同事来审查新制定的调查问卷或量表，经过修改完善，对小样本或消费者代表进行实验研究。这样的过程通常会对其他人阅读和解释数据收集工作产生巨大的影响。

327 应该指出的是，尽管我们尽了最大的努力，用了复杂的方法来分析数据并开发测量工具，但它们并不总是像我们期望或希望的那样。例如，费龙、埃尔伯根、斯旺森、斯沃茨和麦克休（Ferron，Elbogen，Swanson，Swartz，& McHugo，2011）的一篇文章，就评估了严重精神病患者的治疗动机问卷的信度和效度。作者认为，前人研究中发现的因素结构与他们的数据不相符，他们的结论是：还有更多的工作要做。

九、关于设计评估工具的测量水平，我还需要知道些什么？

在大多数情况下，评估人员在计划如何分析数据时，不需要对比例和间距水平进行区分。二者都允许计算具有实际意义的均值。基于变量计算方法的用于测量组间差异的数据分析过程需要定比或定距水平，以及基于变量均值的计算。所以设计出一个能计算所有变量观测值的和的测量工具，是非常容易被接受的。

统计学家在定距层次和定比层次之间做出区分的原因是，真正的零意味着比较的数值具有更精确的意义。然而，在实际中，测度的间距和比例是不同的。例如，临床焦虑量表包含了 25 项，并产生一个理论范围，从 0 到 100。某被试前测为 80，后测为 40，间距可以很容易计算出来，而且与一个前测是 90、后测是 50 的被试之间，间距是一样的。这是因为数值之间的间距是相等的、可预测的，并且形成一个连续变量。

在某种情况下，大多数具有多个分支或层级的变量都变成了定距变量。只有 15 或 20 个层级的变量，通常被当作定距变量来处理。实际上就是，如果临床焦虑量表的理论范围是 10 到 90、20 到 100，甚至 25 到 85，那么对评估者来说无关紧要。因为数据的分析程序是相同的。

尽管由于篇幅所限，本书没有再进一步讨论数据分析，但是在本章结束前需要总结一下要点，以记住测量层次：

● 对于简单的描述（如“15%的回答者是伊拉克战斗老兵”），用定类变量来测量比较合适。

● 定序变量也适用于描述样本（如“有 20%的客户略有改善，30%适度改善，50%大大改善”）。

● 定类变量和定序变量都可以用来测试两个或多个组的比例是否相似。

● 但是，在定类或定序层次上的数据通常不能转换为定距层次（例如，如果有两个回答选项“60 岁以下”和“61 岁及以上”，就不允许评估者用这两个层次的数据去计算回答者的平均年龄）。 328

● 通常因变量需要定距/定比层次的测量。如果想要知道，与对照组相比，干预措施是否显著降低了治疗组的抑郁水平，则需要提供定距/定比层次的测量工具，以便可以计算组平均值。

一、课堂讨论

1. 下列问卷中的提问哪一个有问题？

a. 描述你母亲怀你时的状况。

b. 你曾发生过车祸吗？

c. 你被人骂过、生命受到过威胁吗？

2. 芭芭拉设计了一份三道题的问卷。该问卷作为一种工具，可以做前测和后测，用来测量青少年对酗酒的了解情况。后来，她惊讶地发现，前测和后测数据之间没有显著差异。对此你怎么解释？

3. 讨论一下芭芭拉为青少年设计的评估工具：

等你成年之后，你酗酒的概率有多大？

______我确信，我永远不会喝酒。

______我想我不会喝酒。

______我不确定。

______我想我会喝的。

______我相信我一定会喝的。

4. 如果让你评估一本期刊中描述的多动症测量工具，你希望在文章中找到哪些与该工具相关的信息？

5. 对于你熟悉的客户群，运用头脑风暴法想想，什么行为指标才能更好地衡量干预的成败呢？为什么说这样的指标要比去衡量态度或知识更好呢？

6. 建议在定距层次上测量一个或多个变量，这些变量可以转化为定类或定序变量。

二、微型项目：亲身体验评估

1. 利用你可以找到的网络或书本资源，列出至少五种你可能在今后实践中用到的量表。说明每个量表该如何使用。

2. 请阅读本章末提到的一篇关于开发和验证测量工具的参考论文，用一篇小论文简要概括一下作者用到的所有步骤。

329 3. 草案：设计出一套 10 道题的测量工具，然后做一个计划来检验一下该工具的信度和效度，你需要做什么？

4. 为你所熟悉的项目制定一份需求评估问卷，拿到班里来，征求一下建设性批评意见。

5. 小组项目：一个小组设计一份只包括定类变量和普通变量的简单问卷，测量本班学生的社会人口学特征。另外一个小组制作一份简单的问卷，仅使用测量得到的定距水平变量。第三个小组检查前两个小组的问卷数据，并总结他们从中学到了什么。

三、参考文献

Abell, N., Springer, D., & Kamata, A. (2009). *Developing and validating rapid assessment instruments*. New York: Oxford University Press.

Chao, R. C., & Green, K. E. (2011). Multiculturally sensitive mental health scale (MSMHS): Development, factor analysis, reliability, and validity. *Psychological Assessment*, *23*(4), 876–887.

Ferron, J. C., Elbogen, E. B., Swanson, J. W., Swartz, M. S., & McHugo, G. J. (2011). *Research on Social Work Practice*, *21*(1), 98–105.

Fischer, J., & Corcoran, K. (2013). *Measures for clinical practice and research*. New York: Oxford University Press.

Houck, J. M., Forcehimes, A. A., Gutierrez, E. T., & Bogenschutz, M. P. (2013). Test-retest reliability of self-report measures in a dually diagnosed sample. *Substance Use and Misuse*, *48*(1–2), 99–105.

Johnson, M., Pratt, D. K., Neal, D. B., & Fisher, D. G. (2010). Drug users' test-retest reliability of self-reported alcohol use on the Risk Behavior Assessment. *Substance Use & Misuse*, *45*(6), 925–935.

Koeske, G. F. (1994). Some recommendations for improving measurement validation in social work research. *Journal of Social Service Research*, *18*(3–4), 43–72.

Meisenheimer, C. G. (1985). *Quality assurance: A complete guide to effective programs.* Rockville, MD: Aspen Systems.

Nunnally, J. C., & Bernstein, I. H. P. (1994). *Psychometric theory.* New York: McGraw-Hill.

Ramo, D. E., Hall, S. M., & Prochaska, J. J. (2011). Reliability and validity of self-reported smoking in an anonymous online survey with young adults. *Health Psychology, 30*(6), 693–701.

Rush, A. J., First, M. B., & Blacker, D. (2007). *Handbook of psychiatric measures.* Washington, DC: American Psychiatric Publishing, Inc.

Sederer, L. I., & Dickey, B. (Eds.). (1996). *Outcomes assessment in clinical practice.* Baltimore: Williams & Wilkins.

Siefert, K., Schwartz, I. M., & Ortega, R. M. (1994). Infant mortality in Michigan's child welfare system. *Social Work, 39*(5), 574–579.

Sutton, J. E., Bellair, P. E., Kowalski, B. R., Light, R., & Hutcherson, D. T. (2011). Reliability and validity of prisoner self-reports gathered using the Life Event Calendar method. *Journal of Quantitative Criminology, 27*(2), 151–171.

Thyer, B. A. (1992). Promoting evaluation research in the field of family preservation. In E. S. Morton & R. K. Grigsby (Eds.), *Advancing family preservation practice* (pp. 131–149). Newbury Park, CA: Sage.

Tran, T. V. (2009). Developing cross-cultural measurement. New York: Oxford University Press.

Whitt, A., & Howard, M. O. (2012). Brief Symptom Inventory factor structure in antisocial adolescents: Implications for juvenile justice. *Research on Social Work Practice, 22*(2), 166–173.

Willis, G., & Zahnd, E. (2007). Questionnaire design from a cross-cultural perspective: An empirical investigation of Koreans and non-Koreans. *Journal of Health Care for the Poor and Underserved, 18*(4), 197–217.

Yoshihama, M., Gillespie, B., Belli, R. F., & Tolman, R. M. (2005). Does the Life History Calendar method facilitate the recall of intimate partner violence? Comparison of two methods of data collection. *Social Work Research, 29*(3), 151–163.

第 12 章

331 # 为项目选择最佳评估指标

在选择可以使用的测量工具时，我应该考虑什么？

有数千种方法可以用于评估，这些方法在其呈现方式、设计和概念化的方式，以及长度和复杂性方面都有很大的不同。

一个主要的问题是你的目标人群，他们的问题的本质是什么？他们的阅读/文化水平如何？他们愿意参与何种工作？要做到最低限度地打扰他们，并取得他们的合作意愿。如果你的研究对象不是以英语为母语的人，你需要确保你的测量在文化上是敏感的和适当的。

我们应该掌握什么技巧？

除了能够应用你对信度和效度的知识，作为一个评估者，你还需要能够熟练地查找数据库，找到已有的测量工具。一旦你找到了一些可能有用的方法，本章将介绍其他的标准，帮助你评估潜在的测量工具。

本章中所描述的快速评估工具与允许心理学家用来评估智力或人格的测试是不一样的。许多心理健康和卫生保健专业人士想用纸笔来评估一个被试的行为、影响或报告，这显然是在他们的执业许可范围内。智力（如智商）和人格测试通常受法律限制，只能是心理学家使用，因为这些正式的措施需要高级培训来管理和解释。然而，在正式的项目评估
332 研究中，很少使用智商和人格测试，因此，这通常不是去限制给定项目的结果评估。

在理论层面上谈论信度和效度是一回事，而当你有真正的测量工具可用时，这些话题就会更有意义。有了这些尺度，我们马上就感觉到表面效度了。测量工具开发人员使用的实际措辞能帮助我们思考，我们的被访者或研究人群可能会做出怎样的反应。我们使用的是他们能理解的词汇吗？以他们的注意力水平，问题项是不是太多了？这些问题是显而易见的还是微妙的？对于那些不熟悉测试和纸笔工具的人来说，我们已经获得了几位作者的

许可，以便复制其所有的或部分的测量工具。

在检查这个小样本的测量工具时，你就会意识到，当选择的项目还不错时，可以通过很少的选题来获得内部一致性。有些测量工具是简单中透着优雅。你可能还会注意到，有些量表看起来好像是可以改进的。你甚至可能会想，为什么有些问题项被包括在内，而另一些则被排除在外。测量无形的概念并不是一件容易的事情，即使对于最有经验和最有能力的研究者和评估者来说，它也是一个挑战。很多时候，由于其他人提出了改进建议，这些年来它们得到很大改善——对于包含多个子量表的更长的测量工具而言尤其如此。

当你在文献中寻找可用的测量工具时，我们期望你会发现，你在实务或机构评估工作中，可能会开发出一些好用的测量工具。在某种情况下哪种工具是“最佳”的，这一决定做起来很复杂。在他们的工具书《临床实践的测量方法》中，费舍尔和科克伦（Fischer & Corcoran，2013）讨论了影响衡量标准的几个因素。以下问题就来自这些因素，将有助于你决定，是否有一种特别的工具“适合”你的项目评估。

一、选择评估工具的实用程序

1. 用途

- 易于管理、打分和解释吗？
- 能给你提供有用信息吗？
- 是否有规范？是否有其他研究数据可供使用？

2. 适用性和可接受性

- 在词汇、阅读水平和复杂度方面，适用于你研究的人群吗？
- 与被试的年龄相适应吗？
- 与被试的情绪状态相适应吗？
- 被试会感觉到测量工具的问题项与自己的问题相关吗？

3. 灵敏度 333

- 作为治疗结果，测量工具能够检测到改善程度，哪怕是很小的进步吗？
- 测量工具对多样性、种族和文化差异敏感吗？
- 被试会认为这个测量工具太喜欢窥视隐私，太烦人吗？

4. 直接

- 这种测量工具能够客观地捕捉到被试的行为、情感状态、态度或知识吗？

5. 惰性

- 这种测量工具相对来说是没有伤害（例如，不会产生负面情绪）的吗？
- 测量工具本身会导致行为的改变吗？（该工具应该测量变化，而不是引起改变。）

6. 适当性

- 被试会因为测量工具太长或太难阅读，感到不堪重负吗？
- 工具是否太长或者太复杂，需要花费太长的时间才能完成呢？

7. 费用

- 你需要购买这个测量工具吗？你有这笔预算吗？

8. 信度和效度

- 这个测量工具的内部一致性很好吗？
- 这个测量工具是否有良好的测试/复测信度？用它来做评估往往会拖延时间吗？
- 这个测量工具是否具有良好的结构性和组织的有效性？
- 该测量工具是在与你相似的研究总体中开发的，还是至少在同一总体的研究中使用过呢？这些研究是否有足够的样本量？
- 使用这种测量工具是否会使怀疑论者相信，你努力对被试群体的行为、态度或知识进行了公正而严格的评估？或者，该工具会因其不足或局限遭到批评吗？

在采用测量工具并大规模使用之前，建议你先对一小群具有代表性的被试或个人进行实验。注意看他们能否按指示行事。看看他们的反应。他们看上去是理解每个问题项，还是在边缘有很多空白或问号？如果你怀疑该工具可能不是你研究群体的最佳选择，你可能希望我有第二种工具，或叫来一个工作人员或同事来听听他们的反馈。即使实验顺利进行，你还是应该看看结果，看看测量工具是否提供了你所需要的那种信息。

本章将列出以下测量工具，以展示可采取的各种各样的措施。一旦你沉浸在文献搜索
334 中，你可能就会惊讶地发现，研究人员和评估者正在研究各种各样的问题，并为特定人群
开发测量工具。例如，奥黑尔、沈和谢勒（O'Hare，Shen，& Sherrer，2012）已经开发
出了一种三项量表，用于治疗创伤后应激障碍的重症患者。与真正的患者群体一样，测量
工具有不同的外观和特征。

本章的例子已经被开发应用到宏观和微观中。因为其中一些工具是受版权保护的，未经允许不得复制，所以要联系开发人员。当你在查看这些工具时，问问你自己，在一个项目评估工作中，它们该如何使用。它们可以用在哪些程序或特殊人群中？它们能帮助你探索什么假设或问题？

本章的最后两种工具已经被列入其中，因为可以把它们视为还在开发中。阅读文章，看看本章中介绍的这些工具及其他工具是如何开发并得到初步验证的，以了解有关该过程的更多信息。

二、临床焦虑量表

1. 描述

临床焦虑量表（见表 12－1）是一个有 24 个问题项的工具，旨在测量个人焦虑问题，并获得 30 分的临床分数。这个量表可以用来测量病人在项目干预前、干预中或干预后的焦虑程度。作者将其作为单一系统研究设计的自我报告结果（Westhuis & Thyer，1989）。

2. 心理测量的数据

临床焦虑量表有一个系数 α 为 0.94 和一个两周的测试-复测相关系数，范围从 0.64 到 0.74。该测量工具的效度已经被证明，它能很好地把已知患有焦虑症的患者从低焦虑对照组中区分出来。当两个标准组在 30 分附近被一分为二时，已报告区分效度系数为 0.77，φ 系数为 0.81。

3. 可用性

临床焦虑量表可以使用 50 页的便签本或计算机上的其他快速评估工具，这些工具来自：

沃尔玛（WALMYR）出版有限公司
www.walmyr.com/scales.html

作者联系地址：

Dr. Bruce A. Thyer,
School of Social Work,
Florida State University,
Tallahassee FL 32306
bthyer@fsu.edu

表 12-1　　临床焦虑量表

335 姓名：________________　　日期：________________

本问卷调查旨在测量你现在的焦虑程度。它不是一个考试，所以不存在对与错。把数字写在每道题的旁边，仔细而准确地作答，如下所示：

1. 很少或没有这样的时候
2. 偶尔有这样的时候
3. 有时候
4. 相当一部分时候
5. 大部分时候或一直如此

---

1. ______我感到平静。
2. ______我感到紧张。
3. ______我突然毫无理由地感到害怕，我感到很紧张。
4. ______我用镇静剂或抗抑郁药来对付我的焦虑。
5. ______我对未来充满信心。
6. ______我没有无意义或者不愉快的想法。
7. ______独自走出家门，我感到害怕。
8. ______我感到放松，在控制着自己。
9. ______我中了恐惧和恐慌的魔咒。
10. ______在露天场所或者在大街上，我感到害怕。
11. ______我怕我会在公开场合晕倒。
12. ______乘公交车、地铁、火车旅行，我觉得舒服。
13. ______我感觉内心紧张和颤抖。
14. ______我在人群中感觉很舒服，比如说购物或者看电影。
15. ______独自一人时，我觉得很舒服。
16. ______我就是觉得害怕，没什么充分的理由。
17. ______出于恐惧，我会莫名其妙地避开某些动物、物体或者情况。
18. ______我很容易感到沮丧，或者突然会感到惊慌失措。
19. ______我的手、胳膊或者腿会颤抖或者摇晃。
20. ______出于恐惧，我尽可能地避开社交场合。
21. ______突然会感到恐慌，这让我大惊失色。
22. ______我通常会感到焦虑，这令我很吃惊。
23. ______我感到头晕目眩。
24. ______出于恐惧，只要可能，我都会避免独处。

1，6，7，9，13，15，16

资料来源：Reprinted with permissions from Thyer Bruce. Copyright © 1992，Walmyr Publishing Co.

4. 计分

临床焦虑量表中有 7 项是反向评分的（这些都显示在量表底部），然后与剩余的得分
336 加起来。减去已完成的项目数，余数乘以 100，并将该值除以已完成项目数与 4 的乘积。得分范围在 0 到 100 之间。分值越高，表明焦虑程度越严重。电脑软件可以用来给量表

计分。

5. 参考文献

Chung, S. C., Brooks, M. M., Rai, M., Balk, J. L., & Rai, S. (2012). Effect of Sahaja Yoga meditation on quality of life, anxiety, and blood pressure control. *Journal of Alternative and Complementary Medicine*, 18 (6), 589-596.

Gibbons, L. E., Teri, L., Logsdon, R. G., & McCurry, S. M. (2006). Assessment of anxiety, anxiety symptoms, and associations among older people with dementia in assisted-living facilities. *Journal of Geriatric Psychiatry and Neurology*, 19 (4), 202-208.

Neville, C., & Teri, L. (2011). Anxiety, anxiety symptoms, and associations among older people with dementia in assisted-living facilities. *International Journal of Mental Health Nursing*, 20 (3), 195-201.

Thyer, B. A., & Westhuis, D. (1989). Test-retest reliability of the Clinical Anxiety Scale. *Phobia Practice and Research Journal*, 2 (2), 113-115.

Westhuis, D., & Thyer, B. A. (1989). Development and validation of the Clinical Anxiety Scale: A rapid assessment instrument for clinical practice. *Educational and Psychological Measurement*, 49, 153-163.

三、自我效能评估量表

1. 描述

在学院和大学层面，社会工作的教育者和管理者不断意识到，必须确保社会工作课程的及时、相关并适用于实践，同时社会工作专业学士（BSW）和社会工作专业硕士（MSW）都要符合社会工作教育委员会的认证标准。自我效能评估量表是一种自我评定量表，旨在让学生评估他们对于能够在课程和实务评估中成功地完成指定任务有多自信。学生们用 100 分的反应量表来表示，他们自认为能做的和不能做的评估任务。在完成一项高级研究或项目评估课程后，可以将其作为一种测试方法，来获得有关改进或自信的数据（见表 12 - 2）。

2. 心理测量数据

作者报告，前测均值为 44.1，后测均值为 73.1，学生的自我效能评估量表评分显著增加。克朗巴哈系数为 0.95，均采用前测和后测。通过研究自我效能评估量表与“社会工作者赋权”之间的相关性，得出了该量表建构效度的初步证据。

表 12-2　　自我效能评估量表

指导语：

我们想知道在执行特定的社会工作任务时，你有多么自信。在考虑每个任务之后，请你评价一下成功执行该任务的信心，方法是在 0 到 100 的数字上画圈，以最好地描述你的自信度。在这里，所谓的"成功"是指，你能以社会工作主任认为的优秀方式执行具体任务。数字代表的含义为：0=完全做不到；50=基本肯定能做到；100=一定能做到。你可以使用这些数字或其间的任何数字，来代表你的信心级别。我们想知道，你今天能成功执行这些任务的信心有多大。

你能成功，对此你有多少信心？	完全做不到　　基本肯定能做到　　一定能做到
a. 能搜索电子数据库和万维网，找到必要的学术文献，来设计你的实务评估吗？	0 10 20 30 40 50 60 70 80 90 100
b. 能回顾社会科学理论与研究的一个特定领域（包括评价的文献），并撰写一篇公正而全面的文献综述吗？	0 10 20 30 40 50 60 70 80 90 100
c. 能设计一个关于项目实现的研究（如形成性评估、过程评估、项目督导、质量保证等）吗？	0 10 20 30 40 50 60 70 80 90 100
d. 可以创建一个单一系统设计来评估实务结果吗？	0 10 20 30 40 50 60 70 80 90 100
e. 能创建一个小组研究设计来评估实务的结果吗？	0 10 20 30 40 50 60 70 80 90 100
f. 能设计一个抽样策略，以评估一些实务效果吗？	0 10 20 30 40 50 60 70 80 90 100
g. 能设计一种测量方法，来评估实务的某些方面吗？	0 10 20 30 40 50 60 70 80 90 100
h. 能设计一个描述性数据分析，用于评估实务的某些方面吗？	0 10 20 30 40 50 60 70 80 90 100
i. 能设计一种推论数据分析，对实务的某些方面进行评估吗？	0 10 20 30 40 50 60 70 80 90 100
j. 能设计一个包括社工价值和伦理实务的评估（如在评估中保护参与者）吗？	0 10 20 30 40 50 60 70 80 90 100
k. 在实践环境中，你评估的所有要素都能实施吗？	0 10 20 30 40 50 60 70 80 90 100

338 **3. 可用性**

作者联系地址：

Gary Holden，PhD
Room 409，Silver School of Social Work，
New York University
One Washington Square，
New York，NY 10003
gary. holden@nyu. edu.

4. 评分

通过对自我效能评估量表上的回应进行求和，然后除以 11（项目总数）来获得平均

分数。

5. 参考文献

Holden, G., Barker, K., Rosenberg, G., & Onghena, P. (2007). Assessing Progress towards accreditation related objectives: Evidence regarding the use of self-efficacy as an outcome in the advanced concentration research curriculum. *Research on Social Work Practice*, 17, 456-465.

Holden, G., Barker, K., Rosenberg, G., & Onghena, P. (2008). The Evaluation Self-Efficacy Scale: A replication. *Research on Social Work Practice*, 18, 42-46.

四、社区对性犯罪者的态度量表

1. 描述

社区对性犯罪者的态度量表是一个含有 18 项陈述的量表，如表 12-3 所示。这一量表旨在研究对性犯罪者的态度。警察和矫正官员、媒体和公众对性犯罪者普遍持消极态度。学者认为，对接触性犯罪者的专业人士进行在职培训时，作为课程的一部分，这个量表可能是有用的。对于那些持明显负面观点的人，可以用教育干预，然后看一下社区对性犯罪者的态度量表。它也可以用来修改使这些人的生活难以为继的公共政策。

2. 心理测量数据

因素分析产生了四个因素：社会孤立、变化能力、责任归因和偏差。克朗巴哈系数为 0.74，对子量表的估计范围从 0.43（偏差）到 0.80（社会隔离和变化能力）。

3. 可用性

作者联系地址：

Dr. Wesley T. Church,
Director, School of Social Work,
305 Huey P. Long Field House, LSU,
Baton Rouge, LA 70803
wesleyc@lsu.edu

表 12-3　　社区对性犯罪者的态度量表

339 以下是关于性犯罪者和性犯罪的 18 项陈述。请从下面给出的评量表中选择能表达你的感受或信念的数字。以下大部分陈述很难在绝对意义上证明或验证，而且很多都是根据你所听过、读过或学过的东西，具体了解你的观点；因此，我们对“正确”或“错误”的回答不感兴趣，而对你关于性犯罪者的信念和观点更感兴趣。即使你对该问题不了解，也请回答每个问题。

非常不赞同	不赞同	可能不赞同	可能会赞同	赞同	非常赞同
1	2	3	4	5	6

__ 1. 通过支持和治疗，性犯罪者可以学会行为改变。
__ 2. 应该剥夺这些性犯罪者的民事权利（如投票权和隐私权）。
__ 3. 性犯罪者比一般人性欲更强。
__ 4. 性犯罪者中，男性应该比女性受到更严厉的惩罚。
__ 5. 猥亵（不恰当的无端触摸）没有强奸的性质恶劣。
__ 6. 性犯罪者宁愿独自待在家里，也不愿跟许多人在一起。
__ 7. 许多性犯罪者都没有太多密友。
__ 8. 性犯罪者即使真的很努力，也很难交到朋友。
__ 9. 与其他罪行相比，性犯罪者的刑期要长得多。
__ 10. 性犯罪者的性行为频率很高。
__ 11. 试图让性犯罪者浪子回头，那是浪费时间。
__ 12. 性犯罪者应该佩戴跟踪装置，以便随时查明其位置。
__ 13. 只有一部分性犯罪者比较危险。
__ 14. 大多数性犯罪者是未婚男性。
__ 15. 在实施性犯罪时进行情绪控制的人不像进行身体控制的人那么坏。
__ 16. 大多数性犯罪者能守口如瓶。
__ 17. 性犯罪者对熟人所犯的罪行不像对陌生人那么严重。
__ 18. 已定罪的性犯罪者终身不得出狱。

340 **4. 评分**

分数越高表示态度越消极。在计算子量表和整体得分时，有几个标有星号的项目必须反向计分。这些问题项以及组成各个量表的项目如下：

因素 1（社会孤立）：　6，7，8，14，16
因素 2（变化能力）：　1 *，2，11，12，18
因素 3（责任归因）：　4，9 *，13 *，15，17
因素 4（偏差）：　3，5，10

5. 参考文献

Church, W. T., Sun, F., & Li, X. (2011). Attitudes toward the treatment of sex offenders: A SEM analysis. *Journal of Forensic Social Work*, 1, 82-95.

Church, W. T., Wakeman, E. E., Miller, S. L., Clements, C. B., & Sun, F.

(2008). The Community Attitudes Toward Sex Offenders Scale: The development of a psychometric assessment instrument. *Research on Social Work Practice*, 18 (3), 251-259.

Conley, T., Hill, K., Church, W. T., Stoeckel, E., & Allen, H. (2011). Assessing probation and community corrections workers' attitudes toward sex offenders using the Community Attitudes Toward Sex Offenders (CATSO) Scale in a rural state. *Sexual Addiction & Compulsivity*, 18 (2), 75-85.

Sheldon, L., Stone, J., & Winder, B. (2013). Evaluating the factor structure and reliability of the Community Attitudes Toward Sex Offenders (CATSO) Scale. *Journal of Criminal Psychology*, 3 (2), 115-126.

Tewksbury, R., & Mustaine, E. E. (2012). Parole board members' views of sex offender registration and community notification. *American Journal of Criminal Justice*, 37 (3), 413-431.

五、亲密暴力责任量表

1. 描述

施暴者的认知是责备他人，最小化自己的错误行为，否认他们的虐待行为。表 12-4 中的 20 项陈述是为了克服早期工具的限制，例如只关注配偶虐待或约会关系，并且仅限于身体攻击。设计亲密暴力责任量表是用来评估婚姻、约会和共同生活中的责任认知。一个由 65 名专业人士组成的小组在亲密关系暴力中审查了 65 个项目的原始数据库，将问题项分为最小化、指责和否定以及可能漏掉的建议项。最终选定了 24 个问题项，之后又淘汰了 4 项。量表开发的数据来自美国东南部一个县法院等候陪审的 527 人。

表 12-4　　亲密暴力责任量表

指导语：　341

我们感兴趣的是你如何看待亲密关系中发生的事件。"事件"是指身体、语言和/或情感上对亲密伴侣的侵犯。例如，你可以将"事件"视为忽视、控制、戏弄、争吵、叫喊、打架、克制、推搡、拍打、击打和性骚扰等。"伴侣"是指你的配偶、男（女）朋友，或与你有浪漫关系和/或性关系的人。

为完成调查，请按照以下说明进行：

1. 考虑你在当前或过去的关系中发生的事件（最近一年内）。在这些事件中选一个与你的伴侣发生的最严重的暴力事件。
2. 想想你对你的伴侣做了什么。
3. 用几句话来描述你在冲突中的行为（请记住你的答案是保密的）。
4. 请回答每一个问题，即使有些听起来很相似。如果你发现有些陈述不能充分反映你自己的观点，那就选择与你的想法最接近的。

请记住，这些陈述与你在事件中所做的事情有关，而不是你的伴侣所做的。记住这一事件，回答下列问题。

	非常不赞同	不赞同	说不上是否赞同	赞同	非常赞同
1. 是我的伴侣让我这么做的。	☐	☐	☐	☐	☐
2. 这件事的起因是我的伴侣扯了我的扣子。	☐	☐	☐	☐	☐
3. 这确实是我伴侣的错。	☐	☐	☐	☐	☐
4. 如果我的伴侣听我的话，事情就不会发生了。	☐	☐	☐	☐	☐
5. 我所做的就是向我的伴侣挑衅。	☐	☐	☐	☐	☐
342 6. 在这个事件中，我咄咄逼人。	☐	☐	☐	☐	☐
7. 在这个事件中，我伤害了我的伴侣。	☐	☐	☐	☐	☐
8. 我的所作所为，对我的伴侣不利。	☐	☐	☐	☐	☐
9. 打了我的伴侣，我感到很遗憾。	☐	☐	☐	☐	☐
10. 我没有什么错。	☐	☐	☐	☐	☐
11. 我做的事，没有什么大不了的。	☐	☐	☐	☐	☐
12. 这只是一个小问题。	☐	☐	☐	☐	☐
13. 我不存在攻击性问题。	☐	☐	☐	☐	☐
14. 我真的什么都没做。	☐	☐	☐	☐	☐
15. 我的攻击性实在很小。	☐	☐	☐	☐	☐
16. 这不是认真的。	☐	☐	☐	☐	☐
17. 这么对待伴侣，是我们文化的一部分。	☐	☐	☐	☐	☐
18. 我的宗教信仰使我以这种方式行事。	☐	☐	☐	☐	☐
19. 这是因为我看了暴力电影/电视。	☐	☐	☐	☐	☐
20. 发生这种事，是因为某事和/或某人在作祟。	☐	☐	☐	☐	☐

资料来源：本书作者。

2. 心理测量数据

一项因素分析显示，亲密暴力责任量表包含四个子量表：最小化、识别暴力、指责伴侣和远端指责（如指责媒体、宗教或文化等）。量表的信度系数从 0.75 到 0.83。当所有的子量表（除了远端指责）与修订后的冲突策略量表的身体攻击子量表显著相关时，证明该测量工具具有建构效度。进一步发现，在修订了指责伴侣和远端指责的冲突策略量表中，身体攻击子量表没有显著关联。当两个人口统计学变量（与伴侣居住的时间、家庭收入）

与亲密暴力责任量表的四个子量表不相关时，就证明了区分效度。

3. 可用性 343

作者联系方式：

Dr. Sung Hyun Yun,
School of Social Work,
University of Windsor, Ontario, Canada
yshhsy@uwindsor.ca.

云博士（Dr. Yun）要求，任何想用亲密暴力责任量表（IVBS）的人都可以与他联系。作者想要追踪它的使用情况。

4. 评分

亲密暴力责任量表的评分是从 20 项的平均分计算项目的价值，计算得出的问题项均值进行评估，并除以可应用的问题项数目。分数越高，表示对亲密伴侣的暴力行为越不负责任。根据调查目的，可以分别使用四个子量表（指责伴侣、识别暴力、最小化和远端指责）。

5. 参考文献

Yun, S. H., & Vonk, M. E. (2011). Development and initial validation of the Intimate Violence Responsibility Scale (IVRS). *Research on Social Work Practice*, 21 (5), 562-571.

六、学校支持量表

1. 描述

在社区大学读书的女性绝大多数是母亲。这些母亲中，许多都面临无法毕业的挑战，而对于低收入的单亲母亲来说，她们在向经济自给自足大步迈进。尽管大学管理人员很有兴趣留住学生，并帮助她们取得成功，但很少有文献去研究低收入母亲在社区大学就读时所感受到的机构支持。这一测量工具为社会工作者的工作提供了一个范例，使他们能够开发并验证大学支持环境的评估方法。作者认为，这 22 项的量表是咨询师和管理人员的“早期预警”工具，可以看到有哪些障碍可能导致大学中低收入母亲面临问题。它使用一个 7 点的李克特量表格式来回应（见表 12－5）。

表 12－5　　学校支持量表

调查问卷部分旨在衡量你作为在社区大学读书的母亲所获得的支持的程度。以下陈述是关于你与每天接触的学校教职员工，如你的教授、学术顾问、大学辅导员和管理人员的互动情况。

答案没有对和错之分， 请阅读每句话，然后圈出最合适的答案。		从没有	有一点	很少	有时	有规律地	常常	总是
2.1	我得到了想要的信息，对我的学术生涯做出正确决定	1	2	3	4	5	6	7
2.2	我从教职员工那里获得与孩子相关的信息	1	2	3	4	5	6	7
2.3	对于将来做什么，我得到了有用信息	1	2	3	4	5	6	7
2.4	我的教授好像对我的学术发展感兴趣	1	2	3	4	5	6	7
2.5	我可以获得时间管理技巧方面的帮助	1	2	3	4	5	6	7
2.6	在学校里我有一台电脑	1	2	3	4	5	6	7
2.7	在需要的时候，我可以得到额外的学习帮助	1	2	3	4	5	6	7
2.8	在需要时，我都可以与教职员工面谈	1	2	3	4	5	6	7
2.9	我的教授愿意额外花时间给我指导作业	1	2	3	4	5	6	7
2.10	我往返学校都有可靠的交通工具	1	2	3	4	5	6	7
2.11	我因在做母亲的同时接受继续教育而受到赞扬	1	2	3	4	5	6	7
345 2.12	得到鼓励，我能做到最好	1	2	3	4	5	6	7
2.13	关于学业进步，我收到了有用的反馈	1	2	3	4	5	6	7
2.14	我相信在学校得到了关心	1	2	3	4	5	6	7
2.15	当我和孩子出状况时，教授表示理解	1	2	3	4	5	6	7
2.16	我可以跟我的教授谈个人问题	1	2	3	4	5	6	7
2.17	在学校里，我受到尊敬	1	2	3	4	5	6	7
2.18	我的成绩是准确无误的	1	2	3	4	5	6	7
2.19	我相信我的教授们	1	2	3	4	5	6	7
2.20	教职员工真正关心的是我的幸福	1	2	3	4	5	6	7
2.21	在危机中，我很乐意跟教职员工交谈	1	2	3	4	5	6	7
2.22	在学校表达我的观点，我觉得很舒服	1	2	3	4	5	6	7

资料来源：本书作者。

2. 心理测量数据

通过对文献进行回顾，我们最初创建了一个含有 24 个问题项的量表，认为可以衡量
情感或实质支持。当这些问题项被精减到 22 个时，克朗巴哈系数的整体相关范围从 0.86
至 0.94，总体规模的内部一致性为 0.95。这个 10 项有形支持子量表的 α 值为 0.89，情感 344
支持子量表确定为 0.94。如果两项测量家庭支持的项目与 22 项量表呈负相关，并获得反
相关，就建立了聚合效度。通过将不相关的调查项目（答辩人的年龄和学习计划）与量表
相关联，来显示区分效度。区分效度得以显示，是因为这些相关性略高于零，且不显著。
当 6 项的大学承诺量表与学校支持量表相关联时，显示出预测效度，得分越高的学生，学 346
校对其满意度越高，受教育质量方面的问题越少。最后，进行了验证性因素分析。

3. 评分

为了比较，原文包含美国东南部某社区大学参与调查的 240 名大学生母亲的每项均值和标准差。

4. 参考文献

McLaughlin, A. N., & Randolph, K. A. (2012). Development of the School Support Scale for low-income mothers in college. *Research on Social Work Practice*, 22 (1), 68-76.

5. 可用性

作者联系地址：

Alicia McLaughlin,
Department of Social Work,
University of St. Francis, Joliet, IL
amclaughlin@stfrancis. edu

七、文化敏感性

近年来，我们取得了长足的进步，确保了这些干预措施是建立在对不同社会群体可能做出的反应的理解基础上的。一项系统的文献回顾发现，与没有治疗组或标准化治疗组相比，对美国原住民儿童和青少年进行的文化敏感性干预研究中的 5 个报告，总体效果是正

向的。其他 6 项研究，结果好坏参半。然而，大多数研究并没有描述干预措施具体是如何实施的（Jackson & Hodge，2010）。

赵和格林（Chao & Green，2011）已经报道了文化敏感性心理健康量表的发展，这一研究的开端是将种族主义视为一种影响非洲裔美国人心理健康的压力源。作者没有就一般性的压力事件创建问题项，而是采访了非洲裔美国人，询问他们的个人生活经历、心理问题和幸福感，以创建评估种族主义压力的问题项，比如“人们因为我的种族背景而对我实施不同的待遇”。

文化敏感性心理健康量表包含 5 个子量表：10 个问题项构成感知种族主义子量表，9
347 个问题项构成抑郁子量表，7 个问题项构成健康子量表，5 个问题项构成焦虑子量表，3 个问题项构成自杀念头子量表。通过三项研究，以确定测量工具的效度和信度。以往用来评估心理健康的工具并没有说明，种族主义作为一种潜在压力对非洲裔美国人的抑郁和焦虑水平的影响作用。这个测量工具允许职业顾问、社会工作者和其他人考虑非洲裔美国人的文化体验，因为这可能会影响他们的心理。

在一些特定的文化中，英语可能不是第一个被学习或使用的主要语言。例如，《青年生活质量手册》已经被翻译出来，在文化上适用于拉美裔儿童和青少年（Chavez，Matias-Carrelo，Barrio，& Canino，2007）。该文描述了这种测量工具适应文化的过程。

一个研究小组报告说，他们为美国印第安人和阿拉斯加本地青年（Gowen，Bandurraga，Jivanjee，Cross，& Friesen，2012）的文化服务机构开发了一个评估工具。莫利纳、戈麦斯和帕斯特拉纳（Molina，Gomez，& Pastrana，2009）检验了拉美裔版儿童抑郁量表的心理测量属性，其中拉美裔儿童是家庭暴力的第二大受害者。

除了年轻人，社会工作也主要集中在成年人身上，如用于评估拉美裔女大学生多维身体-自我关系的问卷和外貌概览目录（the Appearance Schema Inventory）（Smith & Davenport，2012）。另一项研究检验了西班牙语版产后抑郁症筛查表的心理测量属性（Lara，Navarrete，Navarro，& Le，2013）。松原等人（Matsubara et al.，2013）采用了流行的客户满意度调查问卷（CSQ-8），并将其翻译成 2 种菲律宾方言，以了解菲律宾女性对分娩护理的满意度。他们发现，译文的内部一致性很好，建构效度也不错。

高、林恩和克里斯特（Kao，Lynn，& Crist，2013）研究了与墨西哥老人照顾者相关的量表的适用性。霍和布莱克（Hoe & Brekke，2009）研究了简明症状量表的跨族群效度。这些在浩瀚的文献中只是沧海一粟。

作为关注文化适应性的评估，你可能希望有这样的资源：

- Thanh V. Tran's（2009）book，*Developing cross-cultural measurement*，Oxford University Press.
- R. K. Hambleton，P. F. Merenda，& C. D. Spielberger's（2006）work，*Adapting educational and psychological tests for cross-cultural assessment*，Psychology Press.

• J. Delva，P. Allen-Meares，& S. L. Momper's（2010）book，*Cross-cultural research*，Oxford University Press.

• The journal *Psychological Assessment* is a good source of information about the development of scales，observational methods，and interviews in terms of their development，validation，and application.

一、课堂讨论 348

1. 回顾一下本章所涉及的评估工具，运用头脑风暴法，看看其中每一个工具在项目评估工作中的用途。

2. 讨论新开发的测量工具有哪些优缺点，而不是努力寻找可能存在甚至不存在的工具。影响你决策的关键因素是什么?

3. 从本章中选择一个测量工具，运用头脑风暴法找到一种新方法，帮助记录评估效度。

4. 评估“宏观”问题，你希望看到什么样的新工具？它包含哪些问题项?

5. 试着考虑一下你认为在费舍尔和科克伦（Fischer & Corcoran，2013）的临床实践和研究方法中找不到的测量工具，然后检查一下我们搜集到的工具，看看是否可能包含这样的测量工具。

二、微型项目：亲身体验评估

1. 选定一种测量工具，读一篇或者多篇有关该工具的文章。写一篇小论文，谈谈它的发展史，以及要是在项目评估中用到它，你希望它达到怎样的信度和效度。（一定要确定研究对象的数量，以及你打算如何使用该测量工具。）

2. 与你的合作伙伴一起，创建一个量表来测量你们选定的概念。在班里介绍一下，讨论其表面效度和内容效度。

3. 使用你已开发的量表，或使用一个已知的心理测量量表，从你的同学或其他人那里收集一个小样本数据。使用统计分析软件将数据录入计算机，这样你就可以计算出它的内部一致性。讨论你的发现，以及对结果可能做出怎样的解释。

4. 为你所选择的项目找一个好用的量表，一定要确定量表能测量的概念以及测量总体。列出你要搜索的内容：你搜索了哪些关键术语或概念？哪些数据库？哪些年份？找到一个测量工具有多难?

三、参考文献

Chao, R. C. L. , & Green, K. E. (2011). Multiculturally Sensitive Mental Health Scale (MSMHS): Development, factor analysis, reliability and validity. *Psychological Assessment*, *23*(4), 876–887.

Chavez, L. M., Matias-Carrelo, L., Barrio, C., & Canino, G. (2007). The cultural adaptation of the Youth Quality of Life Instrument-Research Version for Latino children and adolescents. *Journal of Child and Family Studies*, *16*, 75–89.

Fischer, J., & Corcoran, K. (2013). *Measures for clinical practice and research*. New York: Oxford University Press.

Gowen, L. K., Bandurraga, A., Jivanjee, P., Cross, T., & Friesen, B. J. (2012). Development, testing, and use of a valid and reliable assessment tool for urban American Indian/ Alaska Native youth programming using culturally appropriate methodologies. *Journal of Ethnic and Cultural Diversity in Social Work*, *21*, 77–94.

Hambleton, R. K., Merenda, P. F., & Spielberger, C. D. (2006). *Adapting educational and psychological tests for cross-cultural assessment*. New York: Psychology Press.

Hoe, M., & Brekke, J. (2009). Testing the cross-ethnic construct validity of the Brief Symptom Inventory. *Research on Social Work Practice*, *19*(1), 93–103.

Jackson, K. F., & Hodge, D. R. (2010). Native American youth and culturally sensitive interventions: A systematic review. *Research on Social Work Practice*, *20*(3), 260–270.

Kao, H. F., Lynn, M. R., & Crist, J. D. (2013). Testing of applicability of Mutuality Scale with Mexican American caregivers of older adults. *Journal of Applied Gerontology*, *32*, 226–247.

Lara, M. A., Navarrete, L., Navarro, C., & Le, H. N. (2013). Evaluation of the psychometric measure for the Postpartum Depression Screening Scale-Spanish Version for Mexican Women. *Journal of Transcultural Nursing*, *24*(4), 378–386.

Matsubara, C., Green, J., Astorga, L. T., Daya, E. L., Jervoso, H. C., Gonzaga, E. M., & Jimba, M. (2013). Reliability tests and validation tests of the Client Satisfaction Questionnaire (CSQ-8) as an index of satisfaction with childbirth-related care among Filipino women. *BMC Pregnancy and Childbirth*, *13*, 235.

Molina, C. S., Gomez, J. R., & Pastrana, M. C. (2009). Psychometric properties of the Spanish Language Child Depression Inventory with Hispanic children who are secondary victims of domestic violence. *Adolescence*, *44*(173), 133–148.

O'Hare, T., Shen, C., & Sherrer, M. (2012). Validation of a brief PTSD scale for clients with severe mental illness. *Research on Social Work Practice*, *22*(4), 420–427.

Smith, A. R., & Davenport, B. R. (2012). An evaluation of body image assessment in Hispanic college women: The Multidimensional Body-Self Relations Questionnaire and the Appearance Schema Inventory-Revised. *Journal of College Counseling*, *15*(3), 198–214.

第 13 章

务实的问题 351

什么是务实的问题?

即使有最好的数据收集方法，也可能会出现问题，因为和实验室研究不同，评估者对工作人员、服务对象和机构管理没有完全的控制权。由于不同的网站和境况，收集数据可能是一个挑战。克勒曼（Klerman，2010）指出，“评估受许多未知的偶然事件的影响”(p. 301)。有时，但并不总是这样，在对评估工作产生不利影响之前，可以预估并解决问题。本章对一些潜在问题及疑难杂症提供了一些实用的、切实可行的建议。

需要掌握什么技能?

向他人承认和表达的方式，甚至能把训练有素的员工和手册式的项目引入歧途。为了能够预测和应对在项目评估设计和实施过程中可能出现的问题，评估人员必须能够成功地制定和实施战略，以帮助机构工作人员免受评估过程的威胁，并能够成功地招募到许多不同族群的人参与。

一、什么是干预的忠实度？它为什么这么重要？

做个简单的假设，一旦确定了一个项目或干预措施，工作人员接受培训，项目启动，干预就要按计划实施。然而由于众多原因，实际干预可能因项目设计或计划不同而有所不同，因为它们不强调原始设计的重要特征。

进行干预忠实度研究（有时称为质量控制研究或治疗完整性研究），有助于确定干预 352
措施是否准确进行，看它是否符合最初设计的治疗手册、方案或模型。如果一个地方的工作人员只有 40%是按项目模式执行的，而另一个地方的工作人员干预忠实度达到近 90%，那么你可以想象这个多站点研究中可能存在什么问题。如果没有一个方法来检验干预到底多大程度上遵循设计模式，那就几乎不可能评估某地病人未获治愈是因为干预失败，还是没按预期模式导致的。

缺乏忠实度可能会使评估者得出结论：潜在的有效方案结果是无效的。干预不符合忠实度，对该研究的实验效度就造成了威胁，使原本可以推出的研究结果变复杂了，使结果无法复制，并将非系统错误引入了数据，产生了“噪声”，从而降低了检测结果的可能性（Perepletchikova，Treat，& Kazdin，2007）。此外，检查干预的忠实度有助于解释，一个项目为什么会成功或失败。

可以把干预忠实度定义为三个构成维度（Schoenwald & Garland，2013）：

（1）遵循治疗方案。

（2）治疗师的能力。

（3）治疗差异性。

*遵循治疗方案*通常是指服务人员遵循指定程序（例如，遵循新治疗手册）的程度。例如，如果干预手册规定，治疗师每次与患者进行个别会谈 50 分钟，一周三次，那么这就构成了“治疗剂量”。每周只会谈一到两次，或者满了三次，但每次不到 50 分钟，就会削弱干预的力度。

注意，医学术语“剂量”也适用于教育和治疗干预方面。心理社会干预的剂量可以把频率（治疗的频率）、治疗期的长短（如 50 或 90 分钟）和每个干预疗程的会谈次数（如所需会谈的最少次数）都考虑在内。这三个维度中，任何一个不遵循协议，都会危及项目的一致性。想想古典精神分析理论。对所有这种形式的干预项目进行评估，都必须确保治疗师接受适当的训练、适当的监督，病人每周或每月会按照预期次数进行会谈。如果这些基本要素都无法达成一致的话，这种评估就成了不公平检验。

至关重要的是，按照手册或协议规定的程序，以相似的方式把“治疗剂量”送达所有的病人。理想情况下，所有干预者都要做好准备，以提供新的干预措施，并理解不偏离治疗方案是多么的重要。任何自行其是的工作人员，都会影响到干预的忠实度。

353 病人也可以在干预忠实度方面发挥作用。例如，他们可能不按规定服药，是为了试图避免不愉快的副作用，或者因为他们忘记了，又或者因为他们想通过不使用昂贵的处方来节省资金。一个名叫约翰的病人每天只服一次药，虽然处方上要求每天服用两次，但约翰服用的剂量比他实际需要的要小得多。这实际上稀释了所需要的治疗，可能达到一种对他没有任何好处的程度。同样，当病人取消或不按时赴约时，另一个“剂量”问题就出现了。例如，他们可能不合作，也不配合治疗师的“家庭作业”，这个作业是新疗法的一部分。

*治疗师的能力*是指服务提供者在提供干预时的技能和知识水平。如果他们以不同水平

的知识或技能来进行干预，那么干预的忠实度就会受到威胁。专业助人者可能有能力为项目提供 A 方法，但是没有准备好在新的项目中用 B 方法有效地与病人进行接触。缺乏能力可能源于对新干预培训不足，缺乏学习新治疗方法的动力，或缺乏提供直接服务的经验。帕里列奇科娃等人（Perepletchikova et al.，2005）还讨论了“消极能力指标”，其中包括使用技术缺乏灵活性、存在批判性倾向、对病人缺乏尊重、不懂倾听及其他干预失误。

*治疗差异性*是指接受检查的干预方式非常重要，应该与常规活动和项目有很大不同。也就是说，如果项目 A 是正在实施的新项目，它就不应该与项目 B 类似，或沿用传统的方式。从某种程度上说，当治疗师“偏离”或回到更熟悉的方法时，就会出现缺乏治疗差异性的问题。如何防止这种情况发生呢？人们需要到位的支持体系，以确保项目的忠实度。首先，使用新方法需要足够的培训、角色扮演和实务督导。其次，对实施新干预措施的工作人员，要严格监督。这包括用录像和录音进行现场观察和监控、审查进度记录等。可以为工作人员准备一份核对清单，以确保按主要特点来实施干预。良好的治疗忠实度要求员工使用规定的技术。

简而言之，如果项目评估结果显示效果显著，这一结果是由干预本身引起的，而不是其他活动或因素造成的，评估者就会有信心。自变量（干预）要想具有内在效度，那么忠实度是绝对必要的。正如我们前面提到的，忠实度也会危及外部效度。很容易看出，对项目评估者而言，干预的忠实度是一个非常非常重要的概念。不幸的是，它常常被忽视。

为了确保忠实度，治疗师必须对干预措施的必要组成部分提供说明和指导方针，以便所有病人都能得到基本上相同的干预，即使治疗师的年龄、性别、理论倾向、以往的经验或培训、教育程度或其他可能的偏差来源有所不同。换句话说，服务者必须在实施新的干预措施前，得到充分的培训，并有机会练习角色扮演或模拟会谈。他们必须清楚地了解干预措施，并且知道在什么时候和什么条件下可以离开，而且必须与会谈所要求的次数、长 354
短等一致（见专栏 13－1）。忠实度不仅包括按计划实施干预，而且要完成得好。

必须有人（可能是正在评估的创新项目负责人）负责为治疗师提供充分的督导。这可能需要每周或更频繁的会议来讨论干预时出现的疑问或问题，评估者可能还想查看一下视频或听听录音，来确定服务人员遵守干预协议的程度。更加正式的方法可能涉及与病人会谈、准备和审查评估工具，如由服务人员和病人填写的检查单或调查问卷、观察笔记、过程记录分析、治疗师日志或有关病人的其他文件。这些程序有助于确保内部效度。

从坎贝尔等人（Campbell et al.，2013）撰写的一篇文章中，可以找到一份依从能力共情 12 项量表作为示范项目的手动引导程序，并且可以从以下网址下载完整的评分量表：http://ctndisseminationlibrary.org/PDF/795_TSFACES.pdf。

评估者还可以选择聚焦于何处，即到哪里去收集他们的治疗忠实度信息。也就是说，可以在系统、组织、流程、专业人员/专业团队或患者层次等方面，来衡量忠实度（Bond，Becker，& Drake，2011）。

虽然在一个声誉良好，而且在社区中已确立地位的机构，项目的忠实度似乎是确定无疑的，但由于忽视或缺乏关注，项目的纯度有所降低。专栏 13－2 指出了评估者可能预计的一些其他问题，以及有助于维护项目忠实度的机制。请记住，忠实度可能会受项目或机构设置、患者或治疗师特点的影响（Perepletchikova，2011）。

专栏 13－1　确保干预忠实度的清单

- 所有服务人员都配备了一个治疗手册。
- 所有服务人员都接受了治疗方案培训，并认定他们有能力执行这项新技术。
- 提供定期、持续的培训（助推课程），以更新知识并加强早期培训，并让所有新员工能顶替退休、调动或履新员工的岗位。
- 督导要定期与服务人员面谈，讨论实施干预的进展和问题。
- 持续监测新的干预措施，包括常规努力，以确保其按计划实施。
- 有一个机制来纠正治疗效果或内容问题。
- 筛选或选择患者时，不做任何改变。

355 专栏 13－2　预计与平衡忠实度问题

潜在的忠实度问题	问题最小化及其督导方法
治疗剂量不等	使用治疗手册/标准培训材料；在训练中掌握合适的剂量以及最小和最大剂量。记录撰写文件的频率、接触次数和时长、会谈的观察和督导。
服务者不能胜任/没有为新项目做好准备	培训所有服务人员；使用标准化的培训手册和材料；使用角色扮演和模拟病人；为那些希望刷新记忆或捕捉细节的人提供视频训练；要求服务人员在实施干预之前通过绩效标准。
服务者“偏离”协议或项目	提供持续培训或“助推器”活动（强化训练）；进行视频训练；使用标准化训练材料；确保有足够的督导；要求对新干预措施的进展进行“反馈”调查；对工作人员和病人进行面谈。
服务人员之间存在差异	使用脚本化的协议；确保服务者有个人治疗手册；利用录音、视频进行监控；安排进度会议；为服务者提供行为检查量表和活动自评报告；监测服务者提出退出和抱怨的频率；评估病人对服务者热情程度和信誉的看法。

续前表

潜在的忠实度问题	问题最小化及其督导方法
减少控制和治疗条件之间的污染	使用治疗专用讲义；按网站而不是服务者随机；在控制条件下对患者进行访谈，以确保他们没有得到新的干预。
病人不理解干预或他们在治疗中的作用	使用治疗专用讲义；使用患者目标回顾表和活动日历；监督病人做“家庭作业”；基于目标去衡量成就；与患者进行结构化访谈。
患者无法执行行为技能	使用活动日志；保持纵向联系；收集自我监控数据；观察病人的内部变化；使用行为评级办法；安排跟进——接受访谈和电话访问；为需要“增强剂”的人提供后续治疗。

资料来源：This table draws upon the work of the Treatment Fidelity Workgroup of the NIH Behavior Change Consortium，Bellg et al.（2004）.

具有前瞻性的计划可能有助于防止具有不同功能或某种独特功能的网站中项目忠实度的恶化。 356

此外，帕里列奇科娃等人（Perepletchikova et al.，2005）已经从他们的研究综述中获得了关于治疗完整性的观察。在启动和评估新项目时，评估人员和项目管理员需要记住以下这些内容。

干预忠实度的注意事项

项目注意事项：

- 复杂的治疗增加了忠实度降低的风险。
- 需要多种材料和资源的干预措施实施的完整性可能很低。
- 每个患者用一个以上的处理剂治疗，忠实度不可能太高。
- 相比耗时长的治疗，改善早期症状的治疗的完整性能保持得更好。

患者注意事项：

- 愤怒和敌视的患者会阻碍干预策略的实施。
- 解决患者消极情绪的具体程序可能不在手册中。
- 付出全力却无功而返可能会阻碍人们忠实地遵守计划。
- 结果发现，患者对治疗的接受程度与结果是否有利高度相关。

治疗师注意事项：

- 经验丰富的治疗师倾向于整合不同疗法的元素，更有可能“偏离”。
- 治疗结果可能受到治疗师的动机和程序认同度的影响。
- 治疗师参与培训与提高疗效高度相关。

二、忠实度的噩梦

项目评估者通常认为，其他专业人士也能理解科学过程和重要原则，如随机选择、公平比较、程序标准化和客观衡量一个项目的测量性能等。然而，机构董事、经理和其他工作人员可能没有这方面的知识——或者，他们可能有强烈的动机，希望在不公正的项目评估中以更有利的方式去展示他们的项目或组织。无论哪种方式，这些个人行为都可能严重影响治疗的忠实度，并把评估工作搞得乱七八糟。虽然有点过时，但下面这篇文章的摘要就是一个很好的例子。

1. 忠实度的噩梦一

357 在一篇题为《来自地狱的家庭保护评估：对项目评估忠实度的影响》的文章中，艾伦·鲁宾（Allen Rubin，1997）描述了一个机构管理员：（1）延长了实验干预组的治疗期，却没有通知评估者；（2）与对照组进行了妥协（30%被转介到接受 90 天疗程的机构，与实验干预非常相似）；（3）在阅读了初步分析后，通知了评估者，在整个项目过程中她并没有遵守案例分配协议，而是将更严格的案例分配给了实验干预——尽管从一开始她就参与了评估设计。当报告初稿显示，密集的计划并不比传统的服务形式更有效时，管理员就开始解释这些并不重要的结果。

鲁宾（Rubin，1997）是如何得出这些结论的，如下所示：

> 该研究的主要部分，即溢流设计，从根本上说，还不清楚其基本无效的结果意味着什么。一种可能性是，ADP 计划的真正效度被项目主管的案例分配偏差掩盖，让她的单位得到了更棘手的案例。怀疑论者可能会注意到，一个至少同样可信的替代方案是，项目主管关于她给她的部门分配了更棘手的案件的事后声明可能并不准确，也可能只是一厢情愿的说法。她所说的不那么大度的解释还是有道理的，因为她表示出极度的关注，担心无效结果会影响该项目的后续经费。第三种可能性是，无论项目主管所说的是否准确，或动机如何，该项目根本就没有效果（p. 94）。

从这个噩梦可以明显看出，项目评估的忠实度有多么重要。我们从悄悄地违反评估设计，转变成类似于善意地忽视。

2. 忠实度的噩梦二

资助一个项目，是为了检验预见性危机项目的效度和为服务对象提供同伴支持的志愿者的功效——在不住院的情况下，他们帮助重度精神病患者更好地治愈疾病。预见性危机项目由一个心理健康专家和一个服务对象一起工作，以诊断后者的个人症状，这些症状通常预示需要进行怎样的干预。从这些症状中，我们开发了一个行动方案，指定一个联系人或资源提供者，等等。提供同伴支持的志愿者被概念化为爱心人士，他们要与另一个重度精神病患者接触。志愿者是友好的支持者——助人者，如果指定患者病情恶化，那么这种支持可能会包括：带患者到心理卫生办公室，坐在那些感到郁闷或孤独的人身边，如果患者的东西吃完了，就给他们安排一些零食或者饭菜，或者只是偶尔聊聊天，检查一下精神卫生系统的患者。一名志愿者与指定患者之间，每周至少有一次接触。该项目在三个不同的实施点进行了测试，包括美国东、西部农村精神卫生社区和一个大城市的市中心，研究对象被随机分到三个地区，其中：(1) 预见性危机项目被作为常规临床治疗的辅助手段； 358
(2) 除了同伴志愿者之外，还采用了预见性危机项目； (3) 控制条件是常规的临床治疗。

对同一群人的两项不同研究并未表明，心理健康患者从预见性危机项目和同伴志愿者中获益了。例如，一项研究，用一整套测量工具，如症状自测量表（SCL-90-R）、丹佛社区心理健康问卷（修订版）、全球自尊量表、生活质量清单和卡茨（Katz）调整量表，对干预组与没有参与干预的对照组进行比较后发现，干预一年以后，患者的心理社会功能几乎没有差异。另一项研究调查了住院和被捕的情况，发现在两种治疗条件下，干预组与对照组的患者没有显著差异。因此，对过程评估进行回顾之后，就可以解释，干预为什么会缺乏有利影响了。

评估人员对治疗师、患者和同伴志愿者进行了过程评估并发现，这两个干预措施的忠实度令人担忧。特别是——

- 只有大约一半（52%）的患者记得，他们与自己的治疗师完成了预见性危机项目。在那些回忆起这个项目的人中，只有 1/3 的人认为，这一危机项目曾发挥过作用。
- 1/5 的治疗师和个案管理者没有制订出任何危机计划；36%的治疗师说，他们写过危机计划，但并没有让患者参与——大大偏离了概念化的干预方式。
- 只有大约一半（48%）有指定志愿者的患者认为，他们与志愿者有过接触。
- 超过 1/3 的志愿者（本身是患者）表示，在要求他们成为志愿者的那段时间里，他们无法充当志愿者。1/3 的人表示，他们在完成志愿任务之后，更多地接受了心理健康服务。
- 1/5 的治疗师报告说，在典型的一周中，他没有花时间去监督，或者与同伴志愿者一起工作。
- 地域差异被发现。例如，在西部调查点，75%的患者记得完成了预见性危机项目；但是，城市调查点只有 53%的人、东部调查点只有 29%的人记得这回事。
- 在东部调查点，患者报告与志愿者接触的比例最低，认为志愿者有帮助、用得上、知识渊博的比例也最低。在该调查点中，没有一个患者认为，曾有人给他们解释过志愿者的角色。而另外两个调查点，同比达75%及以上。

- 在这个危机项目实施的四年里，每位工作人员完成项目的中位数是年均两个计划。
- 当评估助理走进一个卫星定位的调查点时，他发现，被分配到第一个点的患者中，
359 没有一个完成了危机计划。一位工作人员表示，她知道理应跟患者制订危机计划，但她从未接受过任何相关说明或培训，所以她没有打扰患者。另有一位工作人员评论道，这个危机项目“只是坐在图表上”。
- 志愿者们根据能力的不同被用在三个地方。一些志愿者选择不与患者合作，但他们为自己找到了工作，比如在一天结束时打扫卫生，或者管理俱乐部的零用资金。尽管这些活动对志愿者来说可能是有用的，但他们偏离了项目的目标，那就是作为志愿者提供同伴咨询、外展和休闲服务。
- 并不是所有的志愿者都能为别人提供服务，比如有的人看不见了，或听力有障碍，还有的人天生智力低下或有精神病。

这个项目是怎样得到改善的呢？首先，需要更好地培训和督导工作人员，需要定期检测工作人员编写和利用预见性危机项目的程度。这种监测一部分可能很简单，就像医务记录人员定期检查是否包含并完成了危机项目一样。另一个缺失的组成部分是制定新员工培训程序，确保正在实施项目的工作人员继续做下去并参与到同伴志愿者的工作中。在这个项目中，工作人员最初接受了培训，但似乎没有后续跟进，来确定他们按计划实施了项目。到第二年、第三年、第四年，该项目征募到的工作人员似乎没有再接受任何培训，正常的员工流失导致一些工作人员对项目很少得到或根本得不到系统性指导。

其次，需要更好地筛选和监督志愿者。在理想情况下，应该要求志愿者每周至少花30分钟跟指派的患者接触，而且清楚地知道自己的角色是什么。并且应该将他们所承担的角色展现得一清二楚。要求志愿者有自己的手机和交通工具，也会改善他们的影响。

对项目做出承诺必须是自上而下的。不能总是靠授权作者和程序评估者（甚至是团队里小小的一员）的积极性去推动项目的实施，否则，随着时间的推移，治疗忠实度无法按原计划保持下去。在干预措施并没有完全或按预期实施时，“剂量”问题——患者接受了什么干预、接受了多少次干预——可能会对评估员造成问题。在这种情况下，对项目执行的监督很差，因此不可能知道干预是否有可能产生差异。如果新干预措施得到更好的监督，这两个项目就能帮助重度精神病患者避免住院治病吗？使用同伴支持志愿者的概念，制订危机行动计划，是不是浪费时间呢？不幸的是，经过四年多的努力，这些问题还是无从回答。

三、项目偏移和项目修改

从上述两个灾难性的例子中我们能吸取到什么教训呢？治疗的忠实度不是要么全有要么全无的现象，而应该被看作是沿着一个连续统发生变化的。仅仅因为一个项目得到了资助，为工作人员提供了新的干预方向，评估员就假设治疗的忠实度很高，这是不严谨的。此外，如果新的干预措施要求大幅度改变工作人员的工作方式，或者增加他们的文案工作，工作人员可能会有所抵触，而且不配合。机构站点离新干预的信息来源越远，评估者就越能预见治疗忠实度的影响程度。如果不是特别努力地去复制程序、提供培训和严密监督，就没有理由期待理解和遵循模型了。干预越复杂，就越有可能出现忠实度的问题。 360

较高的忠实度要求与指定要素相一致，而不存在非指定要素。然而，随着时间的推移，甚至那些训练有素的工作人员也有可能着手修改新的干预措施，或者按协议所说“执行所有或部分程序，或不执行任何程序——可以补充手册中没有的程序”（Perepletchikova，2011，p. 148）。其结果是，延续多年的项目可能会“偏移”。也就是说，项目可以自我修改，同时保留原始设计的一些元素或特征，但这并不是完美的复制。涉及的治疗师越多，引入的项目环境越多，项目越有可能发生“偏移”和篡改——尤其是在缺乏监督和督导的情况下。

项目会随着时间的推移发生变化，可能在一个环境向另一个环境转化的过程中是难以避免的。例如，如果资助一个项目，其环境不同于最初的环境，项目可能就会改变。我们还应该预见到，项目将会随着领导层的变化而变化，同时他们也会对特定地区施加压力，并对压力做出间接或直接的反应。一个在芝加哥发展起来的项目被移植到比洛克西后，密西西比州将会发展它自己的传统，开发治疗成功和失败的模式。即使努力保持“模式”的真实性，项目也会受到影响。而且在很大程度上，“模式”也决定了该项目聘用员工的个性和经验——以及那些要求和接受治疗的患者。这就是说，政治力量不仅会对项目，而且会对干预措施的评估施加压力。

四、政治问题是如何影响项目评估的？

在理想情况下，由于承诺提供最佳的服务，才会进行项目评估。但也有其他的动机。

例如，当董事会想要雇佣新人时，可以用机构评估的方法来解雇一个管理人员。或者，把一个机构内某项目的积极评估结果公之于众，以消除媒体对另一个项目的负面报道。无论
361 我们喜不喜欢，评估都可以作为一剂猛药带来项目和人事变动。评估新手最好记住，任何评价都可以被评估者视为一项政治活动。那些没有参与项目评估的人往往怀疑“真正的目的”或“暗藏的议程”。此外，评价对被评估者具有内在威胁。想象一下当你被评估时你的感受。然后，想象一下如果负面评估可能会导致你丢掉工作，你会有什么感觉。

评估活动中的一些政治结构可以把评估者置于伦理困境，在第 2 章中，我们考察了评估过程前期的伦理问题。我们要牢牢记住，评估人员在撰写报告时，可能会面临一些微妙的压力，如要呈现机构最闪光之处，忽略不利结果，或侧重于优势而非项目的不足之处。

如果机构员工士气已经消失，人们普遍感觉项目的实施不能如人所愿，或者监督不足、领导不力，评价可能比平常更成问题，因为员工可能担心“被扫地出门”，丢掉工作。另外，管理人员可以申请程序评估，以表明对该机构的批评是没有根据的。

在任何组织内，对评估的“真正”目的和价值都可能有很多声音，因为进行评估有很多理由。因此，有些工作人员将会得到支持和帮助，而另一些工作人员则会受到威胁，因为评估是“被迫的”。受到威胁的工作人员可能会试图破坏评估工作。他们可以将评估者视为调查记者、评论家，只关注问题而不关注项目的优点。

肯尼迪总统曾提到：

> 评估在本质上是一个相互矛盾的活动。评估人员有望帮助机构实现他们的目标，但是由于机构可能有目标不相容的地方，结旲可能是帮助一个组织而阻碍了另一个组织。通常希望评估人员从客观的角度来看观察机构，他们的信誉可能取决于那些被认为富有同情心的朋友。大多数这些紧张局面在评估任务中都是固有的（p. 519）。

评估者不应该天真地认为，项目评估工作在某种程度上不受政治进程和压力的影响。决策者有时会要求评估者对已经做出的决定进行验证或合法化。

迫于机构管理人员或管理部门的压力，评估者可能要证明项目是成功的——不管它是否成功。由于存在资金浪费的可能性，管理人员可能会担心，即使调查结果是负面的，也要以尽可能最好的方式呈现该项目。他们可能会要求评估者强调积极方面，或者从满意的服务对象那里得到一些轶事，或得到社区中有影响力的人士的评价，诸如此类。管理人员可能关心结果的呈现顺序。他们可能希望能在评估报告的前面提出有利的观点，在报告中间隐藏一些负面观点。这些管理人员也可能暗自希望，任何有坏消息的文档都晦涩难懂，令人们敬而远之。

362 一些管理人员可能会要求将调查结果私下交给他们，并要求评估人员另外编写一份无伤大雅的终极报告，对所发现的问题尽量少提，以便向社会公开传播。其他管理人员可能会暗暗地希望，包含坏消息的所有文件都难以理解，即使是感兴趣的人，想看到报告也不容易。在这里，我们看起来有点愤世嫉俗，但各方并不是都希望得到客观的信息。当机构

工作人员对行政部门感到愤怒和愤慨时，员工可能会采取一些狡猾和恶毒的手段，来阻挠评估工作。在一种情况下，一名工作人员打电话向伦理审查委员会提出投诉，并在进行调查时进行评估。几周后，在付出了大量的时间和精力之后，伦理审查委员会得出结论，投诉没有任何实质内容（站不住脚）。由于伦理审查委员会认为，保护投诉人的身份很重要，所以不可能去谴责雇员。

五、评估的“威胁”

评估活动总是对某些人或某个群体构成潜在的威胁。无论是学生、教职员工还是雇员，都害怕得到负面的评价，被贴上不称职或难以胜任的标签。当我们打算评估别人的活动时，联想一下自己的感受，就能帮助我们理解他人的感受了。那些没有参与评估计划的人，往往会怀疑“真正的目的”或“不可告人的议程”。

如果工作人员觉得并没有对行政架构进行评估，他们就会生气，甚至害怕。另外，如果员工觉得问题不在于他们的工作，而在于行政层面，而评估会发现这一点，他们就不会感觉受到太大威胁。评估人员必须意识到，所有害怕失去工作或其他负面影响的人，都会感到有威胁。

即使那些员工不担心失业，但觉得项目被不公正地挑出来，那么他们也可能不会像评估者期待的那样去配合。虽然他们不会恶毒到去扎破评估者的车的轮胎，但是他们会心平气和地拒绝评估者，不去完成他想要的调查问卷或表格。他们“太忙”，以至于没有时间去查看他们封存的服务对象记录，或者为了评估的需要去联系活跃的服务对象。他们可能会“忘记”在指定时间提交调查问卷，或者他们“丢失”了评估者给他们的注意事项。如果评估需要持续地收集数据，并且评估者只是不定期地来到机构，而且没有设计足够的数据收集机制，那么产生的数据可能只在方便的时候才被零星地收集起来，或者根本就没有被收集。那些被动的职员可能会辩解说：“我们在这里工作是为了帮助服务对象，而不是把他们当成‘豚鼠’（实验品）。我们太忙了，不会有那么奢侈的时间去搞研究！”

评估人员不应该低估被评估机构内部人员所拥有的权力。汤普森（Thompson，1989）将评估者描述为“权力经纪人”。部分原因是评估者可以在权威的立场上为他人说话和行 *363*
动。评估员可以为那些不愿意自己这样做的人代言，并作为代理人去促进行动和改变。通过收集信息和关注重要问题，评估者帮助决策者变得更有见识（因而更有力量）。

一些机构工作人员把评估者视为“被雇用的枪手”，评估者进入该机构，通过记录工作人员的低效和无效，来赶走一些工作人员。根据这种思路，这些“枪手”听命于雇用他们的人。由于与支付咨询费的人有联系，评估者不会被看作是客观的，他们甚至都没兴趣听到“真相”。

无论你是内部的还是外部（合同）的评估者，你都会发现项目评估几乎总是在一个政治舞台上进行。人们假定你可能在政府内部有“影响力”，只是你不觉得。人们也可以预见，政治压力会因实力的不同而有所不同，这取决于利害攸关的程度。明智的评估者对任何可能影响他或她的判断因素（政治或其他方面）都很敏感。由于不容易知道你是否对某一群体或多个群体过于迁就或不公平，你可能会发现，找到一个信得过的朋友或同事帮你看看终极报告的初稿是多么有用，该朋友或同事能够检查出任何缺乏客观性或平衡性的内容。当一个项目出现严重问题时，你很容易把重点放在消极的一面，而看不到积极的一面，但两者都需要报告。

机构负责人经常认为，应该把所选案主已获成功的案例纳入评估报告中。报告此类内容无伤大雅，特别是在用这些零星的轶事来证实定量数据的结果时。但是，如果一不小心，使用轶事数据就可能迅速恶化，成了选择性报告，而且本身也不能成为可靠的评估。

项目评估不能用挑选出的轶事来说明特定的结果，并传达一种印象：这种材料在某种程度上是项目成果的“代表”。这种做法是有欺骗性的。另外，采用轶事的报道或选择的引语来说明各种服务结果，不加渲染地“充实”报告的量化结果，可能有助于一些读者对评估工作有更深入的了解。

六、在政治舞台上进行评估的准则

（一）准则

为了尽可能地帮你保持公平和公正，管理政治压力可用以下准则。

1. 维护你的独立性

可能会有来自机构内部的压力，要求以有利的方式呈现结果。准备好去面对这样的压力。需要事先说明，有些结果可能是积极的，而有些可能是消极的。我们要学会收集和检查来自各个视角的信息。

364 如果对评估目的和评估者角色有一个明确的概念，评估者的自主权就不太可能受到损害。作为一个评估者，你是否会成为一名顾问，帮助一个项目成长和改善？或者你会成为“发现者”，去揭露和诊断无法健康运转的项目，这样政府就可以执行“手术”了？重要的是，要让机构负责人、主任或董事会认识到项目评估的必要性和益处。如果可能的话，请签一份合同，明确说明你对你的评估对象的期望。

在合同谈判过程中，只要你坚持撰写报告的权威性，你的独立性就得到了保障。不要让评估主办机构有权撰写、修改或编辑你的评估报告。（但是，你准备好了报告初稿后，向主要负责人简要介绍一下主要的发现，这可是个好主意。你可能希望与人分享这个初稿，以便获得其他观点，并帮忙解释一下数据。情况通报对政府也会很有用，免得他们对负面调查结果感到惊讶和意外。这需要一点额外的时间，值得花在一个政治竞技场上——即使在报告“正式”生效之前，董事也有时间准备回应或采取整改措施。）

2. 缔结契约

起草一份协议或合同是一个好办法，以免轻视评估者的作用、混淆评估目的。它甚至可以被称为“谅解备忘录”——没有合同正式，但更友好。这些协议可简可繁，相差很大，主要取决于花费的时间和所付的报酬、评估的复杂程度，以及评估主办方和评估者之间的信任。本质上，这些协议应该包括：

（1）评估的目的或重点（包括评估主办方想要回答的一系列问题，或将要研究的假设）。

（2）评估的起始时间（至少，指定评估产品必须完成的截止期限是非常重要的）。在某些情况下，你可能需要描述主办方对最终产品的期望——包括外观、细节数量或需要的页数等等。

（3）评估方法。包括所需数据、人员和设施。（评估设计是否需要对照组？被试需要随机分配吗？是否有必要从被试那里获得敏感信息？你需要访问哪些数据源？将需要多少以及哪些员工来协助？）

（4）所需预算。不仅咨询费的协商很重要，而且对差旅、办公用品、测量工具或仪器、打印机、文秘服务等也应有明确的预算。你可能需要指定付款时间表——评估者希望 365
付酬的时间——每月支付还是在项目结束后支付。

（5）数据的所有权和编写权限（评估结束时，谁来保管数据资料？如果你决定为专业杂志撰写文章，则可能需要数据或至少能访问数据。此外，应该明确由谁来写最后的评估报告和编写权限，以及要给哪些读者）。

这很重要，因为一些期刊现在要求在脚注或尾注中，注明每个作者的贡献（例如，构思并策划了项目、提供了治疗、进行了统计分析、实施并撰写了文献综述等），并且要有相应的作者证明，证明所有作者都同意提交文章，而且文责自负。

在某些情况下，评估者在进行评估设计和数据收集之前，很有必要去收集项目和机构信息。这个设计阶段（有时候也叫可行性研究）可能要单独协商，以便评估者稍后能切合实际地考量一下实际评估。

3. 尽可能从多种资源中获得评估信息

要包容而非排他。跟被试、员工、董事会成员、社区公民交谈——简言之，与所有对该项目有意见的利益相关者进行交流。如果时间和资源允许的话，使用不止一个评估设计。做最坏的打算——如果你已经计划好的评估模型没有达到预期效果，你能得出什么结论？还有其他一些有价值的数据资源吗？

4. 向工作人员及其他各方解释和说明评估目的与方法

召开工作人员会议，允许工作人员提问并与你进行互动。你甚至可能想建立一个咨询委员会。一个特设委员会也可以向你提供关于潜在问题的反馈意见。他们了解客户的教育水平和能力，并能提出一些解决办法，去规避某些机构障碍和困难。至少，允许员工提问有助于降低他们对评估的焦虑程度。向员工提供信息有助于抑制对评估“真实”目的的传言。员工参与比不参与提供的信息更丰富、更全面。因为他们很可能知道这个项目的严重问题。因此，使员工既知情又参与是很好的评估实践。如果工作人员与管理人员参与了这个过程，并且保持较高的热情，他们更可能使用这个评估结果。

要明确地传达所有指示和指令，尽管这似乎只是一个常识，却是至关重要的。工作人
366 员和被试对评估方法或评估者的工具不熟悉。他们可能需要详细的指导和培训。（我们曾经听说过一个评估给员工发了一份相当冗长的问卷，实际上根本没有任何指导作用。在没有指导方针的情况下，工作人员只好临时拼凑。一些人要求额外的指导，而另一些人则喜欢猜测评估者想要的是什么。）另外，别把问题设置得过于复杂，要让那些繁忙的人很快就能理解。如果指令不容易被理解，员工可能就不会接着做下去。尽可能地把评估强加给被试、员工或社区这些关键利益相关者的“负担”降到最低。

（二）日常事务问题

评估人员必须警惕当自己无法亲自监督评估时出现的日常事务问题。一位评估者曾经说，自己很沮丧，为了给更多人提供服务，在为一个特殊项目选拔工作人员时，她不断降低资格标准。评估者在跟进服务对象的时候发现了这一点，许多服务对象都没有被纳入评估中，但为时已晚，评估者的服务对象比原计划少得多。更糟糕的是，工作人员已经不再把被试随机分到“常规组”或“密集”干预组中去了。他们已经开始用自己的标准来决定，哪些人可以从项目中受益最大了。

这种类型的“故事”比比皆是。大多数评估者还清晰地记得自己某次失败的评估。尽管评估没有遇到任何问题是非常罕见的，但经验丰富的评估者在出现问题之前就学会了预测问题，并且制定对策。例如，策划一次大规模的邮寄调查，评估者需要计算的时间，不仅包括对问卷进行文字处理、填写和处理信封所需的时间，而且包括邮局按邮政编码进行分类及投递到他们手上的时间；还要考虑额外的一两天，因为可能出现意想不到的问题（如办公人员生病或复印机坏了）。以前从未发生过的事情可能在关键时刻发生了。由于这

个原因，评估者要把完成某些超出其控制的任务所需的时间估算一下，然后将这个估算值加倍，以便在出现意外的问题时给自己一个舒适的“缓冲”。即使是在你控制范围内的活动，意想不到的事情也有可能发生，并且如果计划中不允许出现“延误”的话，可能会导致错过最后期限。

在项目评估过程中发生的大多数非政治问题，是因为事件超出了评估者的控制。例如，IT 人员通知你，他要比约定时间晚两周才能按你的要求找出 500 个随机被访者的地址。或者，评估人员依赖于该机构的其他人员来监督这项工作，而这个人又陷入了更紧迫的问题中，所以并没填写调查问卷。被访者的问题似乎总是比项目评估更重要。 *367*

一个家庭访问计划的“经验教训”评估描述了作者创建的一个数据库，该数据库对每个家庭访问的次数、与这些家庭保持联系的困难以及提供的服务等进行了跟踪。然后作者说：

> 创建数据库后，发现该程序的 Microsoft Access 版本已经过时，我们无法将数据库转换为正在运行的版本。然而，安装了更新的程序版本后发现，家访者从未将数据输入数据库。因此，只能通过受访次数来衡量剂量了（p. 522）。

作者就做了一项非常好的工作，去解释为什么项目无法提供预期的结果。

资料来源：Zolnoski，S.，Stacks，A. M.，Kohl-Hanlon，A. & Dykehouse，T. A.（2012）. Lessons learned from the first-year evaluation of a small-scale home visitation program. *Journal of Social Service Research*，38，415-528.

在可能的情况下，尽可能承担更多的责任。不要靠别人替你去挑选被试，去设计表格，或规定数据收集的过程。尽量去监督和控制过程。对于你不能做的事，就请你自己的员工去做。如果你没有其他选择，只能依靠那些有竞争利益和责任的机构工作人员，请与他们保持密切联系。不要在项目开始时打一次电话，然后在需要数据时再打一次电话，要经常去拜访机构或者访问网站，让他们了解你。培训收集数据的人，如果可能的话，还可以减少他们的其他任务。让员工参与进来，并与他们保持联系。预测可能发生的潜在问题，如果没有发生类似问题，就偷着乐吧。

七、内部评估人员和外部评估人员

内部评估人员（由组织雇佣的全职评估人员）可能与外部（合同）评估人员职责相同，就是看一个特定项目是否按照预期工作。但每个方案各有所长，可能会遇到不同的挑战。我们先来看看每种类型的评估人员各有哪些优势。

在考察每种类型的评估人员的优势时，你也应该意识到，每一种力量都有其弱点（见表 13-1）。例如，虽然内部评估人员可能对机构内部比较了解，但如果多年来他与机构里某些其他工作人员经常敌对或发生冲突，那么他可能会处于劣势。如果认为评估人员是傲慢、无礼、自以为是的，那么员工可能不配合评估工作。工作人员可能是被动攻击的类型，并说他们会这样那样做，但是从来没有找到时间来解决这个问题。外部评估人员不可能带着任何这样的包袱进入代理机构。他们也不了解该机构的员工网络和派别。可能要有人去帮助这些外部评估人员，了解有谁可以提供评估所需的帮助。

368 **表 13-1　内部评估和外部评估的优势**

	内部评估人员	外部评估人员
知识	对机构人员、项目、服务对象、资源和问题，有作为“内部人员”的了解。可能知道报告该如何偏袒，使其更适合员工或管理人员。	可能有新的或不同的观点，可能有不同的技能组合。可能有在不同机构评估各种类似项目的经验。
时间框架	领工资的评估员应该能够调整工作负荷以满足需要的最后期限；完成工作的时间可能取决于机构中的其他任务和责任。	通常按签署的合同在短期内协商完成。
成本	一年可以尝试几个项目，考虑项目时甚至排出不同的优先顺序；主管人员可以监督该机构的数据库建设。	费用可以谈判；在小型项目中比雇佣一个全职的内部评估人员更便宜。
责任制	内部评估人员对他或她的机构负有高度责任，最终他或她的工作可能冒极大的风险。	外部评价人员可以以良好、平庸或较差的水平完成评估，并且可能永远不会再次踏入该机构。
可用性	随时可用；当需要特别项目或报告时，可能会在短时间内被分配新的工作任务。	可用可不用；可能必须进行搜索才能找到顾问，除非以前用过，并且声誉依然良好。
信度评估	通常由于机构了解而值得信赖，除非对被视为过于政治化或无法客观的人做出特别任命。	令人信服地进入，但不是员工，没有与员工沟通，随着时间的推移信誉尽失。

在时间方面，内部评估人员，特别是一个小型机构中的评估人员的劣势是，他或她的评估可能达不到100%。临床主任可能只能给予他或她25%的时间来做评估——如果有那么多时间的话。其他工作人员可能会发现，患者的危机或积压的机构患者导致所有计划好
369 的评估活动都被向后推，推到了备忘录清单的底部。追求赚大钱的外部评估人员不断寻求新项目，特别是那些薪酬很高、需要很长一段时间才能完成的工作。如果他们刚刚获得一份大合同，可能就不能马上接手另一份合同了。任务紧迫时，教师和社区中的其他人也可以把评估作为副业或兼职——特别是在学期开始和结束时——这可能会影响他们做策划或撰写评估报告。

成本是一个棘手的因素。在较小的机构中，评估人员也可能有直接服务的责任，很难知道该机构是否真正允许内部评估人员将 50%的时间集中在评估上。可能评估人员的时间被委员会和会议给“吃掉”了，他们是进行了收费评估还是直接服务呢？至少对外部评估人员而言，该机构通常知道项目的成本，也许会是 5 000 美元甚至 25 000 美元。对于内部评估人员来说，成本更难估算，但已经把评估者工资列在工资单上，而不再需要“新的”资金时，成本看起来就更低了。

虽然内部评估人员对他或她的主任或主管负有高度的责任，但也有可能在其他层面对机构内的员工负责。也就是说，内部评估人员可能会觉得他或她要对长期相处的朋友和同事负责，并且可能会感到需要保护朋友或工作。内部评估人员可能对服务群体负责——特别是在要决定这个项目是否取消的情况下。内部评估人员对不同的人负责，目的会有所不同。如果一个项目真的很糟糕，是由于上面缺乏管理或监督，内部评估人员有勇气报告吗？关于对谁负责和问责制的问题，外部评估人员通常会因为不了解工作人员，在某种程度上就不追究了。

无论内部评估人员是兼职还是全职，社会服务组织始终都要优先处理不断变化的事情。可能是新一轮预算削减需要管理层来削减员工。管理层可能需要评估人员提供过去三年服务对象的数据，以便确定哪些项目不太需要工作人员。重新认证的工作可能要求评估人员进行需求评估或客户满意度调查，并且这一职责可以在未来一两个月内成为重中之重。所以从理论上来说，内部评估人员可以瞬间得到通知，也就是说，响应服务对象的需求。资金来源和监督委员会等的性质往往意味着，内部评估人员可能没有办法像董事或咨询委员会所需要的那样，快速进行项目评估。全职的外聘顾问不在工资单上，他们必须靠忙碌和拥有多个客户才能维持生活。他们可能在设法找到足够时间之前，就承诺在某些情况下开始一个评估，但多数人很乐意让客户知道，他们最早什么时候开始评估。

内部评估人员了解服务对象人数、项目和机构员工数——从而有一定的可信度——然
而，他们可能没有外部评估人员的视野那么广。从机构以外聘请“专家”并不罕见，因为 370
他们比内部人员更有可信度。当出现了负面新闻报道时，更大的可信度可能正是该机构所需要的。然而，与机构工作人员没有私人关系，并不意味着进行评估会更容易。实际上，工作人员可能会认为外部评估人员不可信——特别是如果未来的合同正在酝酿中，员工认为外部评估人员可能会轻描淡写地批评管理层，因为希望再次被请回来做其他评估。

克勒曼（Klerman，2010）提供了一个新视角：聘用合同制评估者进行大规模评估。他列举了一些可能会扭曲评估结果的行为，例如：项目承办者努力不足（例如，为了获利或降低预算）；由于无法决定什么结果应该报告，因此结果不能发表；数据解释不充分（因为在报告的文本中使用表格而不是解释）。

该领域的一个较新的发展是，建议在项目评估阶段早期，成立一个评估咨询小组。知

情的利益相关者包括机构的服务对象和服务人员。这些人的实践智慧可以证明，评估能有效规划和实施评估研究（详见 Baizerman，Roholt，& Fink，2014）。

八、文化敏感性评估实践

美国的治疗方案最常用于白人，通常是说英语的城市人士，从而使其对拉美裔美国人、非洲裔美国人以及美洲原住民、亚裔及其他少数族裔而言可能不合适，也可能无效。主要针对白人患者的干预措施，其结果可能也无法推及其他群体。

这还不是唯一的问题。目前使用的许多（如果不是大多数）测量工具是由欧洲裔美国人开发的，把它们应用于另一个族群时，可能会存在大量的测量误差。此外，通常这些测试主要是根据欧美被试获得的分数（规范）来解释的。即使考虑到种族，社会经济地位通常也会混淆种族差异，因为许多少数族群都是社会经济地位较低群体的代表。而在干预方面，如果未能将少数族群纳入研究，就可能使评估者看不到干预对某些族群的积极和消极影响——这可能导致针对少数族群的干预无效或有风险（Branson，Davis，& Butler，2007）。

从历史上看，研究者没有招募过少数族群的人参与过研究，往往认为他们不太可能同意参与研究。在临床实验研究中，非洲裔美国人和拉美裔美国人就没有足够的代表（Ford
371 et al.，2013）。事实上，在临床研究中，女性和少数族群代表性不足，导致美国卫生研究院要求调查人员将研究人群向一般人群倾斜，并解释差异。如果没有将女性和少数族群的招募计划纳入该协议，研究院就不会投入资金了（Branson，Davis，& Butler，2007）。

对非洲裔美国人进行的种族隔离、种族歧视和不道德的研究历史，在某种程度上对少数族群参与有所贡献，特别是在临床研究方面（Washington，2007）。塔斯基吉梅毒研究说服了许多有色人种，白人政府资助的科学家对非洲裔美国人如此不尊重，以至于现在很容易让一些人相信种族灭绝阴谋论。

结果，许多非洲裔美国人可能不信任研究人员，认为研究人员从他们那里得到的比他们回馈的要多。因此，当他们被随机分配到一个对照组时，他们就会作为被招募来“严格研究”的人，被描述为“健康研究的一个长期挑战”（Dignan et al.，2011，p.913）。

布朗和托普朱（Brown & Topcu，2003）在一个精心设计的研究中了解到，当被问及是否愿意参加临床治疗实验时，如果他们有严重的内科疾病，如癌症，年龄较大的美国黑人（72.5%）和白人（78%）之间没有统计学意义上的显著差异。虽然年龄较大的非洲裔美国人比白人更有可能表明对塔斯基吉梅毒实验的认识，但是关于塔斯基吉实验的知识与参与临床癌症治疗实验的意愿并不相关。

据报道，尽管非洲裔美国人对参与研究更加恐惧，但两项研究都发现，他们与白人一样，更愿意参与生物医学研究（Katz et al.，2006，2007）。塔斯基吉遗产项目的第三篇文章是在总统为梅毒研究致歉之后撰写的，文章作者发现，非洲裔美国人比白人更有可能参与生物医学研究，这一比例是白人的 2～3 倍，尽管曾听说过塔斯基吉梅毒研究或总统道歉，但他们仍旧愿意（Katz et al.，2008）。

该系列的第四篇文章（Katz et al.，2008）调查了这样一个问题："对塔斯基吉梅毒研究的意识是否影响了人们在 1999—2000 年参与生物医学研究的意愿？发现黑人和白人的答案都是否定的。第二个问题专门询问那些听说过塔斯基吉梅毒研究的人，对这项研究的意识是否影响了他们在 1999—2000 年参与研究的意愿，答案也再次是否定的。然而，黑人和白人对梅毒研究都缺乏细致的了解。在关于梅毒研究的知识与黑人或白人参与的恐惧之间没有任何关系。遗产项目的一个限制是，它没有去评估其他历史事件是否在造成不信任方面发挥了作用。"作者总结说：

> 如果梅毒研究对人们参与生物医学研究的意愿有更广泛的影响，那么这与我们的结果是完全一致的（例如，在梅毒研究被曝光之后，即使没有保留特定研究的任何细节，对生物医学研究的普遍不信任感也会迅速蔓延）（pp. 1177-1178）。 *372*

这句话表明，虽然塔斯基吉梅毒研究的具体知识不能解释非洲裔美国人缺乏对临床研究的参与，但是这些研究不能从一定程度上消除人们对医学实验的普遍担忧，这些担忧从一些道听途说和私下对话中可见一斑，用含糊不清的方式想起来或回忆起来。尽管如此，项目评估人员和研究人员需要具有文化敏感性和适当的招募策略。

如何进行文化敏感性评估

我们都透过文化视角来看待世界，这些文化视角在很大程度上是通过从家人和亲密朋友那里获得的教导而塑造出来的。我们可能永远不会完全意识到，在我们的社会中，有影响力的人际关系和群体——无论是宗教团体、同伴群体还是社会组织——都有助于我们形成假设、价值观，甚至是一些误导，如对那些看起来与我们不同的群体的误解。我们的"教育"在进入幼儿园之前就开始了。

除了这些影响之外，我们自然而然地倾向于认为其他人会按照我们的方式来思考，知道我们在做什么。但这是一个评估者不应该犯的错误。举一个简单的例子：许多社会服务机构的服务对象不像我们的评估者那样，拥有硕士或博士学位，他们没受过同等教育。尽管评估者知道在知情同意和类似的文档中，应该使用与目标客户群体相匹配的词汇并符合他们的阅读水平，但其他事项也值得注意。

上过大学的人大都熟悉李克特量表，并使用问卷调查来记录自己的观点和知识。我们知道，研究人员值得信赖，可以为我们保守机密或保证匿名性。然而，没有上过大学的人可能认为没必要回答每个问题，可能会因为涉及连续统上的点而恼火，不相信他们不会被认出来，或者不相信自己的违法行为信息不会被透露给警察。他们可能认为完成问卷是一件令人讨厌的事情，其有效性还不如口头上“用他们的话语”来描述他们想要描述的事情。简而言之，他们可能对研究的价值和“正确”的行为方式持有不同的看法。如果被试来自另一个族群或语言群体，并且对西方的调查研究方法一无所知，那么这些担忧就会被放大。

在评估过程中，对那些与评估者的文化经验不同的人，以及与目标群体相似的客户群体，通过试点测试程序和操作指南，可以避免文化不敏感的问题。有关少数族裔招聘的相关论文可参见专栏 13－3。为了最大限度地提高少数族群的参与度，评估者不妨看看以下几点：

373 • 构造一个族群多元化评估团队，使所有要研究的少数族群都有代表。

• 请注意，种族和族群的术语经常被混淆。例如，可能将拉美裔的种族认定为黑人。混血或者双重文化的人更难分类。你可能想要求他人在文化上认同自己。

• 从目标群体收集数据，让团队自由地讨论并提出建议。讨论评估的社会有效性（例如，请参见 Hodge&Limb，2011）。

• 要检测那些根据文化偏见和敏感性提出的测试和测量方法。试着选择那些有证据证明其跨文化效度的方法。

• 与类似的被访小组一起测试项目的所有程序和信息（包括同意书）。

• 培训访问员，使其了解该如何鼓励被访者，特别是少数族群自愿参与。

• 要求访问员进行角色扮演，并与不同种族或族裔群体的人员进行访谈。

• 在数据收集阶段开始时，请倾听被访者的所有疑虑。你可能希望对退出者进行访谈，从被访者的角度了解这一过程。

• 开放数据进行多种解释，并让一个种族不同的团队来评估调查结果。

• 寻找标准样本与少数族群的样本加以比较，而不是基于欧洲裔美国人的得分。

专栏 13－3　为使更多非洲裔美国人参与研究，在文献中搜索到的策略

• 对一个立意抽样进行了研究参与障碍的调查：用抽出的 70 个非洲裔美国人样本组成 11 个焦点小组。发现以下问题：在非洲裔美国人社区研究的好处还不太清楚，有人认为这项研究将有利于白人；有一种观念认为，少数族群得到的医疗保健质量较差；之所以招募少数族群，是因为研究人员认为他们不太可能去质疑程序；向他们提供的关于这项研究的信息往往是难以理解的。为了提高少数族群的参与率，他们建议研究人员建立一个社区咨询委员会，提供有文化针对性的教育项目，与社区组织合作，并增加获得临床护理和

支持服务的机会（Scharff et al.，2010）。

- 在系统回顾了影响非洲裔美国人参与癌症临床实验的因素后指出，人们普遍认为患者被视为“豚鼠”，而且非洲裔美国人缺乏关于临床实验的知识。可能妨碍他们参与的障碍包括：他们患并发症的概率不会很高，缺乏交通运输、儿童护理、医疗保健费用、医疗保险以及医疗保健设施。成功的策略包括：有足够的人力和其他资源被用于交通运输、停车和媒体广告、在非传统时间内提供服务、将少数群体重点放在招募规划的优先地位、有 374 非洲裔美国人员工，以及从文化角度采用适当方法并建立信任关系，以开放和诚实的方式来解释当前的保障措施。文献显示，承认传统的非洲裔美国人的信仰会大大提高参与率，因为有卫生保健服务者、朋友或家人的推荐参与（Rivers et al.，2013）。
- 华莱士与巴特利特（Wallace & Bartlett，2012）主张，确定社区关键人物（利益相关者）和社区领袖，他们是潜在的研究参与者所信赖的人，参与当地社区活动并常能看见，员工和卫生人员中有非洲裔美国人，通过奖励刺激交通和使用术语，安排参与者可能方便的时间——学校放学后、晚上、午餐时间或周末、去教堂的时间，方便参加者。

专栏 13-4 为改善少数族群的参与提供了一个有用的案例。此外，哈切特、霍姆斯、杜兰和戴维斯（Hatchett，Holmes，Duran，& Davis，2000）提出以下建议：

- 提供货币来激励。
- 访问非洲裔美国人社区中心，利用口耳相传的方式共享信息，提高他们对该研究的认识。
- 雇人（社区人士）提供意见和收集资料。

总之，评估人员应该在评估过程的每个步骤中，考虑自己的文化观念是如何影响不同文化的数据收集和解读的。必要时，评估人员应寻求帮助，如居住在少数族群地区或熟悉目标人群的外籍人士或专业人士。

九、最后的思考

尽管看起来这一章似乎已经花了很多不必要的篇幅，去处理可能出现的项目忠实度及一些务实问题，但本书作者坚持自己的立场（一个人不足以维护程序的完整性），部分原因在于格言“防患于未然”。有人提醒一位作者，注意被聘为项目评估者的时间。为帮助从业者更好地评估服务对象，机构正在测试新测量工具。经过几个月的实施，令人惊讶的是，很多（如果不是绝大多数）临床医生，因其目的都没有使用该测量工具。他们没有计算整体的严重程度评分，或查看测量工具的分量表。相反，他们只删除被检查的项目。他们会采取约翰消费量表中的一两个检查项目（如不睡觉），然后询问消费者这是否是他想
375 要开始的问题。如果要检查很多问题，目前还不清楚临床医生是否会给患者一个选择机会，或者治疗师为他们的工作选择了最麻烦的问题。关键在于：实务工作者和评估者有时候（或者经常）对一些问题会有不同观点，如对测量工具的价值、评估的补偿/有用性以及从业者有权定制干预措施来满足自己的需要等。总而言之，对于评估初学者来说，还有一个古老的格言："凡事预则立"。

专栏 13－4　一个研究项目：如何使非洲裔美国人最大限度地参与

为了获取有关其行为、社会和环境相关性的数据，以减少非洲裔美国人的糖尿病问题，美国疾病控制和疾病预防中心与三角研究所签署了一项合同，在北卡罗来纳州的韦克县开展一项社区调查。

研究团队首先做的一件事就是聘请了一位非洲裔美国人，他是社区知名的健康教育工作者；另一件事是建立一个社区顾问委员会，教育公众了解目的和目标，希望能大大提高回应率。为了确定社区顾问委员会的适当人选，他们联络了当地的非洲裔美国部长级协会、非洲裔美国医学协会、卫生部门、媒体以及各种与糖尿病有关的组织。从这些采访中，他们征集了其他人的姓名，并邀请那些名字出现三次及以上的人来参加。社区顾问委员会的每次会议都包括糖尿病及其管理的教育。

社区顾问委员会"持续而努力地"提醒研究团队回馈社会的重要性。沿着这个思路，该项目雇用了当地社区成员承担调查工作，还请他们参加了有关医疗检查的儿童保育活动。为了"回馈"，该项目联系了参与者，他们从筛查中获得了一些非正常的结果，并为那些需要医疗护理的人提供了一份资源清单。

为建立其合法性，社区顾问委员会还开发了一份宣传手册，25 名社区顾问委员会成员同意将他们的名字列在小册子的后面。该委员会还作为该项目的代言人出现在本地电话访谈节目和当地电视节目中。

该项目对 1 884 户家庭进行了筛选，或与其中 89%的家庭取得了联系。在所有符合条件的非洲裔美国人中，81%完成了家庭考试，80%完成了长期体检。非洲裔美国人的回应率高于白人。对这个回应率，研究团队倍受鼓舞，因为社区顾问委员会的一名成员报告说，她最初从其他一些社区成员那里听到，该项目是由政府设计的，目的是通过非洲裔美国人社区传播艾滋病防治知识。

资料来源：Burrus，B. B.，Liburd，L. C.，& Burroughs，A. (1998) Maximizing participation by Black Americans in population-based diabetes research：The Project DIRECT pilot experience. *Journal of Community Health*，23 (1)，15-27.

一、课堂讨论

376

1. 就你熟悉的一个项目，讨论头脑风暴法可能使治疗忠实度受到哪些影响。

2. 根据关于地方机构的知识，讨论可能在选定机构中对任何评估工作产生（积极或消极）影响的政治压力。

3. 讨论问题 2 中确定的政治压力可能被中和或否定的方式。

4. 有没有可能在某种情境下，项目评估不会受到威胁？想象这样一种情景：一个项目及其员工非常欢迎并接受评估活动。

5. 请讨论对评估最常见的反应，评估者怎么做才能降低评估工作的危险呢？

6. 项目偏移总是坏事吗？它能改善干预吗？从评估的角度来看，偏移总是有问题的吗？

7. 你怎么做才能确保你的评估过程受到有色人种和不同族群的好评？

二、微型项目：亲身体验评估

1. 设想一个场景：某机构要求你进行项目评估。准备一份谈判要用的合同，尽可能地提供更多细节。

2. 在你工作的机构做一份小样本访谈，看看志愿者或实习生在进行评估工作时，是否会受到威胁。试着找出那些不会威胁他们的条件。准备 5～10 个你想在面试中用到的问题。

3. 使用数据库来确定本章涵盖的主题（如治疗忠实度、文化敏感性评估等），找到一篇论文来阅读，或阅读本章中提到的一篇文章，并将反思总结在两页纸的论文中。

三、参考文献

Baizerman, M., Roholt, R. V., & Fink, A. (2014). Evaluation advisory groups. *Research on Social Work Practice*, *24*, 186–187.

Bellg, A. J., Borrelli, B., Resnick, B., Hecht, J., Minicucci, D. S., Ory, M., et al. (2004). Enhancing treatment fidelity in health behavior change studies: Best practices and recommendations from the NIH Behavior Change Consortium. *Health Psychology*, *23*, 443–451.

Bond, G. R., Becker, D. R., & Drake, R. E. (2011). Measurement of fidelity of implementation of evidence-based practices: Case example of the IPS Fidelity Scale. *Clinical Psychology: Science and Practice*, *18*, 126–141.

Branson, R. D., Davis, K., & Butler, K. L. (2007). African Americans' participation in clinical research: Importance, barriers, and solutions. *American Journal of Surgery*, *193*, 32–39.

Brown, D. R., & Topcu, M. (2003). Willingness to participate in clinical treatment research among older African-Americans and Whites. *Gerontologist*, *43*, 62–72.

Burrus, B. B., Liburd, L. C., & Burroughs, A. (1998). Maximizing participation by Black Americans in population–based diabetes research: The Project DIRECT pilot experience. *Journal of Community Health*, *23*, 15–27.

Campbell, B. K., Manuel, J. K., Manser, S. T., Peavy, K. M., Stelmokas, J., McCarty, D., et al. (2013). Assessing fidelity of treatment delivery in group and individual 12-step facilitation. *Journal of Substance Abuse Treatment*, *44*, 169–176.

Clay, C., Ellis, M. A., Amodeo, M., Fassler, I., & Griffin, M. L. (2003). Recruiting a community sample of African-American subjects: The nuts and bolts of a successful effort. *Families in Society*, *84*, 396–406.

Dignan, M., Evans, M., Kratt, P., Pollack, L. A., Pisu, M., Smith, J. L., et al. (2011). Recruitment of low income, predominantly minority cancer survivors to a randomized trial of the I Can Cope Cancer education program. *Journal of Health Care for the Poor and the Underserved*, 22, 912–924.

Ford, M. E., Siminoff, L. A., Pickelsimer, E., Mainous, A. G., Smith, D. W., Diaz, V. A., et al. (2013). Unequal burden of disease, unequal participation in clinical trials: Solutions from African American and Latino community members. *Health & Social Work*, *38*, 29–38.

Hatchett, B. F., Holmes, K., Duran, D. A., & Davis, C. (2000). African-Americans and research participation: The recruitment process. *Journal of Black Studies*, *30*, 664–675.

Hodge, D. R. & Limb, G. E. (2011). Spiritual assessment and Native Americans: Establishing the social validity of a complementary set of assessment tools. *Social Work*, *56*, 213–224.

Katz, R. V., Green, B. L., Kressin, N. R., Claudio, C., Wang, M. Q., & Russell, S. L. (2007). Willingness of minorities to participate in biomedical studies: Confirmatory findings from a follow-up study using the Tuskegee Legacy Project Questionnaire. *Journal of the National Medical Association*, *99*, 1052–1060. Erratum in: *Journal of the National Medical Association*, *99*, 1216.

Katz, R. V., Green, B. L., Kressin, N. R., Kegeles, S. S., Wang, M. Q., James, S. A., et al. (2008). The legacy of the Tuskegee Syphilis Study: Assessing its impact on willingness to participate in biomedical studies. *Journal of Health Care for the Poor and Underserved*, *19*, 1168–1180.

Katz, R. V., Kegeles, S. S., Kressin, N. R., Green, B. L., James, S. A., Wang, M. Q., et al. (2008). Awareness of the Tuskegee Syphilis Study and the U.S. Presidential Apology and their influence on minority participation in biomedical research. *American Journal of Public Health*, *98*, 1137–1142.

Katz, R. V., Kegeles, S. S., Kressin, N. R., Green, B. L., Wang, M. Q., James, S. A., et al. (2006). The Tuskegee Legacy Project: Willingness of minorities to participate in biomedical research. *Journal of Health Care for the Poor and Underserved*, *17*, 698–715.

Kennedy, M. M. (1983). The role of the in-house evaluator. *Evaluation Review*, *7*(4), 519–541.

Klerman, J. A. (2010). Contracting for independent evaluation: Approaches to an inherent tension. *Evaluation Review*, *34*, 299–333.

McGrew, J. H., Stull, L. G., Rollins, A., Salyers, M. P., & Hicks, L. J. (2011). A comparison of phone-based and on-site assessment of fidelity for assertive community treatment in Indiana. *Psychiatric Services*, *62*, 670–674.

Perepletchikova, F. (2011). On the topic of treatment integrity. *Clinical Psychology: Science & Practice*, *18*, 148–153.

Perepletchikova, F., & Kazdin, A. E. (2005). Treatment integrity and therapeutic change: Issues and research recommendations. *Clinical Psychology: Science and Practice*, *12*, 365–383.

Perepletchikova, F., Treat, T. A., & Kazdin, A. E. (2007). Treatment integrity in psychotherapy research: Analysis of the studies and examination of the associated factors. *Journal of Consulting and Clinical Psychology*, *75*, 829–841.

Rivers, D., August, E. M., Sehovic, I., Green, B. L., & Quinn, G. P. (2013). A systematic review of the factors influencing African Americans' participation in cancer clinical trials. *Contemporary Clinical Trials*, *35*, 13–32.

Rubin, A. (1997). The family preservation evaluation from hell: Implications for program evaluation fidelity. *Children and Youth Services Review*, *19*, 77–99.

Scharff, D. P., Mathews, K. J., Jackson, P., Hoffsuemmer, J., Martin, E., & Edwards, D. (2010). More than Tuskegee: Understanding mistrust about research participation. *Journal of Health Care for the Poor and Underserved*, *21*(3), 879–897.

Schoenwald, S. K., & Garland, A. F. (2013). A review of treatment measurement methods. *Psychological Assessment*, *25*(1), 146–156.

Thompson, R. J. (1989). *Evaluator as a power broker: Issues in the Maghreb. International innovations in evaluation methodology* (New Directions for Program Evaluation). San Francisco: Jossey-Bass

Wallace, D. C., & Bartlett, R. (2012). Recruitment and retention of African American and Hispanic girls and women in research. *Public Health Nursing*, *30*(2), 159–166.

Washington, H. A. (2007). *Medical apartheid: The dark history of medical experimentation on Black Americans from colonial times to the present*. New York, NY: Doubleday

Zolnoski, S., Stacks, A. M., Kohl-Hanlon, A. & Dykehouse, T.A. (2012). Lessons learned from the first-year evaluation of a small-scale home visitation program. *Journal of Social Service Research*, *38*, 415–528.

第 14 章

379

评估提案、报告以及期刊论文的撰写

关于专业写作，我需要知道些什么？

良好的写作离不开辛勤的工作。即使是那些你认为文笔好的人，他们在写作时也经常会经历 4 次、5 次甚至 6 次修改，直到没有语法问题、没有赘述，并且其作品易于阅读和理解。即使觉得你的初稿拙劣而没有章法，也不要因此而气馁。请注意本章讨论的格式和组成部分，把它们视为成功的秘诀，并利用你可用到的所有资源，比如善于校对的朋友、能提供语法帮助的网站、APA 格式等。

专业写作需要什么技能呢？

大多数写作项目都要受到规则或准则的制约。比如，申请联邦拨款可能会有篇幅限制，甚至对你的传略也有一定字数的限制。同样，期刊投稿须知（作者须知）也是如此。你必须熟练掌握 APA 格式的技巧，能够将多项研究浓缩到几段文字中，并有逻辑地撰写文献综述及其他部分。这些虽然听起来有点简单化，但你必须搞清楚你的研究结果重要在哪里，你的建议区别于其他建议的独特和有趣之处是什么。

评估员和研究员都必须善于写文章。评估者通常必须制定一个提案或者写一个经费申请，以获得资助来支持该研究。*评估提案*是一个经过周密策划的写作大纲。该提案表达了作者对主题、意图及如何探索问题或实现主题的具体想法。通常，该提案还包含经费预算和计划时间表。当评估者开始写评估报告的时候，一份深思熟虑的提案会大大节省评估者的时间。评估提案和评估报告有许多基本要素是可以共享的（见专栏 14-1）。这些将会在下文中讨论。

专栏 14-1　　评估报告的主要内容模板 380

1. 内容提要
2. 引言
A. 问题描述，背景及意义
B. 项目说明及有待探讨的问题
C. 评估目的
3. 文献综述
A. 本方案的理论基础或历史基础
B. 相关文献综述
4. 研究方法
A. 明确说明评估设计和数据收集过程
B. 说明抽样方案、参与者和招募方式
C. 因变量的操作化，描述测量工具
D. 数据收集和数据分析程序
5. 结论（发现）
A. 呈现真实信息（包括各种表格及图表）
B. 统计意义和临床意义，或现实意义
6. 讨论
A. 对结论的解释
B. 在机构、项目或实务中的应用
C. 评估的局限性

一、评估提案和评估报告的组成部分

1. 内容提要

互联网上发布的评估报告越来越多，与前几年相比，这些报告也更容易获取和访问了。另一个趋势是，在报告中，内容提要是对结果的简要描述，这点不同于摘要。由于内容提要一般都很简短（2～6 页），可能被推送到报纸或其他电子媒体上，并不需要读者花太多的时间来消化。内容提要就是简短的评估报告，因此可以用相同的标题来命名。内容提要使用的语言不要过于复杂。语句要短小精悍（在 30 字以内）。大多数人不想花时间去破译繁复的报告中那些复杂的复合句。想查看网上内容提要的例子，你可以在谷歌搜索
381 “内容提要”“联合之路”“大哥大姐会”或者你想选的其他一些机构，你也可以在“内容提要”后加上“社区调查”，就可以找到一些有趣的报告。

2. 引言

引言的目的在于阐明作者撰写评估报告或提案的意义。将研究的项目或问题置于已有文献或参考框架中来完成。举个例子，2013 年弗里德曼-杜安、福尔图纳托、亨肖和提图斯（Freedman-Doan，Fortunato，Henshaw，& Titus，2013）合写了一篇文章，描述了主流教会开发的性教育项目类型。他们的调查介绍了所开发的项目类型、目标和主题，以及青年对项目的反应。以下是文章的第一段：

> 美国公立学校的性教育项目近年来备受争议，主要围绕学校应该只是单纯地禁欲还是应该采用综合的避孕办法这个问题展开。综合方案的支持者们列举证据，证明这些方案可以降低怀孕和患性病的概率（Bruckner & Bearman，2005；Santelli et al.，2006；Trenholm et al.，2007）。而批评者们则指责，该项目提高了婚前性行为比例并鼓励堕胎（Alan Guttmacher Institute，1999；Anderson，2005；Lerner，2003）。为了回应这些批评，鉴于政治大气候，大多数以学校为基础的方案（如果有的话），只包括性发展生理学的信息，排除了诸如节育和堕胎之类的话题，只提倡禁欲。然而，研究人员发现，提倡禁欲的项目只能让青少年面临怀孕和其他性传播疾病的风险（Santelli et al.，2006）。卡比、曼罗夫等人认为，对青少年的性行为影响不大（Kirby，2001，2007；Manlove et al.，2004）。在美国只有不到 10%的文章讨论高中性行为或早期性经验的社会后果和情感后果（SIECUS，2007）。
>
> （Freedman-Doan，Fortunato，Henshaw，& Titus，2013，pp. 247－248）

读者马上就可以感受到所面临的挑战，并能理解为什么作者会对他们所在区域的大型教堂和犹太教堂进行调查，去了解它们的性教育项目。

再举一个例子，作者在第一段中讨论了问题的严重程度，这就使读者希望更多地了解教师参与学校心理健康干预的情况：

> 2005—2006 年药物滥用和心理健康服务管理局（SAMHSA，2007）进行的全国调查显示，2005—2006 学年期间，约有 300 万青年接受了学校提供的行为或情感问题服务。如调查所示，学校通常是儿童和青少年心理健康服务终端（Adelman & Taylor，2010；Hoagwood et al.，2007；Stormont et al.，2011）。阿德尔曼和泰勒（Adelman & Taylor，2010）认为，50%以上的城市学生可能会有严重的学习、情绪和行为问题，学校必须解决。作者还指出，学生的行为问题在本质上更有可能是社会

> 心理上的问题，强调所有问题可能都不需要进行心理健康诊断。然而，情绪和行为问题的解决已成为改善教育成果的必要条件，需要在学校精神卫生专业人士的主持下进行。学校的心理健康专业人士，有时被称为相关服务人员（即学校社会工作者、心理 382 学家和辅导员），主要负责提供学校心理健康服务。然而，教师也参与了课堂干预和各种学习支持项目。
>
> （Franklin，Kim，Ryan，Kelly，& Montgomery，2012，p. 973）

在阅读这篇文章的摘要时，读者意识到，作者为什么要进行系统回顾和识别研究，主要以学校为基础提供服务的是教师。（如果你想知道他们发现了什么，他们发现，被研究的 49 项干预措施中的 41% 有教师积极参与，其中 18% 的干预措施，教师是唯一的提供者。）

引言一旦为问题提供了背景，就必须明确研究的理论基础。引言应尽可能明确地陈述研究或评估目的。以下是最近一篇题为《儿童性虐待医学评估的诊断准确性：经验、培训和专家病例评估的作用》的文章。参与者回顾了 20 个案例的照片和临床信息，通过网络调查，回答了 41 个问题。

本研究的目的：

（1）评估医学专业人员识别正常和异常检查结果的能力，按照公布的指南解释医学上的和实验室的发现，以及应用相关研究知识的能力。

（2）确定在教育、临床经验和专家评审中，哪些因素与识别和解释临床结果的准确性有关（Adams，2012）。

有时评估者阐述其研究目的，并列出他们研究的目标，如下文所示：

> 在本文中，我们评估了“安全家庭”项目的实施及过程，该项目的目的是防止儿童虐待，运用了变迁理论。为防止儿童虐待，我们首先调查研究了项目参与是如何改善母亲能力的（例如，保护因素），特别注意项目参与如何与养育态度、产妇的社会支持和产妇心理健康的变化相关（例如，Gomby，2005，2007；Krysic & LeCroy，2007）。我们的分析结论是，产妇保护因素的变化与虐待儿童比例的变化有很大关系。我们的研究目标如下。
>
> 研究目标 1：探讨怎样综合“安全家庭”项目，最有效地防止儿童虐待。
>
> 研究目标 2：探讨家庭参与“安全家庭”服务是否有助于增加这些保护性因素（例如，改善父母教养态度、母亲的社会支持和母亲的心理健康）与是否能减少或防止虐待儿童事件。
>
> 研究目标 3：检查家族特征，包括家庭风险和背景因素与保护因素/结果的变化是否有关。
>
> 研究目标 4：探讨母亲保护因素的增加，是否与那些参与“安全家庭”项目的家

庭虐待儿童的概率下降有关。

（Lawson，Alameda-Lawson，& Byrnes，2012 ，pp. 554－555）

383 如果你不能简明扼要地把报告或研究目的阐述清楚，那么接下来的评估建议或报告就会变得混乱不堪。

3. 文献综述

对社会问题或关注参数，对评估目的或基本原理进行阐述之后，评估人员就开始准备对相关文献发表他或她的评论了。文献综述的目的，就是为读者总结文献中主要研究了什么，有什么不足。以下案例就调查了芝加哥亲子中心的学前教育计划是否有助于防止虐待儿童：

> 尽管防止虐待儿童的有效方法已初现端倪，但在文献中还是一个空白。首先，如前所述，研究者主要关注的是家访项目，却很少关心家长教育和学校防性侵项目（Mikton & Butchart，2009）。在预防模式的潜在效益没有降到最低值时，也可以考虑其他替代方法。其次，大多数对预防虐待的评估都会因方法论的局限性而大受影响。例如，对实际虐待和忽视结果的项目效果很少去研究（Reynolds et al.，2009）。按程序去推断与虐待相关的风险，以及对虐待的实际影响时，应该谨慎行事。再次，预防项目对不同形式的虐待将会产生什么样的影响我们知之甚少，也缺乏对儿童忽视问题的干预措施（DePanfilis & Dubowitz，2005；Mersky et al.，2009）。最后，即使是精心设计的高质量干预措施研究，也很少知道有什么机制能把项目及其预防效果联系起来。据我们所知，只有一项探索性研究探讨了从参与早期儿童干预到减少虐待的调停路径（Reynolds & Robertson，2003）。
>
> （Mersky，Topitzes，& Reynolds，2011，p. 1455）

下面还有一个例子，是关于赞比亚孤儿和弱势儿童的创伤型认知行为治疗的：

> 开发以创伤为重点的认知行为治疗法（Cohen，Mariano，& Deblinger，2006），是为了解决 3～17 岁青少年及其父母或主要照顾者的压力问题，或创伤性生活事件的多重负面影响。在高收入国家进行的多项随机对比研究表明，认知行为治疗在治疗儿童创伤后遗症方面非常有效（Deblinger et al.，2006；Dorsey et al.，2011）。一项后续研究列举出干预后 6 个月、1 年和 2 年持续受益的证据（Cohen & Mannarino，1998；Deblinger et al.，2006；Deblinger et al.，1999）。尽管在研究中，标准常常是儿童遭受了性侵犯，但大多数是多重精神创伤，证明了这种治疗对一系列创伤性事件的疗效（例如，Deblinger et al.，2006）。认知行为治疗已经被证明适用于各种人群，包括拉美裔人（de Arellano & Danielson，2005）和美洲原住民（BigFoot & Schmidt，2010）。它在种族不同的治疗师、儿童和家长中显示出广泛的适用性和可接

受性（Huey & Polo，2008）。据我们所知，在中低收入国家，过去没有用认知行为治疗法对受过创伤的孤儿和弱势儿童进行过评估。

（Murray et al.，2013，p. 1176）

请注意，所摘录的内容一定要简短，不要把文章的所有文献都摘出来。在撰写报告或 384
建议部分时，通常可以找到一篇与你正在撰写的主题一样的文章，将其当作指南。

对文献进行回顾可能会发现社会问题的主要理论解释或理论模型，以及解决问题的不同方法。以哪种理论模型为基础进行干预是很重要的。例如，毒品预防项目可能基于一个节制模型、一种疾病模型，或一种发展、社会文化或关于生活方式的降低风险模型。如果干预所基于的模型或理论方法已经得不到支持，或几乎没有经验支持，那也要把这些信息告诉读者。

在对干预进行评估之前，文献综述应该对这些研究的主要成果加以总结，并引导读者了解这些研究的局限性，以及我们在干预方面还有哪些差距。这并不意味着你必须抛开前人的研究成果，但它确实意味着，你有责任与读者分享这类干预措施的效度。

为什么以前的研究不能显示干预的优势，可能有非常合乎逻辑的理由。例如，可能使用的工具不合适，这种方法在某种程度上是有缺陷的，或者执行的忠实度有问题（如工作人员没有得到适当的培训）。这些与先前研究中的其他缺陷一起，为进行当前的评估找到了理由。

文献综述指南——开始文献综述时，需要对综合数据库进行全面搜索。可以参考的数据库如联机医学文献分析和检索系统（MedLine）或心理科学数据库（PsycINFO）。如果你无法搜索到更多研究成果，那么请确保你没有设置太窄的描述符（关键词）。尝试用不同的同义词和关键字。你可能需要 10 年前甚至更早的文献，具体取决于你需要的文章数量和你对该话题的熟悉程度。当你觉得对主题比较有把握时，请检查以下几点：

- 确保早期的主要研究和经典研究都被囊括其中。你喜欢看到这些研究一再被引用。它们最早去努力探索或评估问题。随后的研究建立在早期研究的基础上。在文献综述中引用这些研究，表明你进行了全面的搜索，而且你对自己的主题有所了解。
- 然而，不要过于注重早期研究，对文献的回顾不等于“轻视”当前的研究。虽然在 1964 年或 1985 年进行的研究很有趣，但如果你没把近 3 年的研究报告纳入进去，那你的评论就是不完整的。
- 尽量少地转引来自其他来源的引文，并且要想方设法地避免大段地引用原文中的内容。相关文献的回顾只是一个调查、一个概览。没有必要为了试图说服读者，而全部引用你参考过的 25 个不同的研究。
- 尽量全面均衡地把文献呈现出来，承认可能相关的理论或解释——即使你并不认可。 385

• 不要用几句话写一个要注释的书目，一个接一个地去陈述研究。相反，要找到一种方法，将研究（如早期研究）按年表、理论基础、干预类型、所使用的方法类别或研究成果等进行整合。

• 做文献综述，就是为了让读者了解之前的研究，尤其是文献中的漏洞。你的建议或研究计划的目的应该是很明确的。让读者搞清楚你的研究的独特性，与其他研究有哪些相同点，又有哪些不同点。

索尔斯、埃利斯和德赛义（Sowers，Ellis，& Dessel，2010）对文献综述的过程进行了很好的概述，国际循证医学协作组（the Cochrane Collaboration）提供了各种免费培训录像带，帮助全面搜索公共文献和“灰色”（不太容易找到的）文献（详见 http://www.campbellcollaboration.org/resources/training/The_Introductory_Methods.php）。

4. 研究方法

研究方法部分详细介绍了该如何进行评估（提案）或实施的步骤（报告）。本部分必须为读者提供足够的信息，以便让其他研究者或评估者重复该研究。通常，用分项与小标题可以区分方法的不同部分。下面通常是在实证或定量研究提案中发现的结构和组成部分。用定性的方法看起来可能会有所不同（考虑到个人经验，为基于赋权的定性研究寻求大规模资助，请参阅 Padgett & Henwood，2009）。

通常在方法部分出现的第一条信息与参与者有关。你的读者想知道，你招募了多少参与者或研究对象，他们是如何被选中的，以及他们的性格特征——比如性别构成（男性/女性）、年龄和其他人口统计学信息。下面是一个研究的一部分，参与者是刚果民主共和国曾经的童子军及其他受战争影响的男孩，作者研究的是创伤性认知行为疗法：

> 参与本干预项目的入选标准是：(a) 男性，(b) 18 岁以下，(c) 前童子军（由武装团体绑架或招募）或暴力事件的目击者，遭遇过真正有危险的或直接威胁生命的事件。为了保持评估正常进行，没有把有自杀倾向、药物滥用或其他精神健康问题的青少年排除在外。以前由世界展望国际组织（World Vision，WVDRC）和一个法国非政府组织 CERAO 确定的所有男孩都使用战争经历检查表进行了筛选（见表 1）。所有的这些男孩都符合入选标准。其中包括前童子军（$n=39$）和其他受战争影响的男孩（$n=11$）。他们的年龄从 13 岁到 17 岁不等（平均年龄 15.8 岁，标准偏差为 1.4）。他们的母语都是斯瓦希里语（Swahili）。项目启动后，有 24 名男孩住在过境和辅导中心，其中 21 人与父母、监护人或寄宿家庭住在一起，5 人仍露宿街头。寄宿家庭是随机分配的，这样两组生活条件的分配就相差无几了。干预组有 12 名男孩住在过境和
> 386 辅导中心，10 人住在家里，3 人流落街头。列入等候名单的对照组有 11 名男孩住在过境和辅导中心，12 人住在家，2 人流落街头。
>
> （McMullen，O'Callaghan，Shannon，Black，& Eakin，2013，p. 1232）

一旦在研究中确定了参与者，下一步通常是“*测量*”部分，你可以在小结中描述你准备在研究中使用的量表或工具。根据开发的工具，你可能想引用原作者或最近的一篇文章，讨论如何对测量工具进行改进，以及这种工具对效度或对特殊人群有何贡献。下面是一篇关于结构性家族治疗效果的文章：

> 贝克抑郁量表（Beck Depression Inventory，BDI）。BDI 是一个含 21 项陈述的测量工具，主要用于评估与抑郁症相关的症状和态度（Beck，Ward，Mendelson，Mock，& Erbaugh，1961）。10 分及以上表示有抑郁症状（Beck，Steer，& Brown，1987）。统合分析认为，BDI 在精神科（0.86）和非精神科（0.81）的样本中，α 系数表现得一样高，而且有很强的共时效度（Beck，Steer，& Garbin，1988）。
>
> （Weaver et al.，2013，p. 297）

你在研究中使用的每一项测量工具都需要附上信息摘要。上文引用的韦弗等撰写的论文（Weaver et al. 2013），就对 4 种不同的测量工具进行了描述——哥伦比亚缺损量表（the Columbia Impairment Scale）、测量儿童心理健康状况的儿童抑郁量表（Children's Depression Inventory）、测量母亲心理健康状况的贝克抑郁量表（the Beck Depression Inventory）和贝克焦虑量表（Beck Anxiety Inventory）。必须让你的读者对你的结果或因变量，以及测量工具的信度和效度有个很好的了解。

尽管在解释你的评估目的时，你可能已经提到了所使用的评估或研究设计，但作者都毫无例外地标出一个标题：*研究设计*。在深入探讨研究方法的各*步骤*之前。其他作者可能会使用标题：*数据收集*。如下所示：

> **数据收集：**
>
> 数据来自研究团队 7 个月的半结构访谈，该团队由社会工作学院的两名资深教师和两名博士生组成。团队用广泛而开放式的问题探讨了对参与者采用循证干预措施的经验，即在他们看来，哪些因素使实施过程更容易或更困难，与此相关地，导致项目没被采用的因素有哪些，整个过程是怎样的。除了一次电话采访外，所有访谈都是面对面的，从 45 分钟到两小时不等。除了电话采访外，所有采访都是数字录音和逐字记录的。研究人员对录音的准确性进行了检查，并对至少一名团队成员进行了访谈。在定性数据分析过程中，使用了 Atlas. ti. v. 6. 2. 19。
>
> （Raffel，Lee，Dougherty，& Greene，2013，p. 496）

这里有一个例子，说明作者是如何介绍其项目的，他们对癌症幸存者及其护理者组成的社会支持群体进行了研究：

> 每个焦点小组都由一个主要调查人员（第四个和第五个作者）促成。现场笔记是由训练有素的社工专业硕士做的。研究人员用开放式问题，向被确诊为癌症的男女焦

点小组询问了有关支持来源的问题。（例如：你能描述一下，在被确诊为癌症之前你的支持网络吗？来自家人和朋友的支持在确诊前后是一样的，还是有所变化？你与医疗专家是如何沟通的？在你生病期间，你与社会工作者有过很多接触吗?）鼓励所有参与者回答每个问题，同时表达他们的意见和分歧。很明显，他们也有权不回答任何问题。每个焦点小组持续了大约 90 分钟，问题仍然很广泛，以此鼓励参与者自由表达观点（Morgan，1997）。癌症患者和护理人员的焦点小组在不同的房间同时进行。

所有焦点小组都有录音，由主持人保存，用以记录与数据相关的特定语境和非言语观察（如情感的表达、沟通的语气），然后将焦点小组的录音整理出来进行分析。

（Wong et al.，2014，pp. 218－219）

在方法部分，作者通常会讨论他们是如何计划（在提案中）或分析他们的数据（在报告或期刊投稿中）的。在考虑评估设计时，必须对数据分析进行规划，使收集到的数据为正确分析提供有用信息。以下是一篇论文的数据分析摘要，该论文就是要研究为什么儿童福利工作者会离职：

分析的目的是考察组织特征和县市类型对离职意向的影响。本研究讨论了三个不同的研究问题，每一个问题都需要单独分析。该研究的第一个问题涉及地理位置对离职意向的影响。因此，有必要根据三个地理位置类别（即城市、小城镇或农村）来考察离职意向的差异。因为离职意图这一变量是个二分变量，因此使用卡方分析。为了解决第二个研究问题，采用单向方差分析，夹评估三种不同类型地域的四个组织因素之间的差异。在方差分析中，根据四个组织因素（工作环境、工作小组的支持、公平的报酬和积极的工作态度）的平均值，对三种不同类型地域进行了比较。前两个研究问题确定了地理区域之间的差异。第三个问题需要进行预测分析。因此，使用四个多元逻辑回归模型来评估最能预测出意图的因素。

（Aguiniga，Madden，Faulkner，& Salehin，2013，p. 232）

如果你在方法部分阐述了研究设计、被招募（或将要被招募）的对象、数据收集过程以及分析的（或者将要分析）数据，那么现在是时候撰写结论部分了。

5. 结论（发现）

评估报告的结论部分包含你从收集和分析数据中学到的内容。这里回答了你在本章开
388 始时提出的问题。本部分呈现的只是一些事实——统计学上的显著差异、前测和后测结果等等。研究结论（或发现）的意义在报告中的讨论部分进行处理。在评估提案的成果部分还不会有实质性成果，但可以简要地讨论预期的发现。研究结论的影响（调查结果可能意

味着什么）在报告的讨论部分已经说过。在评估方案中，结论部分当然不包含实际调查结果，但可以简单地讨论预期结果。

在评估项目时积累的数据可以作为评估报告的一部分呈现出来，这些数据可以使人们渴望看到全文。评估者们都希望赞助商们认为投资是值得的，因此他们会编译一些他们认为很出色的组合表、图表，还有只有最大胆的学者才敢艰难地在报告中使用的枯燥无聊的段落。

赫利姆斯基（Chelimsky，1987）承认了这样一个问题："对作者来说，所有的评估结果都很重要。把不相关的内容摘除掉、精简掉、排列好，就像外科手术一样非常困难，不仅要决定哪一个结果是最重要的，而且要决定哪个是可以通过政策来操纵的。"（p. 15）克伦巴赫（Cronbach et al.，1980）指出，有些评估者事无巨细都要详细记载，其问题在于"彻头彻尾地弄巧成拙"。

为了避免这一问题，你需要决定你的哪些研究成果是最重要或最有意义的。列出三项你认为最重要的调查结果，并开始撰写。不要陷入这样的陷阱之中，即试图报告每个统计上显著相关或 t 检验的结果。要学会问问自己，统计结果是否具有临床或实践意义。一线实务工作者会对这些结果感兴趣吗？经理人呢？顾问委员会成员呢？

请记住，最有帮助的评估成果有时可能是比较资料。这可能来自文献中的其他研究、你的对照组、该地区的其他机构等等。如果能把其他项目中的类似数据与你的评估项目的成功之处加以对比，评估报告的审阅者就能更容易明白你的研究成果。例如，人们可能认为 35%的再犯率已经是很高的成功率了，因为类似的项目再犯率高达 65%。

如果你的数据很多，你可能希望使用图表，因为它能让你在少量的空间里提供大量的信息。请参阅《美国心理协会出版手册》（the *Publication Manual* of the American Psychological Association，2010），来了解如何准备表格。这是一种很好的形式，可以显示每组的人数、得分的平均值和标准差。使用百分比时，要显示百分比所依据的人数。另请参考《美国心理协会出版手册》，获取正确方法来呈现统计检验的结果（如统计测试、t 检验、单向方差分析）。除了获得概率之外，还应该包括 t 值或 F 值以及自由度。你要确保没有把统计学意义上的结果看得更重要，赛义（Thyer，1991）建议采用比例的方差报告法，即用因变量除自变量来看变量解释的比例。

最新版《美国心理学协会出版手册》（2010）包含了一套"期刊文章报告标准"。有了 *389*
这份清单，就能确保作者在研究报告中不会遗漏任何重要信息了。这就跟起飞前，航空公司飞行员使用的清单相类似。无论经验多么丰富，只要查询这一资源，每个项目评估者都能从中受益。在极少的情况下，一个项目评估才会采用实验设计的方法，一套名为"报告随机实验的综合标准"的指南，正迅速成为默认标准，用于撰写此类研究报告（详见 http://www.consort-statement.org/）。赛义（Thyer，2012）做了一个很好的综述，即对研究报告要求不太严格的项目，该如何运用准实验设计进行评估。

指望百忙中的人们花时间去阅读几十页的详细表格，或电脑输出的打印件，那是不切实际的。评估者有责任为阅读评估报告的读者撰写文章，并挑出最重要的调查结果引起他们关注。大多数评估报告可能应该包含 6～12 个表，不要超过这个范围，除非你使用大量图形来分解它们。如果评估的程序很复杂，并且有许多重要的研究发现，评估者可能想要准备一个更小的执行摘要（为决策制定者和其他有兴趣的小组成员设计），还要准备一个更长的、更有技术含量的报告。（注：在第 10 章引用的报告中可以找到一份执行摘要——http://cdar.uky.edu/KTOS/KTOS_2013_Report.pdf；或者，你可以通过搜索“概要”来找到例子。）由于容易生成太多的交叉表和统计检验，所以作者很有可能将大部分信息放在结论部分，而这些不是他们关心的内容。在发送“所有内容”之前，先跟那些了解你受众的人核实一下。

项目评估人员可能会发现，把他们的研究成果独立发表在专业期刊上是很有用的，与机构所期待的东西相比，报告中包含的细节更多，也更具体。

6. 讨论

在讨论部分，明确说明哪些假设得到了支持，哪些没有。陈述那些与评估目的相关的内容。这一部分的重点是帮助读者了解你的研究结果，这些成果可能会对项目或机构以及那些有类似能力的人产生影响。这里有一个例子，是对社区健康促进项目进行评估，这个项目是为 2 型糖尿病患者量身定制的。在项目中，有 130 名参与者，一半在对照组，另一半在干预组。

> 这项研究的结果为研究假设提供了一些支持。其中一个发现是，在控制小组基线差异后，从项目实施两个月后收集的数据来看，干预组成员的舒张压和身体压力水平
> 390 明显低于对照组。另外，从项目实施两个月后搜集的数据发现，与对照组相比，干预组中有更大比例的成员（37%）认为他们的体重指数显著降低，下降了 0.5 个百分点，甚至更多。鉴于 2 型糖尿病患者肥胖并发症较高，目前的研究结果为 2 型糖尿病患者实施健康促进项目提供了支持，这些方案不仅集中于针对糖尿病的特定行为，而且侧重于促进一系列促进身心健康的行为、技能和策略，并获得所需的保健服务。在本研究中检验的健康促进项目正是这样一个计划。
>
> 该研究中有证据表明，在血压、身体压力和肥胖三个变量上，干预组比对照组的变化更明显。项目还为 2 型糖尿病患者重点实施健康促进项目，在心理和情感方面提供了支持。在所研究的健康促进项目中，为参与者讲授如何管理诸如压力、抑郁情绪、愤怒，以及如何自主地获得卫生保健人员提供的服务和所需信息。然而，为改善 2 型糖尿病患者的健康状况而进行的紧张和焦虑干预，并不是糖尿病护理的常规组成部分。值得注意的是，在干预之后，参与者的收缩压和他们自我报告的血糖水平、治疗依从性、整体压力、认知压力和行为压力等方面，各组之间不存在统计学意义上的

差异。这项研究的一个局限就是样本量太小，在检测健康促进项目对哪些变量感兴趣时，可能会导致统计能力有限。

（Tucker et al.，2014，p. 302）

如果你的研究结果与预测的或预期的相反，那就能解释为什么结果是这样的。如果你发现在研究设计的时候存在一些不太明显的偏见，那就把它标识出来。如果这项研究没有按照治疗手册或最初提出的干预措施来实施，那就指出该研究的主要局限性。几乎所有的研究都有一定的局限性，这些都应该在报告的最后说到。请注意塔克等人（Tucker et al.，2014）在上述引用中提到的限制。

一些专业期刊可能需要单独的一部分，它们称之为“结论”。无论你是把结论部分单列一节，还是放在讨论部分，都是个人品位或杂志风格的问题。然而，重要的是你要有结论。项目是否按照设计的程序进行？这个项目是否应该继续？客户得到帮助了吗？对这些问题的回答，让读者在阅读时感到你的评估报告是切题而有趣的。对这些问题的回答，使得评估报告十分有趣而且与读者之间息息相关。

在讨论一个新项目或干预措施的好处时，不要过于乐观，或是声称结果超出了你的预期。值得记住的是，评估通常依赖于同一个机构客户的方便样本，而且不太可能在所有问题相同的较大客户群中推广。例如，一家乡村小医院为护士设计的减压方案可能对于大城市医院的护士不奏效。但是，你可以进行推测，认为在乡村小医院有效的减压方案可以在其他农村地区发挥作用，这是合情合理的。

7. 参考文献 391

如果你的评估报告中引用了别人的研究（如果你对文献做了粗略的回顾，你可能得这样做），那么你就应该向你的读者提供参考书目或列出这些参考文献。我们发现 APA 格式（在本书中使用的格式）很方便，并且在专业期刊中被广泛应用：在你的报告或手稿中插入作者的姓名和出版年份，然后在文章的最后列出完整的引文。APA 格式不会在页面底端使用脚注，也不会出现顺序错误的危险，因为这些引用是按字母顺序排列的。

美国心理学会网站上就提供了一个非常有用的自定义 PPT 教程，用于学习 APA 格式（详见 http://www.apastyle.org/learn/tutorials/basics-tutorial.aspx）。

写作资源：普渡大学在线写作实验室拥有一些免费的写作资源。要想解答 APA 格式问题，这就是一个最简单、最佳去处。可查询网站 https://owl.english.purdue.edu/owl/resource/560/01/。APA 网站（http://www.apastyle.org）还为与风格相关的问题提供了快速解答。

8. 附录

附录通常是在长篇项目评估报告中才有，通常包括在评估过程中使用的量表副本，对主题加以说明的样本副本，给参与者的一封邀请信，抑或是庞大的表格……任何你觉得重要，但放在结论部分又显得过于冗长的文件都可以置于附录中。然而，如果你的评估短小，篇幅有限，那么你可能就没有必要去做一个附录。

二、计划及撰写评估报告和论文初稿的注意事项

1. 为读者考虑

在撰写一个评估报告时，一个常见错误就是不考虑受众和利益相关者。读你评估报告的人也许不是大学教授和学者。也就是说，他们可能希望以最少的统计数据，轻松阅读和理解报告。用照片、图形和颜色，可能更能使报告吸引到你的读者群。即使读者受过相对良好的教育，他们也还是欣赏一份整洁、专业的报告。（可参考“成本效益和成本分析”一章中的肯塔基州治疗结果研究。）

392 讨论项目时，读者通常也喜欢听被访者的原话——诉说他们的经历。最好在这里加上几个引号，而不是附上一两段长长的引文。评估者撰写报告时要把握写作水平，不能太复杂或技术性太强。可读性强的报告，应该把阅读水平定在九年级或十年级水平——当然，除非这些利益相关者都是同行和研究生学历（就像一份为机构治疗人员做的报告一样）。一般来说，你要避免使用术语和大量的引用或脚注。同样，你也要避免创建过多的表格。宁少毋多。

2. 合理性

所有方面都要考虑合理性。一般读者会想：你的报告是公平的，还是“一碗水端不平”？报告中所探讨的问题是合理的，还是你竭尽全力去为自己的一些行为（比如削减程序）找理由？从逻辑上讲，这些研究结果是否符合应用程序？你能确定偏见或局限是从哪里产生的吗？为照顾那些对你一无所知的读者，评估报告是否还有意义呢？虽然可能需要得出结论，一个受欢迎的方案不奏效或者没有成功，但仍然可以尊重那些正在评估的工作人员，甚至是尊重那些可能是该项目的坚定支持者或倡导者的服务对象或利益相关者。仅识别项目的问题，而没有一个积极的针对性或结果，可能会使读者得出结论：评估不公平。

合理性也适用于评估报告的长度。如果你写的报告太长，那么几乎没有人会去读它。如果报告太短，重要的细节可能就遗漏了。我们的建议是，为你的读者而写。如果你认为

他们不会阅读一份 80 页的报告，那就精简一下。一篇期刊论文通常只占 16～20 页，设法将大量信息融入这种学术话语体系中。不要猜测你的读者能理解什么，选几个利益相关者代表你的受众，做一下试调查。

在最终定稿之前，把草稿分发给那些指定人员，其中一个好处就是：能及时发现错误或曲解之处（连同语法问题或拼错的单词）。如果你的终稿准确无误，可能会让人认为它更可信。一旦报告发表出去，你就会失去对它的控制。其他人可能会把它用在你预料不到或者没打算用到的地方——这是你需要尽可能公平的另一个重要原因。

三、学生在撰写评估报告时常犯的错误

1. 样本量太小

当样本量过小时，评估的结果就会受到质疑。损耗始终是小样本潜在的威胁，并且更有可能延长前测与后测之间的时间。被访者也许离开了该地区、家庭破裂、孩子离家出走、家庭成员被捕或入狱、住院或死亡等等。即使可以找到以前的被试，他们也可能不同意参加后续评估。从一个小样本中流失 2 到 3 个，通常仍然可以让你得出干预的有关结论——无论干预显然是有效的还是无效的。也就是说，比如，12 个被试中有 10 个改善了。然而，假设一下这个情境：5 个被试改善了，4 个没有改善，而 3 个无法参加后续的干预。 393
你能得出结论说“该项目的干预实践不如过去”吗？如果 12 个被试中有 6 个退出了干预，你会有多舒服呢？

在“毕业生”人数非常少的情况下，最好在第一年的年尾进行形成性评估。当提供的样本足够大时，进行更全面的评估。在样本规模较小的情况下要注意，项目被试未经精心挑选，也不是随机分配。避免出现一种情况，即只挑那些你认为最有机会成功的人。

2. 测量工具信息不全

学生们常常认为，如果他们能在文献中找到现成的测量工具，就能保证他们得到“良好”的评价。事实上，测量工具就算已经打印或印刷出来了，你也不一定会把它用在你的评估研究中。

有时，学生会描述一个他们选定的测量工具，但没有讨论该工具是谁开发的，或开发它的目的是什么，该工具是否可靠，或是否有什么研究证明了它的有效性。无论何时都不能写：“有研究已证明，该测量工具兼具信度和效度。”提供足够的信息，使读者能够确定这个测量工具很有效。内行的读者想知道评估报告所使用的测量工具：这个工具包含多少道题？是如何进行管理的？在其他研究中，它又是如何被使用的？

另一个要避免的错误是，从一个现成的量表或工具中选出几道题，并将它们与几个新问题相结合。由此产生的量表或问卷，可能其信度和效度远远比不上原版。任何对现成的工具进行的调整、修改或替代，都有可能影响其心理测量的性能。改动越大，就越有可能在某种程度上改变测量工具的信度和效度。你不知道这个变化是好是坏，除非你或其他人用修改过的工具另外进行过心理测量。因此，如果你找到了一个你想要用的好工具，就不要擅自进行改动，除非是为了适应不同的人群或年龄组，才进行必要的修改。

3. 没有设立对照组

许多人似乎不理解或不喜欢对照组这个概念。也许是因为他们认为使用对照组是不道德的。他们通常没有意识到的是，可以在不拒绝为被试服务的情况下设立对照组。在许多情况下，没有比较就无法理解评估数据。两个简短的例子说明了对照组的重要性。一个学生曾要求我们帮他分析一下他准备好的数据，同时评估一个为情绪紊乱青少年患者开办的
394 住院精神健康中心。他能够证明 75%的患者没有再回来。当问他是否知道该地区或文献中报道过类似中心的再次犯病率时，他没有任何回应。是不是有正当理由去解释为什么青少年不再回来？事实上，还是有一些很好的理由的。如果他们犯了重罪，被逮捕并被送往拘留中心，或者他们过完 18 岁生日，就没有资格回来了。这些和其他的原因可以很容易解释，为什么再次犯病率似乎很低——而且这些原因与他们所得到的治疗效果之间没有任何关系。

另有一名学生正在做一项关于社会工作者态度的调查。他花了相当多的时间来撰写和修改一份问卷。他收集了数据，写了报告。在学期结束前，他来和他的导师讨论他的项目。他意识到，尽管他知道他的样本中社会工作者的态度是什么，但他不能得出太多的结论，因为他没有对照组。他现在不知道，社会工作者是否比其他专业人士或任何公民对乞丐更富有同情心。如果他使用的不是一组社会工作者，那么来自社会工作者的数据就会更有意义了。

4. 提供个人数据

评估者的工作就是压缩、总结，另外要搞清楚他们收集到的所有数据说明了什么。没有必要向读者提供该研究中每个参与者的前测和后测分数。相反，应该展示干预组的前测和后测分数的平均分。你需要阐明分值范围或标准差，但没必要把每一个分数都记录下来。一般来说，当每位参与者得分的情况都呈现在评估报告中时，读者就会推测，作者是因为不知道如何分析数据，才会通过向读者呈现大量数据来弥补这个不足，而不是精准地把握数据。

5. 缺乏针对性

似乎一些评估报告的作者认为，其他人能读懂他们的想法。例如，我们会读到如下声明："由于这个话题富有争议，我们采取了各种预防措施，以确保参与研究的人是匿名的。"然而，读者有权知道到底采取了什么预防措施。也许作者所说的匿名，意思是他们没有收集

姓名、地址或电话号码。你是否使用了社会保险号码来与被试的前后测相对应呢？如果是这样，这算是匿名保护吗？评估者是不是创建了一个编码系统来进行匿名保护？匿名保护是不是意味着，在把问卷交给研究者之前，让一个学生助理把被试的名字剪掉或标记出来？

6. 以偏概全

要了解这个错误，首先设想一下对小学生的毒品和酒精预防项目进行评估：在一个农
村学区完成了一个针对 250 名五、六年级学生的研究。假设学生在接受教育的干预之后， 395
更加了解毒品和酒精的有害影响，评估者就得出结论，该项目成功了，还说：“管理人员采纳了这个研究结果，并把项目推广到该校的各个年级。”

这句话的问题在于，参与这项研究的学生来自农村地区，但作者以偏概全了。举例来说，如果学生来自城市或郊区，甚至来自不同的农村地区，结果还是一样的，这是不可能的。蒙大拿州乡村的学生和密西西比州乡村或佛蒙特州乡村的学生会有所不同吗？评估仅限于一个小学区的学生，也就是说，这是唯一一个被认为干预有效的地理区域。与其他地区“典型的”五、六年级学生群体相比有所不同，可能因为接受干预的群体具有独特的社会人口学特征。

因为没有关于对照组的任何声明，所以该学区学生关于毒品和酒精的知识，很有可能是通过电视或其他媒体的广泛报道而得来的，也许是因为社区里的某个人死于吸毒过量，这就成了一个热门话题——父母和其他成年人就药物滥用问题进行了更为坦诚和坦率的讨论。成熟是这一研究内在效度的另一个威胁，取决于前测与后测的时间间隔。

即使该项目在五、六年级学生中取得了成功，也没有任何证据表明，同样的项目就能在年龄较小的孩子（二年级、三年级或四年级学生）身上奏效。所以，认为这个项目应该推广到所有年级是毫无根据的。这是一个信念或价值观问题，而不是评估者应该去做的。对全国或其他学区的学生进行抽样，将有助于确定其他地区五、六年级学生是否能从干预中受益。这个样本也可以作为一个比较或者对照组，去衡量接受教育干预的学生是否“成功”。评估者找到的证明干预可行的证据越多，就能使评估越全面。

四、写作大纲及评估报告估价表

使用本章开头出现的大纲，可以用一个检查表来确保所有的基本元素都包含在一个评估报告中（见图 14 - 1）。这个检查表也可以用来帮你评估你可能正在阅读的报告或文章。美国心理协会的“期刊文章报告标准”和本章前面提到的“报告随机实验的综合标准”都很有帮助。

虽然我们已经按每个部分完成了评估报告，但也要知道报告应该是一个和谐的整体。

396

1. 引言和内容提要
   引言是否清晰包含以下要素：
   □a. 什么问题？
   □b. 什么项目？
   □c. 评估目的是什么？
2. 文献综述
   给读者提供——
   □a. 以前评估类似项目的相关背景了吗？
   □b. 相关的历史文献与近期文献了吗？
3. 方法
   对方法部分进行的描述——
   □a. 包括评估设计吗？
   □b. 有抽样过程吗？
   □c. 包括研究对象吗？
   □d. 有数据收集过程吗？
   □e. 有你用过的测量工具吗？
   □f. 包括你做了些什么吗？
4. 结论
   结论部分是否包含——
   □a. 只与所述问题或评估问题的目的相关的数据？
   □b. 适当的统计检验？
   □c. 足够的细节来解释你所发现的内容？
5. 讨论
   讨论部分是否——
   □a. 厘清了研究的主要发现？
   □b. 对机构、项目以及实务方面产生了实际影响？有什么建议吗？
   □c. 论及研究的局限性是什么？
6. 参考文献
   正文中提到的参考资料都列出来了吗？
   □提供参考文献
7. 附录
   这份报告是否包含了测量工具的副本、重要的封面信和调查表？
   □提供附录
8. 文章整体
   □a. 其写作风格和深度是否符合读者的口味？
   □b. 感觉报告平衡、合理吗？
   □c. 报告是否足够严谨，令人感到可信呢？

图 14-1　评估报告的构成要素

评估报告的目的就是把话题引入我们所知道的一些问题并进行讨论，然后再探讨方法。这些方法与研究中使用的程序和数据分析方法有直接关系。结论应与提出的初始问题有关。

最后，在撰写报告时，不要忘记仔细校对。事实上，你应该阅读和修改稿件三四遍， 397
以确保表达得尽可能清晰。别忘了使用计算机上的拼写检查功能。

五、评估报告的使用

最令人失望的一件事就是，经过数周的辛勤工作后，评估报告被束之高阁，或存到档案中，很少被人注意或提及。评估的最终目标应该是帮助该项目改进服务方式。但是，如果报告过于冗长或技术含量不足，或者利益相关方不了解，评估的潜在用户就不太可能用它来提升改善项目，因此浪费了大量的时间、金钱和努力。无论何时，当你负责项目评估或是撰写一个刚刚得出的结论时，考虑一下那些传播和使用数据的人，使你的评估报告尽可能接地气，易于理解。

提高评估报告的使用率可以从四个方面展开：

（1）以一种能让读者和利益相关者关注的方式提交报告。

（2）要考虑项目工作人员和决策者的共同需要和关注点。

（3）成功地处理负面结果。

（4）把评估当作一个建设过程。

我们将在下面逐一讨论这 4 点。

以一种能让受众关注的方式呈现报告，是发布评估结果的一个重要步骤。如果评估太长而且太复杂，大多数利益相关者就不会去读它。报告要按照读者的接受水平去撰写。如果这份报告是写给一个没有博士学位的公民咨询委员会看的，那么就不要写得过于学术化，像论文一样。

你的成稿中不能纳入一些不必要的信息。你可能希望提供一个执行摘要，总结一下目的、方法和主要成果；用表格和图表来呈现数据；将你的结果向主要的利益相关者进行口头陈述。

考虑项目工作人员和决策者的共同需要和关注点，也将有助于确保你的成果有人去看，即便他们不用。一定要把引起评估兴趣的具体问题解决好。不能因为想呈现所有信息，就忘了最初的问题。报告要始终与主题相关，始终有利益相关者参与其中。把建议列出来，即使其中一两个是有争议的，也会有更多的人阅读这份报告。而你不是一个没立场的人，更不会因为有人支持或不支持这个项目而得出结论。你的建议可以建立在数据之上。不要让你的个人情绪或价值观影响你的陈述。

有时评估会有意想不到的发现或结果，与利益相关者想要的结果相反。评估可能会出 398

现负面结果——项目不起作用，或者被试没有更好的表现。出现负面的和意外的结果也是要进行过程评估的一个原因，通常有助于理解和发现。提出一些积极的信息和负面的结果，这通常是一个不错的主意，免得让报告看起来言辞过于激烈，让利益相关者完全无法接受。

最后，重要的是要记住，一个新项目可能需要几年的时间来实施和细化。一夜之间就能修改项目几乎是不可能的。因此，如果期望你所做的评估能立刻产生深远的影响，你可能会失望。此外，项目调整通常会受预算的影响。项目通常提前一两年编入预算。因此，在获得新的资金之前，可能无法对项目进行重大调整。还有一种方法，那就是把项目变动当作一个逐步建设的过程。你的评估可能会带来一些渐进的变化，这是迈向更大规模的第一步。为了全面地了解这一点，搞清楚项目到底取得了哪些重要成果，从项目中我们学到了哪些经验教训，可能才是最重要的。

六、为专业期刊撰稿

虽然许多项目实施和项目评估的专业服务人员从来不认为自己会成为一名作者，但他们还是有可能把评估报告修改好并提交给专业期刊。不幸的是，许多评估报告从未被传播给更广泛的受众。因此，特定机构或社区之外的专业人员可能永远不会了解，有些成果也可以应用到他所在的机构或区域中。因此，在循证实践中，很多时间被浪费在了做无用功上。

为专业期刊撰写论文，不仅对职业生涯有益处，而且美国社会工作者协会（1999）的伦理道德规范也强调了它的重要性：

> 5.01（d）社会工作者应该对社会工作的基础知识有所贡献，还要与同事分享他们在实务、研究和伦理等方面的心得。社会工作者应该力求为专业研究做贡献，并在专业会议和研讨会上分享他们的知识。

在公共事业的其他学科的道德规范中也可以找到类似的标准。

在撰写期刊文章时要牢记，最重要的一点是，该论文的发表是极具竞争力的。对包含拼写错误的单词和错误语法的论文或不符合期刊引文和参考格式要求的论文，繁忙的编辑可能没有太多的耐心。你不要因为没有经过仔细校对就提交一篇论文，而失去发表的机会。另外，要确保论文主题对某杂志来说是“非常合适的”。研究你正在考虑的期刊，熟悉它。

专栏 14-2　额外的写作资源 399

Blanco, M. A. & Lee, M. Y., 2012	起草教育研究拨款提案的十二点意见	*Medical Teacher*, 34, 450-453
Bronstein, L. R. & Kovacs, P. J., 2013	社会工作研究中的混合方法报告的写作	*Research on Social Work Practice*, 23 (3), 354-360
Falco, L. D., 2013	为出版而写作：辅导习文指南	*Journal of Counseling and Development*, 91 (3), 343-48
Furman, R. & Kinn, J. T., 2012	发表学术论文的实用技巧：专业协助写作和出版	Lyceum Books
Gitlin, L. N. & Lyons, K. J., 2013	成功的授权写作	Springer Publishing Co.
Hanna, S. & Nash, M., 2011	社会工作研究与写作——发表的策略	*Australian Social Work*, 64, (3), 395-402
Healy, K. & Mulholland, J., 2012	社会工作者的写作技巧	Sage
Trusty, J., 2011	定量文章：为发表在咨询期刊上而开展的研究	*Journal of Counseling & Development*, 89, 261-267
Weisman, D., 2012	社会工作实务专业写作	Springer Publications

梁和张（Leung & Cheung, 2014）为社会工作和其他学科的期刊编写了一个非常有用的指南，通过其项目所在的大学网页可以查到，并且该网页是实时更新的（详见 http://www.uh.edu/socialwork/_docs/cwep/journalsImpactFactorsHIndex.pdf）。

请注意你正在考虑的期刊通常发表的文章的长度、文章中的“平均”引用篇数和写作风格，撰写简单的陈述句，确保稿件的长度不要超过期刊能接受的范围，精减多余的措辞。赛义（Thyer, 2008）编写了一篇有用的指南，帮助那些感兴趣的人准备稿件，额外的写作资源列于专栏 14.2。

查查期刊上的作者须知，以确保你的稿件符合该杂志的兴趣类型。例如，这是《社会工作实务研究》的编辑策略的一部分：

> 《社会工作实务研究》是一部专门用于发表社会工作实务评估方法和实证研究成果的学术期刊。社会工作实务，广义的解释是，应用专门设计的社会工作干预方案去 400
> 解决社会和/或人际关系的问题。干预包括行为分析疗法，个案心理治疗或咨询，个案管理服务的协调、教育、监督，涉及夫妻、家庭或者小团体的实务，宣传，社区实

践，组织管理和社会政策评估等。提交文章的作者至少有一个必须是专业社会工作者，并且/或者评估的干预措施必须是由专业社会工作者提供的。本期刊只是发表下列内容的一个渠道：

1. 社会工作实务成果实证评估研究初稿（original reports）。

2. 开发与验证社会工作评估方法的实证研究初稿。

3. 最初的系统评估，包括统合分析、实务研究文献将被直接应用到（而不是简单地影响）社会工作实务中。坎贝尔合作（Campbell Collaboration）网站提供了系统评估设计与实施的示范准则，要求作者考虑，提交此类研究要遵循《坎贝尔准则》（详见 www.Cambellcollaboration.org）。考虑出版的两种系统评估是：

A. 对特定社会心理干预或评估方法的循证状况进行系统评估；

B. 针对有特定社会心理问题的服务对象进行若干社会心理干预措施的系统评估。

期刊要求来稿思路清晰、时效性强、符合刊物的兴趣、长度适中、风格正确。期刊编辑将判定你的稿件是否对文献有所贡献，但在此之前，你必须向他们展示一个引人入胜的、趣味性强的作品。

一稿多投被认为是不道德的，因为审稿可能需要3～10个月的时间。请确保你已经润色和修改，并发现了原稿中的所有瑕疵，然后再发送出去。在你等待回复时，可以开始写第二份稿件。

如果你的论文被第一个期刊拒绝，请不要把批评看作是针对个人的。评语通常是匿名的——大多数期刊不会向评审透露作者的姓名。同样，你也不知道谁读了你的稿件。评审并不总是了解你想要完成的任务，并且可能会对你的数据集或分析做出结论。如果你的稿件被拒，请非常仔细地考量随附的反馈——可能会要求你进行某些修订并重新提交。一定要对所有的批评意见加以解决。

请把你收到的所有反馈都发送给新期刊负责人。咨询一位在出版方面有丰富经验的同事，通常会让你受益良多。

401 一、课堂讨论

1. 你认为评估报告的哪一部分最难写？哪一部分最容易？说说你的理由。
2. 在写评估报告时，讨论你认为可能容易犯的错误。
3. 写一篇学期论文与撰写评估报告有何不同？它们有何相似之处？
4. 评估报告和期刊论文，哪个写起来更难？为什么？
5. 评估提案中哪部分最难写？
6. 运用头脑风暴法编写评估提案可能不同于编写评估研究成果。

二、微型项目：亲身体验评估

1. 通过起草虚构项目的小型评估报告，显示你对项目评估的了解程度。构建一些问题和/或限制，但不要给它们贴标签。将你的“评估”与班里其他人的交换，然后讨论每个人发现的问题，以及采取哪些措施来加强评估。

2. 从代理机构找一篇真正的项目评估报告（或者找一篇期刊论文）。使用本章中提出的指导原则，对报告或文章进行评论。写一篇短文，来总结你的观点。

3. 上网找一个国家认可机构的项目评估，看有没有问题。作为一个利益相关者，你会问一些没有解决的问题吗？对于需要进一步澄清或解释的领域，你有什么建议吗？在程序、措施、抽样选择等方面，你可能会有什么不同的做法？写一篇 500 字左右的短文加以总结，一定要参考网站。

三、参考文献

Adams, J. A., Starling, S. P., Frasier, L. D., Palusci, V. J., Shapiro, R. A., Finkel, M. A., et al. (2012). Diagnostic accuracy in child sexual abuse medical evaluation: Roles of experience, training and expert case review. *Child Abuse and Neglect*, *36*(5), 383–392.

Aguiniga, D. M., Madden, E. E., Faulkner, M. R., & Salehin, M. (2013). Understanding intention to leave: A comparison of urban, small-town, and rural child welfare workers. *Administration in Social Work*, *37*, 227–241.

American Psychological Association. (2010). *Publication manual* (5th ed.). Washington, DC: Author.

Chelimsky, E. (1987). What have we learned about the politics of program evaluation? *Evaluation Practice*, *8*, 5–21.

Cronbach, L. J., Ambron, S. R., Dornbusch, S. M., Hess, R. D., Hornik, R. C., Phillips, D. C., et al. (1980). *Toward reform of program evaluation*. San Francisco: Jossey-Bass.

Franklin, C. G. S., Kim, J. S., Ryan, T. N., Kelly, M. S., & Montogery, K. L. (2012). Teacher involvement in school mental health interventions: A systematic review. *Children and Youth Services Review*, *34*, 973–982.

Freedman-Doan, C. R., Fortunato, L., Henshaw, E. J., & Titus, J. M. (2013). Faith-based sex education programs: What they look like and who uses them. *Journal of Religious Health*, *52*, 247–262.

Lawson, M. A., Alameda-Lawson, T., & Byrnes, E. C. (2012). A multilevel evaluation of a comprehensive child abuse prevention program. *Research on Social Work Practice*, *22*, 553–566.

Leung, P., & Cheung, M. (2014). *Journals in social work and related disciplines: Manuscript submission information*. Houston, TX: Graduate School of Social Work, University of

Houston. Retrieved from http://www.uh.edu/socialwork/_docs/cwep/journalsImpactFactorsHIndex.pdf

McMullen, J., O'Callaghan, P., Shannon, C., Black, A., & Eakin, J. (2013). Group trauma-focused cognitive-behavioural therapy with former child soldiers and other war-affected boys in the DR Congo: A randomized controlled trial. *Journal of Child Psychology and Psychiatry*, *54*, 1231–1241.

Mersky, J. P., Topitzes, J. D., & Reynolds, A. J. (2011). Maltreatment prevention through early childhood intervention: A confirmatory evaluation of the Chicago Child-Parent Center preschool program. *Children and Youth Services Review*, *33*, 1454–1463.

Murray, L. K., Familiar, I., Skavenski, S., Jere, E., Cohen, J., Imasiku, M., et al. (2013). An evaluation of trauma focused behavioral therapy for children in Zambia. *Child Abuse & Neglect*, *37*, 1175–1185.

National Association of Social Workers. (1999). *Code of ethics*. Washington, DC: Author.

Padgett, D. K., & Henwood, B. F. (2009). Obtaining large-scale funding for empowerment-oriented qualitative research: A report from personal experience. *Qualitative Health Research*, *19*, 868–874.

Raffel, K. K., Lee, M. Y., Dougherty, C. V., & Greene, G. J. (2013). Making it work: Administrator views on sustaining evidence-based mental health interventions. *Administration in Social Work*, *37*, 494–510.

Sowers, K. M., Ellis, R., & Dessel, A. (2010). Literature reviews. In B. A. Thyer (Ed.) (2nd ed.) *Handbook of social work research*. Thousand Oaks, CA: Sage, 504–517.

Thyer, B. A. (1991). Guidelines for evaluating outcome studies on social work practice. *Research on Social Work Practice*, *1*, 76–91.

Thyer, B. A. (2008). *Preparing research articles*. New York: Oxford University Press.

Tucker, C. M., Lopez, M. T., Campbell, K., Marsiske, M., Daly, K., Nghiem, K., et al. (2014). The effects of a culturally sensitive, empowerment-focused, community-based health promotion program on health outcomes of adults with type 3 diabetes. *Journal of Health Care for the Poor and Underserved*, *25*, 292–307.

Weaver, A., Greeno, C. G., Marcus, S. C., Fusco, R. A., Zimmerman, T., & Anderson, C. (2013). Effects of structural family therapy on child and maternal mental health symptomatology. *Research on Social Work Practice*, *23*, 294–303.

Wong, A. G., Ki, P., Maharaj, A., Brown, E., Davis, C., & Apolinsky, F. (2014). Social support sources, types, and generativity: A focus group study of cancer survivors and their caregivers. *Social Work in Health Care*, *53*, 214–232.

译后记

项目评估是社会工作专业人士应该掌握的一项必备技能，也是社会工作专业硕士（MSW）的一门必修课。长期以来，业界都在苦苦寻找这样的优质教材和参考资料。

《项目评估（第六版）》一书终于付梓了！该书是三年来译组成员精诚合作、孜孜不倦、精益求精、坚持不懈的结果！也是多方支持的结果！

记得2015年2月，基于两本译著的合作基础，中国人民大学出版社宋义平先生把《项目评估（第五版）》寄给了我。第一次捧读这本书时，作者们广博的学识、新颖的体例、开阔的视野、流畅的文笔、深入浅出的案例分析……一下子就把我吸引住了；同时看着满篇的专业术语、图表、实验公式等，我也预感到翻译的艰辛！我坚信这本书有其价值，认为它一定会像在美国等英语国家一样，在我国高校和相关部门大受欢迎！

2015年年初，恰逢有机会去台湾元智大学访学，当时，看着并不厚的原著使我满心欢喜，我甚至雄心勃勃地认为，会在访学的半年里就拿出初稿。可是真正动起笔来，逐字逐句地推敲，才发觉专业书的翻译举步维艰，达到“信、达、雅”的层次更是比登天还难。有时为了理顺一句话，需要斟酌几个小时，甚至几天。到台湾后，我很快意识到任务的艰巨，于是在台湾大学和台湾师范大学分别选修了“社会工作研究方法”和“方案设计与评估”两门课程，每周有3天往返于台北和桃园两地听课、查资料、请教专家，其余时间都在图书馆或宿舍啃这块硬骨头。2016年秋，初稿完成在即，适逢宋义平先生来汉出差，会面时告知该书有了新版——第六版。于是我与刚调到三峡大学的海洁商议，毅然决定翻译新版。两版相差很大，连体例都有所不同，几乎是推倒重来。每每想起彼此鼓励的话语，我就能让自己静下心来，沉浸其中，饱尝了字斟句酌的艰辛和理顺后的喜悦。

我们两个译者都来自湖北高校，有人说我们的名字很像姐妹，经历过这次合作，我们已经胜似亲人了。海洁是三峡大学的法语老师，语言功底深厚；我是湖北经济学院法学院的社会工作专业教师，有专业背景：两人可谓互补。我们一直保持密切联系，能充分信任、相互鼓励、共同探讨，力图追求翻译的更高境界。新版翻译期间，海洁已有孕在身，她克服重重困难，笔耕不辍，完成了 12 万字左右的任务。我在拿出初稿后，把后续所有工作都承担了下来。

在此，首先要感谢中国人民大学出版社，感谢宋义平先生的信任，感谢盛杰女士的及时沟通，感谢责任编辑黄超老师的倾情付出和高效推进。没有他们及时与美国出版方联系，没有他们细致入微的工作和无私帮助，这本译著也很难面世。

如果没有家人，我们是难以坚持下来的。首先要感谢海洁的先生，武汉大学金海波博士，感谢这个学术奇才和超级奶爸。有了他的鼎力支持，海洁才能克服重重困难，保质保量，按时完成翻译。

感谢我的亲人们！女儿陈梦琪帮我转换文档，先后翻译了一章的内容，先生陈文库为我们提供了各种后勤保障。感谢我的学生叶小娃、朱映雪，她们顶着酷暑、汗流浃背，依然认真地转换、细细推敲；还要感谢我的学生胡梦媛、袁园、李可荟、张淼等，她们对第五版的翻译有所贡献。

译组成员具体分工如下：海洁负责序言、1～7 章的翻译工作；我翻译了 8～14 章，同时承担了整理全书、校对的任务，还负责联系出版事宜。

因为还有上升的空间，我们会不断求索、砥砺前行。鉴于对某些专业术语很难找到恰当的中文表达，加之学术背景存在差异，这部译稿仍有美中不足之处，恳请专家同行、热心读者不吝赐教，我们将感激不尽！

王海霞

2018 年 4 月 20 日于汀兰苑

Cengage Learning Asia Pte. Ltd.
151 Lorong Chuan，#02-08 New Tech Park，Singapore 556741

北京市版权局著作权合同登记号 图字：01-2017-2081

图书在版编目（CIP）数据

项目评估：循证方法导论：第六版/(美）戴维·罗伊斯等著；王海霞等译. —北京：中国人民大学出版社，2018.4

（社会工作经典译丛）

ISBN 978-7-300-25602-3

Ⅰ.①项… Ⅱ.①戴… ②王… Ⅲ.①项目评价 Ⅳ.①F224.5

中国版本图书馆 CIP 数据核字（2018）第 032716 号

"十五"国家重点图书出版规划项目

社会工作经典译丛

主编 隋玉杰 副主编 范燕宁

项目评估——循证方法导论

第六版

戴维·罗伊斯（David Royse）

［美］布鲁斯·A. 赛义（Bruce A. Thyer） 著

德博拉·K. 帕吉特（Deborah K. Padgett）

王海霞 王海洁 译

Xiangmu Pinggu

出版发行	中国人民大学出版社		
社　　址	北京中关村大街 31 号	**邮政编码**	100080
电　　话	010－62511242（总编室）		010－62511770（质管部）
	010－82501766（邮购部）		010－62514148（门市部）
	010－62515195（发行公司）		010－62515275（盗版举报）
网　　址	http://www.crup.com.cn		
经　　销	新华书店		
印　　刷	唐山玺诚印务有限公司		
开　　本	787mm×1092mm 1/16	**版　　次**	2018 年 5 月第 1 版
印　　张	24.5 插页 2	**印　　次**	2024 年 3 月第 2 次印刷
字　　数	508 000	**定　　价**	79.90 元

Supplements Request Form（教辅材料申请表）

<table>
<tr><td colspan="4">■ Lecturer's Details（教师信息）</td></tr>
<tr><td>■ Name：
（姓名）</td><td></td><td>Title：
（职务）</td><td></td></tr>
<tr><td>■ Department：
（系科）</td><td></td><td>School/University：
（学院/大学）</td><td></td></tr>
<tr><td>■ Official E-mail：
（学校邮箱）</td><td></td><td rowspan="3">Lecturer's Address/Post Code：
（教师通信地址/邮编）</td><td rowspan="3"></td></tr>
<tr><td>■ Tel：
（电话）</td><td></td></tr>
<tr><td>■ Mobile：
（手机）</td><td></td></tr>
<tr><td colspan="4">■ Adoption Details（教材信息）　原版□　翻译版□　影印版 □</td></tr>
<tr><td>■ Title：（英文书名）
Edition：（版次）
Author：（作者）</td><td colspan="3"></td></tr>
<tr><td>■ Local Puber：
（中国出版社）</td><td colspan="3"></td></tr>
<tr><td>Enrolment：
（学生人数）</td><td></td><td>Semester：
（学期起止日期时间）</td><td></td></tr>
<tr><td colspan="4">■ Contact Person & Phone/E-Mail/Subject：
（系科/学院教学负责人电话/邮件/研究方向）
（ 我公司要求在此处标明系科/学院教学负责人电话/传真及电话和传真号码并在此加盖公章）

教材购买由我□　我作为委员会的一部分□　其他人□［姓名：　　　］决定。</td></tr>
</table>

Please fax or post the complete form to（请将此表格传真至）：

CENGAGE LEARNING BEIJING

ATTN：Higher Education Division

TEL：(86) 10-82862096/ 95 / 97

FAX：(86) 10-82862089

ADD：北京市海淀区科学院南路 2 号

融科资讯中心 C 座南楼 12 层 1201 室　100080

Note：Thomson Learning has changed its name to CENGAGE Learning

出教材学术精品　育人文社科英才

中国人民大学出版社读者信息反馈表

尊敬的读者：

感谢您购买和使用中国人民大学出版社的＿＿＿＿＿＿＿＿＿＿一书，我们希望通过这张小小的反馈卡来获得您更多的建议和意见，以改进我们的工作，加强我们双方的沟通和联系。我们期待着能为更多的读者提供更多的好书。

请您填妥本表后，寄回或传真回复我们，对您的支持我们不胜感激！

1. 您是从何种途径得知本书的：

❑书店　❑网上　❑报刊　❑朋友推荐

2. 您为什么决定购买本书：

❑工作需要　❑学习参考　❑对本书主题感兴趣

❑随便翻翻

3. 您对本书内容的评价是：

❑很好　❑好　❑一般　❑差　❑很差

4. 您在阅读本书的过程中有没有发现明显的专业及编校错误，如果有，它们是：＿＿＿＿

＿＿

＿＿

5. 您对哪些专业的图书信息比较感兴趣：＿＿＿＿＿＿＿＿＿＿＿＿＿＿＿＿＿＿＿＿

＿＿

6. 如果方便，请提供您的个人信息，以便于我们和您联系（您的个人资料我们将严格保密）：

您供职的单位：＿＿＿＿＿＿＿＿＿＿＿＿＿＿＿＿＿＿＿＿＿＿＿＿＿＿＿＿＿＿＿

您教授的课程（教师填写）：＿＿＿＿＿＿＿＿＿＿＿＿＿＿＿＿＿＿＿＿＿＿＿＿

您的通信地址：＿＿＿＿＿＿＿＿＿＿＿＿＿＿＿＿＿＿＿＿＿＿＿＿＿＿＿＿＿＿＿

您的电子邮箱：＿＿＿＿＿＿＿＿＿＿＿＿＿＿＿＿＿＿＿＿＿＿＿＿＿＿＿＿＿＿＿

请联系我们：

电话：(010) 62515637

传真：(010) 62510454

E-mail：gonghx@crup.com.cn

通信地址：北京市海淀区中关村大街 31 号　100080

中国人民大学出版社人文出版分社